Titus Milech

Tatort Familie

Eine Analyse schriftlicher Dokumente zur Frage wie der Holocaust und andere deutsche Gräueltaten möglich waren

Herausgegeben von Erhard Roy Wiehn
Hartung-Gorre Verlag Konstanz

Umschlag-Titelseite: Blalla W. Hallmann, "Angst" 1956, Linolschnitt; Umschlag-Rückseite: Rückseite: Dr. med. Titus Milech (Foto: Matthias Reichelt, Berlin); Herstellung: BoD GmbH, Norderstedt.

<u>1941–2021</u>
80 Jahre Überfall der deutschen Wehrmacht auf die Sowjetunion
und Beginn der Schoáh im Baltikum, in Belarus, Russland und der Ukraine –
sowie 80 Jahre Deportationen von jüdischer Bevölkerung durch den NKWD
aus dem Baltikum und der Bukowina nach Sibirien

Bibliographische Information Der Deutschen Bibliothek
Die Deutsche Bibliothek verzeichnet diese Publikation in der Deutschen Nationalbibliographie; detaillierte bibliographische Daten sind im Internet über <http://dnb.ddb.de> abrufbar.

Erste Auflage 2021
Hartung-Gorre Verlag Konstanz Germany
ISBN 978-3-86628-724-2 und 3-86628-724-0

Inhalt

den Millionen
bekannter und unbekannter Opfer Deutschlands
gewidmet

„Ich werde nie begreifen, wie Menschen auf derartige Grausamkeiten kommen können. Eigentlich müsste man sich hinsetzen und weinen und nie mehr froh werden in seinem Leben, wenn man an all das denkt."

(Freia Himmeltor, 1946)

„Zuletzt ist das ursprüngliche Verbrechen das Verbrechen all derer, die den Mördern freien Lauf gelassen haben."

(André Glücksmann, 1997)

„So bleibt die Angst vor einer moralisch vorwerfbaren Vergessensschuld. Damit aber über Auschwitz auch in noch ferner Zukunft kein Gras wächst, werden sich die kommenden Generationen vor allem mit der Entstehungsgeschichte des National-Sozialismus auseinandersetzen und immer wieder die eine beunruhigende Doppelfrage stellen müssen: warum Hitler nicht verhindert werden konnte, und warum die Gewaltverbrechen gerade in Deutschland geschehen sind."

(Peter Reichel, 2001)

Dank

Danken möchte ich zunächst Colette Seehof-Pauze, meiner ersten unermüdlichen Lektorin, sowie Marion Richez, Gertrud Tölle, Philipe Heske, Jean Segalen, Katarina Kaouki, Zoï Magafa, Zeta Papandreou, Georgos Kokkinos und den vielen anderen Lesern und Freunden für ihr großes Interesse an meinem ersten Buch und an der Veröffentlichung dieses zweiten. Auch den Schwestern, Ursula und Sibylle Becker gebührt ein großer Dank für ihre wertvollen Hinweise und Anregungen zu meinem Thema.
Meinen Geschwistern danke ich sehr herzlich für ihre seelische Unterstützung und ihre Verbundenheit mit meiner Arbeit. Meiner Schwester Paula gehört der zusätzliche Dank mir zahlreiche, der hier verwendeten Familiendokumente anvertraut zu haben.
Ganz besonders danken möchte ich Herrn Prof. Dr. Drs. h.c. Erhard Roy Wiehn für die Aufnahme meines Manuskripts in seiner Edition Schoáh & Judaica und seine so wertvolle Hilfe bei der Herausgabe des Buches. Ebenfalls gilt mein bester Dank dem Hartung-Gorre Verlag in Konstanz.

EINLEITUNG

Ende der Achtziger Jahre vertraute mir meine Schwester Paula die Tagebücher unseres Großvaters Waldemar Himmeltor an. Ich sprach meiner damaligen französischen Frau davon und übersetzte ihr eine Stelle, wo Waldemar stolz berichtet, eine acht Meter lange Fahnenstange der Länge nach mit dem Fuchsschwanz durchgesägt zu haben, um sich eine Leiter zu bauen. Weil er hoffte in seiner Heimatstadt Königsberg bleiben zu können, hatte er sofort nach dem Brand seines Eigenheimes, Ende August 1944, mit dessen Wiederaufbau begonnen.
Nach einer kleinen Pause sagte meine Frau sehr ruhig aber mit Nachdruck: „Deine Großeltern haben ohne Zweifel sehr unter dem Verlust Ihres Hauses und ihrer Heimat gelitten, aber haben sie sich auch einmal gefragt und darüber gesprochen wie viele Häuser und Familien von ihren Landsleuten vernichtet worden sind?"
– Das hatten sie nie getan.
Plötzlich wurde mir mit Entsetzen klar, wie sehr eingeschränkt unsere Sicht war. Das Bild, das ich von mir selbst und meinen Großeltern hatte war auf einmal ins Wanken geraten. Mir gingen die Augen auf und es war mir von da an unmöglich mit der Lektüre dieses Tagebuchs fort zu fahren. Ich legte es zur Seite und nahm es erst etwa fünfzehn Jahre später wieder in die Hand. In der Zwischenzeit las ich fast nur noch Zeugnisse von den Opfern Deutschlands.
Wie sicherlich viele andere Deutsche, hatte auch ich mir eingebildet die Verantwortung Deutschlands für seine Verbrechen ausreichend anerkannt zu haben. Nun wurde mir aber zunehmend deutlich, wie sehr ich vermieden hatte mich wirklich in das Erleben der Opfer zu vertiefen. Das absolut Ungeheure in der Bedeutung und im Ausmaß der Verbrechen meines Volkes hatte ich bisher nicht erfasst.
Ich hatte mich mit der allgemein in Deutschland geläufigen Idee beruhigt, dass die Nazizeit „lediglich" ein für alle Seiten „bedauerlicher Betriebsunfall der Deutschen Geschichte" darstelle. Außerdem tröstete mich, dass ich nach 1945 geboren war und für „all das" persönlich nicht verantwortlich sein konnte. So fühlte ich mich, wie die überwiegende Mehrzahl meiner Landsleute, von Überlegungen und Bewusstseinsvertiefungen, die mir meine Seelen- und Geistesruhe hätten rauben können, befreit.

Von diesem Tage an habe ich diesbezüglich ein für allemal meine Ruhe verloren. Darüber hinaus habe ich mit Bestürzung begriffen, dass ein Volk, welches eine derart verbrecherische Regierung zur Macht kommen- und sich von ihr beeinflussen lässt, ein krankes, gestörtes oder gebrechliches Volk sein muss; und es erwuchs in mir das dringende Anliegen, die krankhafte Anfälligkeit dieses Volkes zu ergründen.

Der Frage: „wie war der Judenmord möglich und warum gerade in Deutschland?“ konnte ich mich seither nicht mehr entziehen. Meine Unruhe und mein Bedrängnis wuchsen mit den Lektüren und bewegten mich dazu im Sommer 2001 durch Deutschland zu reisen mit dem einzigen Ziel einige seiner unzählbaren Tatorte aufzusuchen. Mein damals spontan geführtes Reise-Tagebuch habe ich 2011, nach langem Zögern in Frankreich unter dem Titel, Le Lieu du crime, L'Allemagne, l'inquiétante étrange patrie *veröffentlicht*[1]*. 2014 erschien es völlig überarbeitet auf Griechisch.*[2] *2017 habe ich das Buch in deutscher Sprache neu geschrieben, aktualisiert und unter dem Titel* Tatort Deutschland. Meine unheimliche Heimat[3] *publiziert. Es handelt sich zunächst um ein freies Bekenntnis meiner Empfindungen. Weiterhin ist es durch meinem doppelten Blickwinkel geformt: einerseits derjenige des Kindes, das von Menschen umgeben und geprägt war, die Deutschland über alles liebten; und andererseits derjenige des Ausgewanderten, der einen mehr als 20 Jahre langen Abstand von seiner Heimat hatte. Nicht zuletzt haben auch meine beruflichen Erfahrungen als Psychiater, sowie die jüdische Abstammung und Umgebung meiner damaligen Frau diese Distanz begünstigt. Neben meiner kritischen Selbstdarstellung versuche ich in meinem Buch auch auf einige Aspekte dieser krankhaften Anfälligkeit sowie auf die wahnhaften Inhalte der Nazi-Weltanschauung einzugehen.*

Auch die hier vorliegende Veröffentlichung ist im Wesentlichen als ein Beitrag zur Erarbeitung der Fragen „wie war der Judenmord möglich und was war danach?“ zu verstehen. Unvermeidlich führt jede Selbstanalyse in die Geschichte der eigenen Familie, in meinem Falle, eine ziemlich unscheinbare „normale“ Familie, die jedoch (zumindest für mich) in ihrem Untergrund tragische und auch gefahrvolle Züge aufweist.

Es handelt sich um eine Zusammenstellung, oft in stark gekürzter Form, von Briefen, Notizen und Tagebüchern, die alle (mit Ausnahme der Selbstdarstellung meines Vaters) in den damaligen geschichtlichen Gegebenheiten spontan niedergeschrieben wurden, ohne jede Absicht einer späteren Veröffentlichung. Wie es bei Dokumentarfilmen üblich ist, versuche ich Anmerkungen auf ein Mindestmaß zu beschränken. Jeder Einzelne soll so viel wie möglich selbst zu Wort kommen. Die Echtheit des Ausgesagten gibt in der Tat einen Einblick in das innere Erleben eines Jeden und kann von daher ein interessantes historisches Studienmaterial darstellen.

Der erste Teil besteht aus dem was vor meiner Geburt und bis zu meinem siebzehnten Lebensjahr (1932-1964) bereits „geschrieben stand". Der zweite enthält eine ebenfalls sehr gekürzte Auswahl dessen, was mir - oder von mir geschrieben wurde, vor allem Briefe und persönliche Aufzeichnungen aus der Zeitspanne von 1954 bis 2007.

In dem letzten Abschnitt, den „Schlussfolgerungen", versuche ich darzustellen, wie anscheinend belanglose „Schwächen" Einzelner, völlig eingebürgerte Selbstverständlichkeiten einer Volksgemeinschaft und eine in der „deutschen Kultur" tief verankerte, seelische Unselbständigkeit, auch solche Menschen zu Mitschuldigen werden lassen, die niemals Böses erdacht, geschweige denn getan haben. Mitschuldige von Verbrechen eines Ausmaßes, das sich gänzlich ihrer bewussten Einbildungskraft entzog. Ebenso wird deutlich wie selbst die sogenannte „Bildungsschicht" in Deutschland nach dem Krieg das Verbrechen weiterführte, in dem sie es verneinte, in ihren Äußerungen abminderte oder sich dem unermesslichen Leiden der Opfer Deutschlands verschloss. Diese beschämenden Haltungen wurden entweder von den folgenden Generationen mehr oder weniger beibehalten, oder die geerbte Schuld wurde, für diejenigen (oder die Wenigen) die die Augen öffneten, zu einer lebenslänglichen Last, der nicht zu entrinnen ist. Es wird nicht zuletzt verständlich, wie mein persönlicher Werdegang die untrennbare Wechselwirkung zwischen Familiengeschichte und Weltgeschichte verkörpert.

Das vorliegende Buch, ebenso wie Tatort Deutschland - meine unheimliche Heimat *ist so verfasst, dass es jedem interessierten Leser zugänglich sein sollte. Die beiden Bücher gehören zusammen, können aber unabhängig von einander gelesen werden.*

Hinzugefügte Worte oder ausgelassene Texte sind durch eckige Klammern [ ] angezeigt. Von mir eingefügte Erläuterungen sind in kursiv geschrieben und mit „(T.M.)" gezeichnet.

Erster Teil
Etwas von dem was geschrieben steht (1932-1964)

Liebe geben in der so verirrten Welt

Dies ist das älteste intime Zeugnis, das mir zur Verfügung stand. Ella, (1895 geboren) von Beruf Volkschullehrerin gehörte zu den Mitgliedern unserer Familie, die offensichtlich von der nationalsozialistischen „Erhebung" und „Bewegung" verführt waren. Die beiden, in ihrem Tagebuch eingetragenen, entflammten Nazigedichte zeugen davon. Ansonsten waren in ihren Notizen keine weiteren Stellen ähnlichen Inhalts zu finden. Allerdings waren irgendwann mehrere Seiten herausgerissen worden.

Aus dem Tagebuch der Lehrerin, Ella Himmeltor

Silvesternacht 1932

Leise geht das Jahr zur Neige! Immer wunschloser, einsamer wird meine Seele. Mit Dank ist sie erfüllt, dass ich noch meine Eltern, die treusten Menschen auf der Erde besitze! Wie lang – und dann ist sie ganz verlassen! Ich glaube ich bin in diesem Jahre nicht um 1 Jahr sondern um 10 Jahre älter geworden! Denn ich komme mir der Welt so abgestorben vor, sacht über der Erde schwebend, sie nur noch wenig berührend! Liegt das daran, dass ich wiedermal eine herbe Enttäuschung habe durchmachen müssen, die Erkenntnis des Wankelmutes der Menschen, ihrer Wetterwendigkeit! Liegt es daran, dass ich mich angeekelt fühle von dem Treiben der Menschen, die mir oft so arm an Seele vorkommen, so reich an Intrigen und Gerissenheit oder dem Mammon verschworen, ihre Seele verkaufen um schnödes Geld. Wie wenig wahres Menschentum gibt es. Wie sehne ich mich aber nach Menschen mit goldklarem Denken und Fühlen ohne jede Hintergedanken, nach Menschen, die unbeirrbar ihre Wege gehen ohne nach links und rechts zu gucken, die ein reines sonniges, sieghaftes Lachen besitzen. Ich kann ohne Reinheit, ohne hochgemuten Sinn in meiner Umgebung nicht leben und Friedland[4] ist so grenzenlos arm daran, so trostlos arm!

Und manchmal, wenn ich Mütter, die in meinem Alter sind, stolz mit ihren Kindern gehen sehe, überkommt mich Wehmut – wie viel wei-

cher und wahrer ist ihr Leben als meines? Wie geht mein innerstes Sehnen und Wünschen dahin Mutter vieler Kinder zu sein und Gattin eines geliebten Mannes! Und dann hadere ich sogar mit meinem Schicksal, das mich den einsamen Weg der berufstätigen Frau geführt hat! Ja, es liegt natürlich zutiefst in mir begründet, in meinem innersten Wesen, das alles oder nichts will, und in meinem grenzenlosen Stolz.
Und doch wie dankbar kann ich meinem Geschick sein! Wie viel besser habe ich es als viele, viele Mitmenschen! Drum nicht klagen! Den schönsten Traum heißt es tapfer begraben. Das Leben als Aufgabe ansehen, gestellt in den Dienst der Mitmenschen. Liebe geben in der so verirrten Welt, liebeleeren Zeit! Das sei mein Vorsatz für 1933! Alles Schöne das ich erleben darf, dankbar als Geschenk hinnehmen. Und nichts erwarten!

20.2.1933

Marsch durch das Brandenburger Tor! (Heinrich Anacker[5])
Das ist die Stunde, die uns bleibt, wenn jede sich verlor;
S.A. marschiert zum ersten Mal durchs Brandenburger Tor!
Dem ungeheuren Zug voran zieht Sturm und unsichtbar
Der Frontgefallnen graues Heer, Horst Wessels bleiche Schar...
Und drum wir alle, Sturm an Sturm, in fest geschlossnen Reihen;
Die Fahnen und Gesichter lohn, beglänzt vom Fackelschein.
Da bricht ein wilder Jubel los, der keine Grenzen kennt:
Am Fenster steht und grüßt und winkt, der greise Präsident.
Und wieder schwollen Ruf und Lied zum urgewaltigen her;
Zum Führer heben wir die Hand in heißem Glück empor.
Oh, wie da Aug' in Auge brennt, verklärt am heilgen Licht!
Und jeder Blick ist wie ein Schwur: „Wir stehn in Treu und Pflicht!
Wir kennen ein Gelübde nur, und einen Willen bloß;
Dir, Adolf Hitler, folgen wir, bis Deutschland frei und groß!"

15.9.1933

„Dem Führer" (Baldur von Schirach[6] an Hitler)
Das ist die Wahrheit, die mich Dir verband:
Ich suchte Dich und fand mein Vaterland.
Ich war ein Blatt im unbegrenzten Raum,
Nun bist du Heimat mir und bist mir Baum.

Wie weit verweht, verginge ich im Wind,
Wärst Du nicht Kraft, die von der Wurzel rinnt.
Ich glaub an Dich, denn du bist die Nation,
Ich glaub an Deutschland, weil Deutschlands Sohn

Ihren Wunsch, Mutter zu werden konnte sich Ella drei Jahre später erfüllen. Während eines Praktikums in einer Frauenklinik gab ihr „das Schicksal“ dazu die Gelegenheit (T.M.):

31.12.1935

Aufzeichnungen über Karli: Karli ist [...] in Klaukullen geboren. Sein Vater ist Arbeiter [...]. Seine Mutter hat sich nicht lange an seinem Dasein [...] erfreuen können, denn schon 1 oder 2 Tage nach seiner Geburt [...] starb sie an Krämpfen. Das Kind wurde nun in der Landesfrauenklinik aufgezogen. Karli wog bei der Geburt nur knapp 4 Pfund. Und man glaubte kaum, das zarte Büblein am Leben halten zu können. Am 10.10. lernte ich in der Neugeborenen Station den kleinen Kerl kennen, fand Gefallen an ihm und betreute ihn von da an. Als ich hörte dass er in Pflege gegeben werden sollte, dieses zarte pflegebedürftige Kindlein, machte ich mich [...] auf und fuhr [...] nach Klaukullen mir die Familie anzusehen. [...] Ich besprach die Angelegenheit mit dem Vater und der Großmutter mütterlicherseits. Sie baten mich, das Kind zu behalten. Am [...] 15.11. brachte mir Schwester Elisabeth den Buben. [...]

24.2.36

Schon seit Januar kruhlt[7] er, sobald er wach ist. Zunächst sang er in ganz hohen Tönen, wie ein kleines Vögelchen. Jetzt kann er schon ganz energisch kruhlen. Er schäkert[8] gar zu gern. Lacht herzhaft, wenn er mich sieht. Seinen Behang vom Körbchen zieht er jetzt dauernd über sein Köpfchen und spielt gern Versteck. [...]

Unterrichten als Lebensaufgabe

Der folgende Lebenslauf Ellas Vater ist auf einem Frageboge niedergeschrieben, der wahrscheinlich im Rahmen der Volkszählung vom 16. Juni 1933[9] *an die deutsche Bevölkerung verteilt worden war, um sie rassisch und politisch zu überprüfen. Der Autor, zu diesem Zeit-*

punkt 73 Jahre alt, scheint seine Aufgabe bereitwillig zu erfüllen. (T.M.)

AUFZEICHNUNGEN DES OBERSTUDIENDIREKTOR IM RUHESTAND, OSKAR HIMMELTOR

MENTOR[10]-FAMILIEN-STAMMTAFEL. FORMULAR A,
AUFGETELLT FÜR DAS FAMILIENMITGLIED: Oskar Himmeltor, geb. am 24. Juli 1860 [...]
DATUM: 24. Oktober 1933
[...] AUS MEINEM LEBEN: (GRÖßE, GESICHTSFORM, AUGEN- UND HAARFARBE. ERINNERUNGEN AUS ERSTER JUGEND. SCHULZEIT. FERIENREISEN. BESONDERE EREIGNISSE. KONFIRMATION-FIRMUNG. BERUFLICHE AUSBILDUNG. ÖFFENTLICHE TÄTIGKEIT (BDM[11], HJ[12], SA[13], SS[14]). ARBEITSDIENST, MILITÄRZEIT. KRIEGS-ERLEBNISSE. GESCHWISTER. AUS DEM ELTERNHAUSE.

Ich bin 1,74 m groß, mein Gesicht ist oval, meine Augen sind grau, meine Haare waren dunkelblond, sind aber natürlich jetzt, ebenso wie die meines Vollbartes, ergraut, z. Zt. weiß. Aus meiner frühen Jugend habe ich nicht viel zu berichten. Ich verlebte sie in Gemeinschaft mit meiner um 4 Jahre älteren Schwester und meinem um 1½ Jahre älteren Bruder im Elternhause, in das auch meine Großmutter väterlicherseits bald nach dem 1855 erfolgten Tode, ihres Mannes [...] übergesiedelt war.
Dieses war eine sehr fleißige Frau, von morgens bis abends saß sie an ihrem Spinnrad, nur Sonntags ruhten ihre Hände. Dazu las sie eifrig Bücher aus der Leihbibliothek, die es schon damals in Altstrelitz gab, oder erzählte uns Kindern in der Dämmerstunde Geschichten aus ihrer Jugendzeit, insbesondere aus der Zeit der französischen Einquartierung im Anfang des 19. Jahrhunderts, die sie in Hohenzieritz[15], wo ihr Vater Großherzoglicher Hofgärtner gewesen war, miterlebt hatte. Sie war noch fest davon überzeugt, dass es böse Geister und Hexen gebe, und ihre Spukgeschichten erweckten nicht selten in uns Kindern ein lebhaftes Gefühl des Gruselns. [...]
Der [...] im Juli 1870 erfolgte Tod unserer Mutter hatte auf meinen Bruder und mich nicht einen so tiefen Eindruck hinterlassen, wie es unter anderen Verhältnissen früher der Fall gewesen wäre, denn der 10 Tage später ausbrechende Krieg mit Frankreich beschäftigte unsere jugendliche Gemüte so sehr, dass durch die rasch aufeinanderfolgen-

den Siegesbotschaften vom Kriegsschauplatz das Gefühl der Trauer bald zurückgedrängt wurde. Ganz besonders lebhaft erinnere ich mich noch des Tages als bei uns die Nachricht von der Kapitulation von Sedan und der Gefangennahme des Kaisers Napoleon eintraf. [...]
Durch Vermittlung der Frau Unverzagt, deren Mann den größten, am Marktplatz gelegenen Gasthof der Stadt inne hatte, hatte unser Vater die Witwe G. mit der Führung der Wirtschaft betraut, eine einfache Frau, die treu und redlich bemüht war, ihren Pflichten nachzukommen und aufs Beste für uns Kinder zu sorgen, die aber nicht imstande war, unserem Vater eine gemütliche Häuslichkeit zu bereiten. Die Folge war, dass dieser sich mehr und mehr seiner Familie entfremdete und die Zeit, die ihm nach Erfüllung seiner beruflichen Tätigkeit und nach den zahlreichen Klavierstunden, die er erteilte, noch blieb, in dem benachbarten Gasthofe [...] verbrachte. Ich mache ihm daraus keinen Vorwurf, denn auch wir Kinder verlebten alle freie Zeit [...] bei unseren Großeltern [...], deren [...] Wohnung mit dem schönen Garten wir in zehn Minuten erreichen konnten. [...]
Ostern 1866 kam ich auf die Stadtschule, an der auch mein Vater als erster seminarisch gebildeter Lehrer unterrichtete. [...] Im dritten Schuljahre [...] erhielten wir wahlfrei in je zwei Unterrichtsstunden bereits Lateinisch und Französischunterricht. Auch einem englischen Unterricht wurde ich 2 Jahre später [...] unterworfen.[16] [...] Mein Vater gab in den beiden obersten Klassen den Mathematik- und Rechenunterricht und erzielte hierin sehr gute Erfolge, war also wegen seiner Strenge und wegen der hohen Anforderungen, die er an seine Schüler, insbesondere an seine beiden eigenen Jungen stellte, allgemein gefürchtet. Zu ganz besonderem Dank fühle ich mich dem derzeitigen Rektor B. verpflichtet. Er war ein hervorragender Pädagoge, der nicht nur als Lehrer des Deutschen und der Religion seine Schüler zu begeistern und mitfortzureißen, sondern auch als Erzieher aufs Beste einzuwirken verstand. [...] Ihm allein hatten mein Bruder und ich es zu verdanken, dass wir auf das Gymnasium zu Neustrelitz kamen. Unser Vater hätte sich wohl schwerlich zu diesem Schritt entschlossen, wenn ihn Rektor B. nicht so energisch[17], dazu gedrängt hätte, zumal unser Vater [...] sich anfangs auch wenig um uns kümmerte. [...] Mein Bruder trat aus dem Gymnasium aus, um Apotheker zu werden. [...] Meine Schwester fasste den Entschluss durch den Besuch eines [...] Se-

minars noch ein vollgültiges Lehrerin Zeugnis zu erwerben, was ihr dann auch in Königsberg gelang. [...]
Und nun kehre ich zu meiner eigenen Geschichte zurück [...]. Ich kann wohl sagen, die Tage der schriftlichen Reifeprüfung gehörten mit zu den schönsten meines Lebens [...].
[...] Für mich brachte es der Zufall mit sich, dass ich die ganzen Jahre meiner Gymnasialzeit hindurch, Montags bei dem Rechtsanwalt Rudnik, Dienstags und Freitags beim Brauereibesitzer Rolff und Donnerstags beim Weinhändler Fink zu Gaste war. Daher darf es wohl nicht wundernehmen, dass aus mir kein Antialkoholiker geworden ist. Zu den schönsten Erinnerungen aus meiner Gymnasialzeit gehören die abendlichen Wanderungen nach dem benachbarten Forsthause in dem Karlsforst, das wir, ein paar gute Freunde und ich, unter mehrstimmigem Gesang in einer guten halben Stunde erreichten. Sonntags verblieben wir dort manches Mal die Nacht über; jedoch [...] musste ich Montags um 6 Uhr schon wieder auf sein, da ich bereits um 7 Uhr früh hebräischen Unterricht hatte. [...]
Ostern 1881 bezog ich die Universität (in Halle), um die neuen Sprachen und Germanistik zu studieren. [...] Nach Beendigung meines Studiums entschloss ich mich noch auf kürzere Zeit einen Hauslehrerplatz [...] in der Familie des Oberförsters zu Brödlauken bei Insterburg anzunehmen, bei der ich 3 Kinder [...] zu unterrichten hatte. [...] Der Oberförster selber war ein politisch sehr interessierter Mann, der sich gerne über die damaligen brennenden Fragen des öffentlichen Lebens[18] unterhielt. [...]
So kam ich [...] 1888 nach Königsberg an die Anstalt [das Wilhelmsgymnasium], an der ich in den folgenden 16½ Jahren [...] tätig sein durfte. Ich hatte hier als einziger Neuphilologe fast den ganzen französischen und englischen Unterricht zu bestreiten. [...] Trotz der geringen Stundenzahl in beiden Fächern war der Unterricht nicht undankbar, denn es gelang mir sehr bald, meine Schüler für die neuen Sprachen lebhaft zu interessieren. Ich konnte es mit der Zeit – sehr zum Ärger der Altphilologen – sogar wagen, Jahre lang auf der Oberstufe neben der Klassenlektüre im Französischen Privatlektüre zu treiben. [...]
Für die Sommerferien des folgenden Jahres (1889) plante ich mit meinem jüngeren Kollegen August [...] eine größere Reise ins Riesengebirge und von da in die Sächsische Schweiz und über Halle wieder

nach Strelitz zum Besuch meiner Schwester. Doch dieser Reiseplan sollte nur zum Teil zur Ausführung kommen und schon im Riesengebirge ein Ende finden. Auf dem Wege dorthin führte mir ein gütiges Geschick diejenige entgegen, für die mein Herz vom ersten Augenblick an in heißer Liebe erbrennen sollte. Es war, als wenn eine innere Stimme mir sagte: das ist die für Dich Bestimmte! Ihr Bild hatte mir schon seit langem vorgeschwebt und ich war sogleich fest entschlossen, sie kennenzulernen und um ihre Hand anzuhalten. Der Gedanke, dass sie schon verlobt sein könnte, kam mir gar nicht erst, so fest war ich davon überzeugt, dass sie der Himmel für mich bestimmt habe. [...]

In der Tat verwirklichte sich Oskars Wunsch. Das glückliche Paar, zeugte 5 Kinder. Der erste Sohn, Wilhelm starb kurz nach Vollendung seines ersten Lebensjahres. Ihm folgte Waldemar und danach kamen drei Töchter, Ella, Luise und Heidi. Als einziger Junge und Nachfolger eines Verstorbenen, wurde Waldemar mit einer bemerkenswerten aber sehr ängstlichen elterlichen Fürsorge umgeben.
Was den Fragebogen anbelangt enden Oskars Auskünfte an dieser Stelle. Über „öffentliche Tätigkeiten, Militär u. Kriegserlebnisse" hatte er anscheinend nichts zu berichten. (T.M.)

EIN BRIEF OSKARS AN SEINEN SOHN WALDEMAR

Heilsberg, d. 2.9.1944

Mein lieber Waldemar!
Soeben erhalte ich Deine Eilschrift vom 30.8. u. ich danke Dir herzlich für dieses neue Lebenszeichen [...], denn Du kannst Dir denken in welcher Unruhe ich in diesen Tagen nach dem zweiten Terrorangriff [Bombardierung Königsbergs] über Euer Ergehen war, zumal da ich noch nicht wusste, wo Ihr eine Unterkunft nach der Zerstörung Eures schönen Hauses gefunden hättet.
Was habt Ihr Ärmsten nur alles durchmachen müssen! Und das in den Tagen, wo Ihr beide, Du und Freia, hoffen konntet Euer Hab u. Gut im Kreise Eurer Lieben feiern zu dürfen! Was kann man Euch da wohl Besseres wünschen, als dass Ihr gesund erhalten bleiben möchtet u. dass das neue Lebensjahr u. alle folgenden wieder gut machen, was Euch diese Tage an Schwerem und Traurigem gebracht haben.

Dass Ihr alles, was Ihr in Jahrzehnten durch Fleiß u. Sparsamkeit erworben, mit einem Schlage wieder verloren habt, ist ja überaus schmerzlich, die Hauptsache ist aber, dass Ihr alle mit dem Leben davon gekommen seit u. auch, wie ich hoffe u. wünsche, in Zukunft vor weiteren Schicksalsschlägen verschont bleiben möget.
Ihr seid ja noch nicht so alt, dass Ihr nicht mehr hoffen könntet noch einmal wieder bessere, glücklichere Zeiten zu erleben. [...]
Mir geht es verhältnismäßig gut [...]
In Liebe, Dein treuer Vater.

EIN IMMER SCHÄRFERER JUDENGEGNER

Aus dem nachfolgenden Tagebuch sind hier nur die bedeutendsten Auszüge wiedergegeben. Das umfangreiche Original besteht aus vier, mit kleiner Handschrift eng beschriebenen dicken A5 Schulheften. (T.M.)

TAGEBÜCHER DES OBERSTUDIENRATS, DR. PHIL. W. HIMMELTOR

1944

Königsberg (Pr.), d. 3. Dezember 1944

Heute, am ersten Advent des ereignisreichen und für mich so einschneidenden Jahres 1944, will ich mit diesen Tagebuchnotizen beginnen. Dabei habe ich mir nicht etwa vorgenommen, täglich an diesem Büchlein zu schreiben, sondern nur dann, wenn sich für mich die Zeit und Möglichkeit dazu ergibt. Auch will ich nicht nur augenblickliche Geschehnisse aufzeichnen, sondern vor allem Rückerinnerung an frühere Zeiten [...].
[...] Ich sitze jetzt in einem Zimmer des [Nachbar-]Hauses [...], das uns von den Hausbesitzern Jahn zur Verfügung gestellte wurde, seit dem der Angriff der britischen Bomberflugzeuge in der Nacht vom 26. auf den 27. August dieses Jahres unser Eigenheim, [...] das ich meiner Familie von August 1932 bis Februar 1933 [...] wunderbar aufgebaut hatte, [...] vernichtet hat [...].
Freia, unsere Mutti, die Mutter meiner drei Kinder, Anna, Gesa und Walter, ist seit dem Dienstag vergangener Woche, [...] nach Danzig zu ihrem Vetter Otto Janowitz zu Besuch gefahren, wo auch Gesa weilt. [...] Vorgestern und gestern hatte ich dienstfrei und konnte daher die

hellen Tagesstunden voll ausnutzen, um weiter Ziegel des eingestürzten Südgiebels meines Hauses zu säubern und zu schichten für den Wiederaufbau. [...] Gegen 17 Uhr brachte ich für Anna, die seit Juli oder August in Tübingen weilt und dort jetzt weiter Medizin studiert, ihren Monatswechsel für Dez. zur Post. [...]

Königsberg, d. 8. Dezember 1944

[...] Ich will heute damit anfangen aus der Erinnerung einiges in beliebiger Folge niederzuschreiben, was mir der Augenblick gerade eingibt.

Mein Vater war seit 1889 als Gymnasiallehrer am königl. Wilhelmgymnasiums zu Königsberg in Preußen angestellt. Am 4. April 1890 hatte er meine Mutter Hilda, [...] geheiratet und bewohnte mit ihr eine kleine Wohnung in der Tragheimer Kirchenstraße. Mein Vater, Oskar Himmeltor ist am 24. Juli 1860 in Neustrelitz in Mecklenburg geboren, hatte das Gymnasium in Altstrelitz besucht und dann studiert und zwar neuere Sprachen. Dabei war er zu seiner Schwester, die hier in Königsberg Pr. verheiratet war, gezogen, [...] hatte hier [...] das Staatsexamen gemacht und war so nach Ostpreußen gekommen, das seine zweite Heimat werden sollte. Meine Mutter wurde am 5. Februar 1866 in Stettin geboren. Sie lernte meinen Vater auf einer Reise ins Riesengebirge zufällig kennen. Mein Großvater väterlicherseits war bereits vor meiner Zeit gestorben, ebenso meine beiden Großmütter, sodass ich nur meinen Großvater Justus und dessen zweite Frau Elisabeth, die für uns selbstverständlich unsere richtige Großmama war, kennen gelernt habe. Sie war auch für meine Mutter stets ihre Mutter gewesen, obwohl sie als heranwachsendes Mädchen erfahren hatte, dass ihre eigentliche Mutter gleich nach ihrer Geburt verstorben war. [...]

In der Wohnung in der Tragheimer Kirchstraße, an die ich allerdings keinerlei Erinnerung habe, erblickte ich am 6. September 1893 das Licht dieser Welt, nachdem im April dieses Jahres mein Bruder Wilhelm, etwas über ein Jahr alt geworden, es vorgezogen hatte diese Welt wieder zu verlassen. [...] Im Säuglingsalter bekam ich die sogenannte „englische Krankheit“, doch konnte ich sie offenbar siegreich bestehen. Meine Eltern zogen dann in die etwas größere Wohnung in der Tragheimer Gartenstraße [...]. An diese Wohnung, in der wir etwa bis zu meinem 8. oder 9. Lebensjahre wohnten, habe ich noch recht lebhafte Erinnerungen. [...] Meine älteste Schwester Ella wurde am

16. Juni 1895 geboren; [...] meine beiden anderen Schwestern, Luise am 12. August 1898 und Heidi [...] am 13. Januar 1901 [...]. Meine Eltern hielten es für gut, uns Kindermädchen zur Aufsicht anzuvertrauen, die uns am Vor- und Nachmittag, sobald es das Wetter zuließ, auf dem Königsgarten vor der Universität herumspielen ließen. Es kam auch manchmal vor, dass eines der Mädchen, das ihre Eltern in Königsberg wohnen hatten, uns verbotener Weise mit zu ihren Eltern nahmen, wo wir dann statt in der herrlichen frischen Luft im Freien, die Zeit in den meist muffigen engen Räumen dieser weniger begüterten Menschen verbringen mussten. Und dazu wurde uns auch eingeschärft, nichts davon zuhause den Eltern zu erzählen. So wurden wir durch die Mädchen schon in früher Jugend zu Heimlichkeiten gerade den Eltern gegenüber verleitet. [...] Indem die Mädchen uns Angst vor Bestrafung machten, wenn wir den Eltern etwas erzählten, wurde unser kindliches Zutrauen und Vertrauen zu unseren eigenen Eltern leider frühzeitig untergraben. Deshalb auch habe ich bei unseren Kindern nie geduldet, dass sie Mädchen zur Obhut überlassen bleiben. Vielmehr sollte meine Frau lieber die Wirtschaft und das Kochen dem Mädchen überlassen und sich vornehmlich den Kindern widmen, was sie auch stets getan hat. [...] Die Erziehung der Kinder erschien uns als die wichtigste und vornehmste Aufgabe der Eltern, insbesondere der Mutter [...]. Doch waren um die Jahrhundertwende die Ansichten gerade hierüber wesentlich andere. [...] Ostern 1900 begann für mich dann der Ernst des Lebens insofern, als ich von da ab [...] die Vorschule des Königl. Wilhelmgymnasiums als A-B-C-Schütze besuchte. [...] Aus jenem ersten Schuljahr weiß ich nur noch, dass unser Mitschüler Georg K. eines Tages um sich einen großen See erzeugte, wofür er von unserem Lehrer mit dem Lineal einiges auf die Finger erhielt, was ihn zu bitteren Tränen bewegte. Übrigens hatte dieser noch eine ganz patente Vorrichtung erfunden, um uns Schüler das Krummsitzen beim Lesen und Schreiben abzugewöhnen. Er steckte dazu in die Bank hinter dem Jungen ein langes Reisbrettlineal, an deren oberen Ende ein Bindfaden befestigt war, der am anderen Ende eine feste Stahlklammer hatte, die im Haarschopf des Schülers fest-geklammert wurde. Wenn nun der Schüler sich krumm setzte, so ziepte ihn die Klammer am Haar und er sah sich zum Geradesitzen gezwungen. [...]

Königsberg, den 9. Dezember 1944

Heute ist [...] der Geburtstag meines einzigen Jungen Walter, an dem er 17 Jahre alt wird. Und konnte ich in den letzten Jahren seit 1939 nicht an diesem Tage in Königsberg sein, da ich 1940 noch in Frankreich in Charleville-Mézieres, 1941 in Beauvais, 1942 in Holland in Schiphol[19] und schließlich 1943 in Allenstein[20] eingezogen war, die ersten drei Jahre als Meteorologe und Regierungsrat [...] und erst 1943 wieder als Zivilist und Studienrat, so bin ich diesmal zwar in Königsberg, dafür kann aber Walter nicht hier sein, da er in Brüsterort[21] im Segelfluglager des NJFK [National-sozialistischer Jungfliegerkorps] weilt. [...] Meine Gedanken also weilen viel bei ihm [...]. Hoffentlich werden wir seinen nächsten Geburtstag bereits wieder im Frieden und in unserem Eigenheime feiern können. Da ja heute auch Vater Janowitz [mein Schwiegervater] Geburtstag hat, suchte ich ihn mittags nach meinen Unterrichtstunden auf [...]. Er ist bis auf die starke Schwerhörigkeit und seine lahme Hüfte noch recht rüstig vor allem ist er geistig noch ganz frisch. Über die Kriegsereignisse und den Stand an den Fronten hat er seine eigenen recht optimistischen Ansichten. Schade ist es nur, dass seine Wohnung so kalt ist, dass ihm die Hände jämmerlich angefroren sind. [...]

Königsberg, den 16.12.1944

[...] Dann kaufte ich bei Neumann ein Fix-Lineal und Tintentabletten und bei Gräfe und Unzer unter anderem von Friedrich Keiter[22], „Kurzes Lehrbuch der Rassenbiologie und Rassenhygiene“, das mir recht gut zu sein scheint, und von Dittrich[23], „Vererbung und Rasse“. [...]
Leider mussten wir uns [heute] mit dem Essen recht beeilen, da von 15 Uhr bis 17 Uhr [...] vom RLB [Reichsluftschutzbund] ein Pflichtvortrag über Kampfstoffe angesetzt war. Während dieses Vortrages musste ich ebenso wie Freia ständig mit dem Einschlafen kämpfen.
[...] Ich nahm mir damals [zur Zeit des Abiturs] vor, falls ich nicht Universitätslehrer, sondern Erzieher werden sollte, mich stets äußerster Gerechtigkeit zu befleißigen und nicht aus irgend einem anderen Prinzip heraus einen Schüler anders zu beurteilen als seine Mitschüler. Äußerste Unparteilichkeit und Gerechtigkeit sind von mir meinen Schülern gegenüber immer angestrebt worden. [...]

Am ersten Weihnachtsfeiertag, d. 25.12.1944

[...] Mittags kamen dann mit der Post die Gaben unserer Anna aus Tübingen an. [...] Mir hat sie einen lieben Brief geschrieben, sodass ich mich von ihrer warmen Liebe umgeben fühle, während ich sonst hier das liebevolle Umsorgtsein schmerzlich vermissen muss. [...]

Königsberg, den 30.12.1944

Der vorletzte Tag des für mich so verhängnisvollen Jahres 1944 geht nun auch zu Ende. Er brachte mir noch eine unangenehme Überraschung. [...] Kurz vor dem Mittagessen erschien der Blockleiter der NSDAP[24] und bestellte mich für morgen früh 6 Uhr 45 zur Teilnahme am Dienst des Volkssturmes. [...] Ich beschloss nach dem Essen zum Ortsgruppenleiter zu gehen, um mich von der Teilnahme am Dienst befreien zu lassen, da meine Füße wieder recht stark geschwollen sind und ich daher ein längeres Gehen und Stehen nicht aushalte. [...]

Und jetzt soll das Jahr 1944 noch einmal an mir vorbeiziehen:

Nachdem am Weihnachtsfest des Jahres 1943 meine Familie noch einmal vollzählig beisammen war, [...] Walter, der damals noch Luftwaffenhelfer bei der schweren Flakbatterie in Rumpark, etwa 20 Min. von unserem Heim entfernt, war, kam am frühen Morgen des ersten Weihnachtstages auf Kurzurlaub, sah das Neujahrsfest uns sogar noch mit Titus Milech zusammen bei meinem Vater und meiner Schwester Luise. [...]

Am 30. Juli 1944 feierte Gesa ihren 21. Geburtstag und wollte ursprünglich auch ihre Hochzeit an diesem Tage begehen. Doch wegen der sehr unsicheren Lage der Front an der Grenze Ostpreußens, die befürchten ließ, dass die Russen bis nach Königsberg vorstoßen könnten, waren Anna und Gesa bereits am 14. Juli von Königsberg abgefahren. [...]

Ganz plötzlich entschied sich dann Titus, nachdem alle erforderlichen Papiere beschafft waren, Gesa telegraphisch zur Hochzeit nach Königsberg zurück zu rufen. Am 3.8.1944 konnten wir dann die Hochzeit unserer Tochter Gesa mit Titus Milech begehen. Vormittags war die standesamtliche Trauung noch im Standesamt im alten Kneiphöfischen Rathaus, wobei Freia und ich die Trauzeugen waren. Nachmittags war dann kirchliche Trauung in der [...] Kirche im Maraunen-

hof[25] [...]. Dann vereinigten wir uns zu einem bescheidenen Festmahl, bei dem leider weder mein Vater, noch Anna, noch die Eltern des Titus anwesend sein konnten, sondern nur wir Eltern der Braut, Walter, meine Schwester Ella mit ihrem Adoptivsohn Karl und Freias Tante Helene [...]. [...]
Ich war überrascht, dass diesmal Freia von sich aus bereit war, wie sie sagte auf Wunsch unseres Schwiegersohnes Titus am Sonnabend Mittag bis zum Sonntag Mittag [26. bis 27. August] nach Neukuhren [zum Sommerhaus an der Ostsee, 35 km nördlich von Königsberg] zu fahren. [...] In der Nacht, kurz nach 24 Uhr gab es Alarm. [...] Die Zahl der überfliegenden Maschinen schätzte ich auf 200 bis 300! [...]
Als wir am Süd-Osthorizont einen starken Feuerschein und starke Rötung des Himmels sahen [...] war es uns doch wohl allen klar, dass ein Großangriff auf Königsberg stattgefunden haben musste. [...] Am Sonntag nahmen Freia und ich noch vormittags ein schönes Seebad und fuhren dann mit dem Mittagszug nach Königsberg zurück. [...]
An der Ecke Burowstraße konnte ich bereits den ausgebrannten Westgiebel meines Eigenheimes in den Himmel ragen sehen. Wie entsetzlich überrascht waren wir doch, als wir an unser Haus gelangten und feststellen mussten, dass es vollständig bis zum Keller ausgebrannt war [...]. Und der Südgiebel war sogar bis zum Obergeschoss eingestürzt. Nun fürchtete ich bereits für Gesa und Titus. [...]
Aus ihren wirren Berichten war zunächst kein klares Bild über den Verlauf des Unheils zu gewinnen, zumal Gesa immer wieder rühmend hervorhob, wie sehr Titus und sie sich bei [...] dem erfolgreichen Löschen der Entstehungsbrände an den Nachbarhäusern betätigt hätten. Auch Frau S. lobte Titus und Gesa sehr. Dass beide aber unser Eigenheim einfach im Stiche gelassen haben, ohne auch nur den geringsten Versuch zu löschen gemacht zu haben, das wurde von keinem beachtet.
So sah ich mich ganz plötzlich dem Nichts gegenüber, denn sowohl meine sämtlichen Möbel, wie auch die ganze etwa 6000 Bände umfassende Bibliothek und die Schallplattensammlung von 1350 guten Konzertplatten und meine sämtlichen Aufnahmen aus früheren Zeiten und aus dem Kriege und meine gesamte Kleidung bis auf das, was ich anhatte, waren ein Raub der Flammen geworden. [...]

1945

Am Neujahrstag, den 1. Januar 1945

Was wird nun das Jahr 1945 bringen, nachdem 1944 mir und den Meinen Habe und Gut und das Eigenheim genommen hat; diese Frage ließ auch gestern Abend mir keine rechte Ruhe. [...]
So war der Ausklang des alten Jahres wenig erfreulich, zumal ich immer wieder aus allem Verhalten fühlen musste, dass Freia und vor allem Gesa sich recht unfreundlich gegen mich stellen. Da fehlt eben Anna, die stets lieb und nett sich mir gegenüber zeigt und nicht wie Gesa sich dauernd Ausfälle und geradezu Frechheiten mir gegenüber herausnimmt. So ist für mich das Zusammenleben mit Gesa, so nett sie auch manchmal sein kann, durchaus unerfreulich, da sie ihre rechthaberische und angeberische Art auch mir gegenüber hervorkehrt. In der Hinsicht ist Walter ganz anders. Er ist stets bescheiden und zuvorkommend. Vor allem übt er nicht an allem, was ich tue und sage abfällige Kritik, wie es Gesa es tut. [...] Sie kann sich nicht einfügen, sondern glaubt, immer den Mittelpunkt, die Hauptrolle spielen zu müssen. [...] Sie muss wie ihre Mutter stets kommandieren und befehlen. [...]

Königsberg, den 12. Januar 1945

Morgen am 13. Januar ist der Geburtstag meiner 1901 geborenen Schwester Heidi, die mit dem Maler Andreas J. in der Schweiz verheiratet ist. [...] Leider ist ihr Verhältnis zu ihrem Mann, der sehr eigenartig und vor allem recht unbeherrscht ist, nicht gut; zumal er auf alles, was mit deutschem Militär zusammenhängt, sehr schlecht zu sprechen ist. Ich konnte es ja damals nicht fassen, nicht verstehen, wie sie als blondes nordisches Mädchen den schwarzlockigen Südländer heiraten konnte. [...]

Königsberg, den 20.1.1945

Die Nachrichten von der Frontlage im Osten werden immer bedrohlicher. Die Nervenbelastungen übersteigen bald jedes auch nur annähernd ertragbare Maß! Und doch bin ich gefühlsmäßig immer noch Optimist, wenn ich auch rein verstandesmäßig keinen Ausweg oder keine Rettung vor dem Untergang sehen kann. [...]

Königsberg, den 22.1.1945

[...] Die Züge von und nach Königsberg gehen seit gestern nicht mehr planmäßig, und überall in der Stadt sieht man mit Koffern bepackte Flüchtlinge teils zu Fuß, teils auf Fuhrwerk bzw. Auto. [...] Wie gewöhnlich ging ich nach dem Unterricht zu Freias Vater [...]. Der alte Mann ist von einem erstaunlichen Optimismus, was die Durchbrüche der Russen anlangt. Hoffentlich behält er Recht. Er will sich durchaus nicht ins Reich abtransportieren lassen und wehrt sich gegen eine Unterbringung in einem Alters- und Pflegeheim, obwohl er sich doch sagen muss, dass er unter den obwaltenden Umständen für Freia ein schlimmer Hemmschuh ist. Aber er hält es für selbstverständlich, dass Freia sich um ihn dauernd kümmert und sich die Zeit nimmt zu ihm zu kommen. [...]

Auf der Straße traf ich Frau Architekt M., die mir auch erklärte, dass Ostpreußen bereits vom Reich abgeschnitten sei und wir also uns auf den Einfall oder Einzug der Bolschewisten nach Königsberg gefasst machen müssten.

Zu Hause aß ich dann Mittag und schrieb einen Brief an Walter nach Danzig, in dem ich ihn bat, dort zunächst zu bleiben und auf keinen Fall nach Königsberg zurückzukommen sondern eher mit Gesa zusammen zu versuchen, nach Kolberg oder auch zu meinem Vater nach Neustrelitz zu gelangen. [...] Freia schrieb ihm einen zweiten Brief im selben Sinne. [...]

Herr Jahn, der Nachbar, der uns beherbergt, war inzwischen auch von seiner Reise aus Sachsen eingetroffen, wenn auch mit Verspätung. Er hatte noch heute die Dirschauer Weichselbrücke[26] im Zuge passiert. Nur was er über das Herumliegen der Flüchtlinge auf den durchstrichenen Bahnhöfen berichtete, war fürchterlich. Überall dasselbe Bild des Elends und des Durcheinander, weil die Parteistellen, die für den reibungslosen Abtransport der Flüchtlinge sorgen sollten, meist als erste sich mit Autos aus dem Staube gemacht haben, statt für die Flüchtlinge zu sorgen. [...]

Königsberg, den 23.1.1945

[...] Walter hatte vom Flugplatz aus angerufen. Wir waren beide sehr entsetzt, dass er, den wir in Danzig in Sicherheit wähnten, nun doch hierher gekommen war. [...] Nach einiger Zeit [...] klingelte es dreimal und als ich beim Öffnen herunterblickte traute ich meinen Augen kaum, denn ich sah Walter nicht allein sondern mit Gesa ankommen. Über Gesas Herkommen in die furchtbare Gefahrenzone waren wir alle empört und machten ihr darob auch ordentliche Vorwürfe, sodass sie zu weinen anfing. Sie aber erklärte starrsinnig, dass sie nur mit uns ins Reich fahre, wenn Mutti mitkäme. Da Freia aber erklärte, wegen ihres Vaters hierbleiben zu müssen, bis er vielleicht abtransportiert würde, erklärte auch Gesa nicht fortzufahren. Für mich war es sehr bitter, nun auch noch die Sorge um Gesa als werdende Mutter[27] zu haben.

Königsberg Pr. d. 26.1.1945

Die Nacht verlief noch weit ruhiger als ich erwartet hatte. [...]
Am Vormittag besuchte ich [...] Walter in der Kaserne des Luftgaukommandos und fand ihn bereits eingekleidet als Fliegerrekrut vor. Er fühlt sich dort offenbar recht wohl und hoffte, möglichst bald ins Reich zur Ausbildung zu gelangen. Er bat mich, mit Mutti und Gesa auf jeden Fall mit den beiden Schlitten zu Fuß die Flucht aus Königsberg in Richtung Elbing[28] vorzunehmen. Ich [...] äußerte ihm gegenüber gleich meine Bedenken wegen der Durchführbarkeit. Denn bei der herrschenden Kälte von - 6° bis - 12° ist ein stundenlanger Marsch und Aufenthalt im Freien keine Kleinigkeit. Er meinte aber, dass das doch eher zu ertragen wäre, als womöglich von den Bolschewisten zu Tode gequält zu werden. [...] Während ich die Schlitten verschnürte, gingen Freia und Gesa nochmals zur Ortsgruppe Maraunenhof der NSDAP, um zu fragen ob nicht doch in nächster Zeit ein Schiffstransport abginge. [...]
Nur Gesa [...] wollte durchaus den Marsch wagen und heute noch (eine Stunde vor der Dunkelheit) beginnen. Frau Jahn war [...] heute früh mit einem Dampfer nach Pillau genommen worden, um dann von dort weiter nach Swinemünde [...] zu fahren. Nachdem wir uns nun also für das Hierbleiben für heute entschieden hatten, tranken wir Kaffee und aßen dazu noch jeder 3 Stückchen Kuchen. Dann ging ich mit Gesa zum Polizeirevier, sie anzumelden, damit wir für sie Lebensmittelmarken bekommen. Dort rat uns der recht nette Polizeibeamte, [dass wir es] doch einmal versuchen sollten im Hafenbecken I durch direktes Verhandeln mit einem Kapitän auf ein Schiff zu kommen. [...]
Um 22 Uhr legten Freia und Gesa sich hin, [...] obgleich der Kanonendonner immer stärker geworden ist. Hoffentlich können wir aber die

Nacht noch ungestört schlafen und werden alle den morgigen Tag noch erleben. [...] Vormittags will Freia [...] mit Gesa noch einmal zu ihrem Vater gehen, um ihn zum letzten Mal zu versorgen. Denn obwohl es ihr sehr schwer fällt, wird sie ja den alten Mann nun sich selbst überlassen müssen.

Swinemünde, den 1. Februar 1945

Nun sind wir fast schon eine Woche lang auf der Flucht. Seit dem 26.1., als ich zum letzten Mal noch in Königsberg hieran schrieb, haben wir ganz Furchtbares durchmachen müssen. [...]

Gesa, Freia und Walter hatten sich mit ihren gepäckbeladenen Schlitten, wie es ihnen der Polizeibeamte geraten hatte, am 27. Januar direkt an den Königsberger Hafen begeben. Dort blieben sie die Nacht über auf dem Posten der Hafenpolizei bis zur Einschiffung auf einem Dampfer. (T.M.)

Am Sonntag, d. 28.1.1945 kurz vor 6 Uhr wurden wir dann zum Anlegeplatz des Dampfers Huelva geführt, wo zunächst die Frauen mit kleinen Kindern hinauf sollten. [...] Es war ein furchtbares Gedränge und panikartiges Durcheinander. [...] Geradezu wie ein Wunder kam es mir vor, dass wir doch noch alle drei auf dem Dampfer schließlich oben waren. [...]

Swinemünde, d. 3. 2. 1945

[...] Dort [bei dem von-Bord-gehen in Swinemünde] wollte mich der eine Schiffsoffizier [...] nicht durchlassen, weil ich erst 52 Jahre alt bin und nur über 60 Jahre alte Männer von Bord gehen durften. Aber zu meinem Glück stand der Leutnant der Luftnachrichtentruppe in der Nähe des Schiffsoffiziers. [...] Er sagte mir, ich solle stets sagen, ich sei über 60 Jahre alt und er sagte zum Schiffsoffizier, er solle mich ruhig herunterlassen [...]. Als ich unten am Ende der Landungsbrücke ankam, rief mich ein Mann mit Haken-Kreuz-Armbinde, Schirmmütze und großer Aktentasche aus der Reihe und fragte mich nach meinem Alter. Ich sagte, ich sei über 60 Jahre [...] und er ließ mich ungeschoren weiterziehen. [...]

Sobald ich in Neustrelitz bin [...] will ich mich ja auf dem Oberpräsidium oder auf dem Wehrbezirkskommando melden, um entweder als Studienrat in ein KLV[29]-Lager zu kommen oder wieder Soldat zu werden. Doch vorher möchte ich noch erst meinen Vater in Neustrelitz wiedersehen und sprechen und dort Nachrichten von Walter und Anna empfangen. Wenn es nicht bald gelingt, den Russenvormarsch wirklich vollständig aufzuhalten und zum Stehen zu bringen, dann sehe ich nicht, wie wir den Krieg noch gewinnen können. Der Führer soll ja gesprochen haben im Rundfunk und zur Geduld gemahnt haben, da er bestimmt glaube, das deutsche Volk doch zum endgültigen Siege zu führen. Glauben möchte man das schon, doch ist nirgends ein Lichtblick, der diesem Glauben Nahrung und Stütze sein könnte. Und wenn man unser Flüchtlingselend hier sieht, kann man auch nicht zum Glauben an den Sieg gelangen.

Neustrelitz, d. 8.2.1945

Endlich konnte ich heute Mittag auch selbst nach Neustrelitz fahren, wo ich meinen alten Vater, dessen Schwester Emilie, [...] und meine Schwester Luise mit ihren drei Kindern [...] wiedersah. [...]
[Auf der Fahrt nach Rostock] etwa um 9 Uhr ging ein Amtswalter der NSDAP durch den Zug und wollte mich [...] aus dem Zuge weisen, da keine Männer mitfahren dürften. Ich ließ mich aber nicht hinaussetzen, sondern blieb einfach im Abteil sitzen und fuhr dann auch ohne weitere Schwierigkeit mit. [...]

Neustrelitz, d. 13.2.1945

[...] Gesa befleißigt sich einer ganz besonderen Unfreundlichkeit mir gegenüber. Sie ist in ihrem Benehmen und in ihrer Art geradezu ungezogen und unerfreulich. Sie meint offenbar, dass sich alle nur nach ihren Wünschen richten müssen. Ihre Art ist direkt verletzend. Hoffentlich hat sie es nicht später zu bereuen, dass sie ihren Vater derartig behandelt hat. [...] Morgen also geht es nun wieder ins Ungewisse. [...]

Triepkendorf, Sonntag, d. 18.2.1945

Nunmehr will ich die Zeit dazu nützen, in meinen Aufzeichnungen der Erinnerungen an meine frühere Lebenszeit fortzusetzen. [...]
Aus meiner Schulzeit will ich noch nachtragen, dass ich 1910 oder 1911 an einer, vom vaterländischen Flottenverein veranstalteten, Werbefahrt nach Kiel, Hamburg und Helgoland durch die Güte meines lieben Vaters, der die erforderlichen Geldmittel mir bewilligte, teilnehmen konnte. [...] Helgoland war damals zu einer bedeutenden Seefestung ausgebaut, doch bekamen wir davon nichts zu sehen. [...]

Ich lernte auf Helgoland ein nettes Helgoländer Mädchen kennen, mit der ich noch fast ein Jahr lang hinterher in Briefwechsel stand [...].
Während der ersten Semester meines Studiums der reinen und angewandten Mathematik, der Physik und Philosophie wurde ich stark von den Angehörigen verschiedener studentischer Verbände angegangen. Doch trat ich keiner Verbindung bei, einmal, weil ich aus Überzeugung seit der Unterprima Gegner des Alkoholgenusses war, und zweitens, weil mich die Eingebildetheit der Verbindungsstudenten damals geradezu abstieß. [...] Ein dritter Grund, der mich davon fernhielt einer Verbindung beizutreten, war für mich die Feststellung, dass nach Außen hin die Verbindungen den Schein erweckten, als hielten sie die Reinheit und die voreheliche geschlechtliche Enthaltsamkeit hoch, während in Wahrheit der geschlechtliche Umgang bei ihnen üblich war und sie sich in ihren Unterhaltungen ihrer Ausschweifungen sogar rühmten. [...] Ich lernte eine große Anzahl Angehöriger verschiedener Verbindungen in ihrem wirklichen Lebenswandel kennen und wurde von ihnen meist verlacht und verhämt, weil ich den Standpunkt vertrat, von mir selbst dasselbe zu verlangen zu müssen, was ich von meiner zukünftigen Frau verlange, nämlich geschlechtliche Reinheit, also Keuschheit bis zur Ehe. [...]
Sehr bald hatte ich als Primaner erkannt, dass der Alkohol den Kuppler machte, und daher bekämpfte ich den Alkoholgenuss ebenso wie das Rauchen, weil beide Rauschgifte nach meiner Meinung, die ich auch aus der Lektüre zahlreicher Schriften gebildet hatte, reine Gifte darstellen, also schädlich auf die Erbfaktoren einwirken können. Ich betätigte mich hingegen in der allgemeinen deutschen Studentenschaft, die durch Veranstaltung von Volksunterrichtskursen an den Abenden wissbegierigen Volksgenossen der ärmeren Schichten ohne nennenswerte Einschreibegebühren ein sich Weiterbilden ermöglichte. Als allerdings die jüdischen Studenten sich in der Studentenschaft mehr und mehr in den Vordergrund drängten, so dass die Einrichtungen der allgemeinen deutschen Studentenschaft allmählich in den Verruf kamen, jüdische Unternehmen zu sein, zog ich mich von dieser mir an sich lieb gewordenen Tätigkeit zurück, denn als Mitglied des Alldeutschen Verbandes[30], der doch gerade den Kampf gegen den Einfluss des Judentums im deutschen Vaterland auf sein Programm gesetzt hatte, sein Wahlspruch lautete ja: „Bedenke, dass Du ein Deutscher bist", war ich von meinem zweiten Studiensemester ab ein im-

mer schärferer Judengegner geworden. In diesen Verband hatte mich Studienrat R. vom Löbenichtschen Realgymnasium, den ich durch Professor W. in meinem ersten Semester kennenlernte, eingeführt. Die Blätter des Alldeutschen Verbandes und in ihnen in erster Linie die Artikel unseres Verbandsvorsitzenden Dr. Claß[31], dessen „Deutsche Geschichte", die er unter dem Decknamen „Einhart" herausbrachte, ich mit besonderem Interesse studiert hatte [...] boten mir lange Jahre hindurch viel Interessantes und Anregendes[32]. [...]
Ostern 1912 hatte ich mit dem Studium der Mathematik und der Naturwissenschaften an der Albertus-Universität in Königsberg begonnen. Eigentlich wollte ich [...] die ersten Semester an auswärtigen Universitäten studieren – ich dachte an Göttingen und an Bonn – [...] doch meine zu ängstliche Mutter konnte meinen Vater und mich dazu überreden [...] in Königsberg zu bleiben. [...] Am Ende des vierten Semesters kam ein Umstand hinzu, der mich selbst bewog, nicht von Königsberg fort zugehen. Im halbtägigen physikalischen Praktikum [...] lernten Freia und ich uns kennen. [...] In Unterhaltungen stellte ich bald fest, dass Freia in vielen Beziehungen meine Ansichten teilte, und so entwickelte sich nach kurzer Zeit ein freundschaftliches Verhältnis zwischen uns beiden. In häufigen Spaziergängen besprachen wir allerhand Probleme und Lebensfragen. Mir wurde ein öfteres Zusammensein mit Freia bald zum Bedürfnis [...]. Unserem gemeinsamen Studieren machte der am 2. August 1914 ausbrechende Weltkrieg ein vorläufiges jähes Ende. Ich wollte zu den Funkern mich als Freiwilliger melden, wurde aber zu den Festungspionieren hingewiesen [...]. Der Siegeszug unserer Truppen in Nordfrankreich und das Vordringen unserer Armeen nach Russland hinein, ließen uns fürchten, dass der Krieg womöglich zu Ende käme, ohne dass wir selbst draußen an der Front gewesen wären. Wir drängten daher dazu, auch endlich hinauszukommen und waren froh, als Anfang Oktober 1914 einige von uns als Ersatz nach Frankreich abgehen sollten. [Ich war im] Stellungskrieg [eingesetzt und mit] Sappengraben und Einbringen geballter Ladungen unter Feindstellungen beschäftigt. In einer solchen Sappe[33] wurde ich dann beim Abdichten der eingebrachten geballten Ladung durch eine feindliche Gegensappe abgeklemmt und verschüttet. Doch wurde der Sprengtrichter von unseren Truppen besetzt und ich dabei dann noch lebend geborgen. [...] Im Januar oder Februar 1915 wurde ich nach Königsberg zurückbefördert, da die Lungener-

weiterung, die durch die [...] Verschüttung aufgetreten war eine weitere Verwendung dort draußen auf dem Felde nicht mehr zuließ. [...]
Ich [...] promovierte im Mai 1917 zum Dr. phil. Anschließend machte ich dann auch mein Staatsexamen Ende Juli 1917, worauf Freia und ich am 24.7.1917 unsere öffentliche Verlobung feierten, am Geburtstage meines lieben Vaters.

Triepkendorf, Montag, d. 19. Februar 1945

[...] Am 5. Januar 1919 fand unsere Trauung statt. [...] Wir fühlten uns trotz der wenig erfreulichen politischen Entwicklung in unserem engen aber schönen Heim recht wohl. [...] Sonntags pflegten wir dann abwechselnd bei meinen oder bei Freias Eltern Gast zu sein. [...]

Triepkendorf, Dienstag, d. 20.2.1945

[...] 1921 wurde uns dann unsere älteste Tochter Anna zu unserer großen Freude geboren. Leider war damals meine Schwiegermutter bereits schwer an Lungentuberkulose erkrankt. Sie durfte daher nicht Freia und den Säugling in der Klinik [...] aufsuchen, und ich erinnere mich noch, dass, als ich ihr [...] die Geburt ihrer ersten Enkelin mitteilte, sie ganz resigniert in der Türe zwischen Küche und Wohnstube stehend sagte, für sie sei es schon zu spät. Und in der Tat, drei Tage später [...] starb sie ganz plötzlich. Sie war durch den Tod ihres ältesten Sohnes, der bereits am 30.8.1915 [...] in Russland nach einer Schlacht durch eine verirrte Kugel den Heldentod für unser Vaterland gestorben war [...] und dadurch, dass ihr jüngstes Kind [...] seit dem Sommer 1917 in Russland verschollen war, zu sehr in ihrer Gesundheit geschwächt worden, so dass sie die immer schlechter gewordene Kriegsernährung nicht ohne erhebliche gesundheitliche Schädigung hatte ertragen können. Seit Jahren zehrte die Lungentuberkulose an ihr und plagte sie der böse Husten, bis sie [...] auslosch, wie ein Licht, das abgebrannt war. Auf Befehl des Arztes musste Freia im Wochenbette der Tod ihrer Mutter verheimlicht werden, da sonst für sie und das Kind ebenfalls Lebensgefahr bestand. Es war für mich eine schwere Prüfung, Freia auf ihre Fragen nach dem Ergehen ihrer Mutter [...] ausweichende Antworten geben zu müssen. Erst einen Monat nach der Geburt durfte ich ihr dann den Tod ihrer Mutter mitteilen. [...] Ich war geradezu erlöst und atmete von dem Druck befreit auf, als ich endlich

nicht mehr zu heucheln gezwungen war. Unsere Anna entwickelte sich zu einem lieben, artigen Säugling. [...]
1923 wurde unsere zweite Tochter Gesa geboren. Während ich bei Annas Geburt in der Klinik nicht dabei sein konnte, durfte ich hier dabei sein, als Gesa das Licht der Welt erblickte. Gesa entwickelte sich gut und rasch und Anna war recht stolz und auch besorgt um ihr Schwesterchen. Für uns war damals das Leben und Wirtschaften nicht ganz einfach, denn die Inflation, die schon 1918-1919 begonnen hatte, wurde im Laufe des Jahres 1923 immer schlimmer. [...]

Triepkendorf, Mittwoch, d. 21. Februar 1945

[...] Im Jahre 1927, gerade am Geburtstage meines Schwiegervaters Fritz Janowitz wurde uns [...] als drittes Kind unser lieber Junge geboren, dem wir den Namen Walter gaben. [...]

Triepkendorf, d. 24. Februar 1945

[...] Und nun mache ich eine Erinnerungswanderung durch mein schönes verlorenes Eigenheim. [...] Durch die zweite Glastür an der Nordwand der Veranda trete ich jetzt in Freias Gemach ein [...]. Über dem Sofa beherrscht ein Ölgemälde [...] die Wand, neben dem unmittelbar neben der Türe die Vergrößerung einer Aufnahme von mir, die Anna und Gesa an einer Waschwanne in der Sonne in Neukuhren [...] in paradiesischer Nacktheit festhält, kaum auffällt. [...]

Triepkendorf, Sonntag, d. 25. Februar 1945

[...] Ich will nun meine Wanderung durch mein geliebtes Eigenheim fortsetzen. [...] In dem Gästezimmer des Dachgeschosses steht vor dem Schornstein meine zweite graue Kofferkiste, die ich schon 1940 als Beutestück erhielt, ebenfalls angefüllt mit zahllosen Zeitschriften, unter anderem mit allen Jahrgängen der Alldeutschen Blätter vom Jahre 1915 bis zur Auflösung des Alldeutschen Verbandes[34]. [...]
Und jetzt gehe ich wieder in die Jahre 1933 und 1934 zurück. 1933 war das Jahr der Erhebung, des Regierungsantritts Adolf Hitlers und für uns das Jahr, das uns unser schönes Eigenheim gab. [...]

Triepkendorf, d. 26. Februar 1945

[...] 1928 od. 1929, schaffte ich mir den 16 mm Schmalfilm-Kinoaufnahme-Apparat, den „Kinamo“ von Zeiss Ikon an. [...] Mehrere

Filmrollen habe ich damals und später gedreht teils in Königsberg, teils in Neukuhren und teils auch in Georgenwalde[35]. Es war für uns alle und besonders für meine Kinder immer eine besondere Freude, wenn wir später in meinem Zimmer die Filme auf der Leinwand abrollen ließen. [...] Dazu hatte ich auch noch Aufnahmen vom Rodeln der Kinder im Winter, von Spaziergängen u.a.m. Ferner war da noch ein gekaufter Filmstreifen vom Tage zu Potsdam[36], auf dem man den Reichspräsidenten Von Hindenburg, den Führer Adolf Hitler, den Reichsmarschall Göring und andere zu sehen bekam.
[...] Am 16. April 1936 erkrankte meine Mutter. Ein Schlaganfall mit linksseitiger Lähmung fesselte sie ans Bett, das sie nicht wieder verlassen sollte, denn bereits am 19. April 1936 mittags schloss sie ihre müden Augen für immer. [...] Mit meiner Mutter verließ mich der einzigste Mensch, von dem ich niemals in meinem Leben ein böses Wort gehört habe, der stets besonders liebevoll um mich besorgt war und mich pflegte und mich buchstäblich verwöhnte. Der Tod meiner lieben und von mir geliebten Mutter war wohl für mich der schwerste Schmerz meines bisherigen Lebens. [...]

Triepkendorf, Dienstag, d. 27. Februar 1945

[...] Dann waren meine Gedanken wieder bei meinen Erlebnissen der letzten Jahre, vornehmlich bei meiner Tätigkeit als Meteorologe bei der Luftwaffe im Wetterdienst. Ich musste dabei immer wieder mit Bedauern feststellen, dass überall Intrigen, Missgunst und Gegeneinanderarbeiten die Regel ist, wo ein Zusammengehen eigentlich das Richtige und für den Erfolg unbedingt Notwendige gewesen wäre. [...] Und nur zu bald sollte ich noch weitere bittere Erfahrungen hinsichtlich der Vorgesetzten machen [...]. Ich möchte noch ein Erlebnis, das mir gerade [...] wieder einfällt, hier festhalten: In Wintam-Hingene[37] – der Flugplatz lag zwischen beiden Dörfern auf der Südseite der Verbindungsstraße und war besetzt von mehreren Transportmaschinengruppen, die allerdings ihre Maschinen alle so weit von der Straße entfernt aufgestellt hatten, dass nicht viel von der Straße aus zu sehen war – pflegten die Einwohner beider Dörfer und auch der weiteren Nachbarschaft am Sonntag Nachmittag die trockene, gut asphaltierte Verbindungsstraße der beiden Dörfer zum Spaziergang zu benutzen. Da poussierte das junge Volk herum, die älteren Leute gingen bedächtig die Straße hin und her und tauschten dabei ihre Meinungen aus, und um sie herum liefen spielend die Kinder. Etwa 2 bis 2½ km ist die Straße lang, fast gerade. An einem Juli-Sonntag, als wieder bei schönstem Sonnenschein die ganze Straße voll war von Einheimischen, stieg unser [...] Kommandant in sein Auto und befahl dem Fahrer, dauernd hupend die Straße in rasendem Tempo herauf- und herunterzufahren, während er auf dem Sitz neben dem Fahrer stehend mit einer langen Weidengerbe bewaffnet auf die erstaunten Einwohner einschlug und dabei brüllte, sie sollten sich von der Straße nach Hause scheren. Etwa zwei duzend Male ist er wie ein Rasender die Straße entlang gefahren. Als da immer noch einige Einwohner auf der Straße zu sehen waren, ließ er [seine] Kompanie antreten und durch sie die Straße säubern, und stellte nun an beiden Enden und an den drei Einmündungen von Nebenstraßen Doppelposten auf, die keinen Zivilisten hindurchlassen durften. Er zwang dadurch die Leute [...] den Umweg um den Flugplatz, der etwa 15 km (!) betrug zu machen um wieder in ihren Wohnort zu gelangen. [...] Ob eine solche Aufführung zur Hebung des Ansehens des deutschen Offiziers bei den Einwohnern des besetzten Gebietes beigetragen hat, wage ich zu bezweifeln. Und einem solchen Mann waren wir eigentlich auf Gedeih und Verderb ausgeliefert, denn er hatte über uns maßgebend zu urteilen und nach oben hin zu berichten. [...] Was mich aber damals am meisten abstieß, war das Verhalten meines Inspektors, der doch in Zivil Pfarrer war. Dieser brave Mann Gottes hatte außer dem Saufen nur für die jungen Mädchen der Bevölkerung Sinn und kannte bald jede Dirn der Umgebung, ging in seiner Freizeit mit ihnen spazieren und besuchte sie in ihren Wohnungen. [...] Als ich gelegentlich einmal dem Herrn zu verstehen gab, dass er als verheirateter Pfarrer [sich] doch eigentlich weniger mit jungen Mädchen abzugeben hätte, meinte er nur, man müsse genießen, was uns die Erde anböte, solange man dazu noch imstande wäre. Für einen Pfarrer wohl ein eigenartiger Standpunkt [...] nach meiner Meinung. [...] Jedenfalls trug das Verhalten dieses Pfarrers wesentlich dazu bei, meine ablehnende Stellung zu Religion und Kirche mehr und mehr zu festigen. [...]

Triepkendorf, Mittwoch, d. 28. Februar 1945

[...] Kurz vor dem Frühstück erhielt ich von [...] unserem Walter einen Brief [...], der uns sehr erfreut, ich will ihn im Wortlaut hier festhalten:

„[...] 18.2.1945. Liebe Mutti! Vor drei Tagen erfuhr ich von Onkel Otto zu meiner großen Freude, dass Du, Vater und Gesa glücklich in Swinemünde gelandet seid. Die Karte ist ganze 15 Tage unterwegs gewesen. Auf diese für Onkel Otto und mich sehr erfreuliche Nachricht erfuhr er am 16.2., dass sein Sohn am 2.2. in Marienburg gefallen ist. [...] Wenn ich nicht hier bei Onkel Otto sozusagen eine Heimat hätte, hätte ich schon darum gebeten, mich an die Front zu schicken, da wir hier wohl lange auf Feindberührung warten können [...]. Nun liebe Mutti hoffe ich, dass es Euch einigermaßen gut geht. Grüße bitte, Vater, Gesa und Anna von mir.
Herzlich grüßt Dich Dein Sohn Walter." [...]

Triepkendorf, Donnerstag, d. 1. März 1945

[...] Soeben haben wir gefrühstückt und da kam inzwischen viel Post an: Gesa erhielt gleich 6 Briefe ihres Titus. [...] Ich will das schlechte Wetter benutzen und in den Aufzeichnungen der Geschehnisse in den letzten Jahren vor dem Kriege fortfahren. [...]
Da ich in den Osterferien des Jahres 1938 zu einer dreitägigen Tagung für Mathematiker und Physiker nach München wollte, beschlossen wir, unsere Osterfahrt diesmal über Leipzig, Nürnberg und München zu den Alpen gehen zu lassen. [...] Von Bamberg ging es weiter nach Bayreuth, wo wir das Haus der Deutschen Erziehung[38], einen Prachtbau des neuen Deutschlands, ein Schloss und das weltberühmte Festspielhaus aufsuchten. [...] Am Abend dieses Tages gelangten wir nach Nürnberg [...]. Gleich [...] setzte sich Freia telefonisch mit ihrer Kusine Amalie in Verbindung. Kurz nach 21 Uhr fuhr uns ihr Mann [...] in seinem Horch Sport-Cabriolet durch das nächtliche Alt-Nürnberg bei schönem hellem Vollmondschein. Wir erlebten die Szenerie der Wagner'schen Oper „Die Meistersänger von Nürnberg" ganz unmittelbar. [...] Am nächsten Tag wanderten wir dann mit unseren Kindern durch die wunderschöne Stadt, sahen die hölzernen Wehranlagen, besuchten die Marterkammern und waren auf dem Marktplatz oder Adolf Hitlerplatz [...]. Natürlich führte uns auch unser Weg durch das Parteitagsgelände[39]. [...]

Triepkendorf, Freitag, d. 2. März 1945

[...] Und doch können wir noch zufrieden sein, dass wir es nicht noch schlechter haben! [...]
Und dennoch will man das alles gerne ertragen und in Kauf nehmen, wenn dadurch mit Sicherheit eine Schicksalswende erreicht würde.

Doch trotz der Rundfunkrede Goebbels, die ich heute in der gestrigen Zeitung las, kann ich nirgends einen Entwicklungsansatz erblicken, der zu neuen Hoffnungen Anlass gäbe. [...]
Nun will ich bis zum Mittagsessen noch zu unserer Osterfahrt des Jahres 1938 zurück. In München besuchten wir auch noch das „Haus der deutschen Kunst[40]", in dem gerade eine Ausstellung der deutschen Jugendherbergen und von Modellen der noch geplanten oder schon im Bau befindlichen Bauten der Bewegung stattfanden. [...] Auch besuchten wir den „Königlichen Platz" mit seiner Weite und an seinem einen Ende die Säulenhallen mit den Särgen der Gefallenen der Bewegung, diese stimmungsvolle Ehrenhalle. Unser Weg führte uns auch an der Feldherrenhalle vorbei, an der ständig ein SA-Doppelposten in steinerner Ruhe steht. [...] Eines Abends fuhren wir in München noch nach dem Märzfeld, ich glaube, so heißt dieser große freie Platz für Massenversammlungen[41]. [...]
Ende Juli 1938 kam dann in seinem Audi (Amalies ältester Sohn), Karl mit seinem kleinen Bruder Rudi zu uns nach Neukuhren zu einem fast drei Wochen währenden Besuch. [...] Nun begann, besonders für unsere Mädel eine herrliche Zeit des ungezwungenen, vergnüglichen Zusammenseins mit ihren beiden Vettern. [...]
An einem Abend gab es wegen eines verspäteten Heimkommens nach einem Ausflug eine ziemlich erregte Auseinandersetzung zwischen Freia und unseren Mädchen, wobei Anna von Freia eine kräftige Ohrfeige bezog. [...]

Triepkendorf, Sonnabend, d. 3. März 1945

[...] Mir wäre es wirklich das liebste, wenn man mich endlich einberufen würde, ganz gleich zu welchem militärischen Dienst es auch geschähe. Unmittelbarer Frontdienst allerdings würde wohl [...] über meine Kräfte gehen. Doch könnte ich im Schreibstubendienst doch Verwendung finden, um dadurch einen gesunden und kräftigen jüngeren Mann für die Front frei zu machen. [...]

Tübingen, Freitag, d. 16 März 1945

Heute endlich nach einer vollen Woche beschwerlicher Eisenbahnfahrten kamen wir morgens 3 Uhr 30 hier in Tübingen, unserem Reiseziele an. [...] Anna fand ich fast unverändert wie früher schmal und etwas elend, doch fühlt sie sich offenbar ganz wohl und gesund. Ihr

Verhalten zu mir ist so lieb und freundlich, dass es mir geradezu wohl tut und ich aufatmen kann. [...] Nach dem Frühstück ging ich zum Friseur, um mir die Haare schneiden und mich rasieren zu lassen. Hier lernte ich gleich zum ersten Mal die Sturheit und Feindseligkeit des Schwaben gegen die Deutschen einer anderen Gegend in krasser Form kennen. [...]

Tübingen, Sonnabend, d. 17. März 1945

[...] Nun will ich mit der Aufzeichnung unserer Herfahrt fortfahren [...]. Ich saß [auf einen der Zugfahrten] zwischen einem Zivilisten und einem Oberleutnant und kam bald in ein Gespräch über die augenblickliche Lage, wobei ich allerhand aus Andeutungen des Zivilisten, der offenbar in der Rüstungsindustrie tätig war, entnehmen konnte über den zu erwartenden Einsatz unserer neuen Waffen, die nach seiner Meinung zur völligen Vernichtung unserer Gegner führen würden, wenn wir sie erst in hinreichender Menge erzeugt hätten. Man glaubt doch so gern, was man erhofft! Jedenfalls wurde ich innerlich doch wieder hoffnungsvoller und wünsche nun nur, dass der Einsatz nicht zu spät erfolgen wollte, und dass vor allem das Volk den furchtbaren Bombenkrieg bis dahin noch standhaft ertragen möchte und nicht vorher sich und damit Deutschland aufgäbe. Hier in Tübingen bin ich nun allerdings wieder in einen Kreis gekommen, der – wie Prof. Weber [Annas Doktorvater] – verstandesmäßig natürlich keine Möglichkeit einer tatsächlichen Wende und einer Vernichtung unserer Gegner sieht, sondern nur den sicheren Untergang unseres Volkes und dann den Entscheidungskampf zwischen den Angloamerikanern und den Bolschewisten auf dem Boden des vernichteten Deutschlands! [...]

Tübingen, Dienstag, d. 27. März 1945

[...] Wenn nämlich nicht bald das „Wunder“ geschieht, ist es auch mit uns hier in Tübingen aus und wir wandern in amerikanische oder englische Gefangenschaft und damit wohl in den Hungertod, wenn die Zeitungsnachrichten aus den vom Feind besetzten Gebieten stimmen. Unsere Lage sieht verzweifelt trostlos aus! Um nicht daran denken zu können und auch nicht über das Schicksal meines kleinen großen Jungen Walter zu grübeln, will ich wieder an meine Logarithmen Berechnungen herangehen. [...]

Tübingen, Donnerstag, d. 29. März 1945

[...] Es kommt mir alles so zweck- und sinnlos vor. Am Vormittag holte ich heute von der Deutschen Bank die von Anna dort deponierten Papiere über meinen Grundbesitz in Ostpreußen und ging dann damit zum Kriegsschädenamt im Rathaus, wo das Protokoll über meinen Fliegerschaden mit dem Antrag auf Ersatz des entgehenden Nutzungswertes aufgestellt und von mir unterschrieben wurde. [...] Nachmittags konnte ich mir dann einen Vorschuss von 950 RM. [Reichsmark] auf den Sachschadenersatz abholen. [...]

Tübingen am Karfreitag, d. 30. März 1945

[...] Hoffentlich werde ich doch noch einmal das Glück haben, meine beiden Häuserchen wieder neu aufbauen zu können. Voraussetzung dafür ist allerdings der deutsche Sieg. [...] Prof. W. brachte die betrübliche Nachricht, dass nach dem letzten Wehrmachtsbericht sowohl Danzig und Gotenhafen wie auch ganz Ostpreußen von uns aufgegeben worden seien und somit dort die Russen Herren der Lage sind. Was mag aus meinem lieben Jungen nur geworden sein, der noch im Danziger Gebiet als Soldat eingesetzt war? Werde ich wohl jemals noch eine Nachricht wieder von ihm erhalten? Ich kann es noch gar nicht glauben, dass dort alles aus sein soll?! Es ist ganz furchtbar! Man fragt sich, ob das Leben überhaupt noch einen Sinn oder Zweck hat! [...]

Tübingen, am Ostersonntag, d. 1. April 1945

Heute am Ostersonntag, einem Festtage der Freude – doch wo soll man jetzt Kraft zur Freude[42] hernehmen? – denke ich an unseren eisernen ersten Kanzler Otto v. Bismarck, dessen Geburtstag ja heute ist. Ich glaube bestimmt, dass er, wenn er in dieser Zeit noch gelebt hätte, es verstanden hätte, diesen und auch den Ersten Weltkrieg durch sein diplomatisches Geschick zu vermeiden. Dann wäre der Tod so vieler Millionen bester deutscher[43] Männer nicht nötig gewesen! Vom rein biologischen Standpunkt aus bedeuten diese beiden, so rasch aufeinanderfolgenden Kriege an sich schon einen nicht wieder zu behebenden Schaden am deutschen Volke, da rassisch wertvolle junge Leute nicht zur Fortpflanzung gelangen konnten, während minder wertvolle sich fortpflanzen können, da sie durch Gebrechen ja vom Kriegsdienst befreit sind. Auch an den Osterspaziergang in Goethes

Faust denke ich und besonders aber weilen meine Gedanken wieder bei meinem Jungen, von dem ich leider nicht weiß, ob er den heutigen Tag noch unter den Lebenden miterlebt oder ob er bereits sein junges Leben hat hinopfern müssen für die Idee eines „Großdeutschland", das unter Umständen nur ein Wahn[44] bleiben wird! [...]

Tübingen, am Ostermontag, d. 2. April 1945

[...] Die gestern und heute herrschende warme Temperatur hat bewirkt, dass fast überall die Bäume beginnen, im frischen jungen Grün zu prangen. Wie schön ist doch die Natur, und was hat der Mensch aber daraus gemacht? Aller geistige und wissenschaftliche Fortschritt, der doch eigentlich dem besseren Leben des Menschen dienen sollte, wird nur dazu benützt, um die geschaffene hohe Kultur vollständig zu vernichten! Da die Menschheit offenbar es nicht versteht, ihre geistigen Gaben richtig und sinnvoll auszunutzen, ist sie reif für den Untergang! Warum aber muss dieser Untergang zuerst jetzt das deutsche Volk treffen? Das ist nicht recht einzusehen! Und so hoffe ich doch immer noch, dass die Vorsehung dem deutschen Volke doch noch zum Weiterleben verhelfen wird. Gräueltaten sind auf allen Seiten leider allzu viele vollbracht, doch habe ich immer noch den Eindruck, dass, aufs Ganze gesehen, wir Deutschen darin doch den Gegnern erheblich nachstehen. [...]

Tübingen, Dienstag, d. 3. April 1945

[...] Die Aussicht in amerikanische Gefangenschaft zu geraten, ist wenig schön, doch werde ich mich damit wohl vertraut machen müssen. [...] Da die Amerikaner schon bei Münster stehen, ist auch das Industriegebiet und Westfalen für Deutschland verloren. Wie da noch eine Wende zum Guten für uns herauskommen soll, ist mir schleierhaft. Wenn man sich die Karte von Deutschland ansieht, muss man leider feststellen, dass bereits 2/3 des Reiches vom Gegner besetzt sind! Armes Deutschland, mein geliebtes Vaterland, was ist aus Dir und seinem Volke geworden! [...] Wenn nur hinter den amerikanischen Panzerspitzen auch Amerikaner und nicht etwa Franzosen als Eroberer hierher kämen! Prof. W. sagte beim Mittagessen, dass gerade die hier operierende amerikanische Panzerarmee als nachfolgende Infanteriebesatzungstruppe die französische De Gaule Armee angegliedert sei, und die Franzosen sind und bleiben unsere erbittertsten Feinde. Vor allem aber werden überall in die leitenden Stellen Juden eingesetzt, die ihrer Rache vollkommen freien Lauf geben. Was uns da noch alles an Schrecken blühen kann, weiß man nicht. Doch glaube ich bestimmt, dass es nicht so schlimm sein wird, wie es hätte im Osten unter der Herrschaft der Bolschewisten sein können, wenn wir damals in Königsberg geblieben wären. Doch sei es wie es sei, es muss alles getragen werden und wenn es noch so schlimm und schwer kommt. Warum nur hat man mich nicht schon längst wieder einberufen? Als Soldat hätte ich dann eben meine Pflicht zu tun und mich um alles andere sonst nicht zu kümmern. Ganz schlimm erscheinen uns jetzt die Aufforderungen der Reichsregierung, auch nach der Besetzung als Zivilisten den Feinden Widerstand zu leisten, womöglich noch mit der Waffe! Dadurch würden wir ja nur erreichen, dass der Gegner uns schonungslos als Partisanen behandeln muss. [...] Ich will nur hoffen, dass es meinen Kindern später einmal wieder besser gehen mag und dass mein lieber Junge noch lebt [...] oder, wenn es sein muss, einen raschen möglichst schmerzlosen Tod hat oder hatte. [...]

Tübingen, Sonnabend, d. 7. April 1945

[...] Gegen 21 Uhr aßen wir [...] Pudding und daran anschließend saßen wir noch in meinem Zimmer, das unser Esszimmer ist, bei lebhaftem Gespräch über die hoffnungslose Lage unseres geliebten Vaterlandes! Dabei wurde die Meinung laut, dass es jetzt nur noch darauf ankäme, weiterer Vernichtung von Menschen und Werten Einhalt zu gebieten und so noch etwas für das Deutschtum zu retten, das dann doch nach Jahren wieder sich würde erheben können, während eine vollständige Vernichtung und Ausrottung die Folge weiteren Widerstandes wäre. Ich vertrat aber die Ansicht, dass nur entschlossener Widerstand eigentlich noch in Frage käme, denn mit dem Eindringen der Feinde käme auch wieder die Aufrichtung einer neuen Judenherrschaft über uns und wir, besonders diejenigen, die wie ich von ihrer eigentlichen Arbeitsstätte fort sind, werden als Beamte ohne jedes Einkommen elend umkommen. Denn der besiegte Staat kann ja seinen Verpflichtungen nicht nachkommen und wir gehen dann Zeiten entgegen, die weit schlimmer sein werden, als die Inflationszeit nach dem ersten Weltkriege. Und damals war ich noch jung und unsere Heimat Ostpreußen war vom Feinde frei! Und jetzt sind mein ganzes Lebenswerk und mein durch Sparen mühsam erworbenes Vermögen verlo-

ren. Denn wer gibt mir Nackten noch irgendwie etwas für meine Grundstücke und meine Eigenheime? Ich werde also sehen müssen, irgendwo als einfacher Handlanger unterzukommen und auch das wird wahrscheinlich ganz unmöglich sein. Was mir dann bleibt, ist wahrscheinlich nur noch der Freitod. Aber damit ist Freia nicht geholfen. Und Anna und Gesa meinen ja als Medizinerinnen oder durch das Rote Kreuz noch irgendwie unterzukommen.
Jedenfalls sind die Aussichten für die Zukunft furchtbar! Ich fürchte, dass einem Sieg der Gegner eine vollkommene Bolschewisierung Europas folgen werde und das bedeutet eine systematische Ausrottung aller geistigen Kreise. Bei dieser Aussicht möchte man doch immer noch hoffen, dass ein Wunder geschähe und endlich doch eine Wende eintreten möge, wenn man auch nicht mehr sehen kann, wie das wohl möglich sein sollte. Jetzt wendet sich die Masse von Hitler und dem Nationalsozialismus ab, hätte er jedoch weiterhin Erfolg gehabt, so wäre das Urteil umgekehrt. Ob Hitler als Abenteurer und Totengräber des deutschen Reiches in die Geschichte eingehen wird oder als Nationalheld und Retter des Volkes, das hängt wohl nur davon ab, ob er letzten Endes Erfolg haben wird. Doch wie er jetzt noch zu dem erstrebten Endsieg kommen will, das ist nicht mehr zu sehen. Sind doch alle unsere Hilfsquellen bereits erschöpft oder in Feindeshand. Gegen die ganze Welt kann letzten Endes ein einziges Volk doch nichts ausrichten. Nach der Zusammenkunft in München[45] hätte Hitler sich bescheiden müssen und nicht die Lage mit Polen auf die Spitze treiben dürfen. Es wurde meiner Meinung nach doch eine zu überstürzte Anschlusspolitik getrieben, wenn auch zugegeben werden muss, dass der polnische Korridor für die Dauer unhaltbar und für Deutschland unmöglich war. Doch was haben wir jetzt? Östlich der Elbe: die Herrschaft der Bolschewisten und westlich: Herrschaft der Amerikaner! In beiden Teilen wird das Leben für uns nur ein Vegetieren sein. Und doch hoffe ich immer noch, dass es nicht soweit kommt. [...]

Tübingen, Freitag, d. 13. April 1945

[...] Da kam uns aber heute die Nachricht, dass der amerikanische Präsident Roosevelt heute Nacht an Gehirnblutung plötzlich verstorben ist. Vielleicht kann uns sein Tod nützen. Ich glaube es zwar noch nicht, da in Amerika der Einfluss der Juden zu groß ist. Mehr wert wäre für uns wohl ein politischer Tod Stalins und Churchills! [...]

Tübingen, Mittwoch, d. 18. April 1945

Auch heute begann der Tag gleich mit Alarm um 7 Uhr 15, da wieder wolkenloser Himmel herrscht. Wir haben trotzdem in Ruhe gefrühstückt. Eine Überraschung hatten wir heute insofern, als wir endlich eine Nachricht von Walter erhielten. Außerdem erhielt Gesa einen Brief von Lilo Janowitz aus Danzig vom 2. März 1945 und ich die Ablehnung meines Gesuches vom 12.2.45 auf Einberufung zum Reichswetterdienst der Luftwaffe. [...]

Walters Brief will ich im Wortlaut hier vermerken:

„[...] 10. III. 45 Liebe Mutti! [...] Mir geht es hier sehr gut, zumal ich nun von Euch persönlich Nachricht habe. [...] Zu Onkel Otto komme ich natürlich jetzt, wo der „Iwan“ immer näher rückt überhaupt nicht mehr, was mir sehr leid tut. Aber ich bin nun Soldat und zwar, glaube ich sagen zu können mit „Leib und Seele“, weshalb für mich der Krieg vor allem anderen vorgeht. Dass ich nicht Flugzeugführer werde, damit habe ich mich abgefunden. Denn wenn in diesem Jahr die entscheidende Wende kommt, und sie wird kommen, wenn keiner die Flinte ins Korn wirft, solch Vertrauen habe ich in die Führung, so hätte es keinen Zweck uns auszubilden, da wir ja doch nicht mehr zum Einsatz kämen. Ich freue mich, einer Einheit anzugehören, die aus Soldaten der Luftwaffe besteht und eine Spezialtruppe darstellt. Wie Du bereits aus der Anschrift ersehen haben wirst gehöre ich einer Panzerzerstörungskompanie an. Unsere eigentliche Waffe ist die Panzerfaust, unsere Kampfweise soll der Nahkampf gegen Panzer sein. Ich bin ganz froh, dass ich hier bei Danzig liege, obwohl ich ja nun im Kessel drinnen bin. Ich habe an der Verteidigung Danzigs auch noch persönliches Interesse, da Onkel Otto, Hanni, Lilo und Frl. G. hier sind. Ich habe besondere Verpflichtung wegen meines gefallenen Vetters. Ich hoffe, dass ich mich in jeder Hinsicht würdig erweisen möchte; in einigen Tagen kann ich nämlich schon im Einsatz stehen. Vielleicht habe ich, wenn Du diese Zeilen ließt, schon meine Feuertaufe hinter mir. Ich freue mich schon auf den Augenblick, wo ich dem Iwan dafür zurück geben kann, dass er uns aus unserer Heimat vertrieben hat. Dann allerdings werden wir nicht mehr so leben, wie wir das jetzt hier tun können. Wir haben ja einen verhältnismäßig schweren Dienst, aber dafür bekommen wir viel und gut zu essen. [...] Grüße bitte Vater und Gesa recht herzlich von mir. Herzlich grüßt Dich Dein ‘Bubi’. [...]“

Dieser Brief macht mich ganz stolz auf meinen Jungen, der liebe Kerl, aber es stimmt mich auch wieder traurig da ich mir sagen muss, dass er aller Wahrscheinlichkeit nicht mehr unter den Lebenden weilen wird. Aber dennoch ist dieser Brief ein Zeugnis für die tapfere Hal-

tung meines Siebzehnjährigen. [...] Der Brief von Lilo an Gesa [...] ist am 2. März 1945 geschrieben [...]. Aus ihm will ich hier festhalten:
„ … Danzig ist ja schon so gut wie eingeschlossen. Die Stadt ist dermaßen überfüllt mit Flüchtlingen aus Ostpreußen, die zum größten Teil zu Fuß über die Nehrung gekommen sind, dass man wohl an ein Evakuieren der Stadt nicht mehr denken kann!
Wir echten Danziger hoffen ja immer noch, dass wir doch ein gütiges Geschick erfahren werden, so trostlos unsere Lage auch wohl im Augenblick aussieht! Unser Albert[46] ist ja der festen Überzeugung, dass Danzig (die lächerliche Festung ohne irgend einen Schutz) bis zum letzten Mann verteidigt werden muss! Ich könnte ja stundenlang über die Bonzen, denen es ja jetzt nur um ihr eigenes Leben geht, schimpfen, ich glaube aber, Du wirst ja schon wissen, wie ich darüber denke! Seit heute sind wir eingeschlossen, es geht nur noch per Schiff oder Flugzeug heraus! Jetzt ist es schon besser, in der Heimat unterzugehen, als dort im Westen zu verhungern oder vielleicht auf See unterzugehen. Wir fühlen uns auch viel zu sehr mit unserer Heimat verbunden, dass wir freiwillig alles verlassen würden!
Hoffentlich geht es Euch nicht so wie uns, dass Ihr Euren einzigen Bruder noch verliert. Karl ist am 2. Februar in der Marienburg auf dem höchsten Turm über dem Hochmeisterpalast gefallen. Mit einem Leutnant zusammen hat er das Feuer sämtlicher Flakbatterien geleitet. Karl soll einen schönen und schnellen Tod gehabt haben. Man weiß nicht welchem schrecklichen Schicksal er entgangen ist.
Die Verwundeten, die hier von der Front kommen, bieten einen ganz schrecklichen Anblick. Menschen mit abgerissenen Gliedern, die Wunden mit Stroh umwickelt! Die Toten wurden nur so aus den Zügen wie Bretter herausgeworfen! – Ja so schrecklich, wie das alles ist, so kann man das gar nicht schildern!
Unsere Oma ist am Mittwoch dem 28. auch für immer von uns gegangen. Weißt Du, heute empfindet man so einen Verlust gar nicht mehr als so schlimm, denn hier in den Kampfgebieten meint man immer, dass die Toten gut aufgehoben sind.
Was für ein Schicksal wird uns noch blühen? Wir Danziger hoffen alle, dass wir offene Stadt werden, und dass die Russen bloß bald kommen möchten, damit das Elend ein Ende hat..." [...]

Tübingen, Donnerstag, d. 19. April 1945

Vor etwa 2 Stunden sind die ersten Panzerspähwagen und Panzer der Franzosen und Amerikaner nun leider doch schon hier eingerückt. [...]

Die Freude der hiesigen Franzosen über den Einzug ihrer Landsleute ist verständlich, aber für uns recht schmerzlich. [...]
Das Fehlen des Benzins ist unsere Katastrophe! Wie soll es da noch zu einer Wende kommen? Und dennoch hofft man immer noch. [...]

Tübingen, Freitag, d. 20. April 1945

[...] Die Nacht zu heute, Hitlers Geburtstag verlief viel ruhiger als alle früheren, dafür ist am Tage viel mehr Betrieb und Lärm. [...]

Tübingen, Sonnabend, d. 21. April 1945

[...] Mittags kam unsere Anna mit der Nachricht heim, dass sie nunmehr beschleunigt ihr Staatsexamen [...] voll und ganz beendet habe. Ich habe sie aufrichtig bewundert, wie sie trotz aller auftretenden Schwierigkeiten und vor allem all der seelischen Belastungen die Nervenkraft aufgebracht hat, weiter durchzuhalten. [...]
An Hitlers Geburtstag soll Goebbels eine Rede gehalten haben, die Frau S. und Freia zum Teil im Rundfunk gehört haben. In ihr habe er von dem „großen Unglück" gesprochen, das über uns gekommen ist, aus dem aber Hitler uns hinausführen werde. [...]

Tübingen, Montag, d. 23. April 1945

[...] Dann kämpft man mit der Verzweiflung und wehrt sich immer noch gegen den Gedanken, dass all dies Elend durch Hitler herbeigeführt ist, weil er nicht Maß halten konnte und weil durchweg ungeeignete Dilettanten, nur weil sie ältere Parteimitglieder sind, in den führenden Stellungen alles falsch gemacht haben. [...]

Tübingen, Freitag, d. 27. April 1945

[...] Heute ist nun ein neuer Anschlag, wonach sich alle Männer zwischen 17 und 60 Jahren zum Hilfsdienst melden müssen. Ich bin gespannt, was sie da mit mir machen werden. [...]

Tübingen, Montag, d. 7. Mai 1945

[...] Abends erzählte Frau S., dass der englische Rundfunk in deutscher Sprache bekanntgegeben habe, dass heute ganz Deutschland kapituliert habe. Damit hat sich also das deutsche Volk auf Gnade und Ungnade seinen Gegnern ausgeliefert. Und das nach so unendlich viel

Heldentum und Blutvergießen! Damit ist Adolf Hitler in der Tat der Totengräber des deutschen Reiches geworden!
Jetzt steht uns nur noch ein Jahrhundert der Knechtschaft bevor und eine Ausrottung des deutschen Volkes. Retten könnte uns nur noch ein Wunder, doch Wunder geschehen heute nicht mehr. Ich muss mich damit abfinden, endgültig alles verloren zu haben, was ich mir mühsam aufgebaut habe. [...]

Tübingen, Samstag, d. 12. Mai 1945

Heute bin ich nun Großvater geworden, denn Gesa hat eine gesunde Tochter Paula geboren. Darüber sollte man sich eigentlich wohl freuen, doch kann ich das nicht. Einmal sieht die nahe und ferne Zukunft für uns alle ganz furchtbar traurig und elend aus und dann fühle ich mich heute derart elend, und bin auch mit dem Magen wieder in Unordnung, sodass kein Freudengefühl bei mir aufkommen kann. [...]

Tübingen, Montag, d. 14. Mai 1945

Am gestrigen Nachmittag habe ich mir mein erstes Enkelkind angesehen. Ich fand Gesa recht munter. Die kleine Paula schlief neben ihr in ihrem Himmelbettchen. Was wird dem kleinen Wesen wohl die Zukunft bringen? Und ob ihr Vater überhaupt noch lebt? Wir wissen seit Januar nichts mehr von ihm. [...]

Tübingen, Pfingstsonntag, d. 21. Mai 1945

[...] Es geht jetzt hier das Gerücht, dass der Hitlerregierung noch kurz nach dem Fall von Stalingrad ein Friedensangebot gemacht worden sei. Wenn das stimmt und die Regierung hat damals das Gebot abgelehnt, so muss man das als ihr größtes Verbrechen bezeichnen. [...]
Ich möchte aber nicht an dieses Gerücht glauben.

Tübingen, Sonntag, d. 10. Juni 1945

[...] Frau S. hört stets die Nachrichten des Londoner Senders und berichtet uns dann. So erfahren wir allerhand über die Konzentrationslager der Hitlerregierung, doch glaube ich, dass hier wieder aus Propagandagründen stark übertrieben und viel gelogen wird. Was wirklich nun der Fall sein mag oder gewesen ist, wird man wohl nie erfahren!

Tübingen, Sonnabend, d. 16. Juni 1945

[...] In mehreren anderen Orten haben die Franzosen die [...] Kleidersammlung des Roten Kreuzes, die doch uns Ausgebombten eigentlich zugute kommen sollte, einfach auf die Straße geworfen und verbrannt! So vernichten sie unser Volksvermögen! [...] So nimmt dieser niederträchtige Franzose uns alle Sachwerte fort und verhindert damit jegliche Besserung der Lage von uns Flüchtlingen und Totalbombengeschädigten! Da kann einen wirklich die Wut packen! [...]
– Oh armes Deutschland, was musst du erdulden! [...]

Tübingen, Mittwoch, d. 20. Juni 1945

[...] Heute [...] teilte mir Frau S. mit, dass im Rundfunk folgendes bekanntgegeben worden ist:
Ostpreußen, Pommern und Schlesien werden mit Polen besiedelt und den Polen übergeben [...]. Wenn man so etwas hört, kann einem die Galle übergehen! Es müsste doch zum mindesten den Engländern so viel Einsicht kommen, dass sie den kulturellen Unterschied zwischen Deutschen und Polen erfassen, und diesen Rückschritt nicht dulden dürften! Doch England hasst uns! [...]

Tübingen, Montag, d. 30. Juli 1945

Gestern am Spätnachmittag überraschte Gesa mich mit ihrem Besuch mit der kleinen Paula, die sich in den 11 Wochen ihres Erdendaseins schon recht nett entwickelt hat. Sie ist ein goldiges, freundliches Ding, das schon stramm sein Köpfchen hoch hält und mit großen Augen um sich blickt. [...] Heute ist nun Gesas Geburtstag, den wir sonst eigentlich stets in unserem Sommerhäuschen in Neukuhren schön erlebten. [...] Was haben wir nicht alles verloren! [...] Und ich hatte gehofft und geglaubt, auch noch für Enkel und Urenkel etwas aufgebaut zu haben!

Tübingen, Sonntag d. 12. August 1945

[...] Ich war diese Woche ganz besonders niedergeschlagen durch die Nachricht von der Potsdamer Konferenz der Siegerstaaten, wonach Königsberg und Umgebung auf jeden Fall an Russland fallen wird. Damit habe ich meine Heimat ganz verloren! Ich kann es noch gar nicht fassen, dass das kerndeutsche Land dort den Bolschewisten überantwortet wird. – Ist das nicht doch der Beginn des Unterganges des Abendlandes? [...]

Tübingen, Sonntag, d. 19. August 1945

[...] Man ist jetzt schon so, dass man an nichts mehr glaubt um nicht enttäuscht zu werden! – Die einzige wirkliche Freude in dieser freudlosen furchtbaren Zeit ist für Freia und mich unser kleines Enkeltöchterchen Paula, ein ganz herziges, liebes Dingelchen. [...]

Tübingen, Samstag, d. 27.10.1945

[...] Als wir am Abend mit etwa ½ Kubikmeter [Holz] aus dem Wald zurück waren und kurz vor 22 Uhr das Abladen erledigt hatten, kleingelte es und ganz unerwartet stand Titus vor uns, mein Schwiegersohn. Natürlich war die Freude darüber besonders bei Gesa groß und Titus konnte jetzt endlich sein Töchterchen mit eigenen Augen sehen und sich an ihr erfreuen. [...]

Tübingen, Samstag, d. 10. November 1945

[...] Am Donnerstag früh ist Titus wieder [...] abgefahren, nachdem er 2½ Wochen hier unser Gast gewesen ist. [...]

Tübingen, d. 16. November 1945

Am Nachmittag habe ich endlich eine Nachricht von meinen Angehörigen, die im russisch besetzten Gebiet verblieben sind, erhalten, also die erste direkte Post aus der russischen Zone. Meine Schwester Luise schreibt:

„Mirow, d. 25. Oktober 1945. Lieber Waldemar, liebe Freia, Anna u. Gesa, endlich kann ich Euch schreiben und hoffen, auch von Euch Nachricht zu erhalten. Hoffentlich habt ihr die schweren Zeiten gut überstanden und hast Du, liebe Gesa, einem gesunden Kindchen das Leben schenken können. [...] Wir haben viel Schweres erlebt. Am 21. September um 15 Uhr hat unser geliebter Vater seine müden Augen nach schwerem Leiden (er wurde Mitte August krank) für immer geschlossen, am 10. Oktober ist seine Schwester ihm gefolgt.

Seid herzlich gegrüßt von Luise, Helma, Gerda und Otto Wilhelm.“

Tübingen, Donnerstag, d. 22. November 1945

[...] Seit Dienstag haben die Franzosen meinen sehr netten Kollegen, Studienrat Dr. U. [...] inhaftiert, weil er in der Türkei Mitarbeiter v. Papens[47] gewesen ist. [...]

Tübingen, Sonntag, d. 25. November 1945

[...] Frau U. hoffte [...], dass ihr Mann bereits am Montag wieder auf freiem Fuß gesetzt werde, da man sich von seiner Harmlosigkeit wohl überzeugt habe. Die ganze Sache scheint nur der furchtbaren Angst unserer Gegner entsprungen zu sein, dass die Männer unter 45 Jahren in Deutschland doch noch gegen die Unterjochung und Versklavung aufbegehren könnten. Ihre Angst vor uns ist ungeheuer, und trotz aller noch so harten Bedingungen, die sie uns aufgelegen, fürchten sie doch unsere innere Kraft.

Tübingen, Samstag, d. 27. Dezember 1945

[...] Am Heiligen Abend gingen Freia und die beiden Mädel in die Stiftskirche zum Weihnachtsgottesdienst, während ich bei Paula zurück blieb und meine geringen Weihnachtsgaben für die anderen zusammen packte. Am Bäumchen hatte Gesa mit etwas Draht fünf Kerzenstummel angebracht, außerdem hat Anna einige Äpfel angehängt als Baumschmuck und Gesa einiges Gebäck, sowie aus Papier geschnittene Sterne. [...] Um ½8 steckte ich die Kerzenstümpfchen an und wir sangen gemeinsam „Vom Himmel hoch" und „Stille Nacht, sowie „Es ist ein Ros entsprungen". [...]

1946

Tübingen, d. 3. Februar 1946

[...] Jedenfalls aber war ich auch am Freitag Nachmittag mit meinen Nerven beinahe am Rande und fragte mich allen Ernstes, ob es überhaupt noch einen Sinn für mich habe, weiterzuleben und nur Arbeitssklave für die untersten Lebensbedürfnisse zu sein! Mir ist und war das Leben schon derart zuwider, dass ich am liebsten Schluss damit gemacht hätte. Doch hielt mich einmal noch die Hoffnung, meinen Jungen doch noch lebend wieder zusehen, und dann das verdammte Pflichtgefühl, schließlich doch durch meine Berufsarbeit den Lebensunterhalt für Freia, Gesa und das Enkelchen beschaffen zu können und zu müssen, von einer nicht wieder rückgängig zu machenden Tat ab. Immerhin aber fühle ich mich derart unglücklich und ist mir das Leben zur Zeit zu arg verleidet, zumal ich noch immer nichts von Entgelt zu sehen bekomme für meine Schularbeit[48], dass ich lieber heute als morgen dieses Jammertal und Elend verließe und zur ewigen Ruhe gelangen würde. Viel trägt zu dieser Verzweiflung die wenig erfreuliche Art und Weise bei, wie Freia, Gesa und selbst Anna sich mir gegenüber benehmen, die nie ein Wort des Dankes für meine Arbeit oder der Anerkennung haben und statt mir meine Arbeit zu erleichtern, sie mir durch dauernde Vorwürfe und Beleidigungen erschweren. Schließlich bin ich ganz allein an all dem Unglück, das mich nicht weniger als sie betroffen hat, schuld. [...]

Tübingen, am Karfreitag, d. 19. April 1946

[...] Vor einem Jahre wurde heute, am Todestage meiner Mutter, Tübingen durch die Franzosen besetzt. Also ertragen wir bereits ein volles Jahr die Knechtschaft des übermütigen „Scheinsiegers“, den wir eigentlich doch militärisch gänzlich geschlagen hatten. Nur der Übermacht der Amerikaner [...] haben es doch die Franzosen zu verdanken, dass nicht sie weiter, sondern jetzt wir am Boden liegen. [...] Die einzigste Freude, die wir hier jetzt haben, ist unser kleines Enkeltöchterchen Paula. Sie ist stets lustig und munter, seit einigen Tagen geht sie bereits an der Hand. [...]

Tübingen, Sonntag, d. 7. Juli 1946

[...] Nachdem Tante Leonore S. schon gestern Nachmittag uns aufsuchte, um sich nach ihrer Entlassung aus dem KZ Lager bei Balingen[49] nach 8½ Monaten Haft bzw. Gefängnis für nichts, als dass sie die Leitung eines NS Kinderhortes etwa ½ Jahr lang einmal gehabt hat, nach unserem Ergehen zu erkundigen, war sie heute zum Kaffee unser Gast. [...]

Tübingen, Dienstag, d. 30. Juli 1946

Heute zu Gesas Geburtstag – sie wurde 23 Jahre alt – erlebten wir die große Freude, das erste Lebenszeichen von Walter zu erhalten. Der liebe Junge ist also lebend in russischer Gefangenschaft und scheint in der Nähe von Moskau zu sein. Seine durch das Rote Kreuz an uns gesandte Karte hat folgenden Wortlaut:

„Ostern, den 21.4.1946. Liebe Eltern und Geschwister! Heute am Ostertag darf ich endlich, nach langer Trennung, ein Lebenszeichen von mir geben. Ich selber bin körperlich und seelisch ungebrochen und in dem festen Glauben, Euch bald gesund in der Heimat wiedersehen zu dürfen. Wie geht es Euch? Hoffentlich habt Ihr die schwere Notzeit unseres armen Vaterlandes einigermaßen glücklich überstanden. Hat Anna ihr Examen [...] ge-

macht? Hat Gesa Nachricht von Titus? In der Hoffnung auf baldige Antwort und ein glückliches Wiedersehen bin ich mit recht herzlichem Gruß an Euch alle Euer dankbarer Sohn und Bruder Walter."
Er lebt unser lieber Junge, und nun hat man die Gewissheit, dass er in russischer Gefangenschaft ist, und kann wieder hoffen, ihn doch noch wieder zu erhalten. Freia und ich waren ganz benommen von dieser Glücksbotschaft und Gesa freute sich besonders, da diese Nachricht sie als ein Geburtstagsgeschenk erhielt. Für uns alle hat das Leben nun doch wieder ein freundlicheres Aussehen.

Tübingen, d. 21. September 1946
Seit drei Tagen erwarten wir [...] Titus, doch ist Gesa [...] bisher dauernd vergeblich auf den Bahnhof gegangen. [...]

Tübingen, Sonntag, d. 3. November 1946
[...] Titus kam endlich eine Woche später an und nun wurde die Wohnungsfrage wirklich dringlich. [...]
Im Oktober erhielten wir die dritte Karte von Walter aus russischer Gefangenschaft. Ferner erhielten wir aus Danzig die Nachricht, dass Freias Vetter Otto mit seinen beiden Töchtern am 27. 3. 1945 ums Leben gekommen sei[50] [...]. Es hat uns diese Nachricht ganz besonders tief erschüttert. [...] So hat uns dieser unselige Krieg nicht nur die beiden Großväter geraubt, sondern auch blühendes junges Leben. [...]

1947

Tübingen, Hirschauerstr.1, Montag, d. 6. Januar 1947
[...] Am 22.11. zogen wir dann endgültig um. [...] So bezogen Freia und ich das Ostzimmer als unser Schlafzimmer und das Südostzimmer als Wohnraum und Esszimmer. Das Südzimmer bewohnen Gesa, Paula und Titus. [...] In der neuen Wohnung fühlen wir uns jetzt recht wohl und erst wieder als Menschen. Nur Titus stört durch sein Sich nicht Einfinden-können die Harmonie. Außerdem ist er derart unleidlich zu Paula, dass wir Großeltern schon recht traurig über diesen Zustand sind. [...] Titus ist leider so wenig selbstbeherrscht, dass er seinen Sättigungsgrad über seine Stimmungen und sein Verhalten Herr sein lässt. Er ist ein unglaublich egozentrischer Mensch, der nur schwer sich einer Lebensgemeinschaft einfügen will. [...]

Tübingen, Montag, d. 17. Februar 1947

Über einen Monat bin ich nicht dazu gekommen, diese Tagebuchnotizen weiter zu führen. Der Hauptgrund dafür ist sicher die starke Unterernährung, die bei der anhaltenden Kälte auch im geheizten Zimmer mich dauernd frieren lässt. Dazu kommen die seelischen Aufregungen, die mein Schwiegersohn Titus verursacht dadurch, dass er sich nicht in unseren Haushalt und unser Familienleben einfügen kann und will. [...]

Tübingen, Ostersonnabend, d. 5. April 1947

Über einen Monat bin ich vor allzu viel Arbeit und vor allem wegen zu viel seelischen Aufregungen über das geradezu unglaubliche Verhalten des Titus stets so erledigt gewesen, dass ich nicht mehr die Kraft aufbrachte, meine Tagebuchnotizen fortzusetzen. Nachdem nämlich Titus im Januar in unglaublicher Weise wie ein Rasender getobt und sich vorbei benommen hat, bin ich ihm mit kühler Reserviertheit nur noch begegnet. Wenn uns auch alle seine Absicht, nach Frankfurt wegen der schlechten Ernährungsverhältnisse hier zum Weiterstudium zu gehen, im ersten Augenblick eigentlich entsetzte und sprachlos machte, haben wir allmählich uns dazu durchgerungen, es in seinem Interesse als für ihn günstig zu begrüßen, zumal unser Zusammenleben hier durch ihn dauernd gestört wird. Er ist in einer Weise egozentrisch und egoistisch und unbeherrscht, dass unsere Nerven das auf die Dauer nicht ertragen. Doch als sich nun ein Student aus Frankfurt bei ihm meldete, um mit ihm zu tauschen, da zog er seine Antwort hin und lehnte schließlich den Tausch ab. [...] Jetzt erklärt er, er denke gar nicht daran, nach Frankfurt zu gehen. Obgleich Freia ihm in aller Ruhe auseinandersetzte, dass es für Gesa und ihn wohl das Beste wäre, wenn er nach auswärts ginge, weil Gesa ein Kind von ihm erwartet und daher besonders leicht gereizt ist und seine Rücksichtslosigkeiten daher noch weniger als sonst vertrüge, denkt er nicht daran, aus seinem bisherigen Verhalten auch die Konsequenzen zu ziehen. Ich verstehe ja überhaupt nicht, wie ein Mann, der nichts hat, seine Familie zu unterhalten, es seinen Schwiegereltern überhaupt zumuten kann, nun noch für ein weiteres Kind die Sorge übernehmen zu müssen, und dann selbst noch ihnen zur Last durch unglaubliches Verhalten zu fallen. [...] Es ist für uns direkt eine Strafe Gottes, dass wir ihn bei uns im Hause haben. Allerdings hat mir der Rechtsanwalt Dr. G.

erklärt, dass wir ihm gegenüber zu nichts verpflichtet sind und ihm, wenn er sich nicht einfügen will, einfach eine Frist stellen können, bis zu der er sich ein anderes Unterkommen zu besorgen hat. Solange wir Gesa unterhalten, er selbst dazu nicht im Stande ist, kann er von ihr nicht verlangen, dass sie zu ihm zieht. Außerdem erklärte G. es sei von ihm als geradezu sträflich verantwortungslos, dass er ein zweites Kind in die Welt setzt, während er alle Zuschüsse von seinem Vater, statt sie für seine Familie zu verwenden, einzig und allein nur für sich verbraucht, um noch im Lokal extra zu essen! Jedenfalls ist das Zusammenleben mit ihm eine nervenaufreibende Quälerei für uns alle. [...] Heute liegt Gesa mit krankem Magen im Bett, nachdem sie die letzten beiden Tage eifrig zu Ostern gebacken hat. [...]

Tübingen, Pfingstmontag, d. 26. Mai 1947

[...] Inzwischen sind mir bedenkliche Konkurrenten für die Oberstudienratstelle erwachsen, auf die ich gerade besonderen Wert lege; so hat sich, obgleich er NS-Mitglied war, mein Fachkollege an der Anstalt auch um sie beworben und, da er persona gratissima beim Staatssekretariat ist, wird er als Schwabe, mir sicher vorgezogen werden. [...] Das Verhältnis zu Titus hat sich in der letzten Zeit kaum gebessert. Nachdem wir dahinter kamen, dass er Paula in die Ohrläppchen arg gekniffen hat, da das Schlagen ja stets von uns gehört wurde, haben wir Paulas Bettchen in Annas Zimmer gestellt und seitdem schläft das Kind abends ungestört ein. [...] Titus ist ein unerfreulicher Zeitgenosse. Daran irgendwie sich beim Holzmachen zu betätigen, denkt er garnicht. Statt Gesa es in ihrem Zustand zu erleichtern, hat er nicht nur keinen Dank dafür, dass sie seine Sachen flickt, stopft und näht, sondern macht ihr noch besondere Vorwürfe und schilt sie, laut und herzlos.

Tübingen, Mittwoch, d. 24. September 1947

[...] Am Sonntag ließen wir abends Gesa vom Sanitätsauto in die Frauenklinik bringen, da sie schon unter Wehen litt. [...]
Heute Abend kam Freia vom Besuch der Gesa zurück und brachte die Nachricht von der Geburt unseres ersten Enkelsohnes. Also hat Gesa nun auch ein Bübchen.

Tübingen, Freitag, d. 26. September 1947

[...] Es war ein wirklich langer Tag gestern. [...] Ich eilte zur Universität, die Post für mich abzuholen, und ging dann in die Frauenklinik Gesa besuchen und ihren „Titus IV" bewundern. [...]

Tübingen, d. 16 November 1947

[...] Der Demontageplan, dessen Bekanntgabe in dieser Woche erfolgte, ist ein typisches Beispiel von der „Menschlichkeit" unserer Gegner, denn durch seine Durchführung wird es uns ja unmöglich gemacht, die zur Ernährungssicherung erforderlichen Exportgüter herzustellen. 60 Millionen so dem langsamen Verhungern preis zu geben ist sicher äußerst „human"! Wo bleibt da das Weltgewissen und die Gerechtigkeit? Alle Stimmen in Presse und Öffentlichkeit sind einmütig der Ansicht, dass dieser Demontageplan den endgültigen Tod des Deutschen Volkes bezweckt und zur Folge hat.[51] [...]

Tübingen, d. 23. 11. 1947

[...] Seit Freitag Nachmittag ist Gesa nun wieder hier bei uns mit ihrem kleinen Titus, nachdem sie sich 6 volle Wochen hat im Mütterheim erholen können. Der kleine Kerl hat sich bereits recht nett herausgemacht. Paula ist auch ganz stolz auf ihr Brüderchen. Zur Feier der Heimkehr hatten wir heute zu allen Malzeiten Titus zu Gast. [...]

Tübingen, d. 23. Dezember 1947

[...] Der kleine Junge Gesas gedeiht unberufen weiter gut und lacht einen schon recht nett an. Es ist ein ruhiges Kind, das nur sehr, sehr wenig schreit. Paula ist sehr um ihn bedacht. [...]

1948

Tübingen, d. 5. Januar 1948

Heute ist schon der 29. Hochzeitstag von Freia und mir; 29 Jahre unseres Ehedaseins liegen nunmehr schon hinter uns und rückblickend haben diese 29 Jahre doch ungeheuer viel Geschehen umschlossen. Als wir heirateten, war gerade der erste Weltkrieg für unser geliebtes Deutschland unglücklich abgeschlossen und wir standen mitten in der Revolution.

Tübingen, d. 10. Januar 1948

Heute an Titus Geburtstag (er wird 31 Jahre alt) erhielten wir wieder eine Karte von Walter [...]. Sie lautet:
„27.12.47 Meine Lieben! [...] Dieses dritte Weihnachten war auch das schönste, das ich in der Gefangenschaft verlebt habe. Heilig Abend ging unser Chor, bei dem ich auch mitsinge, durch die Baracken Weihnachtslieder singen. Auch die Lagerkapelle ging durch die Baracken. Materiell war eine gute Grundlage gegeben (Heilig Abend: Kartoffelsalat, ferner Christstollen, Weiß- und Schwarzbrot, Schmalz, Käse, Zucker und sogar echten Bohnenkaffee habe ich mir geleistet). [...] Heilig Abend fand durch eine Christandacht um 24 Uhr einen schönen Abschluss. Erst Feiertag besuchte ich zwei schöne Konzerte unseres Lagerorchesters. Zweit Feiertag dann ein Solistenkonzert und abends ein buntes Festprogramm. Die Leistungen waren erstklassig! Meine Gedanken weilten während des Festes besonders innig bei Euch. Eure Bilder haben mir vorgeschwebt und besonders habe ich mir die Freude der kleinen Paula ausgemalt. [...] Als ich las dass Titus IV angekommen ist überschlug sich mein Stimmungsbarometer. Ich wünsche ihm alles Gute zur kaum begonnenen Lebenswanderung und bin mit herzlichem Gruß an alle, Euer Walter“ [...]

Tübingen, d. 21. Februar 1948

[...] Heute erhielt ich [...] die Nachricht, dass die Abwicklungsstelle des Säuberungskommissars[52] in Reutlingen dem Ministerium mitgeteilt habe, dass ich mit meiner politischen Beurteilung „ohne Maßnahmen. Provisorische Zulassung“ [...] denjenigen, die „ohne Maßnahmen“ beurteilt sind, gleichzustellen bin.

Tübingen, d. 24.3.1948

Heute erlebten wir eine große Überraschung und Freude! Morgens kam ein Telegramm aus Frankfurt an der Oder von Walter:
„Bin heute entlassen, komme so bald wie möglich“.
Nun harren wir beglückt des Augenblickes, da unser lieber Junge hier bei uns ankommen wird. [...] Unsere Freude ist übergroß und wir hoffen, ihn nun bald hier zu haben.

Tübingen, Sonntag, d. 4. April 1948

Heute erlebten wir die große Freude, dass morgens endlich unser lieber Junge Walter heimkehrte [...]. Unberufen sieht er ganz gut aus. Auf Grund seiner schwachen Knie und seines Knick- und Senkfußes ist er früher entlassen worden. [...] Nach seinen Erzählungen ist es ihm eigentlich ganz gut gegangen. Jedenfalls ist er geistig und körperlich ganz gut zustande.

Tübingen, Sonntag d. 18. April 1948

[...] Der kleine Titus entwickelt sich weiter gut, ist ein ganz prächtiges freundliches Bürschchen und kann schon gut sitzen. Paula wächst zunehmens und isst schon wie ein großes Kind. [...]

Tübingen, Sonntag d. 27. Juni 1948

[...] Die neue Abwertung durch die Währungsreform beraubt mich wieder aller mühsamer Ersparnisse, die ich mir vom kärglichen Verdienst für ein neues Eigenheim abgespart und auf die Bausparkasse gelegt habe. Soll man nun doch wieder mit sparen anfangen?! Es erscheint das alles so vollkommen sinnlos. Die ganze Währungsreform ist ein solcher Schwindel, durch den nur das Deutsche Volk seiner letzten Möglichkeiten beraubt wird. [...] Wir, die wir uns erst neu wieder einrichten müssen, sehen unser mühsam Erspartes von 5000 RM auf 500 DM zusammenschrumpfen!

Tübingen, d. 25. Dezember 1948

[...] Paula erhielt von mir [als Weihnachtsgeschenk] außer anderem noch einen Märchenbilderbaukasten, Titus der Kleine ein Mäuschen aus Holz und einen farbigen Baukastenwagen. Der gestrige Heilige Abend verlief schön und feierlich. [...]

1949

Tübingen, Dienstag, d. 17. Mai 1949

Im Jahre 1949 bin ich vor lauter Arbeit bisher noch nicht einmal dazu gekommen meine Tagebuchnotizen fortzusetzen. Neben der Schularbeit und der Arbeit an der Universität hat mich die Arbeit für die Flüchtlingsorganisation bisher soviel Zeit gekostet, dass ich zu nichts recht kam. [...] Jeden Monat veranstaltete ich wieder in der [Gaststätte] „Pfalz“ in Tübingen die Heimatabende für uns Ostpreußen, die immer sehr stark besucht waren. Über unseren Heimatabend im März erschien auch ein Bericht im Schwäbischen Tageblatt. [...]

Tübingen, Montag d. 22. August 1949

Am Sonntag dem 14.8. war die Wahl zum ersten Bundestag. In unserem Wahlbezirk siegte mit schwacher Mehrheit der Oberbürgermeister von Reutlingen von der Sozialdemokratischen Partei.

1950

Tübingen, d. 19. Oktober 1950

[...] Vor etwa 4 Wochen lag unsere kleine Paula in der Kinderklinik an Scharlach. Gesas Ehe ist im November 1949 geschieden worden und im Mai 1950 heiratete Titus bereits wieder. Er wohnt jetzt mit seiner zweiten Frau hier in der Westbahnhofstraße. Da er sich weigert seiner Unterhaltsverpflichtung den beiden Kindern gegenüber nachzukommen, bin ich zu ihrem Jugendpfleger ernannt worden und habe die ganze Angelegenheit dem Rechtsanwalt übergeben. [...]
In den Sommerferien hatte ich mit Gesa vom 1.8. bis 18.8. eine Radtour bis nach Köln gemacht. [...] Rund 500 km hatten wir von Tübingen aus geschafft. [...]

Tübingen, d. 11. November 1950

Schon wieder sind 3 Wochen ins Land gegangen, und ich weiß nicht, wie sie dahingegangen sind. [...]

AUSZUG AUS DER BÜCHEREI VON DR. PHIL. W. HIMMELTOR (1945)

Dieses Verzeichnis, nach dem Krieg aufgestellt, enthält vor allem Werke deutscher Klassiker und Philosophen sowie wissenschaftliche Fachliteratur. Nicht erstaunlich, aber sehr betrüblich ist die folgende Liste der 6. Seite (T.M.):
Günther[53], *Rassenkunde des deutschen Volkes*, ganze Ausgabe, [...].
Günther, *Kleine Rassenkunde des deutschen Volkes*, [...]
Günther, *Rassenkunde Europas*, [...].
Hitler, *Mein Kampf.*
Rosenberg[54], *Der Mythos des 20. Jahrhunderts.*
Fritsch[55], *Handbuch der Judenfrage.*
Fritsch, *Abstammungslehre.*
Fritsch, *Rasse und Seele.*
Fritsch, *Vererbungslehre.*

Ein Brief Waldemars an den Kultminister von Württemberg

Tübingen, d. 27.1.1948

Sehr geehrter Herr Minister,
[...] Am 13.11.1947 wurde mir das Urteil der politischen Überprüfung auf einer Karte folgenden Inhalts zugestellt: „[...] unterliegt nach der Entscheidung vom 28.2.1947 folgenden Maßnahmen: „Ohne Maßnahmen. Provisorische Zulassung. [...] Der Staatskommissar."
Als um die Mitte vorigen Jahres im Amtsblatt bei meinem Namen als Entscheidung nur stand: „provisorische Zulassung" erhob ich dagegen Einspruch, weil ich mit dem Ausdruck „provisorisch" nicht einverstanden war.
Durch zwei eidesstattliche Erklärungen [...] hatte ich nachgewiesen, dass ich niemals der Partei oder ihren Gliederungen mit alleiniger Ausnahme des NSLB [Nationalsozialistischer Lehrerbund] angehört habe. Auch habe ich niemals einen Aufnahmeantrag gestellt. [...]
Wenn mir jetzt erklärt wird, dass alleine schon wegen dieses Zusatzes („provisorische Zulassung") für mich keine Anstellung in Frage kommen kann, so muss ich das als schwere Benachteiligung und Ungerechtigkeit empfinden. Denn ehemalige Parteigenossen, die nicht ohne Maßnahmen geblieben sind, sondern mit mehr oder weniger hohen Zurückstufungen bestraft sind, werden jetzt ohne weiteres in freie Stellen hineingenommen, oder es werden ihnen Stellen offengehalten.
[...] Auch hätte man mir, wenn Zweifel in meine Eignung gesetzt worden wären, wohl nicht schon 1926, also lange vor 1933 die Refrendarsausbildung am staatlichen pädagogischen Seminar für Ostpreußen in Königsberg übertragen, die ich neben meinem Schulunterricht bis zum Kriegsausbruch ehrenamtlich ausführte. [...]
Mit vorzüglicher Hochachtung,
Ihr sehr ergebener,
Dr. phil. Waldemar Himmeltor

Wenn Deutschland stirbt, so sterbe auch ich!

Aus dem Marschgepäck[56] des Flakhelfers Walter Himmeltor

Deutschland! (Ein Ausspruch der Königin Luise[57])
„Deutschland ist mir das Heiligste, das ich kenne! Deutschland ist meine Seele! Mein Halt! Mein Alles ist Deutschland! Es ist, was ich bin und haben muss, um

glücklich zu sein! Das Schöne in den Augen der Kinder ist doch Deutschland, es ist die Treue, die Ehrlichkeit, der Fleiß der stillen Tat. Die Anständigkeit, der Ruhepunkt im ziellosen Herumsuchen. Deutschland ist das was mich gut macht! Die alten verträumten Schlösser, die lieben windschiefen Häuser, die hochgiebeligen Städte, unser Hausrat, die Spinnwinkel, die moosigen, klappernden Mühlen, die Sägen, der Christbaum, der Pfefferkuchen, das Fest, der Winter da draußen, die Schlittenschellen, die so segnend erklingen, dies alles ist Deutschland! Unsere Liebe ist Deutsch, unser Zusammenhalten Müssen, unser Aneinandergebunden Sein! Wenn Deutschland stirbt, so sterbe auch ich!"

KARTEN UND BRIEFE DER STUDIENASSESSORIN, FREIA HIMMELTOR,

AN IHREN SOHN WALTER

Ostern 1943 [Postkarte mit folgendem Gedicht[58]]

Junge, werde ein Mann,
Mit Rückgrat und voll Mark,
Packt Dich hart das Leben an
Dann bleibe fest und stark!
Und sei nicht schwach wie ein Ried,
Das sich im Winde wiegt,
Und wenn Sturm darüber zieht
Sogleich am Boden liegt!
Junge, werde ein Mann,
Und meide Lug und Trug!
Sieh Dir die Haltlosen an,
Derer gibt es genug!
Drum werde Du ein Mann!

auf der Rückseite:
An meinen Walter! Vielleicht meinst du schon ein Mann zu sein; aber auch ein Mann kann sich noch immer etwas von seiner Mutter sagen lassen. Mutti.

Neukuhren, den 11. August 1943

Mein lieber kleiner Walter!
[...] Mir tut es leid, dass ich den gestrigen Tag mit Dir nicht ganz ausgenützt habe, weil ich mich meiner Kopfschmerzen wegen nachmittags hingelegt hatte. Du sahst mir gestern blass und elend aus, und ich weiß nun auch von Vater den Grund: Ihr habt als FLAK [Flugzeugabwehrkanonen]-Helfer jede zweite Nacht Zieldarstellung gehabt,

da hat Dir also wohl nur die Nachtruhe gefehlt. Es ist sehr schade, dass Ihr Euch nicht ausschlafen könnt oder besser, mitten in der Nacht geweckt werdet, aber zum Vergnügen hat man Euch ja nicht aus dem Elternhaus an die Geschütze geholt. Ich will also nicht jammern oder böse sein, sondern es als harte, wenn auch bedauerliche Notwendigkeit dieses Krieges hinnehmen. Ihr müsst eben noch früher als die 18-jährigen die Umwandlung durchmachen, die mit dem Soldatenleben verbunden ist. Bald wirst vielleicht auch Du täglich bereit sein müssen Dein Leben einzusetzen. Man kämpft um die Ehre, hast Du mir gestern gesagt. Du hast Recht. Der wahre Mann, auch ein werdender wie Du, müsste sich selbst verachten, wenn er hierin nicht voll seine Pflicht täte. Ich bin jetzt sogar überzeugt, dass Ihr Luftwaffenhelfer wirklich mit den anderen zusammen an Euren Geschützen etwas tun könnt, uns zu schützen. [...]
Nimm von mir einen besonders herzlichen Gruß entgegen.
Deine Mutti.

AN IHRE TOCHTER ANNA NACH TÜBINGEN

Königsberg, den 2.9.44.

Meine liebe Anna!
Eben habe ich heute Vormittag an Dich 500 RM abgeschickt. Es ist die Hälfte des Geldes, das Großvater Janowitz euch angedacht hat. Zahle es, bitte, auf Dein Postsparbuch ein, damit Du einen Notpfennig hast. Die weiteren 500 RM schicke ich Dir sobald wie möglich. Gesa ist gestern nach Kolberg über Danzig abgefahren. Sie bleibt 2 Tage bei Onkel Otto und fährt dann weiter. Titus ist heute Vormittag in die Schleiermacherkaserne übergesiedelt[59]. Wir haben sehr kühl Abschied voneinander genommen aber ich weigerte mich, für ihn zu sorgen. So hätte also Gesa hier bleiben müssen, und das wollte er nicht. Mag er sich also in der Kaserne einrichten und zum Physikum arbeiten. Seine Examenspsychose war mir ohnehin grässlich, und ich habe sie nur mit Fassung ertragen. Ob das Haus hätte gerettet werden können, wage ich nicht zu entscheiden, wir hätten eben hier bleiben müssen. Aber die kleinen Luftschutzkoffer hätten wohl herausgebracht werden können. [...] Gesa und Titus haben das Haus nicht als liebevoll eingerichtetes Heim, sondern als zufällige Bleibe betrachtet. Ich möchte mit Titus nichts mehr zu tun haben. Mögen sie in einer anderen Stadt leben als

ich, ich wünsche ihnen alles Gute. Das Essen holt Vater für uns vom Auffanglager, ich bin meist zu müde dazu, da ich ja alle Wege belaufen muss. Du bleibst also in Tübingen, mein Kind, und studierst dort weiter. Vater wird Dir wohl monatlich 120 RM schicken. Allerdings wirst Du Dich wohl nach einem möblierten Zimmer umsehen müssen[60], aber lasse es vorläufig noch. Ich warte schon sehr auf Nachricht von Dir. Hoffentlich geht es Dir gut und bleibt ihr von Angriffen verschont. Hast Du Dir gut das Verzeichnis unserer Wertpapiere aufbewahrt? Kannst Du mir eine Abschrift schicken? Bewahre diesen Brief gut auf. Ich gebe Dir die Angaben über unsere beiden bebauten Grundstücke in Maraunenhof und Neukuhren. [...] Ansonsten vegetiert man bloß und wartet auf den nächsten Angriff, der Königsberg den Rest gibt. Jede Nacht stehen wir um ½1 Uhr auf, ziehen uns an und warten auf den Alarm, der inzwischen zum Glück nicht gekommen ist.
Herzliche Grüße von Vater und Deiner Mutter. [...]

AN IHRE TOCHTER GESA NACH DANZIG

Königsberg, d. 22.1.45

Meine liebe kleine Gesa!
Heute haben Vater und ich je einen Brief an Walter mit der Weisung geschrieben, doch ja nicht nach Königsberg zu kommen, sondern bei Onkel Otto zu bleiben oder mit Dir nach Kolberg zu fahren. Bitte, nimm Dich Deines Brüderchens an, und hilf ihm auch mit Geld aus, wenn Du kannst. Wir wollen versuchen, morgen 100 oder 200 RM an ihn oder Onkel Otto für ihn zu schicken. [...] Walter soll sich beim Wehrbezirksmeldeamt melden, hoffentlich berufen sie ihn bald ein, dann bin ich die Sorge los. Uns geht es ganz gut. Am Sonnabend fuhr ich nach Wehlau und fand die Stadt im Aufbruch. Meinen Vater musste ich aus Allenberg nach Hause bringen. Es war eine schreckliche Fahrt. Vater wurde im Krankenomnibus zu einem Lazarettwagen gefahren und wir kamen mit dem 18 Uhr 10 Zug weg. In Königsberg holten ihn die Sanitäter auf einer Tragbare ab, und er wurde auf einem Pferde-Kastenwagen nach Hause befördert. Heute war auch der Arzt da und war ganz zufrieden. An ein Herauskommen aus Königsberg ist wohl nicht mehr zu denken, wenigstens im Augenblick nicht, und ich bin froh, dass Ihr beide, Du und Walter nicht hierher könnt. Hoffent-

lich ändert sich das Kriegsglück wieder zu unseren Gunsten, und wir sehen uns alle gesund wieder. Tante Leni wird hoffentlich schon auf der Fahrt ins Reich sein.
Grüße, bitte, alle herzlich und sei selbst herzlich gegrüßt und geküsst von Deiner Mutti.

EIN BRIEF WALDEMARS AN SEINEN SOHN WALTER

Königsberg Pr., [...] d. 22. Januar 1945

Mein lieber Junge!
Hoffentlich wird Dich dieser Brief irgendwo erreichen, denn den Gerüchten nach ist ja Ostpreußen bereits abgeschnitten. Zunächst möchte ich Dir raten, nicht etwa hierher zurückzukommen zu versuchen, sondern, wenn es möglich erscheint in Danzig zu bleiben. Noch besser wäre es, wenn du mit Gesa weiter ins Innere des Reiches gelangen könntest; etwa nach Kolberg oder zu meinem Vater nach Neustrelitz. [...] Melde Dich auf jeden Fall dort auf dem Wehrbezirkskommando oder dem Wehrmeldeamt. [...]
Mein lieber, lieber Junge! Es ist sehr wohl möglich, dass ich Dich nicht wiedersehe, und daher möchte ich Dir noch einige Hinweise geben, wie Du und Anna mit Gesa als meine Erben meine und damit Euere Forderungen an den Staat geltend machen könnt. Anna hat zunächst alle meine Besitzpapiere in Tübingen. Du weißt ferner, dass ich bei der Stadtsparkasse Königsberg Parkhotel ein Sparkonto [...], auf dem zur Zeit etwa 1500 Rm [Reichsmark] stehen, habe, ferner ein Sparbuch bei der Kreissparkasse des Kreises Samland mit einem Bestand von 700 Rm. Ein Sparkonto bei der Ospr. Landschaft mit 1300 Rm und ein Postsparkonto mit 660 Rm. Mein Gehaltskonto ist bei der Stadtsparkasse Steindamm. Ferner habe ich bei der Stadtsparkasse Parkhotel im Depot Wertpapiere über 4300 Rm. bzw. Goldmark. [...]
Und nun zu meinem Haus! Da es noch immer kein Dach erhalten hat, muss ich annehmen, dass es 100% verfallen wird. Wenn Ihr es nicht nach den Plänen, die Anna hat, wieder ganz aufbauen lasst, sondern vom Staat eine Entschädigungssumme nehmt, so lasst nach den Plänen den Augenblickswert durch einen Architekten oder Baumeister feststellen. Meiner Meinung nach müsst Ihr für das Haus mindestens 45000 Rm erhalten. Es hat 1931 der Boden (das Land) 5600 Rm und 1932/33 der Bau ca. 35000 Rm gekostet [...]. 1939 ist das Haus von

dem Sachverständigen der Kreissparkasse abgeschätzt worden, wenn ich nicht irre, auf 60000 Rm! [...] Nun der Hausrat im Inneren! Da kann ich außer der Plattensammlung die 6800 Rm mich gekostet hat, nur Schätzungen angeben: Die Bibliothek mit ca. 6000 Bänden ca. 15000 Rm. [...] Die Rundfunkgeräte zusammen mit den Schallplatten, Wiedergabeeinrichtungen ca. 1200 Rm. Möbel, Betten, Klavier und Wäsche und Kleidung ca. 38000 Rm [...]. Neukuhren hat alles in allem einen Gesamtwert von 14000 Rm!
Soeben erhalten wir die Nachricht, dass niemand mehr Ostpreußen verlassen darf! Warum?! Weil es wohl nicht mehr möglich ist. Mutti hat Dir ebenfalls heute einen Brief geschrieben. Hoffentlich sehen wir uns doch noch einmal gesund und wohlbehalten wieder, mein lieber Junge. Wenn nicht, so behalte Deinen Vater in gutem Andenken. Ich habe mein Leben lang mich bemüht, Euch, meinen Kindern ein eigenes Heim auf eigenem Grund und Boden zu erschaffen und glaubte, mein Ziel erreicht zu haben. Doch hat dieser Krieg mein ganzes Lebenswerk mir und Euch zerschlagen[61].
Es grüßt Dich nochmals herzlich, mein lieber Junge,
Dein treuer Vater.

EIN BRIEF DER KANDIDATIN DER MEDIZIN ANNA AN IHRE SCHWESTER GESA NACH DANZIG

Tübingen, den 2. Febr. 1945

Liebe kleine Schwester,
ob Du wohl jemals diesen Brief erhalten wirst, na ich will es versuchen. Ich bin sehr in Sorge um Euch da oben. Nach Hause habe ich nun seit dem 15. nicht mehr geschrieben, weil es doch keinen Zweck gehabt hätte. Den letzten Brief von Mutti erhielt ich am 19. Januar. Nun hoffe ich, dass Walter bei Dir ist und die Eltern vielleicht auch. Ob ihr wohl denkt nach hier zu kommen? Ich wünsche es sehr, obwohl es [...] sehr, sehr anstrengend wäre. Ich mache nun gut seit drei Wochen Pläne wie ich Euch benachrichten kann, komm aber zu keinem vernünftigen Resultat. Und nun schreibe ich doch an Dich, obwohl es ja keinen Zweck hat. Denn sollte der Brief Dich noch erreichen, so ist er längst überholt. [...] Nun sitze ich wieder im Lernen drin, wandere aber immer wieder mit meinen Gedanken zu Euch. Mein größter Wunsch ist, dass ihr eines Tages hier seit, dies wird aber

leider ein Wunsch bleiben. Wie geht es Titus, was macht er. Von Tante Leni erhielt ich ein so liebes Päckchen, und wo mag sie nun sein? Ach ich kann gar nicht denken, sonst werde ich mir meines Lebens nicht mehr froh. Es grüßt Dich, liebe kleine Schwester, recht herzlich, Deine Anna. [...]

EINE KARTE VON LENI AN IHRE GROßNICHTE ANNA

Stolp (Pommern) 28.2.1945

Liebe Anna, seit dem 21.1.45 bin ich auf der Flucht u. z. Zt. hier vorübergehend gelandet, aber es geht weiter. Deine liebe Mutter war am 19.1. noch in Wehlau, seither fehlt jede Verbindung mit ihr. Hoffentlich hast Du wenigstens Nachricht von zuhause und eventuell kann ich durch Dich etwas über alle Lieben erfahren. Ich werde auch weiter an Dich schreiben. Ich wünsche Dir alles Gute u. grüße Dich recht herzlich, Deine Großtante Leni L.

DIES GESCHAH IN UNSEREM DEUTSCHLAND!

TAGEBÜCHER VON FREIA HIMMELTOR, GYMNASIALLEHRERIN FÜR MATHEMATIK

1945

Freia Himmeltor, geborene Janowitz aus Königsberg/Pregel, [...], z. Zt. Triepkendorf über Feldberg, Mecklenburg.
Motto: „Ich hatte einst ein schönes Vaterland" (H. Heine)
Das wird nun das dritte Tagebuch, das ich beginne, und zwar haben wir heute Freitag, d. 16. Februar 1945. Mein erstes mit viel Liebe geschriebenes, mit Fotos und Zeitungsausschnitten versehenes Buch fiel den Flammen der Angriffsnacht vom 26. zum 27. August zum Opfer. [...] Dann begann ich ziemlich unlustig ein zweites, das ich unregelmäßiger führte, als es nötig gewesen wäre. Da ich außerdem zweifellos ungerecht war, habe ich es vor der Flucht vernichtet und in die Heizung unserer Gastgeber geworfen. Nun beginne ich also das dritte und bin neugierig, ob ich es wirklich weiterführen kann.
Wer hätte vor vier Wochen ernstlich daran gedacht, dass wir unsere Heimat würden verlassen müssen? Gewiss, Eydtkau, Gumbinnen wa-

ren Mitte November, Tilsit u. Ragnit bereits Anfang Oktober geräumt, andere Grenzorte ebenfalls; aber glaubten wir nicht alle, die Russen würden höchstens bis Insterburg kommen, dort würde man ihnen so erbitterlichen Widerstand entgegensetzen, das sie nicht weiter könnten? Nun es kam anders. Wir, d.h. unsere Familie hat nach dem Verlust unseres wunderschönen Hauses [...] ein bescheidenes Heim bei unseren Nachbarn, Herrn Elektromeister Jahn gefunden. Wir hatten ein großes und ein kleines Zimmer. [...] Natürlich konnten wir nicht unsere Töchter bei uns haben. Walter war ohnehin oder vielmehr damals bereits bei einer segelfliegerischen Ausbildung. Anna studiert in ,Tübingen und Gesa wohnte bei meinem Vetter [...] in Danzig-Langfuhr, [...] wo sie ebenfalls Medizin studierte und mitten im Vorphysikum stand. [...]
Mit Ausnahme von Anna konnten wir jedoch alle die Weihnachtsfeiertage gemeinsam verbringen. [...] Wir haben sie dann auch in schöner Gemeinsamkeit verlebt, die nur durch den Gedanken an meinen alten Vater getrübt wurde. Mein Vater hatte in seinem Eigensinn in diesem Jahr trotz meiner Bitten und Vorhaltungen so schlecht heizen lassen, dass er mitunter nur 6 - 8° C. in seiner Wohnstube hatte. Dabei waren ihm stark die Finger angefroren und Salbe und Akrotherm halfen nicht mehr. [...]

Triepkendorf, der 17.2.1945

Ich kam gestern nicht zum Weiterschreiben, da um 5 Uhr das Licht ausgeht. [...] Es hat mir sehr leid getan, dass der alte Mann noch alle diese Strapazen durchmachen musste. Ich hatte vergebens gehofft, ihn in einem Königsberger Krankenhaus unterzubringen, auch die Einweisung durch das Gesundheitsamt hatte keinen Erfolg. [...] Letztlich fand ich dann im Krankenhaus Allenberg bei Wehlau einen Platz. [...]
Ich hatte Walter versprochen, einige Tage mit ihm meinen Vetter Otto in Danzig zu besuchen und zwar wollte ich [...] im Flugzeug reisen. [...] Dienstag, der 16. Januar [1945] war ein ziemlich kalter, aber schöner und sonniger Tag. Wir hatten ein geradezu ideales Flugwetter, und ich bin dem Schicksal dankbar, dass ich dieses Erlebnis mit meinem geliebten Jungen gemeinsam haben konnte, von dem ich nicht weiß, ob er noch lebt oder bereits den Tod [bei der] Verteidigung der Heimat gefunden hat. Genug, wir genossen den Flug vom Start bis zur Landung [...]. Schrecklich war ja das Fliegen über die zerstörte Stadt,

die man als sie noch unzerstört war, auch vom Flugzeug aus gesehen hatte. Dann aber hatten wir den Pregel, die Hafenanlagen, das zugefrorene Haff unter uns und flogen über die Ostsee. Nach 40 Minuten Flug waren wir in Danzig, das einen ganz wunderbaren Anblick von oben her bietet. [...] Wie immer wurden wir nett und gastlich von meinem Vetter aufgenommen. [...]

18.2.1945, Der erste Sonntag in Triepkendorf.

[...] Ich möchte immer wieder betonen, wie nett und hilfsbereit unsere Wirtin mit ihren Kindern ist. Gestern bekamen wir zu Mittag eine schöne Brühe mit Einlage, eine große Scheibe Rindfleisch mit Karottengemüse und schöner Soße. [...] Ich las in diesen Tagen einen interessanten Roman von Romain Rolland, „Mutter und Sohn", der im Weltkrieg[62] spielt. [...]

Fortsetzung des Berichts über den Besuch in Danzig:

Abends fuhren wir zum Symphoniekonzert in das Zoppoter Kurhaus. Gesa hatte mich und Walter dazu eingeladen. Ich war nicht richtig in Stimmung, wenngleich ich mich Walters wegen freute. Mir schien der Gegensatz zwischen den festlich angezogenen Frauen und Offizieren zu dem Ernst der Kriegslage zu groß. [...] Ich entschied mich alleine [nach Königsberg] zurückzukehren und erhielt, nach Anfrage, von der Lufthansa die Auskunft [...] dass ich einen Flugschein [...] bekommen würde, worüber ich froh war. [...] Das Flugzeug hatte von Berlin Verspätung, machte aber den Flug nach Königsberg in 35 Minuten. In Königsberg verkehrten die Straßenbahnen regelmäßig, und ich kam gut nach Hause. [...] Am Sonnabend, dem 20. Januar fuhr ich über Wehlau [...] nach Allenberg[63], um meinen Vater im Krankenhaus zu besuchen. Dort wurde ich von der Stationsschwester erwartet. Sie sagte, ich solle Vater nach Hause nehmen. [...] In Königsberg angekommen gab es erst ein großes Hin und Her, bis man Vater mit der Bare auf einen Kastenwagen legte und in seine Wohnung brachte. Da die Wohnung ungeheizt war, bat ich [die Nachbarin] Frau F. doch Vater solange bei sich zu behalten bis ich geheizt haben würde. [...] Ich heizte schnell, bekam jedoch nur 6° Wärme in die Wohnung, holte Vater herüber und brachte ihn zu Bett. Dann fuhr ich nach Hause und Jahns wunderten sich, dass ich überhaupt noch von Wehlau weggekommen war. [...] Am Montagabend war Herr Jahn von seiner Reise aus Sachsen zurückgekommen und wir hatten alles Nötige für eine Flucht besprochen. Herr Jahn hatte uns auch ein [...] Bauchstück und Gänseschmalz für die Flucht gegeben, und ich hatte eine Tasche mit Lebensmitteln gepackt. [...] Plötzlich klingelte es dreimal. Waldemar öffnet, d.h. drückt auf den elektrischen Türöffner und sieht aus dem Fenster. Da steht nicht nur Walter vor der Gartentür, sondern neben ihm Gesa. Wir machten beiden, vor allem Gesa so heftige Vorwürfe, dass Gesa zu weinen anfing. Walter begründete sein Kommen damit, dass er sagte, ich würde auf ihn warten und keineswegs aus Königsberg herausgehen bevor er da wäre. Damit hatte er recht. Und Gesa war der Meinung, ich würde meines Vaters wegen wohl sowieso Königsberg nicht verlassen, und wollte mir nun gut zureden. Am Vormittag fuhr ich zu Vater, um ihn zu verbinden. Er glaubte natürlich nicht, dass Königsberg von den Russen besetzt werden könnte und erwartete von mir, dass ich dableiben würde, um ihn zu pflegen. Ich habe ihm erklärt, dass ich Gesa herausbringen müsste und ihn dann wohl der Fürsorge der Nachbarinnen überlassen müsste, die auf alle Fälle in Königsberg bleiben müssten oder besser bleiben würden. Er ließ sich nichts sagen. [...] Ich habe mich in einem ganz schweren Konflikt befunden. Beide Kinder verlangten, dass ich Königsberg verlasse. [...] Sobald ich sagte, Gesa, Du kannst allein fahren, brach sie in Tränen aus und erklärte, dann auch in Königsberg zu bleiben. Das konnte ich nicht verantworten, denn Gesa erwartet ein Kind, und so entschloss ich mich schweren Herzens zur Flucht. Walter meldete sich beim WBK [Wehrbezirkskommando] und erhielt auch eine Einberufung nach Berlin. [...]

Triepkendorf, den 19.2.1945

Waldemar hat uns am Mittwoch d. 24. Januar zum Abtransport bei der NSV [Nationalsozialistische Volkswohlfahrt] gemeldet. Am Donnerstag war die Sache bereits hinfällig, und man musste zur Ortsgruppe der Partei gehen. Das taten wir denn auch und erhielten einen Flüchtlingsschein für Waldemar, Vater, Gesa, Walter und mich, aber keine Abreisebescheinigung, denn es ginge im Augenblick kein Transport. Am Freitag gingen wir wieder hin, um uns nach den Reisemöglichkeiten zu erkundigen. Wieder vergeblich. [...] Am Donnerstag war ich wohl noch bei Vater, am Freitag nicht mehr, da keine Elektrische fuhr. Schon am Donnerstag war das Wummern der Geschütze zu hören, am Freitag wurde es erheblich lauter. Walter ließ mich durch Waldemar sagen, wir möchten uns doch zu Fuß auf die Flucht machen, wozu ich wenig Neigung verspürte. Immerhin packten wir unsere beiden Schlitten, die Luft war jedoch so eisig, dass ich die Sache abblies und mit Gesa nochmals zur Ortsgruppe ging. Meine Bedenken gegen die Fußreise, die bis in die Nähe von Elbing, von dort über das Frische Haff führen sollte, war einmal Gesas Zustand, die kaum 20 km am Tag gegangen wäre und die Frage der Unterkunft in der Nacht. Wenn mir jemand eine warme und trockene Unterkunft jede Nacht garantiert hätte, hätte ich mich auf den Weg gemacht, so aber hoffte ich auf eine andere Lösung. Wir banden unsere Koffer von den Schlitten los und gingen in unser warmes kleines Heim. Gegen Abend wurde der Geschützdonner so laut, auch ertönten die Sirenen, dass wir in den Luftschutzraum gingen [...]. In unserer Nähe krachten Bomben, kurz, es war recht ungemütlich. Der starke Beschuss dauerte fast die ganze Nacht an. [...] Als wir beim Kaffee saßen, erschien Herr Jahn und erzählte uns, dass die Wehrmachtsbaustellen, mit denen er zu tun habe, im Aufbruch wären. Er rate uns, in den Hafen zu gehen und zu warten, bis ein Schiff uns mitnehmen würde. Wir zogen uns an, nahmen unsere Koffer und gingen zum Hafenbecken I. [...]

Triepkendorf, den 20.2.1945

[...] Wir gingen zunächst zur Zollabfertigung, wo wir jedoch nicht bleiben konnten, zogen aber dann nach vielem Hin und Her zur Hafenpolizei, wo wir uns mit einigen Frauen der Polizisten anfreundeten und blieben dort. [...] Einige Male bekamen wir heißen Kaffee zu trinken. Gegen ½6 gingen wir mit der Hafenpolizei zum Dampfer Huelva. Zunächst kamen die Frauen mit Kinderwagen an Bord, dann die Frauen mit kleinen Kindern. Obwohl die Hafenpolizei absperrte kamen doch unaufhörlich Leute von der Seite, sodass wir zurückgedrängt wurden. Waldemar hatte es erreicht, dass unser Rodelschlitten mit Gepäck nach oben kam. Wir, d.h. Gesa und ich, standen am Fallreep, als es plötzlich hieß, Fallreep hoch, das Schiff ist voll, niemand darf mehr herauf. Wir hatten uns absichtlich nicht so gedrängt, weil uns immer wieder gesagt wurde, es kämen alle mit. Was nun? Wir wandten uns an einen Hafenpolizisten, den wir von dem Wachlokal her kannten, und der uns half. Er veranlasste, dass eine Strickleiter herunter gelassen wurde und Gesa kletterte zuerst hoch, dann stellte ich alles Gepäck hin und kletterte nach. Waldemar war auch oben und nun reichte der Hafenpolizist uns alles Gepäck hoch, das wir unten hingestellt hatten. Wir konnten von Glück sagen, dass nichts ins Wasser fiel. Bei dem Einschiffen war ein Tumult, der garnicht zu beschreiben war. Kinder schrien und weinten nach ihren Müttern, Erwachsene schimpften und drängten rücksichtslos nach vorn. Dazwischen peitschten Pistolenschüsse durch die Luft. Es wurden Hunde erschossen, die man nicht mitnehmen konnte. Alles war natürlich begleitet vom Geschützdonner und dem Krachen der Bomben. Waldemar, Gesa und ich gingen zum Bugladeraum und stiegen in den untersten Raum hinab, wo wir noch einen einigermaßen guten Platz zum Liegen fanden. Unten war Stroh, darüber war grauer Barchent- oder besser Moltonstoff von Ballen abgerollt, die der Wehrmacht gehörten. Gesa und ich packten unser Daunendeckbett aus und hatten es dadurch schön warm, während Waldemar sich mit den beiden Decken bedeckte und in seinem Pelz lag. Wie würde es nun weitergehen? Würden wir nach Swinemünde kommen oder unterwegs das Opfer eines Fliegerangriffs oder eines Torpedos werden? Wir wussten es nicht, aber uns schien diese Ungewissheit nicht so schlimm wie in die Hände der Russen zu fallen. Gegen zehn Uhr fuhr der Dampfer ab, und es gab ein wenig angenehmes Geräusch, als er durch die Eisschollen des Pregels und später des Haffs fuhr. Dann hielt er gelegentlich, wir unten ahnten nicht recht, weshalb. Außerdem gab es scharfe Schüsse der Bordflak, die immer wieder in Tätigkeit trat. Später hörten wir, dass wir in der Höhe von Schichau von feindlichen Fliegern angegriffen wurden Glücklicherweise traf keine Bombe ihr Ziel. Gegen Abend kamen wir in Pillau an, wo wir die Nacht blieben. Am nächsten Morgen fuhren wir aus dem Hafen und ankerten auf freiem Meer, wo das Schiff schon ein wenig zu schaukeln anfing. Am Morgen waren wir einen Augenblick an Deck gestiegen, um uns nach den Toilettenverhältnissen umzusehen, aber die waren unbeschreiblich. Da der Dampfer nur für die Besatzung und höchstens zwanzig Passagiere eingerichtet war kann man sich denken, dass die Klosetts sofort verstopft waren und die Leute Schlange standen. Kleine Geschäfte wurden einfach auf Deck erledigt, und später sah man überall Häufchen liegen, es war furchtbar. Wir aßen so gut wie nichts, um nicht die Toilette benützen zu müssen und gingen nur abends einmal herauf, um das kleine Geschäft zu erledigen. Am Montag [29.01.1945] gegen 12 Uhr fuhren wir von Pillau ab, und nun begann das Schiff ganz nett zu stampfen.

Es dauerte garnicht lange, bis die ersten Leute seekrank wurden, das ging so die ganze Nacht hindurch. Der Geruch war furchtbar. Mitunter kamen die Leute garnicht bis oben sondern übergaben sich an der Treppe oder wo sie gerade lagen oder standen. Auch von oben bekamen wir plötzlich den Segen, zum Glück nicht auf unsere Köpfe, sondern auf das Deckbett. Am Mittwochabend ankerten wir mitten im Strom von Swinemünde und lagen am Donnerstag früh am Kai. Übrigens waren wir in einem Geleitzug mit Minensuchbooten gefahren. Außerdem hatte unser Schiff Minenfangnetze ausgefahren, die auch ein immerwährendes Geräusch gaben. Daneben knarrten die Blöcke und Trossen, wenn das Schiff Fahrt hatte. [...] Das Aussteigen aus den Laderäumen war fabelhaft von einem Offizier der Luftnachrichtentruppen organisiert. [...] Waldemar sollte zunächst nicht von dem Schiff herunter, aber ihm wurde gesagt er solle nur angeben, er sei älter als 60 Jahre, dann ginge es schon. Er hat es dann auch so gemacht und kam mit uns.

Triepkendorf, den 21.2.1945

[...] Auf dem Dampfer bekamen wir mehrere Male heißen Kaffee zu trinken, für Kinder gab es täglich eine warme Grießsuppe oder Haferflockenbrei. Von dem Dampfer wurden wir in große Militäromnibusse gesetzt und bis zum Kurhaus gefahren, wo wir untergebracht wurden. Da wir keine kleinen Kinder haben kamen wir in den von der Eingangshalle rechts liegenden Saal, der kälter war. [...] Auch wir erhielten eine Menge Stroh und 3 Decken aus denen Gesa ein schönes Lager für uns bereitete. Unser Gepäck stand daneben, außerdem hatten wir einen Tisch mit drei Polsterstühlen und brauchten nicht nur zu liegen wie die Leute im großen warmen Saal. Wir machten es uns recht gemütlich. Gegen 2 Uhr bekamen wir Mittag, einen Eintopf. [...] Die Toilettenverhältnisse waren ebenso katastrophal wie auf dem Schiff. [...] Nach dem Essen schieb ich sofort eine Karte an Anna und meinen Vater, während Waldemar nach Neustrelitz schrieb. Um die Kaffeezeit gingen Gesa und ich aus um noch einiges einzukaufen, wir hatten jedoch wenig Glück. Auf unsere Marken, die wir von Königsberg mit hatten, wollte man uns nichts verkaufen; nur eine nette Kaufmannsfrau hatte Mitleid und verkaufte uns ¼ Pfund Butter und auf Marmeladenmarken eine Flasche Stachelbeersirup, der hervorragend schmeckte. Wir sollten die Marken stempeln lassen, dann würden wir alles bekommen.

Triepkendorf den 23.2.1945

[...] Am Sonntagabend, den 4. Februar beschlossen wir alle drei gemeinsam Abendessen zu gehen. Wir baten einige nette Frauen ein wenig auf unsere Sachen zu achten und zogen los. Als wir in den „Vier Jahreszeiten“ waren, bekamen wir einen guten Platz, konnten auch gleich unsere Bestellung anbringen, als plötzlich das Licht ausging. Nach gut 20 Minuten wurde es wieder hell, und wir bekamen unser Essen. Wir hatten es noch nicht aufgegessen, als es wieder dunkel wurde. Beim nächsten Hellwerden bezahlten wir. Ich drang darauf, in das Lager zu gehen, denn ich meinte, inzwischen könne der Befehl zum Abmarsch gegeben sein. So war es dann auch. Als wir in das Lager kamen, war alles beim Packen. [...] Nun kamen wieder Militäromnibusse und fuhren die Flüchtlinge zum Bahnhof, wo uns Soldaten in den Zug halfen. Wir saßen in einem Abteil dritter Klasse, immerhin ungeheizt, aber zehnmal besser als ein Güterwagen.

Triepkendorf, der 25.2.1945

Heute erleben wir den zweiten Sonntag hier. – „Wer besitzt, der lerne verlieren, wer im Glück ist, der lerne den Schmerz“. Den ersten Teil von Schillers Ausspruch haben wir nach der Bombennacht in Königsberg beherzigen müssen, und den zweiten lernen wir jetzt kennen, wenngleich die Voraussetzung, „wer im Glück ist“, nicht mehr ganz zutraf. Und doch war es ein Glück, in der Heimat sein zu dürfen obwohl unser schönes Haus dahin war. Eben brummen Flieger über uns hinweg, die wohl einen Tagesangriff auf Berlin vorhaben. Ja, zur Ruhe kommt man auch hier nicht, wenngleich es keine Alarme gibt. Wenn aber in Berlin die Bomben fallen, hört man es hier in 100 km Entfernung und sieht auch abends den Feuerschein. Am Vormittag hatten wir die große Freude Post von Titus zu erhalten. Sie war zwar vom 31.12.44 und 9.1.45. Übrigens war sie nach Danzig gegangen. Der eine Brief war am 20.2. in Danzig abgestempelt und schon heute am 25.2. hier. Das ist sehr schnell gegangen. Man schöpft wieder Mut und hofft, bald in briefliche Verbindung mit seinen Lieben zu kommen. – Dass man so ganz ohne Buch ist, ist für uns mehr geistig eingestellte Menschen nicht ganz leicht. [...]

Fortsetzung des Berichts über die Flucht:
[...] Um halb zehn Uhr fuhr der Zug ab Richtung Stralsund. Gegen halb fünf nachmittags waren wir in Rostock, wo wir von der NSV verpflegt wurden. [...] Erst um neunzehn Uhr fuhren wir weiter. [...] In Schwerin, wo wir um halb elf ankamen, hieß es wieder, wir dürften nicht aussteigen. [...] Um zwölf Uhr nachts fuhren wir weiter nach Plate. Wir hielten, mussten aber die ganze Nacht im Zuge sitzen bleiben, was nicht sehr angenehm war, denn die harten Holzbänke drückten, man wusste gar nicht mehr, wie man sitzen sollte. Besonders Gesa gnaute[64] mir die Ohren voll. Am nächsten Morgen erschienen Bauernwagen, die einen großen Teil der Flüchtlinge mitnahmen, um sie zu verteilen. [...] Wir konnten leider unser abgegebenes Gepäck nicht mehr ausfindig machen und es war für uns eine sichere Tatsache geworden, dass es eine andere Strecke gefahren war; so sollte sich Waldemar um das Gepäck kümmern, während Gesa und ich nach Neustrelitz wollten, damit Gesa sich endlich einmal ausruhen könne. Wir fuhren also nach Schwerin zurück [...] und stiegen in den nächsten Zug nach Bad Kleinen. [...] Dort mussten wir lange warten ehe wir weiterfahren konnten. [...] Nachts um halb zwei Uhr kamen wir in Neustrelitz an.

Triepkendorf, den 26.2.1945

[...] "Wer im Glück ist, der kenne den Schmerz!" Gestern schrieb ich, dass die Voraussetzung nicht stimme seit dem Bombenangriff. Aber vorher hätte man wohl sagen können, dass man im Glück sei. Ich hatte meine Kinder, mein schönes Heim und den Beruf, der mich befriedigte. Und doch möchte ich sagen, dass man nicht im Glück war. Denn kann man glücklich sein, wenn täglich Tausende junger blühender Menschen fallen, wenn täglich Hunderte von Menschen durch die Terrorangriffe obdachlos werden?[65] Nein, ich kann mich nicht freuen, wenn es mir gut und anderen schlecht geht. Man hat fast ein schlechtes Gewissen, weil man es noch so gut hatte.
Fortsetzung des Berichts über die Flucht:
In Neustrelitz [...] gingen Gesa und ich auf das Quartieramt, um ein Zimmer zugewiesen zu bekommen. Das ginge nicht, kein Fremder dürfe in Neustrelitz bleiben. [...]

Triepkendorf, den 1.3.1945

Gestern kam ich nicht zum Schreiben, da wir unsere Wäsche spülen mussten um sie bei dem schönem Sonnenschein aufhängen zu können. [...] Dann erlebte ich eine große Freude, [...] Walters ersten Brief brachte mir die Post. [...] Walter schildert sein Wegkommen aus Pillau. Er ist in Danzig bei der Fliegerhorstkommandatur und kann in seiner freien Zeit meinen Vetter Otto besuchen. [...]

Triepkendorf, den. 2.3.1945

[...] Heute herrschte ein furchtbares Wetter. Schon in der Nacht begann der Sturm an unseren Fenstern zu rütteln [...]. Wenn man dazu die Kriegslage nimmt, kann man sich meine Stimmungslage denken: In Breslau toben Straßenkämpfe und Posen ist in der Hand der Russen.

Fortsetzung des Berichts über die Flucht:

[...] Luise ging am Dienstag wieder zum Quartieramt um für uns ein Zimmer zu bekommen. Das ginge nicht, sagte ihr der Quartiergewaltige. Neustrelitz wäre Gefahrenzone, daher müssten werdende Mütter weg. Also schickte er uns in den Ortsgruppenbezirk Feldberg, 30 km östlich von Neustrelitz, also der Front näher. [...] In Feldberg wurden wir zum NSV Kinderheim gewiesen. Ich fragte den Ortsgruppenleiter, ob wir nicht in Feldberg selbst bleiben könnten, da meine Tochter im Augenblick den Arzt brauche. Das ginge nicht, Feldberg wäre überfüllt, wir kämen nach Triepkendorf etwa 6 km weiter. [...]

Triepkendorf, den 4.3.1945

Der dritte Sonntag hier. Heute Nacht träumte ich, Walter wäre tot. Er war einem Unfall zum Opfer gefallen, war aber nicht entstellt. Das Sonderbare war, dass ich garnicht traurig war, sondern mir nur Gedanken machte, wie ich ein Trauerkleid bekommen würde. Die Trauerfeier sollte im Krematorium sein. Als ich aufwachte sah ich den großen Saal des Krematoriums deutlich vor mir, konnte jedoch die Buchstaben unter der Orgel nicht erkennen. Ich habe mir lange den Kopf zerbrochen, besann mich aber dann doch auf sie. Ich glaube, sie heißt: „Des Todes rührendes Bild ist nicht ein Schrecken dem Weisen und nicht ein Ende dem Frommen“. – Wie sehne ich mich nach Königsberg zurück!

Heute haben wir eine große Freude erlebt. Neben 2 Briefen an Gesa von Titus kam der erste direkte Brief von Anna an, die uns bittet, nach Tübingen zu kommen. Wir wollen spätestens Freitag nächster Woche fahren. Hoffentlich macht man uns keine Schwierigkeiten. So ungern ich auf die Dauer hier sein möchte, so sehr fürchte ich mich vor der Fahrt ins Ungewisse. Aber es ist nun allmählich Zeit, sonst wird die Reise für die arme Gesa, die doch schon recht schwerfällig ist, immer beschwerlicher.
[...] Vor einigen Tagen waren 12 Soldaten, darunter Gefreite und Unteroffiziere mit Namen und Geburtsdatum wie Geburtsort genannt, die wegen Fahnenflucht, bzw. unerlaubter Entfernung von der Truppe zum Tode verurteilt waren. Es hat mich zutiefst erschüttert, dass diese Zeichen der Zersetzung, wenn auch hoffentlich nur vereinzelt, auftreten. Wie mir erzählt wurde, sollten Militärstreifen diese Leute aus den Trecks herausgeholt haben. Der jüngste von ihnen war 20, einige 35 und 40 Jahre alt. Das ist das Schlimmste, was ich mir als Mutter denken kann, diese Ehr- und Pflichtvergessenheit Deutschland[66] gegenüber.

Triepkendorf, den 6.3.1945

Auch gestern erhielten wir wieder einen lieben Brief von Anna, die uns bittet, so schnell wie möglich zu kommen, Frau S. [Annas Vermieterin] will uns alle aufnehmen. [...] Gleichzeitig fragten wir, wie wir hier weg könnten. Die Polizei habe nichts damit zu tun, wir brauchten die Reisegenehmigung der Reichsbahn, die nur Neustrelitz geben könnte. [...]

Triepkendorf, den 7.3.1945

[...] Am Vormittag erhielt ich 2 RM durch Postanweisung von Anna. Sie wollte mir die Kosten der Nachnahme vergüten, die kleine Süße. Diese Gören verwöhnen mich ohnehin ganz unerhört. Gesa streicht mir die Butterbrote ziemlich dick, während sie selbst sie dünner isst. Ferner setzt sie ihre Butter zu und gibt mir meistens täglich eine Tasse Vollmilch. Da hilft kein Protest, kein Schelten. Ich sei zu dünn und müsse gepflegt werden, meint sie. Und ich frage dagegen, wer eigentlich von uns beiden das Kind bekomme, sie oder ich. [...]
Von Walter habe ich nur den einen Brief vom 18. Februar erhalten. Gewiss wird er nicht viel Zeit zum Schreiben haben, vielleicht ist er

auch nicht mehr in Danzig. So schmerzlich es für mich war, den Fünfzehnjährigen als Flakhelfer abzugeben, so sehr bin ich damit einverstanden, dass er jetzt als Siebzehnjähriger Soldat ist. Wenn auch das militärpflichtige Alter im Frieden und bei Beginn des Krieges noch zwanzig war, so wurde es im Verlauf des Krieges immer mehr herabgesetzt, sodass seit einem Jahr die Siebzehnjährigen einberufen werden. So bedauerlich dies in mancher Hinsicht ist, weil sie in diesem Alter den Strapazen des Krieges nach der im allgemeinen kurzen Ausbildung nicht gewachsen sind, so notwendig ist es bei der augenblicklichen Kriegslage. Ich wäre traurig, wenn mein Junge nicht militärtauglich wäre, also nicht mithelfen könnte bei der Verteidigung Deutschlands.

Triepkendorf, den 8.3.1945

Mein Herz ist von einer leisen Traurigkeit überschattet. Nicht, dass ich an sich ungern von hier weggehe, aber ich habe doch hier 3 Wochen lang ein Dach über dem Kopf gehabt, ein warmes Zimmer, ein Bett, wenn ich es auch mit Gesa teilen musste, und war bei freundlichen und einsichtsvollen Menschen. Ich fahre wieder einem ungewissen Schicksal entgegen. Wo wird Gesa ihr Kind bekommen? Wird sie es einigermaßen in Ruhe die ersten Wochen aufziehen können? Dazu immer die Sorge um Walter, von dem ich bisher nur einen Brief erhalten habe. Dazu die Kriegslage: in Köln und Breslau Straßenkämpfe, in Ostpreußen hat sich die Front gefestigt. Königsberg hält stand, aber in Westpreußen haben die Russen tiefe Einbrüche [...] erzielt, in Pommern wird bei Kolberg gekämpft [...]. [...]

Tübingen, den 18.3.1945

Seit vorgestern sind wir hier in Tübingen bei Anna. Wir haben uns nun schon ein wenig ausgeruht, daher will ich unsere Fahrt beschreiben:

Am Freitag den 9. März holte uns der Kutscher von Herrn Kulow ab und fuhr uns [...] zur Bahn. [...] Um 6 Uhr 18 waren wir in Neustrelitz [...]. Gesa ging sofort auf das Quartieramt und bekam ohne Schwierigkeit die Reisegenehmigung für uns beide nach Tübingen. Auch Waldemar erhielt sie am nächsten Tage. [...]

Wir hatten nette Reisegesellschaft, einen Hauptmann aus Reutlingen und Offiziere aus seiner Kompanie nebst Arzt und Oberzahlmeister.

[...] Um 24 Uhr waren wir in Wittenberg, statt um 19 Uhr [...]. [...]. Wir [...] stiegen in den bereits stehenden Zug nach Helmstedt [...], wo wir um 9 Uhr ankamen. Wir hatten gerade im Wartesaal Kaffee mit frischen Brötchen gegessen, als der D-Zug aus Berlin einlief, in den wir sofort einsteigen konnten [...] und wir waren bald in Magdeburg. Der Bahnhof ist vollkommen zerstört und sieht furchtbar aus. [...] Wir fuhren um 3½ Uhr weiter nach Halle [...]. Um 6 Uhr kamen wir in Halle an und freuten uns über den schönen, noch unzerstörten Bahnhof.

Tübingen, den 19.3.1945

[...] Der D-Zug Berlin-Halle-Stuttgart, mit dem wir fahren wollten, hatte Verspätung. Als er endlich einlief, war er von Berlin her so voll, dass wir und viele andere keinen Platz mehr bekamen. Uns wurde geraten, mit dem Personenzug 5 Uhr 53 nach Erfurt zu fahren. [...] Morgens kamen wir sehr gut in den Personenzug nach Erfurt und langten auch pünktlich in Erfurt an. Hier versuchten wir vergeblich Mittag zu bekommen und gingen statt dessen um ½ 1 Uhr auf den Bahnhof, zu unserem Erstaunen der Zug nach Schweinfurt einlief, der erst um ½ 3 Uhr abfahren sollte. Wir belegten gute Plätze [...].

Der Zug fuhr durch schönes deutsches Land, über Ebenen, klomm Hügel hinauf, fuhr talwärts. [...] Abends langten wir in Schweinfurt an. Auch hier war der Bahnhof sehr zerstört. Die Nacht verbrachten wir in der NSV und stiegen morgens in den Personenzug nach Würzburg, wo wir Mittags anlangten. Wir gingen zunächst zur NSV, wo wir heißen Tee bekamen. Übrigens ist auch der Würzburger Bahnhof sehr zerstört. Dann setzten wir uns auf den Bahnsteig, es war herrlich warm, und warteten auf den D-Zug Berlin-Stuttgart [...]. Er lief um ½ 12 Uhr ein, wir bekamen gute Plätze und fuhren um ½16 Uhr ab. Genauso wie am Tage zuvor blieben wir mitunter wegen Fliegeralarm 1-2 Stunden stehen. [...]

Da der Stuttgarter Bahnhof völlig zerstört ist, wurde der Zug umgeleitet und zwar diesmal zu unserem Glück über Tübingen, wo wir um ¼4 Uhr (morgens) anlangten. Wir setzten uns in die Wartehalle, gingen um ½7 Uhr in das Bahnhofsrestaurant und stärkten uns an Kaffee und Brötchen. Mittlerweile war es ½8 Uhr geworden. Wir machten uns auf den Weg zur Wilhelmstraße, der uns freundlich gezeigt wurde. Ich ging zunächst allein herauf. Auf mein Klingeln öffnete mir Frau S., die mich freundlich begrüßte. Auch Anna kam hinzu. Ich gab ihr meine Sachen und holte Waldemar und Gesa. Zuerst wusch ich mich ordentlich, worauf wir nocheinmal Kaffee tranken. Dann kamen Gesa und Waldemar mit dem Waschen an die Reihe. Mittlerweile hatte uns auch Professor W. begrüßt [...]. Wir richteten uns häuslich ein und gingen um 12 Uhr im Schlatterhaus mittagessen. Am Nachmittag machten wir einen kleinen Spaziergang und aßen Abends im Restaurant „Museum“. [...]

Tübingen, den 21.3.1945

Frühlingsanfang! Die Luft draußen ist weich und milde, aber in den Zimmern ist es kalt, weil man nicht mehr heizen kann. [...] Zu meinem Kummer erhalte ich noch immer keine Post von Walter und die Front rückt immer näher. Sonst fühlen wir uns hier ganz wohl, das Land ist wirklich nichts für uns Großstädter. [...]

Tübingen, den 23.3.1945

Heute sind wir wieder vergeblich auf dem Quartieramt gewesen, um für Gesa und ihr Kind ein Zimmer mit Küchenbenützung zu erhalten. Leider war nichts da. [...] Am Vormittag haben wir einiges an Säuglingswäsche kaufen können [...]. Der Voralarm, der täglich ist, regt uns schon gar nicht mehr auf, nur bei Vollalarm spähen wir in den Himmel, ob Flugzeuge kommen, und sind dann geneigt in den Keller zu gehen. [...]

Tübingen, den 25.3.1945

Heute ist Sonntag. [...] Gestern Abend machte ich mit Anna einen Mondscheinspaziergang durch Tübingen. Es war bezaubernd. [...] Ich bin geradezu hungrig nach Büchern. [...] Ich habe das Gefühl, als habe mein Gedächtnis, mein Erinnerungsvermögen ganz erheblich nach dem Terrorangriff am 27. August auf Königsberg gelitten. [...] Sicher ist die Erinnerungsschwäche eine Selbsthilfe der Natur, man soll nicht zurück- sondern vorwärtsschauen. [...]

Tübingen, den 27.3.1945

Heute regnet es. Gestern waren wir abends im Kino, zum „Opfergang[67]“ nach der Novelle von Binding[68]. [...] Gestern war ich doch recht deprimiert, als ich den Wehrmachtsbericht hörte: Aschaffenburg ist in den Händen der Amerikaner. Es scheint unaufhaltsam dem Ende entgegenzugehen, wenn auch die Ostfront im Augenblick stabil zu sein scheint. Wie mag es meinem Jungen gehen? Auch heute ist keine Post für uns gekommen. Vor kurzem sind wir vom Mittagessen gekommen und hörten durch die Tür Bruchstücke vom Wehrmachtsbericht. „An den Stadträndern von Danzig und Gotenhafen wird gekämpft", hat Gesa eben gehört. Mein Gott, wie mag es Otto und seinen Mädeln, Gertrud und der Omama gehen? Und Walter? Ist es ihm bestimmt für seine [...] Heimat zu fallen oder werde ich ihn wiedersehen? Das Leben ist mir wie ein Traum. Ob ich etwas von meinem Vater hören werde? Ich denke täglich an ihn und mache mir Vorwürfe, dass ich nicht doch noch länger bei ihm geblieben bin. Frau B. ist ja auch erst am 28. Februar herausgekommen. Dass ich Gewissensbisse haben würde war mir klar, schon als ich wegging. Aber ich konnte es nicht verantworten, dass Gesa etwa mit mir dort blieb. [...]

Tübingen, den 28.3.1945

[...] Das Leben ist nicht schön, kaum erträglich. Wenn wir vier auch zusammen sind, so fehlt uns seit dem 24. Februar jede Nachricht von Walter. Auch von Tante Leni und den Wehlauer Bekannten erfahre ich nichts. [...] Ich habe immer um ein tapferes Herz gebeten, man kann es jetzt mehr denn je gebrauchen; ich zittere um meinen Jungen, der in Danzig ist. [...]

Tübingen, den 29.3.1945

Gründonnerstag! Von niemanden erhält man Post. [...] Wir sind eben vom Abendessen zurückgekommen. Eine Sammlung lyrischer Gedichte fiel mir in die Hand, von denen ich manches deutsche auswendig kann. Da ich mir heute kaum eine Sammlung von Gedichten kaufen kann, will ich täglich eines abschreiben:

„Schlafen, schlafen, nichts als schlafen!
Kein Erwachen, keinen Traum!
Jener Wehen, die mich trafen
Leisestes Erinnern kaum.
Dass ich, wenn des Lebens Fülle
Nieder klingt in meine Ruh,
Nur noch tiefer mich verhülle,
Fester tu die Augen zu."

(Hebbel[69])

Tübingen, den 30.3.1945

Karfreitag! Wie war's im vorigen Jahr? Kam da Walter? Ich weiß es nicht mehr. Ich weiß nur, dass wir mehrere Jahre hintereinander am Karfreitag zum Gottesdienst gingen. Man lebt ja überhaupt bald nur noch in der Erinnerung. Wie schön könnte es sein wenn wir keinen Krieg hätten! Dass es mir jetzt so geht wie vielen Tausenden von Müttern seit Kriegsbeginn finde ich in Ordnung. Wenn ich daran denke, wie wir noch im vorigen Kriege – ach, ich meinte im vorigen Jahre[70] gelebt haben! Wir hatten unser schönes Heim und waren dankbar dafür. [...] Ich habe im Winter 1943-44 alle 14 Tage am Donnerstag mein Haus mit dankbarem Gemüt genossen. Ich war dann nämlich allein im Hause von 15 Uhr bis 21 Uhr. [...] Es war wunderschön. Ich ging durch alle Räume meines schönen Hauses, ich saß stundenlang in meinem Zimmer und arbeitete, ich nahm mitunter ein Buch vor, ich kramte in meinem Wäscheschrank oder im Büffet, kurz und gut, ich genoss es dankbar mit jeder Faser meines Wesens. [...] Vielleicht habe ich damals an jenen Tagen im Unterbewusstsein gefühlt, dass ich dieses schöne Heim einmal verlieren würde. Darum habe ich mich wohl so ganz besonders innig noch daran erfreut. Die Stille tat mir wohl nach dem lauten Leben, das sonst darin war. Aber an sich lebte ich ja gerne für die vielen Menschen, die es sonst belebten. Es war mein Lebensinhalt. Heute am Karfreitag habe ich zuerst eine Weile in dem „Repetitorium der Integralrechnung“ gelesen, dann ging ich auf den Österberg spazieren. Ich musste mit meinen Gedanken allein sein, denn die schweren Sorgen um meinen geliebten Jungen bedrücken schwer mein Herz, und den anderen muss ich immer eine heitere Miene zeigen. [...]

Tübingen, den 31.3.1945

Ich habe sehr schlecht heute Nacht geschlafen. Immer wieder musste ich an meinen lieben Jungen denken. Denn Danzig und Gotenhafen sind in der Hand der Russen. [...] Werde ich überhaupt noch Nachricht über ihn erhalten? Wie erfahre ich es, wenn er gefallen ist? Oder in russische Gefangenschaft gekommen? Dies letzte ist mir eine so furchtbare Vorstellung, dass ich ihn lieber tot sehen möchte[71]. [...]

Tübingen, den 1. April 1945

Ostern! [...] Ob ich den lieben Kerl noch einmal wiedersehen werde? Wer weiß es? Ach, vielleicht ist das Leben wirklich nur ein Übergang, und man sollte nicht soviel Angst vor dem Ausgelöschtwerden und soviel Trauer um die Frühvollendeten empfinden! [...]

Tübingen, den 5.4.1945

[...] Was wird uns die nächste Zeit bringen? Ich darf nicht daran denken, dass Deutschland aufhören wird zu existieren. Ich habe nicht geweint, als mein Haus ein Trümmerhaufen wurde, nicht als wir unser geliebtes Ostpreußen verlassen mussten, aber ich glaube ich werde weinen, wenn die Feinde ganz Deutschland in Besitz haben werden. Die Russen kämpfen bereits in den Vorstädten von Wien. Man stelle sich das vor. [...] Die Zeit wird immer schwerer zu ertragen. [...] Ich bin nicht einmal traurig, wenn ich an Walter denke, vielleicht verhärte ich absichtlich mein Herz, um nicht weich zu werden und die anderen meinen Kummer und meine Sorge merken zu lassen. [...]

Tübingen, den 12.4.1945

[...] Die Zukunft bedrückt uns sehr oder genauer mich. Ich bin mitunter krank vor Heimweh, auch vor Sehnsucht nach Walter. Man kann auch unsere augenblicklichen Verhältnisse nicht mit denen des vorigen Jahres vergleichen. Wenn Walter damals Soldat geworden wäre, hätte man nicht mehr Angst zu haben außer der, dass er fällt oder Krüppel wird oder, was das Schlimmste wäre, in russische Gefangenschaft gerät. Heute ist es viel schlimmer. Die ersten drei Möglichkeiten bestehen ohnehin, aber es kommt hinzu die Sorge um das Schicksal meines lieben Jungen bei Friedenschluss, wenn wir den Krieg verlieren. Wenn er dann wenigstens von den Amerikanern entwaffnet würde! Dann würde er wohl auch sofort weggeschafft werden, aber doch nur für absehbare Zeit nach Kanada und ich hätte Hoffnung ihn wiederzusehen. Anders wäre es, wenn er zu den Russen käme. Dann wäre ihm lebenslängliche Zwangsarbeit in Sibirien sicher. Ich stelle mich in diesem Falle schon auf den Gedanken ein, ihm zu folgen. Was für Erinnerungsbilder bestürmen mich! Ich sehe mich in unserem schönen Haus erwachen. [...] Im vorigen Jahr gab ich ja um diese Zeit noch eine Menge Privatstunden. Und jetzt sitzen wir in der Fremde und sind unerwünschte Gäste der Württemberger. Wie gerne hätten

wir uns noch jahrelang mit der bescheidenen Wohnung bei Jahns begnügt, wenn wir nur in Ostpreußen hätten bleiben können.
Die Zukunft ist dunkel. [...]

Tübingen, den 13.4.1945
[...] Gestern hörte ich von Frau S., dass der Stadtkommandant von Königsberg[72] die Stadt den Russen übergeben habe und deshalb wegen Feigheit vor dem Feinde zum Tode durch den Strang verurteilt werde. Seine Sippe werde dafür haftbar gemacht. Diese Nachricht hat mich schwer erschüttert. [...]

Tübingen, den 15.4.1945
Schon wieder ein Sonntag! Die Sonne scheint aber die Luft ist kühl. [...] Die Zeit in der wir leben ist furchtbar, keine Post, keine Verbindung mit irgend einem Menschen, mag er einem ferner oder näher stehen. [...] Sollten alle Menschen, an die ich schrieb, nicht mehr leben? Auch dies kann ich mir kaum denken. [...]
Selbstdarstellung Freias:
Wenn ich über mein Leben nachdenke, reicht meine früheste Erinnerung an Kiel zurück, wo ich geboren bin. Ich war noch nicht drei Jahre alt und sehe mich auf einem grünen Platz Puppenwagen fahren. Mein Vater erzählte mir es wäre damals eine Plage gewesen, mit mir spazieren zu gehen, denn sobald ich einen Puppenwagen sah, hätte ich mich auf ihn gestürzt und der rechtmäßigen Puppenmutter wegzunehmen versucht. Das wurde natürlich erst besser, als ich selbst einen bekam. Als ich drei Jahre alt war, mein Bruder Fritz war auch schon geboren, siedelten wir nach Königsberg über und zwar fuhren wir mit einem Dampfer. Bei der Überfahrt sollen meine Mutter und ich seekrank geworden sein, die beiden Männer, was bei meinem Vater als altem Seemann selbstverständlich war, nicht. Mein Bruder war damals ein und ein halbes Jahr alt. Meine Eltern sind Ostpreußen und da 1893 noch die Eltern meiner Mutter lebten, wollte sie gerne in ihrer Nähe sein. Daher zogen meine Eltern aus dem ihnen lieb gewordenen Kiel weg und mieteten sich in Königsberg eine bescheidene Wohnung. Mein Vater war damals bereits pensioniert und seine Pension war nicht allzu hoch. Im November 1893 wurde mein jüngster Bruder Paul geboren mit dem mein Walter, nach der Aussage meiner Bekannten viel Ähnlichkeit haben soll. [...] In Königsberg wollten meine El-

tern leben, weil sie hofften, dort mehr für die Schulbildung ihrer Kinder tun zu können. Meine Großmutter mütterlicherseits wohnte mit ihrer jüngsten Tochter, unserer sehr geliebten Tante Leni, in Wehlau, wohin man bequem nach etwa einstündiger Eisenbahnfahrt gelangen konnte. Wir fühlten uns ganz wohl in Königsberg. Oft kam Tante Leni für einige Tage herüber, oft erschienen auch Schulfreundinnen meiner Mutter, mit denen sie bis an ihr Lebensende in Verbindung stand. Das Schönste für uns Kinder aber waren die Sommerferien, die wir in schöner Ungebundenheit in dem kleinen Häuschen meiner Großmutter am Pregel verbrachten. Das Häuschen war nicht groß, erschien uns aber mit seinen Winkeln und Kammern als eine romantische Kostbarkeit, die immer wieder ihren Zauber auf uns ausübte. Als wir kleiner waren, stürzten wir uns jedes mal zum Ärger von Tante Leni auf die Ecke, in der alte seidene Sonnenschirme standen. Jedes von uns dreien suchte sich einen aus und dann stolzierten wir wie die Pfauen in der Grabenstraße einher. [...] Wir hatten in Wehlau nette Spielkameraden, gingen mit den Eltern baden, zunächst auf der Pinnau, dann im Pregel, wo ein nettes Freibad eingerichtet war. Wir machten Ausflüge in den Wehlauer Stadtwald, wo wir Himbeeren und Pilze suchten, gingen auf den Glumsberg, den Vergnügungspark der Wehlauer, oder aßen in Ripkeim[73] Erdbeeren mit Schlagsahne oder Schmand mit Glumse[74]. Das Ereignis, das jedoch den größten Eindruck auf uns machte, war der berühmte große Wehlauer Pferdemarkt mit allem Kilmbim[75], der dazu gehörte, wie Würfelbuden, Karussells usw. Wir waren hingerissen von der Fülle der Pferde, die dort aufgetrieben wurden. Nach dem ersten Weltkrieg hat der Markt nicht mehr das Ausmaß wie vorher erreicht. Später bin ich auch nicht mehr dort gewesen. [...] Wir haben schöne Zeiten verlebt bis der Weltkrieg kam, denn meine Eltern haben es verstanden, uns eine schöne sonnige Kindheit zu schaffen obwohl sich Mutter sehr mit dem Haushaltsgeld einrichten musste.

Tübingen, den 16.4.1945

[...] Wenn ich einer Sache nachtraure, die mir in der Bombennacht verloren gegangen sind, so ist es der kleine Koffer mit den Urkunden zur Ahnenforschung und meinen Tagebüchern. [...] Meine Vorfahren väterlicher- wie mütterlicherseits waren zum größten Teil Handwerker und Kleinbauern. Meine Vorfahren von Vaters Seite müssen um den Anfang des 17. Jahrhunderts nach Ostpreußen gekommen sein, meine

Vorfahren von der anderen Seite her etwas später. Während nur noch die Mutter meines Vaters lebte als ich Kind war, sie starb 1918, hatte ich noch den Stiefvater meiner Mutter erlebt und meine Großmutter mütterlicherseits starb erst, als ich schon Jugendliche war. Mein Urgroßvater väterlicherseits war der Sohn eines Mohrunger[76] Schmiedemeisters, der noch Napoleons Pferd beschlagen haben soll. Dieser Urgroßvater soll ein sehr begabter Mensch gewesen sein. Er war Lehrer und Kantor und war dreimal verheiratet. Aus der ersten Ehe stammte mein Großvater, der Bäckermeister in Wehlau wurde, wo er sich ein ganz hübsches Vermögen erworben hatte. Leider verlor er alles durch eine Wechselbürgschaft. Der Großvater heiratete eine Bauerntochter Henriette geb. M. aus der Umgegend und dieser Ehe entsprossen drei Kinder, eine Tochter, die früh starb, und mein Vater Friedrich Adolf wie sein Zwillingsbruder August. Sie wurden am 9. Dezember 1857 geboren, an dem selben Tage, an dem mein Sohn Walter das Licht der Welt erblickte. Diese beiden Zwillingsbrüder machten nun Wehlau unsicher, d. h. es waren sehr kräftige und lebhafte Jungen, die lieber in der Umgebung von Wehlau herumtobten, als sich an die Schularbeiten zu machen. Kein Baum war ihnen zu hoch, kein Fluss für ihre kühnen Segelunternehmen, zu denen sie der Mutter Bettlaken wegnahmen, zu breit. Mit 6 Jahren schwammen sie schon und sprangen von der Eisenbahnbrücke ins Wasser. Mein Vater und sein Bruder waren sehr begabte Menschen und hätten zweifellos einen akademischen Beruf wählen können, wenn sie fleißiger gewesen wären oder jemand auf ihre Schularbeiten aufgepasst hätte. Bis zu seinen letzten Lebensjahren hat mein Vater seinem Vater deshalb Vorwürfe gemacht und ich muss sagen, z.T. mit Recht, denn die Schule verlangt es, dass die Eltern sich um die Erledigung der Schularbeiten kümmern. Dazu kamen bei meinem Vater und seinem Zwillingsbruder Abenteuerlust.

Die neugeschaffene Marine übte ihren Reiz aus. Besonders Onkel August wollte zur See fahren und mein Vater sagte, er hätte ihn doch nicht allein fahren lassen können. Seemannsjahre sind kein Butterlecken, und mein Vater hat es oft bedauert, diesen Beruf ergriffen zu haben. Oft war er aber doch zufrieden, denn er hat viel von der Welt gesehen. Da die beiden Brüder im Dienst tüchtig waren, wurden sie bald befördert, besuchten die Navigationsschule und machten das Schifferexamen für Große Fahrt. Im Alter von 33 Jahren wurde mein-Vater als kaiserlicher Obersteuermann wegen eines Herzfehlers pensioniert, der ihn aber nicht gehindert hat, 87 Jahre alt zu werden. Diesen Herzfehler hat sich Vater bei der Katastrophe zugezogen, bei der die Kanonenboote „Eber" und „Adler" von einem Taifun auf ein Korallenriff geworfen wurden. Während Onkel August auf dem „Adler" war, befand sich mein Vater auf dem „Eber". Beide Schiffe befanden sich mit englischen und amerikanischen Schiffen in der Bucht von Apia[77]. Einige Schiffe konnten sich wohl in das freie Wasser retten, aber der „Eber" wurde auf ein Riff geworfen und brach mitten durch, während sich der „Adler" auf die Seite legte. Mein Vater tat auf diesem „Eber", der etwa 87 Mann Besatzung hatte, Dienst als erster Offizier und befand sich im Augenblick der Katastrophe auf der Kommandobrücke. Er sprang nach der entgegengesetzten Seite ins Wasser und konnte sich durch Schwimmen retten. Obwohl die Küste nur dreihundert Meter entfernt war, war das Schwimmen bei der schweren See so anstrengend, dass mein Vater aufgeben wollte, zumal als ihn eine Welle an den Strand spülte, die nächste ihn aber wieder mitnahm. Als ihn die dritte wieder an Land warf, hatte er doch noch die Kraft sich weiterzurollen und dann vollkommen erschöpft liegen zu bleiben. Von dieser Überanstrengung stammt das Herzleiden her. Immer wieder lobte mein Vater die Samoaner, die den Schiffbrüchigen und auch meinem Vater geholfen haben. Zu der Erschöpfung kam für meinen Vater noch die Sorge um seinen Bruder, denn als Vater glücklich gerettet war, wusste er noch immer nicht, wie es dem „Adler" gegangen war. Während es aber auf dem Adler nur sehr wenig Tote gab, waren von dem Eber nur 5 Mann gerettet worden[78].

Tübingen, den 18.4.1945

Heute erlebte ich eine große Freude: Ich erhielt morgens einen Brief von meinem lieben „kleinen" Walter.[79] [...] Vor allem habe ich mich gefreut, dass er gerne Soldat ist und dass der Krieg für ihn an erster Stelle steht. [...] Sein Brief atmet soviel Zufriedenheit mit seinem Schicksal, dass auch ich zufrieden bin. Ob ich ihn noch einmal wiedersehen werde? Ich will die Hoffnung noch nicht verlieren. [...] Wie mir um das Herz ist, kann ich gar nicht beschreiben. So traurig bin ich, wenn ich an das Schicksal Deutschlands denke. [...]

Tübingen, den 20.4.1945

Es ist soweit. Gestern haben die Feinde Tübingen besetzt. [...]

Tübingen, den 21.4.1945

[...] Am Nachmittag war ein Quartiermacher der französischen Armee gekommen und hatte sich die Wohnung angesehen. [...] Am Abend kamen dann auch mehrere Soldaten, die durchaus nett und höflich waren. Mit einem habe ich mich auf Frau S. Wunsch in der Küche unterhalten. Zum Schluss schenkte er mir Keks und Dextro-Energietabletten, die ich natürlich nicht nehmen wollte, aber es blieb mir nichts übrig, als es doch zu tun. [...]

Tübingen, den 29.4.1945

[...] Was mich betrifft, so bin ich weder glücklich hier in Tübingen noch unglücklich. Glücklich könnte man bei den Kriegsereignissen ohnehin schon nicht sein, und wenn man das hübscheste kleine Heim und seinen Jungen dabei hätte. Der Untergang Deutschlands wäre immer etwas, was einem nie froh werden ließe, auch wenn man sein unzerstörtes Haus in seinem geliebten Königsberg hätte und dort mit seiner Familie säße. Man hilft sich nur, indem man nicht so weit denkt. Ich suche wie stets das Beste aus meiner gegenwärtigen Lage zu machen und füge mich in mein Schicksal. Vorerst haben wir die Sorge um Gesa, hoffentlich geht die Geburt ohne Komplikationen vor sich. Übermorgen wird sie ihr neues Zimmer beziehen, und ich bin jetzt durchaus damit einverstanden, zumal ihr Ton Waldemar gegenüber nichts an Schärfe verloren hat. Es wird also für beide Teile besser sein, wenn sie getrennt leben. Ich gebe ehrlich zu, dass Waldemars Art zum Widerspruch reizt, aber es ist nicht Sache der Tochter, Kritik zu üben oder besser, ihr lauten Ausdruck zu geben. Auch mir fällt Waldemars Jammern schwer auf die Nerven, zumal er selbst Schuld an manchen Dingen hat, wie z.B., dass er seine Anstellungsurkunde wie auch die Examenspapiere nicht bei sich trug. Auch ich könnte mich wegen mancher Dinge, die ich unterlassen habe, direkt ohrfeigen, aber ich klage nicht das Schicksal an, sondern nur meine eigene Dämlichkeit. [...]

Tübingen, den 30.4.1945

Wie mag es meinem Jungchen gehen? Da man keinen deutschen Sender mehr hört außer Prag, hört man die furchtbarsten Sachen. [...] Immer wieder ist in den Auslandssendern die Rede von unseren berüchtigten Ko-Lagern.[80] Wie furchtbar es dort zugegangen sein muss, haben wir nie erfahren, da die Regierung darüber nichts sagte, begreiflicherweise, und wir keine ausländischen Sender hören durften. Und wo mag nun mein Junge sein? Ist er beim ersten Feindeinsatz gefallen? Vielleicht ist das das Beste für ihn. [...] Dass er aber in die Hände der Russen gefallen sein könnte, will und kann ich mir nicht vorstellen. Was für ein lieber und netter Kerl war er doch! Und wie viele liebe Kerle gab es gleich ihm! Alle diese jüngsten Soldaten durften nicht einmal Kind sein, sondern mussten schon mit 15 Jahren Luftwaffenhelfer werden. Und all dieses Schreckliche, der Untergang Deutschlands durch, die Schuld eines einzelnen der in seinem Größenwahn den Bogen überspannte. Hoffentlich bekommt man ihn, damit er zur Verantwortung für dieses grenzenlose Elend gezogen werden kann. Schon früher, wenn ich Kritik übte, kam mir der Konflikt zum Bewusstsein, in den Walter kommen würde, wenn er Soldat würde und auf Hitler vereidigt werden würde. Damals sagte ich ihm man müsse Deutschland auch trotz der Regierung lieben und bereit sein, für es sein Leben hinzugeben. Jetzt ist nun alles zu Ende. Ob mein Junge daran gedacht haben mag? Ich denke viel, eigentlich immer an ihn. Ob man jemals noch Nachricht von ihm erhalten wird? Nur eines kann mich bei der Ungewissheit trösten: Walter war von einer kindlichen Frömmigkeit beseelt und ich hoffe, sie wird ihm helfen, alle Leiden, die er vielleicht durchmachen muss, als ihm von Gott auferlegte Prüfungen zu betrachten. [...]

Tübingen, den 2.5.1945

[...] Gestern Abend kam durch den Rundfunk die Kunde, dass Adolf Hitler gestorben oder gefallen sei und Dönitz zu seinem Nachfolger bestimmt habe der natürlich weiter kämpfen werde. Welch [ein] Wahnsinn! Übrigens gibt es Leute, die nicht an Hitlers Tod glauben. Die schon skeptisch waren, als es hieß, Adolf Hitler habe sich nach Berlin begeben und nehme stündlich Berichte zur Lage entgegen. Man habe diese Nachricht ausposaunt, damit sich die Aufmerksamkeit der ganzen Welt auf Berlin richte, während er in Wirklichkeit versuchen werde unter falschem Pass ins Ausland zu entkommen. Hoffentlich fasst man ihn und macht ihm einen Prozess. Heute fragt man sich, wie ein solcher Mann doch eine Anhängerschaft haben konnte, die vollkommen kritiklos alles hinnahm und nachbetete, was er für gut hielt und ihm treu ergeben war. Hat er etwas so Faszinierendes gehabt, dass er alle an sich heranzog? Ich weiß es nicht, aber es ist doch eine Tatsache, dass ein Teil der 200-prozentigen sagte: „der Führer wird es schon machen“, auch wenn eine Sache vollkommen aussichtslos war. Ich habe nicht eine Spur Mitleid mit ihm. Selbst wenn er den Heldentod gestorben sein sollte, was wäre das schon Großes im Verhältnis zu den Strapazen und Leiden, die die armen Kerle, man denke nur an Russland, durchgemacht haben! Die Kämpfe in Berlin sollen schrecklich sein. Die russische Artillerie schießt in die Tunnel der U-Bahn hinein, wenn sie von dort aus Feuer erhält. Werde ich jemals etwas von meinem Jungen hören? Wird er vielleicht als Bettler durch das Land ziehen müssen? Übrigens sind die Russen auch schon in Neustrelitz und vielleicht musste auch mein alter 85-jähriger Schwiegervater auf die Flucht gehen. Das Elend, in das uns Hitler gestürzt hat, ist so grenzenlos, dass es nichts, garnichts gibt, was auch nur als kleinstes Plus für diesen „genialsten“ Deutschen spricht.

Tübingen, den 3.5.1945

Es wird immer kälter, scheint mir. So wie heute habe ich noch nie gefroren. Ich habe geradezu Kopfschmerzen von der Kälte bekommen. Wir sind heute spät aufgestanden, weil wir so schrecklich in den Betten froren. Dann standen wir eine geschlagene Stunde nach Milch an. Gesa bekam ½ l Buttermilch geschenkt. Es ist überhaupt erstaunlich, wie nett die Leute zu Gesa sind. Lernt sie gestern im botanischen Garten eine Frau kennen, während Gesa an ihren Söckchen strickt. Die Frau ist begeistert von den Söckchen und bietet Gesa 20 RM dafür. Gesa wollte sie sowieso nicht verkaufen, aber da die Frau Schuhgröße 40 hat, hätten ihr die Söckchen nicht gepasst. Heute nun traf Gesa wieder die Frau, die sie zu warten bat. Sie lief in das Haus, in dem sie wohnte. Als sie herunterkam, drückte sie Gesa eine Büchse Corned Beef in die Hand, ohne sie bezahlt zu nehmen. Da die Frau nur 2 Büchsen hat, kann man dies wohl wirklich als Nächstenliebe bezeichnen. [...]

Das Ausland glaubt nicht an Hitlers Tod, weil die Nachrichten darüber zu widerspruchsvoll sind. Himmler soll am 24.4. bei seinen Kapitulationsanträgen gesagt haben, dass Hitler an Gehirnbluten darniederliege und kaum den Tag überleben werde und dann komme die Nachricht, dass er am 1. Mai den Heldentod gestorben sei. Außerdem wäre noch eine dritte Variation zu hören, er habe sich erschossen. [...] Berlin sei gefallen, aber in der Nacht davor wären noch 60 tausend deutsche Männer gefallen. Es ist furchtbar. Hätten nicht wenigstens diese Männer noch leben bleiben können? Müssen noch mehr Frauen und Mütter um ihr Liebstes weinen? Nachdem alle vorher gebrachten Opfer vergeblich waren. Kann ein Mann ein solches Unglück über uns alle bringen?

Tübingen, den 4.5.1945

Die Kälte hält an. [...] Heute erfuhr ich eine vierte Lesart vom Tode Hitlers, Himmler soll ihn angeschossen haben, daher die Gehirnblutung. In einem amerikanischen Sender sollen alle Mitglieder der deutschen Regierung unter die Lupe genommen werden, am Schluss einer jeden Besprechung wurde gefragt: Wahnsinn oder Verbrechen? Hitler und Goebbels wurden mit Recht Feigheit vorgeworfen, weil sie sich durch ihren Tod der Verantwortung entzogen hätten. Ja, sind die beiden wirklich tot, oder werden sie versuchen, in der Menge unterzutauchen. [...]

Tübingen, den 5.5.1945

Jede Nacht wache ich auf und denke an meinen lieben Jungen. [...] Sicher werde ich weinen, wenn ich von seinem Tode erfahren werde. Da hilft alles nichts, auch wenn ich mir klar mache, dass der Tod nur ein Übergang ist, dass es Gottes Willen war, wenn er dahin gehen musste. Ich werde weinen, wie alle Mütter geweint haben. Aber, wenn er lebt, wie wird er jetzt zu der Regierung Hitlers und seinen feigen Sich-vor-der-Verantwortung-drückenden stehen? Was für eine Wandlung muss dieses Kind innerlich durchmachen? Was muss er sagen, wenn ihm zum Bewusstsein kommt, die Regierung habe den Kampf immer weiter getrieben, um ihr eigenes jämmerliches Dasein noch einige weitere Wochen zu fristen. Die Regierung musste schon vor drei Monaten wissen, dass es keine Rettung mehr für Deutschland gab, und doch hat sie noch Hunderttausende deutscher Soldaten geopfert, Hunderttausende in die Flucht, d.h. ins Elend gejagt, ich meine jetzt Frauen und Kinder. Wie wär's, wenn das Ausland, das uns besiegt hat, nun auch seinerseits die Sippen ausrottet, wie z.B. die Familien Göring und Goebbels? Es würde ihnen Recht geschehen. Das Bewusstsein der Schande, das Deutschland besiegt ist, drückt uns alle nieder. Die einzige Erleichterung, die man verspürt, man schämt sich fast deswegen, ist die, dass der ganze nationalsozialistische Kram wie Partei mit ihren Gliederungen, BDM, HJ usw. aufhört. Wie hat man das gehasst, auch wenn man manches am Nationalsozialismus gut fand. Nie war die Familie beisammen, irgendeiner fehlte fast immer. Und wie „beliebt" war die HJ bei den Luftwaffenhelfern, wenn der Herr Jungbannführer zur Besichtigung kam und große Töne redete. Mir scheint, alle Nationalsozialisten haben mehr Blech geredet, als es Wilhelm der II. und seine Ära tat. Jeder anständige Deutsche hätte auch ohnedies seine Pflicht erfüllt. Und wie benehmen sich jetzt die ehemaligen Parteigenossen? Sie werfen ihre Parteiabzeichen, Papiere, Uniformen weg. Eines Tages schwamm eine im Neckar. [...] Aber wir alle müssen teurer für die nationalsozialistische Regierung in den 12 Jahren zahlen als wir es für die 14 Jahre Systemzeit[81] taten. Wir bezahlen mit Deutschland, und ich kann mir nicht denken, dass ein wahrer Deutscher seines Lebens wirklich froh werden kann, ohne dass ich dabei an das persönliche Schicksal der einzelnen denke.

Tübingen, den 6.5.1945

Heute ist der Geburtstag der deutschen Kronprinzen. Man hat dem letzten Hohenzollern recht viel Vorwürfe gemacht wegen seiner Politik, wohl nicht ganz mit Unrecht, aber Deutschland völlig zu zerstören, ist der genialen Politik Hitlers vorbehalten geblieben. Ich habe ihn vor Monaten unter uns den Totengräber unseres Vaterlandes genannt. Dass der Mann es fertiggebracht hat, zum Schluss die 15- und 16 jährigen Hitlerjungen in den Kampf einzusetzen wird ein ewiger Makel auf seinem Andenken sein, denn er musste wissen, dass keine Rettung mehr möglich war. [...] Auch der Volkssturm, dessen Vertreter man ab und an unter den Gefangenen sah, war eine letzte Verzweiflungsaktion, um noch ein wenig länger das eigene jämmerliche Dasein zu fristen. An Deutschland haben die Leute wirklich nicht gedacht, denn zu Deutschland gehören alle die Männer, die in der letzten und allerletzten Zeit nutzlos dahingeopfert wurden.

Also, ab heute Mittag ist Waffenstillstand, der Berghof ist von den Amerikanern besetzt, und ich glaube, auch Prag ist bereits in den Händen der Amerikaner. Hier in Tübingen ist die Adolf-Hitler-Straße wieder auf den alten Namen Mühlenstraße zurückgetauft worden. Wenn nicht dieses unsagbar traurige Ende für Deutschland gekommen wäre, könnte man sagen, ein böser Traum wäre vorbei, aber der böse Traum hat auch uns zu Bettlern gemacht. Wir waren fleißig und tüchtig und hatten es zu den hübschen Häusern gebracht, von denen wir hofften, dass sich unsere Kinder und Kindeskinder daran freuen würden, und jetzt stehen wir vor dem Nichts. Solange wir hoffen durften, dass die Feinde von den Grenzen ferngehalten würden, haben wir den Verlust unserer schönen Königsberger Häuser als ein selbstverständliches Opfer betrachtet, das wir dem Vaterland gebracht haben. Ja ich sagte damals, ich würde dankbar sein, wenn dies das einzigste Opfer wäre, dass wir bringen mussten, wenn mir vielleicht mein geliebter Junge bliebe. Vielleicht habe ich aber auch ihn schon hingeben müssen. [...]

Tübingen, le 7.5.1945

[...] Heute hörte ich, dass man in Österreich ein geheimes Ko-Lager entdeckt habe. Aus ihm hat man Daladier, Schuschnigg, Niemöller und andere befreit. 40 deutsche Soldaten sollen den Alliierten bei der Befreiung mitgeholfen haben. Die Bewachungsmannschaften waren natürlich die deutsche Henkertruppe, die SS. Schade, dass wir keinen Rundfunk hören können. Jetzt würde mich es interessieren. Die Verlogenheit unserer Rundfunkmaulhelden war mir widerlich. [...]

Tübingen, den 8.5.1945

Prof. W. hat recht, wenn er sagt, die Deutschen wären in politischer Hinsicht von einer granitenen Dämlichkeit. [...] Heute hörte ich von einem Communiqué Stalins, in dem er mitteilt, dass man die Leichen von Goebbels, seiner Frau und seinen 6 Kindern gefunden habe. Sie sind durch Gift gestorben. Einen Augenblick wollte mich das Mitleid überkommen, als ich an die Kinder dachte. Dann aber wurde ich hart, wenn ich mir vorhielt, dass die Regierung ganze Sippen ausgerottet hat, nicht nur die engste Familie der Verschwörer, sondern entfernte Verwandte, gleichgültig, ob Mann, Frau oder Säugling. Ferner hielt ich mir vor den Mord an den Judenfrauen und Kindern, die bestimmt unschuldig sind. Der Tod wird für die Goebbels Kinder nicht hart gewesen sein, sie werden nicht geahnt haben, was ihnen bevorsteht, während in Smolensk die Judenfrauen wohl selbst die Gräber für sich und ihre Kinder schaufeln mussten und die Kinder zum mindesten ahnten, dass sie aus diesem Leben hinweg mussten. [...] Ja das Wort „vae victis[82]" hat immer noch seine Geltung. Heute und morgen feiert man in den alliierten Ländern den Sieg über Deutschland. Eben wurde von einer Militärkapelle die Marseillaise gespielt und zwar gegenüber dem früheren Parteihause. [...]

Tübingen, den 10.5.1945

Himmelfahrt! [...] Man atmet auf, wenn man erlebt, dass die kirchlichen Feiertage wieder eingehalten werden sollen. Es ist auch ein wunderschöner sonniger Tag. [...] Vorgestern sollen Churchill und der englische König sehr gemäßigt gesprochen haben. Leider konnte ich die Rede nicht hören, da unser Rundfunk nicht geht. Als Neuigkeit haben wir erfahren, dass Herman Göring mit Frau und Kind und General Kesselring in Gefangenschaft geraten sind. Göring hat ausgesagt, dass er am 24. April von Adolf Hitler zum Tode verurteilt sei, weil er von Hitler verlangt habe, dass er ihm die Regierung übergebe. Er sei von SS-Truppen gefangen genommen, aber seine Luftwaffe habe ihn befreit. Hermann Göring war zweifellos das sympathischste Mitglied der Regierung. Ich glaube, es gibt keinen Deutschen, der ihm etwas Böses wünscht[83]. Er hat wohl immer die Sympathien des Volkes besessen. Kesselring war zweifellos ein tüchtiger General. Er war längere Zeit in Königsberg, wenn ich mich nicht irre. Ja, bei unserer Regierung sieht man wohl das Wort „Sic transit gloria mundi"[84] bewahrheitet. Das Reich, das ewig sein sollte hat gerade 12 Jahre gedauert. Und zum Schluss ist ganz Deutschland zugrunde gerichtet, ein Reich, das Jahrhunderte gebraucht hat, um groß zu werden. [...]

Tübingen, le 15.5.1945

Also am 12. Mai, am Geburtstag meiner lieben Mutter, hat Gesa früh um 2 Uhr 04 ein Töchterchen bekommen, das Freia, Clara, <u>Paula</u> heißt. Gesa hat die Geburt gut überstanden und ist natürlich selig über das Püppchen [...]. Es ist ein niedliches kleines Mädchen mit dunklen langen Härchen [...].

Gestern hörte ich um 10 Uhr Rundfunk „Hier spricht England“ und hatte eigentlich genug. Neben Enthüllungen über die Ko-Lager wurde Hermann Göring charakterisiert und kam dabei sehr schlecht weg. Es wurde gesagt, dass er als Polizeiminister und Ministerpräsident die Terrorherrschaft in Deutschland begründet habe. Er habe die Ko-Lager geschaffen, die Gestapo ins Leben gerufen. Angeführt wurden Teile oder besser Sätze aus seinen Reden, aus denen nicht nur hervorging, wie er das Recht beugte oder mit Füssen trat, sondern auch seine politische Kurzsichtigkeit. Schlimm war es auch, etwas über die Todesarten[85] in den Ko-Lagern zu erfahren, von denen man 6 anwandte:
1. Verhungern. Der Delinquent[86] wurde in eine Einzelzelle gesperrt, und man wartete, bis er tot war.
2. Vergiften durch Gas. 50 Menschen kamen nackt in einen verschlossenen Raum, in dem die Gashähne geöffnet werden.
3. Tod durch Erschießen. Die Delinquenten wurden an die sogenannte „Blutmauer“ gestellt und von hinten erschossen.
4. Tod durch Einspritzen von Petroleum.
5. Tod durch Erfrieren. Der Delinquent bekam ein heißes Brausebad und wurde dann in die Kälte hinausgejagt.
6. Die Verurteilten wurden ausgehungerten Hunden zum Fraße vorgeworfen.
Dies geschah in unserem Deutschland!

Tübingen, den 17.5.1945

Ich komme nicht mehr zum Schreiben, weil ich vor- und nachmittags Gesa in der Klinik besuche. Die kleine Marjell[87] ist zu goldig! Und doch würde ich sie, Gesa und alle hier verlassen, wenn ich zu meinem Walter könnte, und wenn ich mein Leben in Sibirien zubringen müsste. [...]

Tübingen, den 26.5.1945

[...] Nun hat man auch Himmler gefasst. Aber dieser in Deutschland meistgehasste Mann hat bei der Leibesvisitation Selbstmord durch Zerbeißen einer Cyankalikapsel begangen. Um nicht erkannt zu werden, hat dieser Held sich den Schnurrbart abrasieren lassen und über dem linken Auge eine schwarze Augenbinde getragen. Er hatte einen Entlassungsschein der Wehrmacht bei sich, der auf einen anderen

Namen ausgestellt war. Diesem Henker hätte man einen ähnlichen Tod gewünscht, wie er sie seinen Opfern hat angedeihen lassen. [...]

Tübingen, den 29.5.1945

[...] Von der Taufrede [anlässlich der Taufe Paulas] am Donnerstag habe ich nur behalten, dass man durch das Unglück weder verzagt, noch stumpf werden soll, sondern man möge innerlich dadurch wachsen. Ein schöner Gedanke, den man vielleicht unbewusst bereits befolgt hat oder zu befolgen versuchte. Ich will nicht sagen, dass die schönsten Stunden der Schlaf sind, ich gehe dem Schmerz nicht unbedingt aus dem Wege, aber am Tage, wenn ich allein bin denke ich immer, wo mag mein Walter sein, wie mag es ihm gehen. [...] Wenn er noch lebt, sind wir durch unsere Gedanken verbunden. Wenn er tot ist, lebt er mit mir mit. Er ist auf meinen Spaziergängen neben mir, er darf mit mir die Schönheiten des württembergischen Landes schauen. Das Glück ihn vielleicht noch einmal lebend zu sehen, ist unvorstellbar. Und wenn auch alle Vernunftgründe dagegen sprechen, dass ich noch einmal Nachricht von dem lieben Jungen bekomme, ich will doch tapfer sein und hoffen und die anderen meine Sorgen nicht merken lassen. Ich habe es ja nicht einmal allzu schwer, Haltung zu bewahren, da ich für Waldemar, Anna, Gesa und vor allem für das kleine Püppchen sorgen muss. Da bleibt für eine vorzeitige Trauer - und eine noch dazu unbegründete - keine Zeit.

Tübingen, den 30.5.1945

[...] England will keine Eroberungen machen, aber heute im Rundfunk wurde gesagt, dass England für seine Mühe Hannover beansprucht. Ich bin neugierig, wie man weiter Deutschland aufteilen wird. Zweihundertfünfzig prominente Nazis, die mit ihrer Familie in die Schweiz geflüchtet sind, werden ausgewiesen. Von all diesen Leuten, die stets die Treue zum Führer im Munde hatten, erwartet man zum mindesten, dass sie sich auch jetzt zu Hitler bekennen und sich nicht feige verkriechen. [...]

Meine Sehnsucht nach Ostpreußen ist mitunter geradezu schmerzhaft. Was gäbe ich darum, wenn ich bei Jahns wohnen und wenigstens die Trümmer unseres Hauses sehen könne! Aber der Garten ist noch da und etwas wird ja wohl noch blühen. [...]

Tübingen, den 1.6.1945

[...] In Lindau ist ein französischer General erschossen worden, wahrscheinlich von einem Wehrwolfanhänger, dem verbrecherischen Vermächtnis Goebbels. Zur Sühne hat man 25 prominente Bürger erschossen und die Stadt geräumt. [...]

Tübingen, den 5.6.1945

Heute Nacht habe ich von meinem Jungchen geträumt. Er saß in einem Handwagen, [...] hatte kurze Hosen und sein blaues Jackett an und einen Handrücken verbunden. Ich sah sein lächelndes liebes Kindergesicht und dann, da er an mir vorbeigezogen wurde, seinen Hinterkopf. Ich lief dem Wagen nach und rief zweimal „Walter", denn er hatte mich nicht gesehen. Beim zweiten Male sah er mich, und ich fragte ihn: „bist du verwundet?" „Nein, Mutti" sagte er, und ich wachte auf. Bisher habe ich noch nicht geweint, wenn ich an sein mögliches Schicksal dachte. Vielleicht wären Tränen eine Erlösung und würden mich etwas weicher machen. Ich fühle wie ich innerlich immer mehr verhärte, weil ich Haltung bewahren will. [...]

Tübingen, den 6.6.1945

Ich war gestern tagsüber so mitgenommen von meinem Traum und so traurig, dass ich auch hätte sagen können: „Meine Seele ist betrübt bis in den Tod"[88]. Das Unglück des Vaterlandes, die Ungewissheit über Walters Schicksal, das Heimweh nagen an mir. Dazu kommen die Sorgen um Gesa, deren Milch immer weniger wird. Auch macht die Kleine, die garnicht zugenommen zu haben scheint, ein so trauriges Gesichtchen, dass wir beide, Gesa und ich beinahe geweint hätten. [...]

Tübingen, den 11.6.1945

[...] Ich habe seit längerer Zeit nichts mehr über den Rundfunk geschrieben. Da mir der unverschämte und überhebliche Ton der Sieger nicht passt, höre ich ihn kaum, sondern lasse mir von Frau S. berichten. Am Sonnabend brachte sie mir wirklich eine Neuigkeit: in Berlin haben die Russen Dokumente gefunden, aus denen hervorgeht, dass sich Hitler 2 Tage vor der Kapitulation mit Frl. Eva Braun aus München, mit der er seit 1932 intim befreundet war, verheiratet habe. Na also, weshalb soll er nicht. Außerdem haben die Russen zugegeben, dass es sich bei der in der Reichskanzlei gefundenen verkohlten Leiche möglicherweise doch nicht um Hitler handelt. Am Sonntag gaben die Russen der Vermutung Raum, dass Hitler und Frau vielleicht mit Erlaubnis Francos in Spanien gelandet sein könnten. Der Flugplatz, von dem sie abgeflogen sein könnten, wäre bis zuletzt benutzbar gewesen.

Nun möchte ich noch eine reizende Anekdote über Kurt Götz berichten. Götz war nach Hollywood gegangen, weil er die Ungnade Adolfs fürchtete. Die Regierung wollte diesen begabten Künstler zurückholen und beauftragte Emil Jannings, seinen Freund, ihm mitzuteilen, dass er ein eigenes Theater bekommen würde und in der Wahl des Spielplans vollkommen frei sei. Darauf schrieb oder drahtete Götz zurück, „Lieber Emil! Wenn es in Hollywood morgens um 6 Uhr klingelt, weiß ich, es ist der Milchmann. Dein Kurt“. D.h. wenn es in Berlin um 6 Uhr klingelt, weiß ich nicht, ob es der Milchmann oder die Gestapo ist. Also Kurt Götz traute dem Frieden nicht. Ob mit Recht oder Unrecht, möchte ich dahingestellt sein lassen. Ich halte es aber doch für wahrscheinlich, dass er Recht hat. [...]

Tübingen, den 15.6.1945

[...] Am Nachmittag war ich natürlich bei Gesa und freute mich an der süßen kleinen Puppe. Man muss wirklich dem lieben Gott dankbar sein, dass wir das liebe kleine Dingelchen haben, sie hilft uns über all das Schwere hinweg. [...]

Tübingen, den 19.6.1945

[...] Eben las ich in den neuesten Mitteilungen die letzte Predigt Niemöllers auf Grund der er am 1. Juli 1937 in ein Ko-Lager kam. Er ist von einem zum anderen Lager verschleppt und jetzt erst befreit worden. Die Predigt ist mutig und tapfer. „Israel hat dennoch Gott zum Trost“. Der Hauptgedanke der Predigt ist, „man muss Gott mehr gehorchen als den Menschen“. [...]

Tübingen, den 21 6.1945

[...] Gestern kam nun eine so schlechte Nachricht durch den Rundfunk, dass ich noch ganz gebrochen bin und nachts zwei Stunden nicht schlafen konnte: Ostpreußen, Schlesien, Pommern sollen die Polen bekommen. Von den neun Millionen Einwohnern dieser drei Provinzen sind sieben Millionen geflüchtet, die übrigen zwei Millionen werden ausgesiedelt. Bis jetzt sind fünfzigtausend Polen schon nach Ostpreußen geschickt worden in einen Teil, der Masurien heißt oder besser von ihnen so genannt wird, denn wir nennen ihn Masuren. Die Polen sind sehr zufrieden mit ihrer Umsiedlung, denn sie haben alles in bester Ordnung auf den Gehöften vorgefunden, Maschinen und auch Kartoffel- und Getreidevorräte. Hieraus sieht man deutlich den Vernichtungswillen der Engländer, denn ich bin restlos davon überzeugt, dass sie tonangebend sind bei den Verhandlungen. Wenn die Alliierten nur den Nationalsozialismus und den deutschen Militarismus bekämpft haben wollen, müssten sie jetzt zufrieden sein und uns alle in unsere Heimatprovinzen unter alliierter Hoheit leben lassen, denn sie wollten ja Deutschland nicht zerstückeln. Aber die Polen in Ostpreußen z.B. ansiedeln, bedeutet, Land, das in 1000 jähriger Kolonialarbeit deutsch geworden ist, wieder dem Slawentum[89] ausliefern. Für uns bedeutet dies natürlich den endgültigen Verlust unseres Grundbesitzes und die Unmöglichkeit, die Heimat wiederzusehen. Wie ich diese heuchlerischen Engländer hasse! [...] Und wenn wir auch die Niederlage für die Schandtaten in den Ko-Lagern verdient haben mögen, dies haben wir nicht verdient.

Tübingen, den 22.6.1945

Ich bin furchtbar müde, und zwar glaube ich nicht, dass es so sehr eine körperliche wie vielmehr eine seelische Müdigkeit ist. Ursache: die Nachrichten über die Ansiedlung der Polen in Ostpreußen.
Wenn ich an unser Neukuhrener Grundstück denke, wo jetzt die kleinen Walderdbeeren reif sind, [...] die Blütensträucher in vollster Flor stehen müssen, wird mir das Herz schwer. Das alles nie mehr wiedersehen? Der Gedanke ist mir fast untragbar. [...]

Tübingen, den 27.6.1945

[...] Ich bin wieder einmal vollkommen niedergedrückt. [...] Mein Heimweh ist furchtbar. [...] Wie genau sehe ich das schöne Oberteichufer vor mir. Ich kenne jeden Baum, jeden Strauch, ich sehe die Häuser am liebsten, wie sie vor dem Terrorangriff waren und gehe in Gedanken meinen täglichen Weg zum einkaufen: Oberteichufer, Lönstr. und Herzog-Albrecht-Allee. Wie wunderschön war die Lönstr. mit ihren lichten Traubenahornbäumen. Herrlich sah sie aus. Und der Oberteich, wie schön war er besonders bei Sonnenuntergang! [...]

1946

Tübingen, den 21.1.1946

[...] Am 16. Oktober 1945 sind wir dann hierher in die Hirschauer Str. 5. gezogen. Wir haben hier ein großes Zimmer in dem wir drei Damen mit Paula schlafen und ein kleines Zimmer, das Waldemar als Schlafzimmer und uns allen als Küche dient, denn es hat einen kleinen Sparherd. [...] Waldemar ist seit Oktober im Schuldienst beschäftigt, nur ist die Gehaltsfrage noch nicht geregelt. [...] Wir sind schlimm dran. [...] Gesa macht seit November einen Schreibmaschinenkursus und jetzt lernt sie Stenographie, damit sie sich vielleicht einmal ihr Brot verdienen kann, bis Titus sie zu sich holen kann. Unser Tagesablauf sieht so aus: Anna steht zwischen 7 und ½8 Uhr auf, heizt den Ofen, während Gesa ihr Kind stillt. Als zweite steht Gesa auf und zuletzt muss ich heraus und bekomme meist sogar ein wenig warmes Wasser. Dann trinken wir Kaffee. Nach dem Kaffee geht Anna einholen[90], wozu sie meistens nur eine Stunde braucht. In dieser Zeit mache ich die Küche sauber, während Gesa das große Zimmer macht und ihre Windeln wäscht. Während dieser Zeit kann ich bereits nähen. Wenn Anna nach Hause kommt, macht sie Feuer im Herd und wiegt die Kartoffeln ab. Ich schäle sie, nachdem ich sie gewaschen habe und gehe auch sonst Anna zur Hand. Gesa wäscht ihr Kind, wenn sie mit dem Saubermachen des Zimmers fertig ist. Um 1 Uhr essen wir.

Seit Anfang Januar arbeitet Anna wieder bei Prof. W. halbtägig und geht gegen 2 Uhr weg. Gesa geht viermal in der Woche in ihre Kurse und kommt meistens nicht vor 6 Uhr nach Hause. Ich mache den Abwasch, bei dem mir oft Anna hilft und gehe dann ½ Stunde mit dem Kind spazieren, wenn das Wetter nicht so schön ist, dass man die Kleine draußen stehen lässt. Gegen 6 Uhr heizen wir den Ofen und essen zwischen ½8 und 8 Uhr Abendbrot. Dann waschen wir ab und gehen zwischen 10 und 11 Uhr ins Bett. So haben wir in unser Leben eine gewisse Ordnung gebracht, die uns wohl tut. [...]

Tübingen, den 23.1.1946

[...] Und immer, tags wie nachts bleibt die leise bohrende Sorge um meinen Walter. [...]

Die Vorstellung, dass er doch noch einmal hier auftaucht und ich wieder für ihn sorgen dürfte, hat etwas so Überwältigendes, dass man gar nicht daran zu denken wagt. [...] Nur einmal habe ich vor Sehnsucht nach ihm geweint und zwar war ich an einem Sonntagvormittag in den Schwärzlocher Wald gegangen, wo mich in der völligen Einsamkeit der Schmerz übermannte.

Tübingen, den 5.2.1946

[...] Der Gedanke, Walter vielleicht doch noch einmal wiederzusehen, erscheint mir unfassbar schön. [...]

Während ich im November und Dezember fast krank vor Heimweh war und immer mehr abmagerte, erhole ich mich jetzt, weil ich zur Besinnung gekommen bin. Während ich mich mit meinem Schicksal abfand, ich meine mit dem Verlust unseres Besitzes, habe ich meine Flucht aus der Heimat wohl nur als etwas Vorrübergehendes empfunden. Die Sehnsucht nach Königsberg war so schmerzlich, dass ich Nachts aufwachte und nur an die verlorene Heimat dachte. Ja bei Tage war dies Denken so quälend, dass mir das Leben außerhalb Ostpreußens fast sinnlos schien und mir der Wille zum Leben fast abhanden kam, bis ich mir klar wurde, dass auch dies wohl Gottes Wille sei, dass ich nicht in Ostpreußen leben soll und dass ich mich in diesen Willen fügen müsse. Seitdem geht es besser, ich beginne Tübingen zu lieben, wenn ich auch nie mein geliebtes Königsberg vergessen werde und wenn mir Ostpreußen stets das geliebteste Stück Erde bleiben wird. Aber ich habe mich innerlich gefügt, und das ist die Hauptsache. Die Sehnsucht bleibt, aber ist nicht mehr so quälend.

Das Vorgehen der Engländer und Amerikaner in Hochschulangelegenheiten ist [...] erstaunlich. Die Professoren, die in der Partei waren müssen [...] weg, gleichgültig, ob sie etwas für die Wissenschaft geleistet haben oder nur auf Grund ihrer Parteizugehörigkeit Ordinarien wurden.

Tübingen, den 10.2.1946

[...] Seit einigen Sonntagen hat sich bei uns die Sitte eingebürgert, dass ich den Mädeln vorlese, während Anna und Gesa stopfen, denn zu diesen Arbeiten kommen sie sonst nicht. Ich las ihnen zuerst vor Will Vesper[91] „Im Flug durch Spanien“ und heute Ulrich von Hutten[92] und einiges von Klopstock[93].

Tübingen, den 11 2.1946

Ich fühle mich nach dem Untergang unseres Vaterlandes erst recht als Deutsche, und ich werde mich hoffentlich immer als Deutsche fühlen und selbst eine freundliche verständnisvolle Regierung der anderen immer als eine lästige Fremdherrschaft empfinden. Wie geknechtet wir durch die Naziherrschaft waren, sieht man jetzt, da in jeder Zeitung zu Hitler Stellung genommen wird und des Guten zu viel getan wird. Damals wurde er in den Himmel gehoben und heute kann man sich nicht genug tun in seiner Verurteilung. Ich fürchte aber, dass viele derjenigen, die ihm heute ein Pereat[94] nachrufen, ihm seinerseits zugejubelt haben. Ich habe ja nie die Beweihräucherung Hitlers leiden mögen, obwohl ich ihn für einen anständigen und vaterlandsliebenden Mann hielt. Was wussten wir denn von den KZ-Lagern? Wir kannten sie nicht einmal dem Namen nach[95].Obwohl der Mord an Röhm und Genossen uns durch die Presse ganz anders dargestellt war, waren wir empört.

Noch empörter waren wir, als man überall die Synagogen zerstörte und die jüdischen Läden plünderte. Der „spontane Volkswille" nach Goebbels hätte dies verursacht, was eine ganz gemeine Lüge war. Die Aktion war befohlen. Ob Hitler den Krieg gewollt hat, konnten wir nicht beurteilen, heute liegen ja eindeutig Beweise vor, aber Stalingrad kann ihm nie vergeben werden. Das schlimmste Verbrechen aber sind die Sippenmorde nach dem 20. Juli 1944. Für diesen einen Mann nun müssen wir alle leiden, aber ich nehme dies geduldig auf mich.

Weshalb haben wir ihn nicht durchschaut, sondern hatten das Vertrauen gutgearteter Dummköpfe in seine Menschlichkeit? Wir sind unabsichtlich dadurch schuldig geworden, dass wir ihn zur Macht kommen ließen und müssen mit für seine Untaten bezahlen. Das ist in Ordnung, und es macht nichts, dass ein Teil unseres Volkes vielleicht nicht zu zahlen braucht.

Tübingen, den 26.2.1946

[...] Meine Schwägerin Ella, von der ich heute einen Brief erhielt, der mir Freude machte [...] ist jetzt Hauslehrerin bei einem Großbauern in Elsten[96] und hat es sehr gut. Gestern erhielten wir einen Brief von Luise, der es nicht so gut geht. Sie ist nämlich aus dem Schuldienst entlassen, ebenso wie ihre Schwägerin, weil sie beide der Frauenschaft[97]

angehört haben. Traurig, dass tüchtige Leute so töricht waren der Frauenschaft beizutreten.
Gestern war ich ganz niedergedrückt, denn ich erfuhr, dass in Königsberg neben anderen Ärzten auch Dr. G. und Frau Dr. F. und Frl. Dr. K. beim Einmarsch der Russen Selbstmord begangen haben. Vom Hauptbahnhof bis zum Nordbahnhof soll kein Haus mehr stehen. Die wenigen Bewohner hausen in Vororten; Juditten ist zwar heil geblieben, wurde aber von den Bewohnern geräumt, weil die Russen die Wohnungen für sich beanspruchen.

Tübingen, den 6.3.1946

[...] Tag und Nacht denke ich an Dich, mein geliebter Junge. Wo magst Du sein? Wie mag es Dir ergehen? Ob ich Dich jemals wiedersehen werde? Wenn ich doch einmal wirklich aus vollem Herzen weinen könnte! Aber ich beherrsche mich und nur gelegentlich, aber sehr selten gehen die Nerven mit mir durch, meistens wenn Gesa aus der Rolle fällt und sich in ihrem Ton vergreift. So werden, wie es gewesen ist, kann es ja niemals wieder, aber vielleicht kann man doch unserem lieben Jungen helfen, wenn er zurück kommt. [...] Es hilft nichts, wir Heimatlosen sind entwurzelt und werden nicht mehr heimisch, und wenn es das schönste Fleckchen Erde wäre. [...]

Tübingen, den 9.3.1946

[...] Wenn ich die Zeitung gelesen habe, bin ich immer ganz unglücklich, weil mir dann unsere ohnmächtige Lage besonders zum Bewusstsein kommt. Dass Deutschland aufgehört hat zu existieren, ist mir furchtbar, so schrecklich, dass ich am liebsten nicht mehr leben möchte. Dann ist mir der Gedanke auch erträglich, dass Walter gefallen sein könnte. Was soll er in einem Land, das von der Gnade der Sieger lebt? Deutschland, wie liebte ich Dich und jetzt bist Du nicht mehr da. Was ist denn überhaupt noch Deutschland? Hannover, Westfalen, Schleswig-Holstein, die Rheinlande, Süddeutschland ohne mein geliebtes Ostpreußen, ohne Westpreußen, ohne Pommern und Schlesien? Heute stand in der Zeitung, dass amtliche deutsche Stellen schon am 2.10.1944 gewusst haben, dass ein militärischer Sieg Deutschlands unmöglich sei. Und dann wurde trotzdem immer noch gekämpft. Dann ist unser Sohn wie so viele andere ein Opfer dieses Verbrechens geworden. [...]

Tübingen, den 11.3.1946

[...] Am Abend ging ich zu einem Vortrag der Vortragsreihe „Besinnung". Der Redner hieß Paul Schempp[98] und der Vortrag „Macht und Freiheit". Der Vortrag war gut und enthielt eine Fülle von Gedanken. Schempp begann; „wir definieren: Macht ist Verfügungsgewalt über andere, Freiheit ist Verfügungsgewalt über sich". Dann kam eine Fabel über Machtmissbrauch. Der beste Machtträger wäre der, der nicht nach Macht strebe, dem jeder Befehl, den er gebe müsse, als notwendiges Übel erscheine. Dann kam er auf Autorität zu sprechen. Autorität sei die vertrauenserweckende Überlegenheit in sich, die gewaltlose Gewalt. Er wende sich dagegen, dass man das Naziregime als autoritäre Herrschaft bezeichne, denn ein „dilettantischer Allesbesserwisser mit Tobsuchtsanfällen" könne keine Autorität sein. In einem Menschen sei am reinsten Macht und Freiheit vereint gewesen, in Jesus, der nie nach äußerer Macht gestrebt hat. Zum Schluss wurde von dem Leid gesprochen, durch das wir hindurch müssten und der Schwester des Leides, der Liebe.

Tübingen, den 12.3.1946

[...] Meine Kinder behaupten ich wäre zu konservativ, das stimmt nicht ganz, wenn auch im Großen und Ganzen. [...]

Tübingen, den 14.3.1946

[...] Heute Nacht träumte ich davon, dass ich wieder unterrichtete. Es tut mir doch leid, dass ich es nicht kann, aber ich will zufrieden sein, dass ich es 4 Jahre durfte.

Tübingen, den 15.3.1946

[...] Heute sagte auch Waldemar, er wisse nicht, ob er unseren Jungen noch am Leben wünschen solle. In diesem Deutschland zu leben wäre sehr schwer. Wir haben das Hitlerdeutschland nicht so gewollt. Nur im Anfang schien es uns, als ob Hitler vernünftig regiere.[99] Aber wir haben unser Vaterland auch unter der Systemherrschaft geliebt. Und jetzt? Was ist denn noch Deutschland? Unter der Herrschaft eines fremden Volkes leben zu müssen ist bitter. Nie wünsche ich mir Hitler zurück, aber das freie Deutschland hat dieser Nichtskönner verspielt. Aber trotzdem bin ich Gott dankbar, dass ich Deutsche bin, und ich werde es immer bleiben. [...]

Tübingen, den 22.3.1946

[...] Das Leben könnte harmonischer sein, aber Waldemar und Gesa gönnen sich gegenseitig nichts [...]. Das Schlimmste ist, dass [...] beide Töchter über mich herfallen und auch Anna ausgesprochen unangenehm wird. Wenn ich in diesem Jahr überhaupt geweint habe, ist es nur wegen der Lieblosigkeit meiner Töchter gewesen. [...]

Tübingen, den 1.4.1946

[...] Am Nachmittag erlebten wir eine große Freude. Erschienen da etwa 8 Schüler [...] und brachten allerhand schöne Dinge für Waldemar zur Stärkung: 3 Laibe Brot, ½ Pfund Butter, 2 Eier, 5 Pfund Mehl, 1 Pfund weiße Bohnen, ½ Pfund Hörnle, 5 Äpfel und eine Flasche Vollmilch. Die Freude war umso grösser, weil man garnicht darauf gefasst war. Ich behaupte immer, dass man doch noch viel Freude erlebt. Übrigens hatten die Jungen noch ein Veilchensträußchen und Osterlilien mitgebracht.

Tübingen, den 10.4.1946

[...] Wenn auch die heutigen Sieger sich nicht genug tun können in der Verurteilung des Nationalsozialismus, sie haben es soweit kommen lassen, um im Trüben zu fischen und Deutschland völlig zu vernichten, um es als ernsthaften Konkurrenten auf dem Weltmarkt auszuschalten. Das Versailler Diktat war für die Feindmächte ja nur eine halbe Sache, wenn es auch für uns bitter genug war, aber es ließ uns immer noch Lebensraum. Durch die unfähige Regierung eines größenwahnsinnigen Dilettanten ist es nun zu dem von ihnen erstrebten Ziele gekommen. Uns bleibt nichts, als zähneknirschend zu gehorchen. Ich habe nie den Nationalsozialismus geliebt, aber auch die Westmächte werden bestraft werden, weil sie es soweit haben kommen lassen. Wenn sie sich heute über die Judenverfolgungen aufregen, weshalb haben sie nicht beizeiten interveniert? Nein, sie haben ruhig zugesehen, bis zu welchem Ausmaß es ging und können sich jetzt nicht in heuchlerischer Empörung genug tun. Sie haben mehr gewusst als wir. Ich besinne mich noch oder sehe mich am Esstisch sitzen mit meiner Familie, als ich gehört hatte, dass die jüdischen Familien mit einem ganz kleinen Päckchen aus ihren Wohnungen in der Tragheimer Pulverstraße ausziehen mussten. Ich war ganz traurig und sagte zu meinen Kindern, es würde uns genauso gehen und das wäre die gerechte Strafe. Und so ist es nun auch gekommen. [...]

Tübingen, den 14.4.1946

[...] Ich habe mir den Stuttgarter Tierschutzkalender gekauft und fühle mich selbst in meine Kinderzeit zurückversetzt, in der ich mir auch diese Kalender kaufte und lange Jahre aufbewahrte. Mein Herz wurde wieder seltsam angerührt vom Mitleid mit den Tieren, die nicht ihr Leid klagen können. Ich muss jetzt an Göring denken, der so strenge Tierschutzgesetze herausgab und so unbarmherzig mit den Menschen war. Wie lässt sich das vereinigen? Man kann sich schwer vorstellen, dass ein Mensch, der die Tiere liebt, zu Menschen grausam sein kann.

Tübingen, den 16.4.1946

Gestern kam ich nicht zum Schreiben, weil wir abends ins Kino zu dem Rembrandtfilm gingen. Vor dem Film gab es „actualités françaises“, die mich so wenig gefreut haben, dass ich bestimmt selten ins Kino gehen werde, natürlich nur zu deutschen Filmen. [...]

Tübingen, den 21.4.1946

Ostern! Ein herrlicher Tag voll schönstem Sonnenschein. [...] Am Vormittag (gestern) erlebten wir ein Überraschung. Anna erhielt einen Brief von Titus, der den Poststempel des 3. März 1945 trug, also über ein Jahr unterwegs war. Er erhielt 220,- RM, die für Gesa bestimmt waren. Unsere Freude kann man sich denken und erst Gesas. Nun kann sie doch zu Titus auf Besuch fahren. Vor allem aber ist das Geld nicht verloren gegangen. [...]

Tübingen, den 12.5.1946

Heute, an Paulas Geburtstag, hatten wir wieder herrliches Wetter. [...] Heute wäre meine Mutter 87 Jahre alt geworden. Ich denke aller Geburtstage, die wir als Kinder und auch als Erwachsene bis zum Weltkrieg mit der lieben Mutter gefeiert haben. Dann kamen bis zu ihrem Tod 1921 traurige Geburtstage. Fritz war 1915 gefallen, Paul 1917 vermisst und jetzt sieht es so aus, als müsste ich dasselbe Schicksal durchmachen wie meine Mutter mit meinem einzigen lieben Jungen und werde vielleicht nie, niemals erfahren, ob er gefallen ist, wenn er nicht wiederkommt. Die Erkenntnis der eigenen Ohnmacht ist so groß, dass sie einen immer wieder tief niederdrückt. Man kann nur ganz still und geduldig sein und warten und hoffen.

Tübingen, den 2.6.1946

Eingeklebter Zeitungsausschnitt mit dem Titel „Das Orakel“:

Nach der Besetzung Griechenlands befragte Goebbels das Orakel von Delphi, was man sich in den letzten Kriegsjahren [unter Deutschen] zuflüsterte. Laut vieltausendjähriger Tradition darf man dort an die Pythia drei Fragen stellen: „Wird das deutsche Volk richtig geführt?“ fragte Goebbels. „Noch nie ist ein Volk so angeführt worden!“ war die Antwort. Goebbels fragte weiter: „Sitzt die Regierung fest im Sattel?“ Kurz und bündig antwortete das Orakel: „Noch nie hat eine Regierung so festgesessen!“ Etwas zögernd kam Goebbels dritte Frage: „Ist uns der Endsieg sicher?“ Die Pythia holte tief Luft und sagte dann: „Ihr müsst alle dran glauben!“ [...]

Tübingen, den 13.6.1946

[...] Heute habe ich mir von dem kommunistischen Stadtrat aus Reutlingen, Fritz Wandel[100], [...] den Druck seines Vortrags: „Der Weg durch die Hölle. Dachau, wie es wirklich war“ gekauft. Die Schilderung wirkt wahrheitsgemäß und ist erschütternd. Dass so etwas möglich war, solche Unmenschlichkeiten Tatsachen waren, ist kaum glaublich. Während die Armen litten haben wir gelebt, uns gefreut bis der Krieg kam, natürlich ohne den Schimmer einer Ahnung zu haben.

Wir sahen nur das „freundliche“ Gesicht des Nationalsozialismus, obschon es uns gar nicht so freundlich schien, da er ja in unsere privatesten Bezirke eingriff. Wir übten Kritik an ihm innerhalb der Familie und im Gespräch mit Bekannten und ahnten das Grauenvolle nicht.

Tübingen, den 15.6.1946

[...] Nun liest Gesa das Dachaubuch von Wandel und ist ebenso erschüttert wie wir anderen. Ich werde nie begreifen, wie Menschen auf derartige Grausamkeiten kommen können. Eigentlich müsste man sich hinsetzen und weinen und nie mehr froh werden in seinem Leben, wenn man an all das denkt. Was ist dagegen unser Los? Schön im Vergleich mit jenen. Auch, wenn wir noch so armselig leben und wohnen.

Tübingen, den 17.6.1946

[...] Gestern war Ellas Geburtstag, ich schrieb ihr einen Brief [...]. Politisch sind wir eigentlich immer aneinander geraten, weil sie vollkommen kritiklos war[101]. Hatte sie etwa noch die Begeisterungsfähigkeit der ganz Jungen, die dem einmal erwählten Ideal blind folgen? Ich habe es nie begriffen, weil sie nur wenig jünger war als wir. Zwar bin ich durchaus der Meinung, dass man meist mit der Kritik da anfängt, wo gegen das eigene liebe Ich Maßnahmen ergriffen werden, an das Allgemeine denken wir Egoisten nicht. Und doch möchte ich sagen, dass dies bei uns nicht ausschließlich der Fall war. Wie oft war ich über Dinge empört, die uns gar nicht betrafen.

Tübingen, den 23.6.1946

[...] Morgen wollen wir in das Kino gehen. Ich frage mich, woher auf einmal meine Kinoliebe kommt, natürlich nur für deutsche Filme, denn früher bin ich selten ins Kino gegangen. Mir scheint der Film eine Erinnerung an das alte Deutschland zu sein an das unbesiegte, deshalb gehe ich hin und vergesse für ein paar Stunden, dass Deutschland besiegt ist. Ich lese jetzt „Hannibal“ von Jelusich[102]. [...]

Tübingen, den 21.7.1946

Wieder ein Sonntag. Ich bin so müde, dass ich mitunter glaube, ich werde an Erschöpfung zu Grunde gehen. Auch Anna scheint mit ihrer Kraft am Ende zu sein. Sie schläft nicht mehr aus. Wenn wir nur bis zur nächsten Ernte durchhalten. [...]

Tübingen, den 31.7.1946

Gestern, am Geburtstag unserer Gesa, war der bisher glücklichste Tag meines Lebens. Erhielten wir doch das erste Lebenszeichen von unserem geliebten Jungen. Es ist eine Rote-Kreuz-Postkarte, die Walter aus Moskau am 21.4.46 geschrieben hat und demnach mehr als 3 Monate unterwegs war. Er schreibt: [...][103]

Ich kann die Fülle des Glücks kaum fassen. Dass ich meinen geliebten Jungen wiedersehen soll, scheint mir fast unvorstellbar. Wenn ich auch nie gefühlsmäßig die Überzeugung hatte, dass er gefallen ist, so war ich doch überrascht und fassungslos, als die Karte ankam. Besonders auf Waldemars Gesundheitszustand wird die Nachricht günstig einwirken. Ich bin nur von tiefstem Dank erfüllt. Immer wieder muss ich die Karte vornehmen, um mich von der Wirklichkeit ihrer Existenz zu überzeugen. Nachts konnte ich vor lauter Freude kaum schlafen. [...]

Tübingen, den 9.8.1946

[...] Gestern war ich zu einem Vortrag der CDU (Christlich Demokratische Union) gegangen. Was mir daran gefallen hat, ist vor allem folgendes: Die CDU leugnet die Kollektivschuld des deutschen Volkes, zweitens leugnet sie die Schuld der Jugend überhaupt und drittens hält sie den Ehrenschild des deutschen Soldaten rein. D.h. der deutsche Soldat habe ebenso wie der Soldat ausländischer Staaten seine Pflicht getan, er habe für die Verteidigung seines Vaterlandes gekämpft ohne die Kriegsziele der Führung zu kennen. Dann streifte der Redner das Problem des Ostflüchtlings und sagte etwa: „wir betrachten die Ostflüchtlinge als Notgäste in einer schweren Zeit. Keinesfalls geben wir den Osten auf, sondern betrachten ihn als Deutschland zugehörig und werden nicht rasten, sondern alles ins Werk setzen, um diese Menschen wieder zurückführen zu können“. Ich überlege sehr ob ich nicht eintreten soll. [...]

Tübingen, den 18.8.1946

[...] Am Freitag haben wir wieder eine große Freude erlebt: wir bekamen die erste Nachricht von Erwin S., der mit seiner Mutter in Berlin lebt[104]. [...] Gestern schrieb ich einen 8 Seiten langen Brief an ihn, der morgen zur Post soll.

Tübingen, den 28.9.1946

Ich komme einfach nicht mehr zum Tagebuch schreiben, sowohl aus Zeit- wie aus Platzmangel. Am Mittwoch, den 25. kam Titus an, wir freuen uns darüber, dass er da ist und hoffen dass er bleiben wird. [...]

Tübingen, den 22.10.1946

Ich kann nur kurz in Stichworten angeben was geschieht. Hier will ich nur die Antwortkarte an Walter abschreiben:

„Den 21. Oktober 1946. Lieber Walter! Zu unserer großen Freude erhielten wir am 14. Oktober Deine liebe Karte vom 18. August. [...] Uns geht es weiterhin gut. Vater ist gegen Gehalt als Aushilfslehrkraft an der Kepler-Oberschule für Jungen hier beschäftigt. Anna ist ab 1. Okt. mit einem ganz netten Gehalt bei Prof. H. H. Weber, der jetzt hier Direktor des Physiologischen Institutes ist, angestellt, sodass wir leidlich gut leben können. Wir sollen auch in absehbarer Zeit eine selbständige Wohnung bekommen, sodass wir dann auch die Familie Milech gut werden unterbringen können. Titus, der bisher seit seiner Entlassung aus der französischen Gefangenschaft in Bonn studiert hat, darf nun hier in Tübingen weiterstudieren, was uns sehr freut. Klein Paula gedeiht unberufen weiter gut zu unser aller Freude. Tübingen ist ein hübsches Städtchen, in dem man sich wohlfühlen kann, wenn es einem auch nicht die schöne verlorene Heimat ersetzen kann. Es bietet aber recht viel Abwechslung wie gute Konzerte und Theater. Wir bedauern nur sehr, dass Du nicht mit uns hier diese Darbietungen genießen kannst. Doch hoffen wir auf ein nicht zu fernes Wiedersehen mit Dir. [...] Wir alle senden Dir die herzlichsten Grüße und wünschen Dir Gesundheit und alles Gute. In Gedanken stets bei Dir! Dein Vater [...].“

Tübingen, den 27.11.1946

Seit dem 22. November befinden wir uns in unserer neuen sonnigen Wohnung und sind glücklich. [...]

DIE VIELEN TRÜMMER WERDEN GAR NICHT MEHR BEACHTET

ZWEI BRIEFE VON ERWIN S. AN FREIA

Berlin, am 26. 8. 46

Sehr geehrte Frau Himmeltor!

Ihr langer Brief hat mich heute, wie ich nach Hause kam, mächtig erfreut. Sogar das Mittagessen musste zehn Minuten warten, denn ich war doch zu neugierig auf Ihre Zeilen. [...]

Ich hoffe, dass sich Walters Glaube bald erfüllt, und er wieder bei Ihnen aus- und eingehen kann, wie zu Hause. Er hat ja noch allerhand durchgemacht, da bin ich ganz klein dagegen. Allerdings muss ich Ihnen gestehen, habe ich, trotz meiner Überzeugung zum Dritten Reich, in den letzten Tagen noch mit dem Tode gespielt, weil ich den sinnlosen Kampf und die irrsinnigsten Zerstörungen nicht mehr mitansehen konnte, habe ich als RAD [Reichsarbeitsdienst]-Mann desertiert. Aber was mit einem Deserteur geschah, der damals gegriffen wurde, da brauche ich nicht viel zu erzählen. Tausende hingen in Berlin an den Pfählen, tausende, die von Frau und Kindern erwartet wurden, kehren nicht mehr heim. Ich habe nicht Schluss gemacht, weil ich zu feige war, nein, dazu bin ein viel zu großer Draufgänger. Aber hätten alle schon früher aufgegeben, dann hätten sich die furchtbaren Tragödien, die sich hier in den letzten Tagen abgespielt haben, nicht ereignet.

Doch nun über meine letzten Kriegstage im zusammenhängenden Bericht. Wie ich in Ihrem Brief feststellen konnte, haben wir am gleichen Tage Königsberg verlassen. In der Nacht zum Sonntag, den 28. Januar packten Mutti und Ilse unsere Sachen, während ich draußen auf Ari[Artillerie]beschuss und Flieger aufpasste. Mit schwerem Herzen entschloss ich mich, unser geliebtes Mauraunenhof zu verlassen. Eigentlich hatte ich eine Kampfgruppe der HJ führen können, aber wenn ich geblieben wäre, dann wäre Mutti und Ilse auch dageblieben, und das hatte ich nicht verantworten können. Was daraus geworden wäre, das kann man sich heute gut vorstellen. Bevor wir nun gegen So. Mittag losfuhren (mit dem vollgepackten Schlitten) ging ich noch einmal zu unserem Häuschen und nahm Abschied. – Im Garten waren bereits zwei Ari-Einschläge. Ganz langsam schloss ich unsere Haustüre ab und steckte den Schlüssel ein. Ich habe ihn heute noch und werde ihn immer bei mir tragen. [...] Mutti, Ilse und ich zogen Richtung Hafen, und kamen dort gegen 18.00 Uhr an. Die Tiefflieger griffen dauernd an, und ich hatte alle Mühe Mutti zu beruhigen. Zum Glück gelang es Ilse und mir, bald einen Eisbrecher ausfindig zu machen, der nach Pillau auslaufen sollte. Nach einigem Hin und Her durften wir herauf, und Mutti bekam einen guten Platz in geheizter Kabine mit Radio. Außer uns waren noch ca. 15 andere Flüchtlinge an Bord. Um Mitternacht verließen wir Königsberg. Im Schlepp zwei Lastkahne, gestopft mit Menschen. Noch lange bis ins Haff hinaus ließ ein riesiger Brand die Nähe der Front erkennen. Gegen 7 Uhr morgens trafen wir in Pillau ein. Wie durch ein Wunder waren wir ½ Std. später an Bord eines Handelsdampfers. Matrosen hatten uns empfangen und unser ganzes Gepäck an Bord gebracht. Es war der 6000 Tonnen große Dampfer „Göttingen“, im Dezember 44 in Dienst gestellt. Wir kamen in einer der fünf Ladeluken unter. Es waren ca. 200 Menschen in einer Luke. [...] Am Montag den 29. 1. legten wir in Pillau ab. [...] Nach allerlei großen und kleinen Aufregungen kamen wir am Donnerstag in Swinemünde an. Ein Erlebnis der Fahrt mochte ich aber noch schildern. Im Abstand von etwa 800 m fuhr das KDF [Kraft durch Freude]-Schiff „Wilhelm Gustloff“[105] hinter uns, an Bord ca. 6000 Flüchtlinge. In der Höhe von Kolberg, in der Nacht zum 1. Februar waren wir

Zeuge einer furchtbaren Katastrophe. Kurz nach Mitternacht dröhnten drei gewaltige Explosionen über das Meer, und eine gewaltige Feuersäule erhellte den Himmel. „Wilhelm Gustloff" war Mittschiffs von drei Torpedos getroffen, und sank in wenigen Minuten. Ungefähr 400 Menschen konnten gerettet werden. Wir waren froh wieder Land in der Nähe zu haben, trotzdem wir bis Sonntag, den 4.2., an Bord bleiben mussten. Mit einem Sonderzug fuhren wir über Rostock nach Güstrow in Mecklenburg, wo wir Montag Mittag eintrafen. Dort trennte sich Ilse von uns, da sie über Magdeburg weiter fahren wollte. Mutti und ich fuhren mit einem D-Zug bis Berlin. Hier trafen wir um 20 Uhr ein. Es war sehr dunkel, aber nach einer Weile hatten wir uns durch die Trümmer zu unserem Reiseziel durchgefragt. Wir fanden unsere Verwandten noch alle vor, und damit war unsere 8-tägige Flucht beendet. Wir konnten nun bei meinem Onkel in der Nähe der Friedrichstraße wohnen. Für mich war es sehr interessant, und stundenlang habe ich in Berlin herumgeschnuffelt.
Am 15. Februar erhielt ich die Einberufung zum RAD [...] in Nauen[106] für den 10 März. Bis dahin habe ich faule Tage verlebt. Allerdings hieß es bei den, immer häufiger werdenden Luftangriffen, fest zupacken, und wie durch ein Wunder bekamen wir selber nichts ab. Zwei Bomben schlugen auf das Grundstück ein, doch explodierten nicht. Ich hatte mich hier mit dem OKW [Oberkommando der Wehrmacht] in Verbindung gesetzt, und wollte zu einem Pionierlehrgang an die Weser. Aber der RAD machte mir einen Strich durch die Rechnung. Am 10. März meldete ich mich dann in Nauen bei Berlin. Nach sechs Wochen Ausbildung waren wir „frontreif". [...] Am 22.4. kamen wir dann zum Einsatz im Norden von Berlin. Meine Ausrüstung bestand aus einer Panzerfaust und zwanzig Handgranaten. Nach stundenlangem Nahkampf gelang es dem Russen, unsere Abteilung völlig zu zersplittern. Nur der Nacht habe ich es zu verdanken, dass ich der Gefangenschaft entronnen bin. Noch war ich kampfbegeistert, und wollte mich wieder bei unserer Abteilung in Nauen melden, aber wie ich dort ankomme, ist der Russe da und kein einziger von meinen Führern zu sehen. Da hatte ich die Nase voll, denn die Russen liefen ja schneller, wie unsere Flüchtenden. Ich machte mich schnell aus dem Staube. Der Weg nach Berlin war versperrt, und so fasste ich den Plan, mich nach Wismar[107] durchzuschlagen. Ohne Marschpapiere ging es los. Dreimal wurde ich geschnappt. Einmal wurde ich in ein Spritzenhaus gesperrt.

Das zweite Mal, in Schwerin, wurde ich in das Infanterie Regiment 90 gesteckt. Beide Male bin ich mit List und Tücke ausgerückt. Das dritte Mal sah der SS-Posten ein, dass es doch alles keinen Zweck mehr hat, und ließ mich laufen. In Wismar lag Manfred K., ein guter Freund, im Lazarett. Mit Hilfe einer reisenden Schwester wurde ich blinder Passagier im Lazarett (schweres Magenleiden). Am 2. Mai kamen die Amerikaner und der Krieg war für uns aus. Der Gefangenschaft entkamen wir zwei Stunden zuvor. Manfred nahm mich zu seinen Eltern, die auf einem Bauernhof in der Nähe von Schwerin wohnten, mit. Dort blieb ich bis zum 14. Juli. Es war eine herrliche Zeit dort auf dem Land, aber der Gedanke an Mutti, ließ mich nie richtig froh werden. Eine Woche war ich bis Berlin unterwegs. Am 21. Juli fand ich Mutti und meine Verwandten unversehrt vor. Sie haben alles gut überstanden. Mit den Russen war das nun allerdings eine unsichere Sache, da mein Onkel PG [Parteigenosse] war. Wir wurden dann auch am 27. August aus der Wohnung gefeuert. Mutti und ich bekamen zum Glück zwei Zimmer bei einem anderen Onkel hier in Steglitz. [...]

Schon am 1.8. konnte ich meine Arbeit beginnen und zwar in Wienersdorf. Mein Chef ist ein prachtvoller Kerl (28 Jahre alt), und ich möchte mit keinem wechseln. Er hat vollstes Vertrauen zu mir, und behandelt mich wie seinen Sohn. Ich brauche nur eine Bitte auszusprechen, und gleich wird sie erfüllt. Ich bekomme als Praktikant 100 RM Lohn im Monat bei ihm. Außerdem wird er mir mein gesamtes Studium [...] auf der Ingenieur-Schule in Weimar zum Geschenk machen. Ich bleibe noch ein Jahr bei ihm. Das schönste ist z.Z. für mich das Autofahren. Ich sause mit unserem Wagen herum, als ob es meiner wäre. Der Chef freut sich darüber. [...]

Außerdem stehe ich mit sehr vielen Kameraden im Briefverkehr. Über ganz Deutschland sind sie verstreut, und fast täglich erhalte ich Post. [...] Ich schreibe [...] an das Einwohnermeldeamt [...] und dieses sendet mir dann die genaue Anschrift. Auf diese Art und Weise habe ich auch Sie auffinden können. Sie können mir glauben, dass ich im Laufe des vergangenen Jahres ungefähr 20 verschollene Königsberger Bekannte aufgefischt habe.

[...] Mutti hält sich wacker aufrecht. Sie hat sich noch keinen einzigen Tag krank ins Bett gelegt, sondern arbeitet von morgens 6 Uhr bis abends um 8 Uhr. Ich muss staunen, was sie noch leistet, und dabei wiegt sie nur noch 76 Pfund. Die Ernährung hat ihr immer am meisten

Sorgen gemacht. Aber zum Glück bekommen wir jetzt von meiner Tante aus Amerika Lebensmittelpakete, und außerdem stehen wir mit einem Amerikanischen Quäker, hier in Berlin, in Verbindung. So ist wenigstens unsere wirtschaftliche Lage entspannt. Viel Kummer bereitet uns aber die Bekleidung und Wohnungseinrichtung. Bekommen kann man in Berlin alles, aber die Preise können wir nicht zahlen.
[...] Für Heute grüßt Sie, liebe Frau Himmeltor, Ihren Mann und Anna in herzlicher Freundschaft, Ihr Erwin [...].

Berlin, am 17. 9. 46

Liebe Frau Himmeltor!
Ihr langer Brief hat mich wieder großartig überrascht. Mein Dank soll auch deshalb ganz besonders herzlich sein, und ich will sehen, dass Ihnen mein Brief auch eine große Freude macht. [...] Wenn ich genügend Zeit hätte, könnte ich stundenlang Briefe schreiben. Der Dank und die Anerkennung bleiben auch nicht aus, das beweisen die vielen Briefe, die wöchentlich hier eintreffen. Wenn ich dann abends nach Hause komme, gucke ich zuerst auf den Radiotisch, wo Mutti meine Post hinlegt. [...] Um nicht mit den vielen Briefen durcheinander zu kommen habe ich mir ein „Postbuch" angelegt. Es dient hauptsächlich dazu die Ein- und Ausgänge nachprüfen zu können, und damit kein Brief und keine Karte unbeantwortet bleibt. [...] Seit dem 15. Oktober 1945 habe ich 138 Eingänge (Karten und Briefe) und 236 Ausgänge verzeichnet. Die Gebühren für letzteres betragen rund 50 RM. [...] So manches Mal bedauern wir, dass unser Häuschen nicht auch ganz abgebrannt ist. Wir hatten doch noch soviel gute Sachen gerettet, und nun sind sie den Russen in die Hände gefallen. Wenn die Kartoffeln knapp sind, denken wir mit Schmerzen an die 16 Ztr. [Zentner[108]], die noch in unserem Keller lagerten. Auch den Koks und das viele Holz könnten wir jetzt gebrauchen, denn damit steht es hier sehr, sehr schlecht. [...] Von [meinem Bruder] Waldo kann ich leider auch nicht mehr sagen, als im letzten Brief. Sämtliche Nachforschungen bisher erfolglos. Natürlich geben wir, auch bei [meinem Bruder] Helge die Hoffnung nicht auf. Man hört jetzt soviel, dass schon für tot erklärte Soldaten wieder zurückkehren.
[...] Der Schwarzhandel blüht glänzend, trotzdem er ständig bekämpft wird. Vernichtet aber kann er nicht werden, da die Behörden selber schieben, wo sie können. [...] Ich nehme an, dass sie alle brennend

gern näheres von Berlin erfahren möchten, denn auf Zeitungsartikel kann man keinen Wert legen. Ich will nun alles so schildern, wie ich es persönlich festgestellt und erlebt habe. [...] Im Juli 45 kehrte ich nach Berlin zurück. Der erste Anblick, der sich mir bot, waren Trümmer. Der Zug fuhr nur langsam über die Schienen, bis endlich die fensterlosen Wagen im Stettiner Bhf. hielten. Auf dem bzw. in dem Bahnhof lagerten Hunderte von Flüchtlingen, und die Russen sahen zu, wo sie etwas klauen konnten. Auf der Straße herrschte auch schon lebhafter Verkehr, hauptsächlich aber von Seiten der Besatzungsmächte. Deutsche Wagen waren fast gar nicht zu sehen. Noch häuften sich Schuttberge auf den Straßen und Wegen. Emsig sah man überall fleißige Hände, die den Schutt beiseite schippten. Unter den Linden z.B. lag der Schutt vom Brandenburger Tor bis zum Lenghaus ca. 4 m hoch in einer Breite von 10 m. Die Straßenbahnschienen liefen, wie früher, durch die unzähligen Straßen, aber die Oberleitung war total zerstört. Verbrannte Autos und Panzer lagen zu Hunderten in den Straßen, und verbogene Straßenbahnwagen machten einen traurigen Eindruck. Nur in den Vororten fuhren ein paar Straßenbahnen, zwölf Linien. Omnibusse sah man fast gar nicht, und die U-Bahn verkehrte nur auf wenigen Teilstrecken. Die S-Bahn lag fast still, drei Züge fuhren täglich auf der Wannseebahn, heute ca. 85. Die Stadtbahnhöfe lagen ausgestorben da, und die S-Bahnunterführung von Anhalter bis Stettiner Bhf. stand vollständig unter Wasser. Nur wenige Fernzüge verließen Berlin, und weit über hundert gesprengte Brücken hemmten den Verkehr. Es gab nur sehr wenige Notbrücken. Das Leben ging aber trotz allem weiter, und langsam vergaß man, dass noch vor wenigen Monaten die Stadt totwund darniederlag. Die Geschäfte waren zum größten Teil geöffnet und immer neue öffneten die Pforten. Die Kinos spielten zwar zum größten Teil russische Filme, aber auch deutsche tauchten auf. Varietés und Kabaretts stoßen wie Pilze aus der Erde. Nach und nach wurden wieder größere Veranstaltungen gegeben, und die Bühnen bereiteten ein mannigfaltiges Programm für die kommende Spielzeit vor. Allerdings sind die meisten Theater zerstört, aber überall werden provisorische Bühnen geschaffen. Die deutsche Staatsoper ist jetzt im Admiralspalast am Bahnhof Friedrichstraße. Der Berliner fühlt wie schnell es wieder mit seiner Stadt aufwärts geht, und jeder hilft mit. Der Winter verlief gut und große Epidemien sind nicht ausgebrochen. Inzwischen wird auch wieder der gewaltige Großstadtverkehr ausgebaut. Die Straßen sind vollständig gesäubert, und der Autoverkehr wird immer grösser. Verkehrsampeln regeln den Verkehr, und oft genug passieren Unfälle. Doch der Hauptverkehr hat sich nach den Außenbezirken verlagert, besonders nach dem Westen. Am Potsdamer Platz ist jetzt nur noch so ein Verkehr wie z.B. in Königsberg an der Herzog-Albrecht-Kirche. Die Berliner Verkehrsbetriebe haben sich gewaltige Mühe gegeben, und heute verkehren schon wieder 57 Straßenbahnlinien, und 10 Omnibuslinien. Die U-Bahn hat alle Strecken in Betrieb mit ca. 120 Bahnhöfen. Nur 3 Bhf. sind noch außer Betrieb. Die Züge verkehren in Abständen von 5 bis 10 Minuten auf allen Strecken zweigleisig. Die Verkehrsbelastung ist enorm hoch und kommt im Verhältnis dem Friedensverkehr nahe. Die S-Bahn hat im vergangenen Jahr Ungeheures geleistet. Mit Ausnahme einer Teilstrecke im Osten ist alles in Betrieb. Die Stadtbahn braust wieder durch die Trümmerfelder, und der Bhf. Friedrichstr. und Zoo sehen wieder frohe und traurige Leute, ein buntes Menschengewühl. 150 Bahnhöfe werden von der S-Bahn berührt, und die unterirdische Strecke vom Anhalter bis Friedrichtrasse ist auch wieder in Betrieb. Von 4 Uhr bis um Mitternacht rattern die Straßenbahnen und sausen die S-Bahnzüge von Potsdam bis Oranienburg, von Spandau bis in die Äußersten Vororte Berlins. 500 Fernzüge verlassen heute täglich Berlin und ebenso viele treffen hier ein. Ja, der Verkehr hat sich außerordentlich entwickelt. Aber trotzdem findet sich selbst der alte Berliner schwer zurecht. Jetzt werden auch so unsinnig viele Straßen umgetauft, zu Ehren der Opfer des Faschismus. Nicht nur Straßen, wie Herrmann Göring Str. werden umgetauft, sondern unschuldige, wie Bergstraße, Schlossstr. usw. Die Presse ist wieder voll auf der Höhe. So gibt es ungefähr 10 Tageszeitungen, und über 20 Wochen- und Monats-Zeitschriften. Besonders interessant sind die Tageszeitungen, denn fast jede hat eine andere Politik und so bekriegen sie sich alle. Eine Zeitung will die andere bloßstellen. Doch am verbreitetsten ist der „Tagesspiegel“ (amerik. Lizenz) und der „Telegraf“ (engl. Lizenz). Letztere bringt die interessantesten Tatsachen über die SED[109], und deckt alle Schandtaten dieser Partei auf. Die Wahlen im Oktober werden deshalb mit Spannung erwartet. Berlin ist wieder eine internationale Stadt geworden. In den ca. 200 Kinos werden deutsche, englische, amerikanische, französische und russische Filme gezeigt. So viel Unterhaltung und Vergnügen wie dem Berliner, ist wohl zur Zeit noch keiner anderen Stadt gegönnt. Die Bühnen bringen klassische Stücke und auch moderne Autoren. Varietés und Kabaretts bieten wieder mehr oder weniger gute Programme, und vier Circusse, darunter Circus Barley, rufen die Berliner und die Soldaten in ihre Zelte. Tausend Möglichkeiten zum Tanzen werden den Unternehmungslustigen geboten, und sie werden auch reichlich ausgenutzt. Besonders im Westen, im engl. und amerik. Sektor gibt es in der Beziehung sehr viel Schönes, und es ist uns ein vertrautes Bild geworden, die Mädchen mit engl. und amerik. Soldaten. Überhaupt haben sich die Berliner mit den Besatzungssoldaten gut angefreundet und es besteht ein sehr herzliches Verhältnis zwischen ihnen. Es ist erstaunlich, wie entgegenkommend die Alliierten Behörden den Deutschen gegenüber sind. Viele Tausende Deutsche haben bei den Besatzungsmächten Arbeit und Brot gefunden. Besonders die Amerikaner sind sehr großzügig. Die meisten amerik. Heereswagen werden von Deutschen gefahren und es gibt sogar eine deutsche Bewachungseinheit, die amerik. Projekte zu bewachen hat. Diese Einheit ist mit amerik. Uniformen und Waffen ausgerüstet und trägt einen schwarzen Stahlhelm mit weißer Aufschrift „Guard". [...] So mancher sieht jetzt ein, dass die Amerikaner uns in allem weit überlegen sind (ausgenommen die Atombombe). Ein Offizier im Range eines Hauptmannes [...] erhält in Berlin ungefähr 6000 RM Gehalt im Monat, allerdings auf Kosten der Deutschen Regierung.

So, nun will ich noch schnell einen Streifzug durch Berlin machen, um über die bekanntesten Straßen, Gebäude und dergleichen zu berichten. Damit es aber nicht zu viel, und damit zu langweilig wird, werde ich nur ungefähr folgende Strecken nehmen. Vom Alexanderplatz über Innenstadt, Charlottenburger Chaussee (über Tiergarten, Zoo, Kurfürstendamm) bis zum Funkturm. Ich will Ihnen damit nur eine kleine Vorstellung machen, denn diese Strecke ist Ihnen bestimmt bekannt. – Der Alexanderplatz liegt im russischen Sektor. Der Verkehr ist dort wieder sehr rege, und die Russen in ihren speckigen Uniformen beleben dort [...] das Straßenbild. Die großen Geschäftshäuser sind sämtlich zerstört. Diese Zerstörung zieht sich durch die Königsstr. bis zum Spittelmarkt und von dort durch die Leipziger Straße bis zum Potsdamer Platz hin. In der Leipziger Straße steht kein Haus mehr, mit Ausnahme des Reichsluftfahrtministeriums. Dieses ist vollständig überholt und ist mit vielen alliierten und deutschen Dienststellen besetzt. Das Haus wirkt sehr seltsam zwischen den Ruinen. Die übrigen Bauten des Dritten Reiches, wie die Reichskanzlei usw. sind völlig zerstört, und die ganze Umgebung ist wie ausgestorben. Nun aber nicht vom Weg abweichen, sondern jetzt in Richtung unter den Linden weiter. Da kommen wir zunächst zum Dom und Schloss. Beides völlig ausgebrannt. Das Zeughaus teilweise zerstört, im übrigen aber vollkommen geräumt. Das Ehrenmal[110] stark beschädigt und bietet einen furchtbar traurigen Anblick. Die Ehrenhalle ist verschmutzt, und von Seiten der Berliner sind Proteste eingereicht worden, damit das Ehrenmal wieder hergerichtet wird. Die Universität ist bis auf wenige Räume ausgebrannt. Bis zum Brandenburger Tor sind ebenfalls fast alle Gebäude zerstört. Der Schutt ist aber vollständig weggeschafft. Das Brandenburger Tor hat schwer gelitten und der Siegeswagen ist durch Artillerie Treffer völlig verbogen und zerfetzt. Im Aufbauplan der Stadt Berlin soll das Tor wieder renoviert werden und anstatt des Wagens eine Menschengruppe darstellen, und zwar eine Mutter mit ihren fünf Kindern, die ihr jüngstes Kind, einen „goldenen" Knaben, der Sonne entgegenstreckt. Wir kommen nun auf die Charlottenburger Chaussee, die Ost-West-Achse. Gleich zu Anfang fällt uns ein riesiges Denkmal auf, das von der russischen Armee zu Ehren der Gefallenen errichtet worden ist. Rechts und links können wir kilometerweit in die Ferne gucken, denn der Tiergarten ist völlig abgeholzt. Ackerland ist daraus geworden, und viele Kleingärtner erfreuen sich an ihrem Gärtchen. Zwischendurch ragen einige weiße Denkmäler auf und machen einen völlig verlorenen Eindruck. Die Achse selber ist ihres Schmuckes beraubt, da sie während der letzten Tage des Krieges als Start- und Landebahn für Flugzeuge benutzt wurde. Die Siegessäule ist völlig erhalten geblieben, soll aber abgerissen werden. Wir kommen nun an der technischen Hochschule vorbei. Sie ist auch fast gänzlich zerstört. Links liegt dann der Zoo. Er hat ebenfalls stark gelitten, und der Tierbestand ist auf etwa 100 Exemplare gesunken. Aber trotzdem wird er Sonntags von Tausenden besucht. Wir gehen jetzt, unmittelbar an der vollkommen zerstörten Gedächtniskirche vorbei, zum Kurfürstendamm. Dort ist nun jeden Tag ein buntes Leben. Die Menschen pro-minieren wie in Friedenszeiten und bringen die neuesten Moden zum Vorschein. Die vielen Trümmer werden gar nicht mehr beachtet, und die Komödie z.B., das Marmorhaus und die Filmbühne Wien sind immer ausverkauft. In den großen Kaffees hört man alle

möglichen Sprachen und zwischendurch laufen die Lausbuben und suchen „Kippen“ für ihre Väter.
Nun zurück auf die „Achse“. Schnurgerade geht es bis zum Messegelände. Der Funkturm blick uns schon von Weitem entgegen. An seinem Fuße tummeln sich die Menschen im Sommergarten, und jeden Sonntag finden hier kulturelle und sportliche Veranstaltungen statt. In Beziehung auf Sport ist in Berlin sehr, sehr viel los und das Olympia-Stadium ist auch ab und zu in Betrieb. In den nächsten Wochen soll es deutschen Zivilisten wieder gestattet werden auf den Funkturm zu klettern. [...] Berlin lebt wieder und baut auf!
So, liebe Frau Himmeltor, nun habe ich in knappen Zügen erzählt, was mir zum Erzählen wichtig war. [...] Für heute will ich nun meinen Brief beenden. Im nächsten Brief will ich ein wenig über unser persönliches Wohl schreiben und einiges über Königsberg.
Grüßen Sie bitte Ihren Gatten, Anna, Gesa und ihr Töchterchen recht herzlich von mir.
Sie, liebe Frau Himmeltor, grüßt ganz besonders herzlich,
Ihr Erwin.

ALS GEFANGENE KONNTEN WIR UNS NICHT BEKLAGEN

NACHRICHTEN WALTERS UND SEINES FREUNDES HUGO AUS RUSSISCHER GEFANGENSCHAFT

20. 10. 1946

Meine Lieben!
Nachricht vom 27.8. erhalten. Von Klassenkameraden keine Nachricht. Wir fällen Holz; ████████ *(Text mit Tinte unlesbar gemacht)*. Keine Angst! Noch kein Unfall passiert. Verpflegung ausreichend; Bekleidung gut. Frohes und gesundes Weihnachten und Neujahr wünscht Euer Walter.

31.10.1946.

Meine Lieben!
Herzlichen Glückwunsch zu Annas Geburtstag. Bin gesund und munter. Die Waldarbeit macht Spaß und bekommt mir gut. [...]
Herzlichen Weihnachtsgruß sendet Euch Euer Walter.

den 20.11.1946

Meine Lieben!
[...] Es kommen hier viele gewöhnliche Postkarten und Briefe auch Fotographien an. Grüßt Tante Luise und Ella. Recht herzlichen Gruß sendet Euer Walter.

20.12.46

Meine Lieben!
Karte vom 6. 10 erhalten. Heftet doch einmal eine Fotografie an die Karte. Bin gesund! Wisst Ihr nichts von Onkel Otto Janowitz? Alles Gute zum neuen Jahr wünschend, verbleibe ich mit herzlichem Gruß an Euch alle Euer Walter. – Schickt Briefe und Bilder!

d. 21.1.1947

Liebe Eltern und Schwestern, lieber Schwager!
Post habe ich bisher erhalten: von Euch fünf Antwortkarten und zwei 25-Worte Karten [...] und den Brief vom 29. 10. 46. Von Tante Luise eine Antwortkarte und die zwei Briefe für die ich herzlich danke. Mir geht es nach wie vor gut, und ich bin gesund, was ich auch von Euch hoffe. Schickt bitte Fotografien und schreibt recht oft. Wünsche euch alles Gute und hoffe auf ein baldiges frohes Wiedersehen.
Grüße an alle Verwandten und Bekannten. Herzlich grüßt Euch,
Euer Sohn, Bruder und Schwager.

den 20.2 47

Liebe Eltern und Schwestern, lieber Schwager, liebes Nichtchen!
Mit Freude beide Karten vom 9. 12 und vom 30. 12 erhalten. Große Freude über das Geburtstagsbildchen. Brief vom 20. 11. steht aus. Nach Vaters Schilderung habe ich mir unsere Wohnung aufgezeichnet und begleite jetzt Lala [Paula] auf ihren Wanderungen. „Puppa" [Anna] soll über ihrer Arbeit nicht das Heiraten vergessen!! Auf Mutters Quittenkompott freue ich mich jetzt schon. Mich freut es, dass Vater mit dem „oft verschmähten" Klavier innere Freundschaft geschlossen hat. Unter Frost habe ich nicht zu leiden. Wir haben alle Filzstiefel. Grüßt Verwandte und Bekannte.
Herzlichen Gruß an Euch alle Euer Walter.

den 20.6.1947

Meine Lieben!
Am 21. 4. erhielt ich Eure 3 Briefe [...] mit den schönen Bildern. Vielen Dank! Eure Sorgen meinetwegen sind unberechtigt. Ich bin gesund und munter. Auch gibt es hier bald die ersten Erd- u. Blaubeeren. Auch habe ich reichlich Gelegenheit Werke von Goethe, Hauptmann, Storm, Raabe, Grillparzer und andere gute Literatur zu lesen. Gesa und Titus sende ich zu ihrem Hochzeitstage und besonders Gesa zu ihrem Geburtstage die herzlichsten Glückwünsche.
Mit herzlichem Gruß an Euch alle bin ich Euer Walter.

Pirna[111], den 14.10.47

Sehr geehrte Familie Himmeltor!
Am Anfang meiner Zeilen muss ich mich wohl kurz vorstellen. Bin Heimkehrer, und habe auch meine Heimat verloren. Hatte jetzt das große Glück, in die Heimat zu kommen. Ihr Herr Sohn war mein bester Kamerad während der Gefangenschaft[112]. Da halt ich es für meine Pflicht, diese Zeilen an Sie zu senden. Außerdem bat mich Walter darum. Walter ist gesund und körperlich kräftig, und jederzeit ein anständiger Kamerad gewesen. Mir wurde der Abschied damals schwer. Auf diesem Wege sendet Walter der guten Mutti, dem Herrn Papa und seinen beiden Schwestern die herzlichsten Grüße. Den Herrn Schwager und das kleine Töchterchen sollte ich auch nicht vergessen. Für heute genug werte Familie Himmeltor. Bin nämlich im Krankenhaus, darf mich fast nicht bewegen. Durch Unfall bin ich an der Wirbelsäule verletzt. Hab ziemlich starke Schmerzen, darum will ich schließen.
[...] Herzliche Grüße Hugo S. [...]

Pirna, den 30.11.47

Liebe Frau Himmeltor!
Entschuldigen Sie bitte mein langes Schweigen. Es ging mir gerade nicht vom Besten. Herzlichen Dank für die Zeilen, und Ihre Sorgen um mein Wohlergehen. [...] Es trifft mich ziemlich bitter. Die ganzen Jahre so für Deutschland geopfert, dann dieses Gefühl zu empfinden. Werde mich auch damit abfinden. Von meinen Angehörigen fehlt noch jede Spur. Jetzt aber zu Walter. Wir lernten uns in der Gefangenschaft kennen, und waren unzertrennlich. Fragen Sie bitte nicht, wie es uns in dem ersten Lager erging. Nach vier Monaten wurden wir

versetzt. Dort waren wir sechs Monate im Stadtzentrum von Minsk. Die Arbeiten waren vielseitig. Wurden dann per Auto 80 km befördert. Es ist das Gebiet wo Walter sich jetzt befindet, südöstlich von Minsk an einem kleinen Flüsschen? Die Unterkunft und Behandlung ist gut. Ein Deutscher der mehr Pole war hat uns das Leben zur Hölle gemacht. Nach zwei Monaten nahmen auch diese KZ Methoden ein Ende. Er wird seiner verdienten Strafe nicht entgehen. Jetzt kurz einen unserer Arbeitstage. Um ½7 wecken, waschen, dann das Frühstück. Arbeitseinteilung, 8 Uhr abrücken zur Arbeit. Walter hat Holz gefällt, oft wurde auch Holz verladen. 1½ Stunden Mittagszeit. Um 6 Uhr Rückkehr ins Lager. Manchmal kurze Lagerarbeiten, sonst gehörte der Abend uns. Über unsere Freizeitgestaltung nächstens. Es wird dunkel, keine Birnen im Zimmer. Die herzlichsten Grüße, Hugo S.

Den, 12.2.48.

Liebe Frau Himmeltor!
Herzlichen Dank für Ihre lieben Zeilen, gleichfalls danke ich nochmals für die beiden lieben Päckchen. [...] Eines Tages kam Walter mal ganz glücklich nach Hause, er hatte Flügel spielen können. Glaube wohl Mozart und Bach sind seine Lieblinge. Er war tagelang glücklich. Walter hat auch eine schöne Stimme. Oft haben wir im Kreise der Kameraden im Lager gesungen. Eine lange Zeit war Walter unser Kulturleiter. Es wird ja nicht mehr allzu lange dauern, dann wird er auch in die Heimat kommen. [...] Sie wünschen nun etwas von mir zu wissen. Bin 1920 geb. hab nur die Volksschule besucht. Hab dann im Festungsbau gearbeitet. [...] Mit 19 Jahren wurde ich Soldat; leider haben wir in den schrecklichen Jahren des Krieges nichtmal erreicht, dass es der Heimat besser geht. Habe mein Elternhaus verloren, und alles was mir lieb war. Trotzdem werde ich schon durchs Leben kommen, Deutschland geht ja nicht unter, und den guten Glauben trag ich noch in mir. Für heute will ich schließen, liebe Frau Himmeltor.
Herzliche Grüße, Ihr Hugo S.

Montag, den 1.3.1948

Meine Lieben!
Am 26.2. erhielt ich endlich die so lang ersehnte Post. [...] Habt herzlichen Dank dafür! Nun dürfen wir außer den üblichen Karten auch einmal im Vierteljahr einen Brief nach Hause schicken. [...] In dieser

„Schule“ gibt es ja keinen Urlaub, sondern es wird durch-gearbeitet, bis man eben ausgelernt hat. Wann das sein wird weiß ich nicht; nur soviel: ich werde noch dieses Jahr heimkehren. – Vor einer Woche hatten wir ein paar kalte Tage, die uns aber nichts ausgemacht haben, da unsere wohnlichen Unterkünfte gut heizbar und winterfest sind, und da wir sowieso nicht heraus zur Arbeit gehen. Euch wird es nun vielleicht interessieren, was ich so den ganzen Tag treibe; deshalb will ich Euch einen kleinen Einblick in mein „Gefangenenleben“ geben. – Nachdem wir uns morgens in dem geräumigen, praktischen und recht warmen Waschraum gründlich gereinigt haben (so dreckig sind wir eigentlich gar nicht), gehen wir in unseren Speisesaal zum Früh-stück. Danach setzte ich mich hinter meinen „Schreibkram“ [...]. An Anregung fehlt es nicht, aber ich habe aus mir heraus noch soviel Stoff, dass ich noch lange hier bleiben müsste, wenn ich noch alles erledigen wollte. Von 9 bis 10 Uhr ist dann jeden Vormittag ein Zirkel über Physik, Algebra oder Geometrie, den ein Kamerad sehr interessant gestaltet. Anschließend wird bei gutem Wetter etwa ein Stündchen spazieren gegangen. Bis zum Mittagessen, das wir etwa um 12 Uhr einnehmen, vertiefe ich mich wieder in meine mathematischen Aufgaben. Nach dem Essen, das mir immer ausgezeichnet schmeckt, pflege ich ein Stündchen zu schlafen. Danach folgt ein kleiner Spaziergang, und dann ziehe ich mich wieder hinter meine Papiere zurück. Nach dem Abendbrot treibe ich noch ein paar Kurzschrift-übungen, um so auf dem Laufenden zu bleiben, und vertiefe mich dann nach Möglichkeit in irgendein gutes Buch. Oft besuche ich abends auch irgendeine Veranstaltung wie Konzert, Varietéveranstaltung, Vorträge und Ähnliches mehr. Im Nu ist der Tag rum und ich weiß nicht wo die Zeit geblieben ist. Heute wurde mein Tagesplan dadurch etwas gestört, dass ich zum Baden ging. Einmal in der Woche müssen wir nämlich baden gehen. Wir können uns dann gründlich mit warmem Wasser waschen und bekommen auch frische Wäsche. Es wird auch sonst alles getan, um uns unser Los so erträglich wie möglich zu machen. Ich werde also auch die letzten Tage der Gefangenschaft gut überstehen und gesund an Leib und Seele zu Euch zurückkehren. Natürlich denke ich öfters an Euch, meine Lieben, und versuche mir Euer Leben vorzustellen. Dann bekomme ich auch ein wenig „Heimweh“, aber ich habe es mir angewöhnt aus allen Ereignissen nur das Gute für mich heraus zuziehen, und diese Gewohnheit lässt mich leicht mein Schicksal tragen.

– Wenn ich alle alte Post durchsehe, fällt mir eine Karte von Mutti[113] in die Hand: Ostern 1943, auf der Rückseite ein Gedicht: „Junge werde ein Mann!" Nun auf dem Wege dahin bin ich gerade durch die Gefangenschaft ein gutes Stück vorwärts gekommen! Nun wünsche ich Euch nochmals ein recht frohes Osterfest mit recht vielen „Ostereiern" besonders für die Jüngsten. [...]
Im Glauben an ein baldiges glückliches Wiedersehen grüßt Euch alle herzlichst, Euer Walter

DIE GRÖßTEN ÜBERRASCHUNGEN ERLEBT MAN VON SICH SELBST

GESAS BRIEFE AN IHREN FREUND ERWIN

Tübingen, den 11. September 1946

Lieber Erwin!
Ich bin doch garstig. Am Montag habe ich Deinen lieben Brief erhalten und antworte Dir erst heute. Aber Du wirst mir bestimmt verzeihen, wenn ich Dir sage, dass ich am Montag bis 22 Uhr Stenographie Kursus hatte und gestern Nachmittag unsere 2 ½ Kubikmeter Holz aus dem Wald geholt habe. [...]
Für Deine lieben Wünsche für das Leben meiner kleinen Paula danke ich Dir herzlichst. Sie ist ein richtiger „Lausbub". Äußerlich ähnelt sie ja sehr meinem Mann – alle Leute bewundern ihre blauen Augen – aber das Temperament hat sie wohl von mir. Sie wird bestimmt einmal so ein Wildfang wie ich es war. Ach Du müsstest uns wirklich einmal besuchen kommen!!! [...]
Mir ist auch wirklich, als wärt Ihr meine Brüder! Meine Freude über das erste Lebenszeichen von Dir war nicht geringer als die über Walters erste Karte aus der Gefangenschaft. Wir glaubten immer, dass Du beim Volkssturm warst, dessen trauriges Schicksal uns bekannt war. Wo mögen nur Waldo u. Helge stecken? Ich habe das Gefühl, dass beide noch leben! Man muss nur warten! Eines Tages werden auch sie wieder da sein. Ich kann mir gar nicht vorstellen, dass ich ohne Euch leben könnte. [...]
Du sollst mir auch immer Dein Herz ausschütten, lieber kleiner Bruder, ich will Dir gewiss helfen, wenn ich es vermag. Du bist ruhelos und unbefriedigt? Ich verstehe Dich. Du suchst irgend etwas Fernes, Hohes, Unerreichbares. Vielleicht ist's ein Ziel, Dein Lebensziel, das

Du suchst und das Du nicht klar erkennen kannst. Du bist jetzt da, wo ich vor 5 oder 6 Jahren war, wo ich stehen blieb und nicht weiter wusste. Inzwischen habe ich viel erfahren und muss gestehen, dass mich diese Erfahrung nicht vorwärts gebracht hat, sondern eher zurück. – „Dass ich erkenne was die Welt im Innersten zusammen hält!“ sagt Faust. Wir alle, wir Menschen, die nach Vollkommenheit streben, auch Du und ich, wir ringen unser ganzes Leben lang um diese Erkenntnis. Wir fragen uns nach dem Sinn des Lebens, unseres Lebens. Einmal glaubte ich, mein Leben hätte nur einen Sinn, wenn ich Wissenschaftlerin werde, forschen, Erkenntnisse schöpfen, weiter forschen, neue Erkenntnisse, weiter, immer weiter, niemals stehen bleiben. Deshalb wollte ich nicht Lehrerin werden, weil man da Jahr für Jahr dasselbe predigen muss und nicht vorwärts kommt. Heute bin ich verheiratet, bin Mutter und kann nicht weiterstudieren zu meinem großen Kummer. Ich weiß, dass man sich als Ziel setzen kann, seine Kinder zu tüchtigen, anständigen Menschen zu erziehen. Wenn aber ein Kind später ein guter Mensch wird, so ist das nicht Verdienst der Erziehung, sondern Geschenk. [...]
Du batest mich um einen Rat. Ich will ihn Dir geben: Sieh Dir ein wenig die Philosophen an! Lies etwas von Kant oder von Nietzsche, nicht viel. [...] Habe ich recht, wenn ich glaube, dass Du nach größeren Erkenntnissen suchst und Deine Unruhe daher stammt. Eins nur will ich Dir sagen: die größte Tiefe findest Du in Dir selbst, schau nur in Dich hinein! Ich weiß, dass Du alles Halbe und Oberflächliche hasst. [...]
Wirst Du mir bald wieder schreiben, Erni? [...] Weißt Du, Du bist mir doch das letzte Stück unserer Heimat, unserer Kindheit! Darum bitte ich Dich, lass mir Deine Seele offen, wie ich Dir die meine, damit wir in einander unsere liebe Heimat wieder finden und für immer behalten können! [...]
Sei herzlichst gegrüßt, von Deiner Gesa.

Tübingen, den 28. September 1946.

Lieber Erwi!
Dank! Dank für Deinen lieben Brief! [...] Dein Brief hat mich nicht sehr überrascht; denn ich habe geahnt, dass Du ein Erlebnis hinter Dir hast, dass Dich weiser gemacht hat. Und es war mir klar, dass es Deine erste bewusste Liebe gewesen sein musste. – Jeder junge Mensch

ist sich nicht bis ins Letzte über seine wahren Gefühle klar, denn wer kennt sich selbst? Überhaupt ist es sehr schwer, einen Menschen richtig zu kennen, immer wieder wird man überrascht und die größten Überraschungen erlebt man von sich selbst. [...] Eine wahre Freundschaft ist wertvoller als eine „Liebelei"! Ich könnte Dir jetzt sagen, dass es besser wäre, wenn Du noch ein paar Jahre warten würdest, ehe Du Dich ernstlich in ein Mädchen verliebst; aber ich weiß, dass das alles Schicksal ist und einen überfällt, ohne danach zu fragen, ob wir es wollen oder nicht. [...]

Tübingen, den 29. September 1946

Gestern war ich zu müde, um Dir weiter etwas Vernünftiges zu schreiben. Aber jetzt will ich wieder auf das Wichtigste eingehen: [...] Ja Liebe und Glück! Man glaubt dies würde uns eines Tages geschenkt, aber es ist nicht allein Geschenk, sondern vor allem Verpflichtung. Jede Liebe, jedes Glück gehen zu Grunde, wenn wir nicht täglich an uns arbeiten und uns bemühen dem anderen nur Freuden zu bereiten. Jetzt will ich ganz offen zu Dir sein: Ich bin verheiratet, das weißt Du ja, und bin die längste Zeit meiner Ehe von meinem Mann getrennt gewesen; aber trotzdem will ich Dir meine Erforschungen sagen. Jede Liebe muss sich in der Ehe wandeln; denn wenn man verheiratet ist, steht plötzlich der Alltag in der Liebe, die bis dahin nur den Sonntag kannte. Und ich glaube, es ist nichts so schwer, wie gerade diesen Alltag zu überwinden. Da muss man sich auf die „ganz kleinen Freuden" besinnen, die auch der Alltag für uns hat und die wir dem anderen bereiten können. [...] wir sind ja alle nur Menschen mit vielen Fehlern; es bestehen so viele Reibungsflächen zwischen uns, dass ein ungeheures Maß von Geduld nötig ist um Liebe und Glück zu erhalten.
[...] Schreibe mir bitte bald wieder!!! [...] Deine Gesa.

Tübingen, den 31. Oktober 1946

Lieber Erwi!
[...] Jetzt will ich noch zum „Urfaust" gehen. Mutti hat die Aufführung schon gesehen und findet die Schauspieler ausgezeichnet. Ganz besonders gut soll der Mephisto sein. Weißt Du mir gefällt eigentlich der Mephisto viel besser als der Faust. Warum weiß ich nicht genau. Vielleicht wirkt der gute Faust zu wenig männlich, da er sich so treiben lässt. Er ist zu passiv, obwohl er fragt, „ ... dass ich erkenne was

die Welt im Innersten zusammen hält!" Schließlich muss auch er einsehen, dass unserem Menschenverstand und Wissen Grenzen gesetzt sind, über die hinaus höchstens unser Gefühl ahnend vordringen kann. Endlich stehen wir ergriffen vor dem ewigen Wunder der Schöpfung; wir können nur noch glauben! An Gott! Ich weiß nicht wie Du über religiöse Dinge denkst. Es wäre schön und würde mich sehr glücklich machen, wenn Du mir auch hierin dein ganzes Vertrauen schenkst! Ach, bitte Erni, versuche auch über diese Fragen mit mir zu sprechen!! Vielleicht wirst Du lachen und sagen „ich habe ja noch nie gewusst, dass die Gesa fromm ist". Erni, „fromm" ist jeder Mensch! Verschieden ist nur das, warum er glaubt. Ich sage „Gott". Was ist Gott? Primitive Gemüter stellen sich einen alten Mann mit langem Bart vor, der freundlich ist und allen Menschen ein Vater sein will. Diese Vorstellung ist natürlich kindlich. Glaube mir, letzten Endes hat jeder Mensch eine andere eigene, persönliche Gottvorstellung und Gottauffassung. Wenn Du wissen willst, wie ich darüber denke, will ich Dir's gerne sagen. Ich halte die Sehnsucht nach Wahrheit, Schönheit und Vollkommenheit für das Göttliche in uns. Dieses Göttliche, diesen Willen vollkommen zu sein, findest Du überall in der Natur. Jede Blume, jeder Baum ist nur deshalb schön, weil er sich danach sehnt schön, ja vollkommen zu sein. Warum kann man sich draußen in der Natur am besten von den Sorgen und Nöten des Alltages erholen? Weil man dort dem Göttlichen viel näher sein kann, wenn man ein Herz hat, dass nah den Hauch des Ewigen spüren kann. [...]
Ach, Erwi, jetzt habe ich wieder soviel philosophiert und weiß garnicht, ob Dir das recht ist. Sei mir bitte nicht böse! Du musst mir ganz aufrichtig schreiben, auch wenn Du anders denkst als ich, ja!
Von meiner „Lala" [Paula] – sie nennt sich so – kann ich nicht viel erzählen. Sie wird immer frecher je mehr sie sprechen lernt, gerade so wie ihre Mutter. Sie kann sogar schon pfeifen, was sie ganz besonders inbrünstig tut, wenn sie allein auf dem Töpfchen sitzt. Seit gestern ist sie krank, sie hat Masern, und weint viel. Hoffentlich geht's bald vorüber! Nun, liebes Brüderchen, lass Dich herzlichst grüßen!
Gute Nacht! Schreibe mir doch bitte, bitte bald!!!! Deine Gesa. [...]

Tübingen, Weihnachten 1946

Jetzt feiern wir schon das zweite Weihnachtsfest nach unsere Flucht. Ein wenig froher als im vergangenen Jahr können wir sein, denn wir wissen jetzt, dass Walter lebt, und auch Du bist wieder da. Wie mag es nur Helge und Waldo. gehen? Sicher denken sie jetzt ganz besonders viel an uns. Wenn sie nur bald wieder kämen! [...] Weißt Du noch? Einmal waren wir alle 7 bei Euch und haben getobt und gespielt nach Herzenslust. Dann waren wir bei M.'s, da ging's auch lustig zu. Nur bei uns konnten wir nicht ganz so, wie wir gerne gewollt hätten, man merkte eben die „Pauker-Familie"; aber trotzdem war's ganz nett und gemütlich bei uns. – Wann werden wir sieben einmal wieder alle zusammen sein wie damals? [...] Du sprachst in Deinem letzten Brief von einem Winterabend auf dem Eis. Du hast recht, ich war damals sehr, sehr glücklich und habe geweint, weil ich vielleicht die Tragik unseres Schicksals im Unterbewusstsein vorausgeahnt habe. Dir will ich es ganz offen sagen; denn Du ahnst es sicher auch so: ich habe Waldo sehr lieb gehabt. Vielleicht hätten wir einmal zusammen kommen können, wenn ich mir nicht immer eingeredet hätte, dass ich zu alt für ihn wäre und ihn dadurch früher oder später unglücklich machen müsste. Heute weiß ich, dass das alles Unsinn war und dass ich Waldo [...] wirklich geliebt habe. – Aber es nützt solch eine Erkenntnis nicht viel; denn das Leben geht weiter und fordert unseren ganzen Einsatz. [...]

Nun wünsche ich Dir nochmals ein recht gesundes Weihnachtsfest und ein frohes Neues Jahr. Grüße bitte auch Deine liebe Mutter herzlichst von mir. Anna und Mutti lassen auch herzlich grüßen. [...]

Tübingen, den 25. Juli 1947

Lieber Erwi!

Sei mir bitte nicht böse, weil ich Dir schon so lange nicht mehr geschrieben habe und jetzt kommt mein Geburtstagsgruß auch noch mit „Pauken und Trompeten" zu spät. [...] Dass Deine kleine Kameradin [...] Dich verlassen hat, tut mir leid; aber vielleicht ist es auch besser so für Euch beide. Mir fällt da gerade ein schöner Ausspruch ein: „Dein Schicksal ruht in Deiner eignen Brust"! Man trägt alles in sich selbst. Alle äußeren Einflüsse, Erfahrungen und Erlebnisse können einem nur helfen, die eigenen Fähigkeiten und Eigenschaften zu erkennen und aus dem eigenen Leben das Beste zu machen. [...]

Nun nochmal meine herzlichsten Geburtstagsgrüße! In der Hoffnung, dass Du mir mein langes Schweigen verzeihst, bin ich Deine Gesa.

Tübingen, den 22.12.1947

Mein lieber Erwi-Bruder!

Wenn doch mein Brief noch rechtzeitig in Deine Hände käme! Auch meine Gedanken weilen am Heiligen Abend bei Dir, und meine Erinnerung zieht mich zurück in unsere Heimat und in die Zeit, da wir alle noch beisammen waren. Auch an Waldo und Helge werde ich wieder sehr viel denken müssen. Wenn nur unsere Wünsche die Kraft besäßen, sie wieder zu uns zurück zu bringen!!! [...] Lass Dir herzlich für Deinen lieben Weihnachtsbrief danken und damit Du nicht nur an unsere verlorene Heimat denkst schau Dir das Bildchen aus meiner schönen neuen Heimat an.

Die allerherzlichsten Weihnachtswünsche auch für Deine liebe Mutter sendet Dir, Deine Gesa.

Tübingen, den 26. März 1948

Lieber Erwi!

Für Deinen lieben letzten Brief lass Dir herzlich danken. Ich glaubte schon, Du wärst mir böse. [...] So, nun kann ich Dir ein recht frohes Osterfest wünschen. Vergiss vor allen Dingen nicht, im Sommer herzukommen!! Paula ist jetzt schon ein recht beachtliches Menschlein mit sehr stark ausgeprägtem eigenen Willen. Sie ist furchtbar frech und erntet täglich mindestens 3 mal Prügel. Titus IV. ist einfach süß. Leider habe ich noch kein Bildchen von unserem „Erbprinz", sonst hättest Du selbstverständlich eins bekommen. Das kleine Brüderchen ist jetzt schon ein halbes Jahr alt, er sitzt gern, trinkt viel und isst sein Mittagsgemüsebrei sehr manierlich. Wenn er lacht, wirkt es so ansteckend, dass man unweigerlich mitlachen muss. Lala liebt ihren Bruder heiß und innig sie knutscht ihn so liebevoll ab, dass ich immer fürchte, der Kleine könnte ersticken. Sie glaubt außerdem, sie dürfe alles tun, was die Erwachsenen tun. So nimmt sie z.B. ein Lineal vor und sagt zu ihrem Vater: „Kennst Du den? Damit hau' ich... die Edith" (ihre Puppe). Früher sagte sie „den Papa". Nachdem sie einige Male Prügel bezogen hat, sagt sie „die Edith". Als ich ihr einmal sagte: „Du darfst den Papa doch nicht hauen", antwortete sie: „Wenn ich doch einen Stock habe, dann muss ich ihn doch hauen". Darauf hielt ich ihr eine lange Rede. Was war der Enderfolg? Sie sagte ganz trocken: „Mutti Dich steck' ich nicht in den Ofen, aber den Papa!" Das sind die Früchte meiner Erziehung, einfach erschütternd. Weißt Du, ich muss eigent-

lich bei all ihren Dummheiten lachen, weil ich sie alle selber gemacht habe, als ich noch jung und hübsch war. [...]
Nun noch Deiner Mutter viele herzliche Ostergrüße. Mit herzlichen Grüßen bleibe ich stets Deine Gesa.

Tübingen, den 22. Juli 1948

Mein lieber Erwi!
Zu Deinem Geburtstag möchte ich Dir von ganzem Herzen Glück wünschen. Hoffentlich erfüllt Dir das Schicksal Deine sehnlichsten Wünsche. Wie schade, dass Du in Berlin bist! Gibt's für Euch keine Möglichkeit in den Westen zu kommen? Weißt Du, wenn man den Gang der politischen Ereignisse verfolgt, könnte man verzweifeln. Wenn ich meine beiden süßen Kinder nicht hätte, würde es mir wirklich schwer fallen, an das Lebensrecht dieser verkommenen Menschheit[114] zu glauben. Am liebsten schließe ich mich vollkommen ab und mag nichts hören und sehen, was in der Welt gespielt wird. Bekomme ich doch einmal eine Zeitung zwischen die Finger, dann platze ich fast vor Wut über die würdelose Speichelleckerei, mit der unsere Zeitungsschreiber glauben den Besatzungsmächten imponieren zu können. Wir Deutschen sind doch das charakterloseste Volk, das es je gegeben hat; man muss sich fast schämen, dass man dazu gehört. Denk' Dir, was einmal in unserem „Käseblatt"[115] gestanden hat! „Wir Württemberger sind rassisch den Franzosen viel näher verwandt als den „Halbslawen" Pommerns und Ostpreußens"! Das hat mir natürlich gelangt. So ist die Einstellung gegen die Flüchtlinge. In Bayern ist's ja noch schlimmer. Damit will ich nichts gegen die einzelnen Schwaben sagen, von denen wir nur Gutes erfahren haben und die selber empört sind über die Ansichten der amtlichen Stellen und Behörden ihres Landes. Jetzt aber Schluss mit diesem unerfreulichen Kapitel! Darum will ich Dir schnell noch einige Kleinigkeiten aus unserem Alltag beschreiben: Meine beiden Kleinen schlafen; Lala schnarcht, und das Brüderchen lacht im Schlaf. Der kleine Mann kann schon seit zwei Monaten sich allein aufrichten und in seinem Gitterbettchen herumlaufen, manchmal wird er zu kühn und versucht erst eine Hand und dann die andere vom Gitter zu lösen mit dem Erfolg, dass er so lang wie er ist hinfällt. Dann steht er in aller Seelenruhe wieder auf und macht neue Experimente. Gestern hat Paula zum ersten mal im Neckar gebadet, sie war ganz begeistert. [...]

Titus beginnt am 5. August sein Staatsexamen mit der „Inneren Medizin“. Er büffelt furchtbar, jeden zweiten Abend trifft er sich mit seiner Examensgruppe zur Diskussion. Heute ist er auch fort, vor Mitternacht kommt er nicht heim. [...]
Sei herzlich gegrüßt von Deiner Gesa.

Tübingen, den 20. August 1948

Mein lieber, lieber Erwibruder!
Sicher wartest Du schon lange auf meine Antwort auf Deine beiden Briefe. [...] Jetzt sollst Du also wissen, wie es um Waldo und mich stand. Ich schrieb Dir, das der Altersunterschied mir ein Grund war, um Waldo nicht zu heiraten; denn – jetzt muss ich Dir etwas sagen, was mir sehr schwer fällt – bei meinen Eltern ist es auch so, dass Mutti drei Jahre älter ist als mein Vater. Und Vater hat ihr wohl nicht immer die Treue gehalten. Diese Tatsache war für mich, als ich noch so jung war, so furchtbar, dass ich mir vornahm, nie einen jüngeren Mann zu heiraten. [...] Je länger ich nun über meinen Verzicht nachgedacht habe, umso mehr Gründe tauchen auf, die, wenn auch gering, doch einen Einfluss auf meinen Entschluss hatten: Du erinnerst Dich sicher, dass wir vor 10 Jahren, Ostern 1938 eine Reise nach Bayern machten?! In München lernte ich einen Cousin (II. Grades[116]) kennen, der an der T.H. studierte. Im Sommer kam er uns mit seinem Auto (hellgrüner Audi) und seinem jüngeren Bruder besuchen. Er war genau 9 Jahre älter als ich. Ich verliebte mich in ihn, dachte aber nicht im entferntesten daran, dass dieser elegante und reiche junge Mann (sein Vater ist Millionär) mich kleines Mädchen von 15 Jahren überhaupt beachten würde. Ich tröstete mich. Eines Tages, ich glaube es war an meinem Geburtstag, den wir in Cranz erlebten und den ganzen Abend miteinander getanzt hatten, machte er mir auf sehr rätselhafte Weise eine Liebeserklärung die ich erst 8 Tage später, als er schon abgereist war begriff. Von jenem Mann bekam ich meinen ersten Liebesbrief, den ich in meiner Ahnungslosigkeit erst Mutti zu lesen gab, ehe ich ihn selber las. Kurz, wir wollten heiraten, wenn ich 20 Jahre alt würde; aber, jetzt kommt das große Aber: Sein reicher Vater erlaubte es nicht, denn er wollte eine reiche Schwiegertochter. Das war also meine erste Enttäuschung. In meinem Stolz tief gekränkt, stellte ich jeden Briefwechsel ein, 6 oder 8 Briefe ließ ich unbeantwortet. Am meisten jedoch ärgerte es mich, dass ein Mann zu schwach war, seine

Liebe dem Geldbeutel seines Vaters vorzuziehen. Heute im übrigen ist Karl schwer verheiratet und hat zwei Kinder [Paul und Nora, 1945 und 1947 geb.] und wir korrespondieren recht kameradschaftlich. Damals trug ich lange Zeit schwer an dieser Enttäuschung[117] und glaubte, Waldo nie meine ganze Liebe schenken zu können, die er zweifellos gefordert und auch verdient hätte. Später erkannte ich, dass Waldos und meine Liebe so stark war und von solcher Leidenschaft getragen wurde, dass sie zweifellos auf beiden Seiten zur Selbstaufgabe geführt hätte. Ich weiß nicht, wer die stärkere Persönlichkeit von uns war? Ich schwebte aber in der Angst, dass ich mich vielleicht würde demütigen müssen. Kannst Du es verstehen, dass ich mich mir selbst erhalten wollte? Ach, es war ein bitterer und furchtbarer Verzicht! Aber ich glaube zum Verzichten geboren zu sein. Und das Ärgste ist, dass ich mich ein ganz klein wenig freute, und triumphierte, diesen Verzicht Waldos Stärke abgetrotzt zu haben. Und was wäre aus einer Ehe zwischen uns geworden? Himmelhoch jauchzend, zu Tode betrübt! Ich hätte es nicht ertragen, wenn er sich nach einer fremden Frau umgeschaut hätte. Siehst Du, und da ist es besser man liebt nicht übermenschlich und bleibt auch vor Regungen der Eifersucht verschont. Aber im Grunde, wenn ich ganz offen sein soll, gönne ich Waldo auch heute noch keiner fremden Frau. Ich brauche wohl auch nichts zu fürchten, denn ich bin sicher, dass er mich noch lieben muss. Nun hast Du mir eine Frage gestellt, die ich eigentlich nicht beantworten dürfte, denn ich beginne eine Sünde, wenn ich die Wahrheit sagte. Trotzdem will ich's tun: Ich bin als Mutter sehr, sehr glücklich! Als Frau? Nein! Kann ich es denn? Du weißt ganz gut, dass mein Herz nach wie vor Waldo gehören muss! So, nun weißt Du alles! Sag' mir nur eins: Was hat Waldo mit Dir über mich gesprochen? Du musst mir das sagen! Einmal sagte er zu mir, „Wenn ich jetzt ins Feld gehe, werde ich den Tod suchen, weil ich Dich verloren habe!“ Diese Worte foltern mich, denn sie machen mich zur Mörderin, wenn er nicht mehr leben sollte. Ich glaube wir sahen uns zuletzt Weihnachten 1944 in Königsberg. Am Heiligen Abend als wir vom Christgottesdienst kamen, sprachen wir einige unbedeutende Worte miteinander. – Hätte er nur gewusst, wo wir stecken und wäre er im November 45 zu mir gekommen! Er würde gewiss noch leben. Vielleicht wäre doch noch alles anders geworden. Nun muss ich aber schließen, denn sicher kommt Titus bald heim und der darf nichts von diesem Brief erfahren, denn er

ist schrecklich eifersüchtig. Warum muss er mich auch so unsinnig lieben? Ich kann's ihm doch nie zurückzahlen. Nun sei herzlichst gegrüßt und antworte bald, bitte, bitte mein liebes Brüderchen!
Deine Gesa.

Tübingen, den 21.12.1948.

Mein lieber kleiner Bruder!
Endlich finde ich Zeit Dir zu schreiben. Sicher bist Du schon sehr böse, ich habe auch schon ein ganz schlechtes Gewissen. Aber Du weißt ja, dass ich gerade Dir nur schreiben kann und will, wenn ich auch mit meinen Gedanken bei Dir sein kann. [...] Sag' mal, besteht für Dich und Deine Mutter gar keine Möglichkeit aus Berlin herauszukommen? Ach, Erni, wie schön wäre es, wenn wir uns einmal wiedersehen könnten!!!
Übrigens weiß ich wieder einen Vers für Dein Büchlein von Hesse[118]:

„Wie soll ich meine Seele halten, dass sie nicht an d/Deine rührt?
Wie soll ich sie hinheben über dich zu andren Dingen?
Ach, gerne möcht ich sie bei irgendwas Verlorenem
Im Dunkeln unterbringen, an einer fremden stillen Stelle,
Die nicht weiterschwingt, wenn deine Tiefen schwingen!"

Mir gefiel der Vers. Ich las ihn in einem reizenden Kleinen Büchlein mit dem Titel, „Das kleine Buch der stillen Stunden". [...] Hast Du nun schon mit Deinem Studium begonnen? Du hast eigentlich einen sehr schönen und interessanten Beruf. Ich als Hausfrau verblöde fast vollkommen. Na, vielleicht wird's doch wieder anders! Einen kleinen Lichtblick gibt's wieder in der Eintönigkeit meiner Tage, aber davon später. – Jetzt werde ich Dir der Reihe nach berichten: Titus' Staatsexamen hat 4 Monate gedauert. Von 14 Fächern hat er 12 mit „sehr gut" und 2 mit „gut" bestanden. Also Gesamtergebnis „sehr gut". Doktor auch mit „magna cum laude". Nun beginnt die Suche nach der Stelle. Vorläufig wird er ab 3. Januar im hiesigen pharmakologischen Institut arbeiten, allerdings ohne Bezahlung. Ein Anfang muss ja gemacht werden. Man muss eben Geduld haben. Ich habe viel in der Examenszeit ertragen müssen. Titus war schrecklich nervös, war ungerecht gegen die Kinder und mich. Er hatte es ja auch schwer, er musste lernen, wenn die Kinder spielten und schrien. Ich bin heilfroh, dass jetzt alles überstanden ist. Die Examensgruppe bestand aus zwei sehr netten Damen, einem Herrn und Titus. Am 10. Oktober machte die ganze Gruppe einen Ausflug auf die Schwäbische Alb. Ich war

auch eingeladen. Es war der schönste Tag seit meiner Flucht. Von einem solchen Tag muss man freilich lange, lange zehren.
[...] Meinen Kindern geht's gut. „Bübi“[119] läuft schon ganz vergnügt durch die Zimmer und ist auch sonst sehr selbständig. Nur reden kann er noch nicht. Er sagt knapp „Mama“ und „Papa“. Lala spielt Verkäuferin, sie ist „das Fräulein“. Meist machen die Kinder zusammen furchtbaren Krach. Aber es ist doch schön, dass ich sie habe. Walter spielt gerade die „Papillons“ von Schumann. Sie sind wunderbar, und Walter spielt jetzt wirklich schon sehr gut. [...] Nun lieber Erni, wünsche ich Dir ein recht frohes Weihnachtsfest und einen guten Rutsch ins Neue Jahr! Auch Deiner lieben Mutter! Für sie wird ja jedes Fest etwas trauriges sein. Wenn nur Waldo und Helge heimkämen!!!
Die herzlichsten Grüße von Deinem Schwesterlein. [...]

Tübingen, den 9. März 1949

Mein lieber Erwi!
Heute endlich komm ich dazu, Deine beiden lieben Briefe zu beantworten. Du weißt, ich brauche Ruhe dazu. [...] Du weißt am besten, wie sehr Waldo und ich uns geliebt haben, aber nie ist ihm der Gedanke gekommen, mich als Geliebte zu begehren. Waldo wusste genau, dass er dann unsere Liebe zerstört hätte. So aber brauchten wir uns nicht zu schämen, unserer tiefen Liebe. – Nun darfst Du auch wieder nicht denken, dass ich ganz frei von Sünde bin, so gut bin ich wieder nicht. Wenn ich auch meinem Mann erst nach der Hochzeit angehörte, so habe ich mir doch einen Treuebruch vorzuwerfen. Oh, Erni, man muss bitter büßen, glaub es mir. Frauen tragen schwerer an jedem Geschick als Männer. – Ach, nun habe ich Dir eigentlich viel zu viel gesagt von mir. Aber ich kann doch nicht so tun, als sei ich ein Engel, wo ich doch ein gar zu menschlicher Mensch bin. Es ist schon lange her, dass ich unterlag, heute bin ich reifer und kenne die Unbeständigkeit eines jeden Gefühls. Glaube mir, auch jetzt gibt es für mich schwere Stunden, in denen ich nicht weiß ob ein Verzicht[120] nicht über mein Kräfte geht. – Was erzähle ich Dir nur für wirres Zeug! Du wirst ganz sicher nicht schlau daraus. Verzeih mir! Aber ich bin im Augenblick ein wenig in Konflikten. [...]
Den Kindern geht es gut. Paula wird immer grösser. Sie lässt sich gerne Märchen erzählen. Und „Bübi“ läuft tüchtig umher, aber sprechen kann er nur sehr wenig. Walter spielt schon sehr schön Klavier. 2

Chopin Etüden höre ich am liebsten. Musik ist etwas sehr Schönes. Nun, mein lieber Erwi, sei nicht böse, dass ich nicht mehr schreibe, meine Kinder spielen zu laut und stören mich. [...]
Sei herzlich gegrüßt von Deiner Gesa.

Tübingen, den 4. April 1949.

Mein lieber Erwi!
Sei nicht böse, dass ich Dir erst heute schreibe! Ich hatte in der letzten Woche große Wäsche und da habe ich natürlich von morgens bis abends zu tun. [...] Nun muss ich Dir noch etwas berichten: Du wirst mir, wenn Du's gehört hast sicher böse sein, vielleicht für immer. Aber selbst auf diese Gefahr hin, will ich Dir's sagen; denn ich bin's Dir schuldig: Als ich am letzten Samstag bei der Schwester von Titus' Freund war – wir waren schon früher öfter bei ihr, [...] denn wir drei verstehen uns sehr gut – da war also Titus allein zu Hause! Als ich um ½ 12 Uhr heim kam erlebte ich folgende Überraschung: Titus empfing mich mit den Worten: „Mir ist jetzt ganz klar, warum Du mich nicht liebst", – Ich habe keine Liebe zu heucheln versucht, seit 2 Jahren bin ich nicht mehr seine Frau (Du wusstest ja, dass ich ihn nicht liebe) – „Du liebst immer noch den Waldo S." Ja, was sollte ich da sagen? Ich war still und bemerkte nur, es täte mir um Deinetwegen leid, dass er in meinen Briefen geschnüffelt hätte. Ja, er hatte also den größten Teil Deiner Briefe gelesen und sogar zunächst geglaubt, wir beide hätten etwas miteinander, bis er aus Deinen Briefen erfahren konnte, dass Du [...] verlobt bist. Es ist mir sehr unangenehm, dass ich die Briefe nicht gleich vernichtet habe; ich habe nichts, was ich abschließen könnte, aber ich hätte nie angenommen, dass Titus jemals so indiskret sein könnte. Ich würde nie auf den Gedanken kommen, seine Briefe zu lesen. Es tut mir sehr leid, lieber Erni, dass ich Dein Vertrauen unabsichtlich so enttäuschen muss. Ich habe selbstverständlich alle Briefe von Dir verbrannt und würde auch jeden weiteren Brief von Dir, wenn ich ihn gelesen habe, vernichten. Nun liegt es an Dir, ob Du mir noch weiter schreiben willst oder nicht! Eins aber wird Dir jetzt klar sein, was ich Dir bisher noch nicht sagen konnte und wollte (weil ich Dir nicht zu viel aufbürden wollte); dass mein Leben an der Seite dieses Mannes nur ein Leidensweg sein kann, wenn ich überhaupt die Kraft dazu habe, diesen Weg bis ans Ende zu gehen.

[...] Nun, mein liebes kleines Brüderchen schlaf recht gut und lass Dich herzlichst grüßen von Deiner Gesa. [...]

AUS GESAS NOTIZBUCH

29.2.1953

„Der Mord“

Der Mond schien fahl, als ich die Hand eines jungen Mannes ergriff, um über den Graben zu springen. Das Wasser glitzerte und das Gras war feucht. Das Gesicht des Mannes konnte ich nicht erkennen; denn er stand so, dass der Mondschein seine Haare silbern färbte. Seine Augen aber fühlte ich schmerzhaft in meinem Gesicht. Voller Unruhe lief ich den Weg zu dem Haus am Berg hinauf und fühlte immer noch die beiden Augen in meinem Rücken. Aber meine Gedanken waren ganz bei den Kindern, die ich allein in dem Hause wusste. Sie lagen still in ihren Bettchen und schliefen ruhig. – Eigentlich war meine Sorge doch völlig unbegründet, dachte ich, als ich im Bett lag; und schloss die Augen. Wie lange ich geschlafen hatte, weiß ich nicht mehr. Ich erinnere mich nur, dass ich plötzlich eine lautlose Bewegung spürte. Gleichzeitig ergriff mich ein lähmendes Entsetzen, das Wissen um eine unheimliche Tat. Jemand stand im Zimmer, es war eine große, schlanke Gestalt. Sie war bekleidet und doch könnte ich nicht sagen wie, obwohl ich alles ganz deutlich sah. Ich sah wie die Gestalt an das Bett des einen Kindes trat und sich ganz langsam über das schlafende Gesicht beugte. Da durchfuhr mich ein grauenhafter Gedanke: dein Kind wird getötet! Da ging die Gestalt zu dem anderen Kind. Mit der gleichen unheimlichen Ruhe und Sicherheit, als wisse sie, dass niemand ihre Tat stören könnte. – Aber ich bin da! Wer Du auch sein magst, hier ist die Mutter! Jedoch konnte ich mich nicht rühren; ich lag im Bett und empfand meinen Körper nicht mehr; nur meine Gedanken wirbelten durcheinander: du musst die Kinder retten, schreie um Hilfe – ach, niemand wird es hören, das Haus steht hier ganz allein auf dem Berg. Aber deine Kinder! Kannst Du sie töten lassen? Und doch rührte ich mich nicht. Ich schaue zu, wie das Furchtbare geschieht; aber es ist als ob meine Augen das alles von Ferne anschauten, als wären es die Augen eines Fremden, während mein Körper bewegungslos daliegt, ohne Angst, ohne Ergriffenheit.

Da verlässt die Gestalt das Zimmer, lautlos und langsam geht sie zur Tür. Und als sie meine Augen nicht mehr sehen können, kommt Bewegung in meinen Körper. Ich springe auf und laufe zu den Kindern. Sie atmen noch, die kleinen Köpfchen liegen in den Kissen wie vorher, nur scheinen die Gesichter etwas blasser zu sein. – Oder täusche ich mich? Aber ich weiß, dass es geschehen ist: Sie sind tot, ermordet! Und ich begreife nicht, dass ich so ruhig bin und darauf warte, dass sie still werden, dass das Atmen aufhört. Einen Augen-blick nur denke ich, wie süß der Kleine doch war, wenn er seine Ärmchen um meinen Hals legte. Küsse ihn noch einmal! Es ist das letzte Mal! Aber ich tue es nicht. Ich stehe vor den toten Gesichtern und warte; warte, dass sie aufhören zu atmen. Wie lange? Nichts ist mehr in mir, nur das leere Warten. Da zwingt mich etwas, nach der Tür zu sehen: Wieder ist es diese lautlose Gestalt, die körperlos scheint und mir doch so schmerzlich nahe kommt. Sie hat meine kleine spitze Schere in der Hand, die sonst immer auf meinem Nacht-tisch liegt. Und es ist diese Schere, die meine ganze Aufmerksamkeit in Anspruch nimmt. Warum hat sie meine Schere genommen? Viel-leicht wäre alles noch gut gegangen, und ich wäre den Kindern gefolgt. Aber da ist diese Schere und es ist meine Schere, ein Stück meiner Wirklichkeit, meines Lebens – und da fühle ich, dass dieses Leben durch meine Schere bedroht wird! Ich denke nicht mehr. Nur meine Augen verfolgen wieder von fern jede meiner Bewegungen, die völlig automatisch sind. In mir ist nichts! Nichts! Ich fühle weder Hass noch Angst. Aber meine Hände tun, was sie tun müssen – nicht weil ich es will, nein, weil es gewollt ist. Sie fassen die Schere und reißen sie dem anderen aus der Hand, und da nun die Waffe in meinen Händen ist, tut sie ihr Werk mit diesen Händen: sie sticht zu, einmal – aber zu schwach – noch einmal – aber immer noch wehrt sich der andere. Beim dritten Mal springt Blut aus seinem Hals. Erst als es still geworden ist, kommt mir zu Bewusstsein, dass meine Hände getötet haben, auf grausame Weise gemordet. Da fällt mein Blick zufällig auf das Gesicht des Toten und ich erkenne meine Schwester!

Am 10. 3. 53

„Das Glas“
Das Holzfeuer knisterte im Kamin und beleuchtete flackernd mein Gesicht. Ich halte mich vorgebeugt und blicke sinnend in die Flam-

men. „So ist das nun“, dachte ich, „es schön hier, aber warum bin ich eigentlich hergekommen? Ich hatte nicht kommen wollen, und doch war ich nun hier!“ Die Tür öffnete sich leise, ich hob den Kopf und sah in das Gesicht eines Mannes – eines Mannes, den ich erst seit wenigen Stunden kannte. Er brachte einen Arm voll Buchenholz herein und warf es neben den Kamin. „So“, sagte er, „wir werden nicht frieren!“ Dann setzte er sich mir gegenüber in den Sessel, schob mir ein Glas hin und deutete auf eine Schachtel Zigaretten: „Ich biete Ihnen nichts an! Sie nehmen sich’s, wenn Sie wollen.“ Er lehnte sich zurück, fuhr sich mit der Hand durch das dunkle wollige Haar und schaute mich an. „Ich danke Ihnen, dass Sie gekommen sind! Sie haben Mut!“ – „Nein“, sagte ich, „ich konnte nicht anders. Ich habe das noch nie erlebt! – an mir.“ – „Hören Sie, in sechs Wochen werde ich an einer Expedition mit machen. Wir werden uns dann nie wiedersehen!“ Aber ich blieb, sah in die funkelnde Glut und spürte wie mein Herz klopfte. – „Warum sind Sie nicht glücklich? Sie sind verheiratet aber nicht glücklich!“ – „Nein“ sagte ich. „Wie kommen Sie darauf, dass ich verheiratet bin? – Sie meinen, weil ich einen Ring trage.“ – „Den habe ich noch gar nicht gesehen – aber Sie haben ein Kind! An Ihrem Rad da können sie einen Kindersitz anbringen. Es hätte mich auch gewundert, wenn Sie glücklich verheiratet wären!“ – „Ich bin geschieden“ sagte ich leise, „aber ich hasse meinen Mann nicht. Und fünf Jahre kann man nicht auslöschen!“ – „aber glücklich – glücklich waren sie nie?“ fragte er sanft.
– „Man müsste sterben können!“– „Sie sind noch nie gestorben? Haben sie es nie können?“ – „Ja einmal, als ich ganz allein war. Ich war ganz weit fort und sah mich wie ich im Bett lag und Angst hatte; aber die Angst berührte mich nicht mehr – sonderbar.“ – „Nennen Sie mich Tod!“ sagt er unvermittelt, als hätte er meine Worte nicht gehört: „und wie heißen sie?“ – „Gesa“ sagte ich und schaute ihn an. Er lächelte. – „Ja Gesa, ich bin auch geschieden – nur – ich habe meine Frau zu sehr geliebt – ich liebe sie noch und ich werde nie eine andere Frau je so lieben können! Das sollen sie wissen!“ Er stand auf und holte eine Flasche Wein. „Sie sollten das wissen damit Sie entscheiden können ob Sie nun bleiben wollen.“
Ich rührte mich nicht – ich konnte nicht gehen! Es war noch nicht zu ende, was da begonnen hatte – sechs Wochen, dachte ich, und mit jeder Minute, die ich länger bleibe, wird das Ende furchtbarer!

EIN BRIEF VON DR. MED. ANNA HIMMELTOR AN IHRE SCHWESTER GESA

Heidelberg, den 21. Dezember 1954[121]

Liebe Gesa,

[...] Mutti schrieb mir, dass ein Geburtstagsgeschenk von Dir auf mich in Tübingen wartet. Habe recht, recht herzlichen Dank dafür. Du siehst daraus, dass ich meinen Geburtstag hier in Heidelberg verbracht habe. [...] Pakete von Mutti und Vizeeltern[122] trafen genau am 14. ein. Beide Kinder haben mir eigenhändig geschriebene Grüße gesandt! Mir geht es hier recht gut. Die Arbeit [...] macht mehr Freude als in Tübingen. Ich wohne nun auch im Institut [...], im Souterrain [...]. Was sehr schön ist, ich habe fließend kalt und warmes Wasser [...]. Morgen werde ich [nach] zu hause abfahren, hier ist das Institut nämlich bis zum 3. 1. geschlossen und [...] auch nicht geheizt. [...] So werde ich am gemütlichen Ofen in Tübingen sitzen. Nun habe ich immer nur von mir gesprochen und Dir wahrscheinlich damit weh getan. Was ich nicht wollte. Du solltest nur aus meinem Brief sehen, dass ich auch noch da bin und Dich ganz und gar nicht vergessen habe. Ich möchte Dir nun ein gesundes Weihnachtsfest wünschen; hoffentlich kannst Du alle von uns gesandten Weihnachtsgrüße um Dich aufbauen, - ich finde immer, dass es mir sehr hilft, wenn ich sehe, wie viel Leute mir einen Gruß oder sogar durch ein kleines Geschenk Freude bereiten wollten. Ich hoffe es geht Dir ähnlich.

Mit den allerherzlichsten Wünschen für Deine Zukunft bin ich Deine Hildegard (die im Übrigen mehr versteht als du annimmst). [...]

EINE KARTE VON WALTER HIMMELTOR AN SEINE SCHWESTER GESA

Bühl, den 21. Dez. 1954

Liebe Gesa! Zu allererst möchte ich Dir herzlich für das schöne Buch, das Du mir zum Geburtstag geschenkt hast, danken und für Deine lieben Zeilen und guten Wünsche. Wir hatten gehofft und tun es noch, dass Du Weihnachten auf ein paar Tage nach Tübingen kommen würdest aber sicherheitshalber schicken wir Dir Deinen „Weihnachtsmann“ und hoffen Dir damit eine kleine Freude bereiten zu können. Die Kekse und Stollen sind ein kleiner Querschnitt durch Irmis Weihnachtsbäckerei. Wir wünschen Dir ein gesegnetes Weihnachtsfest und alles Gute zum Neuen Jahr. Herzlich grüßen Dich Dein Walter u. Ida.

EINE KARTE VON FREIA HIMMELTOR AN IHRE TOCHTER GESA

Tübingen, den 21. Dez. 1954. Liebe Gesa! Wir alle wünschen Dir ein gesegnetes Weihnachtfest und ein gutes Neues Jahr. Möge es Dir manchen Wunsch erfüllen. Viele herzliche Grüße von Deinen Kindern und Deinen Eltern. Deine Mutter

ICH HABE DIR MEIN HERZ GESCHENKT

AUS DEM POESIEALBUM VON CHRISTA MILECH

Leider habe ich nie weder meine Tante noch meine Großmutter väterlicherseits kennengelernt. (Der Bruder meines Vater, Klaus besuchte uns ein mal im Sommer 1950 in Tübingen. Meinen Großvater Titus II. habe ich 1974 „auf eigene Faust“ aber auch nur ein einziges mal besucht[123]*.) Mein Vater hat sehr wenig von seiner Familie gesprochen und niemals den Wunsch geäußert, uns mit seinen Eltern und Geschwistern bekannt zu machen. Auch jene haben nie ein Zeichen gegeben, dass sie sich für die Kinder aus Titus III. erster Ehe interessieren.*

Da Christa kinderlos geblieben war, wurden Paula, Ruth und ich ihre Erben. Der Erbschaft wegen haben wir ihr Haus in einem kleinen Ort in der Nähe von Köln besucht. In ihrem Nachlass fand ich ein Poesiealbum. Es enthält nur wenige Einträge, die sich jedoch über eine wiete Zeitspanne hinziehen. Gleich nach dem Eintrag ihrer Mutter vom März 1939 folgt im August 1944 der eines französischen Geliebten. (Es muss wohl ein in Kolberg tätiger Kriegsgefangener oder Zwangsarbeiter gewesen sein?) (T.M.)

1. Eintrag:

Wie sich Dein Leben wandelt,
Ob's lang Dich plagt,
Ob's kurze Zeit dir lacht,
Die Zeit war nie verschwendet
In der Du jemand froh gemacht.
Zur Erinnerung an deine liebe Mutter, Schlossberg 14. März 1939.

2. Eintrag

Chagrin d'amour ne dure qu'un moment. Plaisir d'amour dure toute la vie !

Que le destin, chère Christa, puisse nous être favorable et nous réunir de nouveau, comme nos cœurs le désirent. En ce soir où nous devons nous quitter nous devons avoir en notre pensée la [certitude] de nous revoir envers et contre tout ; et cette espérance nous permettra de dominer notre peine. Certes vous partez pour de longues semaines d'un dur travail, auquel votre patrie vous appelle et qui demande un grand patriotisme, mais je crois que toutes ces souffrances permettront d'assurer la sauvegarde de nos deux pays et la réalisation de notre bonheur. Que les dieux vous protègent. Au revoir[124], août 1944, Georges[125].

6. Eintrag (Christas Bruder, Titus III.)
Lebe glücklich, lebe froh, wie der Mops im Paletot !! *(mit Zeichnung)*
Zum frohen, fidelen Andenken an Dein von Dir oft gepiesacktes[126] Ren[n]-äf[f]chen [127]. Kolberg, d. 6. 1. 44. Fünftes Kriegsjahr.

SCHULDLOS IST KEINER

AUSSCHNITT AUS EINEM BRIEF VON CLARA MILECH AN IHRE SCHWIEGERTOCHTER GESA

Kolberg, den 27. 2. 1945

[...] große Aufregung. Jeden Tag muss man daran denken, Kolberg zu verlassen. Leider sollen die Kolberger noch immer hier bleiben und bekommen keine Reiseerlaubnis. Wer weiß wann wir von hier fortkommen werden. [...]

LEBENSLAUF DES KANDIDATEN DER MEDIZIN, TITUS MILECH III.

[...] Niederbreisig, den 12. Oktober 1945

Lebenslauf
Am 10.1.1917 wurde ich, Titus, Eberhard, Gustav Milech als Sohn des Rittergutsbesitzers Titus Milech und seiner Ehefrau Clara, geb. Tausendfreund in Schlossberg[128] (Ostpreußen) geboren.
In Kolberg (Pommern) besuchte ich 4 Jahre die Volksschule und bis 1929 das dortige Realgymnasium. Nach Fortsetzung der Schulzeit in Schlossberg und Ebenrode[129] auf den dortigen Realgymnasien legte ich am 6. 2. 1937 meine Reifeprüfung ab. [...]
Nach ½ jähriger Arbeitsdienstzeit wurde ich am 1.11.1937 Soldat.

Ohne Unterbrechung habe ich nach Abschluss der zweijährigen Pflichtzeit den ganzen Krieg hindurch bis zum 29. 7. 1945 gedient. Am 1.12.1942 wurde ich für ein Semester zum Studium der Medizin beurlaubt und anschließend zur Kriegssanitätsoffiziernachwuchskompanie in Königsberg/Pr. versetzt, bei der ich, bis zum Ende des 4. Semesters des Studiums, Dienst getan habe. Am 15.9.1944 legte ich in Königsberg/Pr. die ärztliche Vorprüfung ab. Seit dem 1.11.1944 habe ich wieder an der Front im Westen Dienst getan. Zuletzt war ich Feldunterarzt und Bataillonsarzt eines Luftwaffenbataillons. Ende April 1945 geriet ich in französische Gefangenschaft und bin aus dieser am 29.7.1945 entlassen worden. Seitdem bin ich im Lazarett des „Roten Kreuzes" Niederbreisig tätig.

Briefe von Titus III.

An seine Frau Gesa

Niederbreisig, den 14. November 1945

Meine geliebte Frau!

Nun bin ich schon wieder 5 Tage ohne Dich und muss mich nach Dir sehnen und um Dich sorgen. Wie schön, könnte ich bei Dir sein oder Du bei mir. Auch nach unserem kleinen Mädchen bange ich mich, wie Du Dir wohl vorstellen kannst. Du musst wie auch ich recht oft an mich in Liebe denken, dann kann ich freier leben und die Trennung leichter tragen. Wenn Du irgend kannst, wenn es Dir Deine knappe Zeit erlaubt, dann schreibe mir auch einmal. Schreibe mir, wie es Dir geht und ob Du Dich nach mir sehnst. [...] Vor 3 Tagen kam durch die Post von der Uni in Bonn eine Karte, dass ich die Immatrikulationserlaubnis erhalten habe. Von 12 000 Studenten aller Fakultäten wurden ca. 2 000 zum Studium zugelassen. Diese Ziffer ist durch die Militärregierung begrenzt worden. [...] In der nächsten Woche, so wurde uns in Aussicht gestellt, soll es für die Arbeit im Lazarett d. Roten Kreuzes noch Geld geben. Es hiess, dass wir nachgezahlt bekämen. [...]

Von meinen Eltern habe ich sonderbarer Weise kein Lebenszeichen erhalten. Eine Karte von meinem Bruder ist inzwischen angekommen; das ist alles. Mir ist dieses lange Schweigen unerklärlich. [...]

Vor allem hätte ich gern erfahren, wie es sich mit meinem Geld verhält. Es wird sich schon ein Ausweg finden lassen. Hoffentlich be-

komme ich auch Schüler genug, um durch Unterricht mir ein paar Nebeneinnahmen zu verschaffen. Vorerst muss mal erst der geschäftliche Teil des Studiums erledigt werden. – Ich kann mich doch zu schwer von der Medizin trennen. Und wie dankbar wäre ich, wenn es gelänge in kurzmöglichster Frist das Studium zu beenden! [...]
In meinen Gedanken bist Du mir stets ganz nahe und nur eines muss ich wissen, dass Du mich lieb hast.
Meine liebe Gesa, mein Herzl für heute grüße ich Dich recht herzlich und wünsche Dir, dass es Dir gut gehen möge. [...]

AN SEINE SCHWIEGERMUTTER FREIA

Niederbreisig, Sonntag, den 5. Mai 1946

Liebe Mutti!
Für Deinen zweiten Brief aus Tübingen sage ich Dir auch auf diesem Wege meinen herzlichen Dank. Nach den bewegten Ereignissen der Vergangenheit freue ich mich über jedes Zeichen der Erinnerung. Die Umstände, unter denen wir alle, aus dem deutschen Osten Vertriebene leben müssen sind leider überall denkbar schlecht. Aus dem ehemaligen „Lazarett des Roten Kreuzes“ hier in Niederbreisig ist eine sogenannte Evakuierungssammelstelle entstanden, die zur Aufgabe hat, die Heimatlosen für kurze Zeit zu beherbergen, bis man neue Wohnstätten gefunden hat. Das Bild, das sich da bietet ist so traurig, dass man dabei immer wieder an das eigene und der Verwandten Schicksal erinnert wird. – Noch nie in der Kulturgeschichte gab es einen Vorgang der Entrechtung und Enterbung von diesen Formen und Ausmaßen[130]. Wenn dem Umstand nicht entgegengesteuert wird, kann von einer Befriedung der Welt niemals die Rede sein. [...]
Mir [...] geht es gut und ich habe auch praktisch keine gesundheitlichen Schäden durch die Gefangenschaft erlitten, wie es bei vielen anderen ehemaligen Kriegsgefangenen der Fall ist. [...]
Mein Herzens-wunsch für Euch alle ist, dass Ihr recht gesund werden, beziehungs-weise bleiben möchtet. Die Ernährungslage dürfte leider die kritische Zeit noch nicht überbrückt haben. Am meisten freue ich mich über alles das, was ich von Dir und Gesa an Berichten über unsere Paula höre. – Natürlich ist mein Wunsch sie zu sehen, groß. Doch habe ich gegen eine weite Reise eines so kleinen Menschleins bei den unmöglichen Bahnverhältnissen einige Bedenken. [...] Die Reisenden

sitzen auf den Dächern und hängen an den Seitenteilen und Stirnenden der Wagen [...]. Dazu kommt die Brutalität der Passagiere, die manchmal widerliche Formen hat. [...]
Wir haben alle unsere Sorgen und hoffen da nur jeder auf eine Besserung. [...] [Aber] noch lagert ein geheimnisvolles Dunkel über allem. Wenn ich mit dem Studium fertig wäre, würde ich mich um die Auswanderung nach Südamerika bemühen. Man sehnt sich nach klarer Sicht nach einem Ziel, das man vor Augen haben kann, ohne im Dunklen tappen zu müssen. Die Erinnerung jetzt im Frühling an die schönere Vergangenheit kommt manchmal mit aller Kraft, sodass man glaubt, sie nicht besiegen zu können. Es ist dann immer wieder überraschend, wie sehr der Mensch vieles überwinden kann. – Oft denke ich an meine schöne Heimat in Schlossberg, wo unser Familienbesitz mütterlicherseits nun wohl nur noch ein Trümmerhaufen sein dürfte. Dorthin habe ich mich mein ganzes Leben lang hingezogen gefühlt. Es war dort alles so weit und groß und sorgenlos. [...] Der Gedanke dort nie mehr hinzukommen, ist schmerzlich, und ich kann Eure Empfindungen um Eure verlorene Heimat so recht von Herzen nachfühlen, ja ich teile sie mit Euch. Schon vor der Katastrophe lastete dauernd die Schwere einer dunklen Ahnung und hatte uns alle verändert. Doch auch jetzt sind es wieder Kummer und Schmerzen und Entbehrungen, die unsere wahre Persönlichkeit nicht zur Entfaltung kommen lassen. Dennoch wäre es falsch, wollten wir uns verkrampfen oder Groll im Herzen tragen, den doch nichts anderes beseitigen kann als wir selbst. Alles, was bisher geschehen ist an Unglück und Leid hat sicherlich eine Quelle, die in einer unglückseligen Entwicklung der Zeitgeschehnisse liegt, die wir alle durchleben müssen ohne Ausnahme und ohne die Möglichkeit eines Entweichens gehabt zu haben. Bis auf die noch schwebenden Sorgen, die kein Ende haben können, ehe nicht Gewissheit herrscht über das, was uns bedrückt, können wir uns langsam wieder ein wenig Gleichgewicht zurückerobern.
Über Walter habt Ihr sicher noch keine Nachricht, obwohl der Gefangenenschriftverkehr aus Russland frei gegeben wurde. [...] Am 12. Mai wird unser Töchterchen nun ein Jahr alt [...]. Wie gerne hätte ich das kleine Geschöpf an diesem Tage an mein Herz gedrückt. Wenn man über all das Kummervolle hinwegschreiten möchte, braucht man doch nur so einem kleinen Wesen in die Äuglein zu sehen. Da liegt die ganze wahre Welt der Seele wie ein aufgeschlagenes Buch, rein

und unverfälscht vor uns. [...] So ein kleines Menschchen hat auch Anspruch auf ein Leben. Und ist es nicht so, als hätte es schon Jahrtausende festgestanden, dass auch gerade dieses Geschöpf das Licht der Welt erblicken musste? Das Spiel des Zufalls ist es sicher nicht. Denn in der Wahrheit gibt es wohl sicher den Zufall nicht. Warum sollte es ihn auch geben, empfinden wir doch gerade bei allem sogenannten Zufälligen die Ohnmacht unserer Erkenntnis. Ein Kind ist mir somit der höhere Befehl zu einer neuen Lebensfreude, der Ruf an das Werk zu gehen und nicht vor dem Elend zu versinken. Mein höchster Wunsch, den diese Erde mir noch einmal erfüllen könnte, wäre alle die zu erfreuen und glücklich zu machen, die mir an das Herz gewachsen sind. [...] Es darf nicht sein, dass unserem kleinen Sonnenschein schon als Kind der Schatten der Sorge entgegen tritt. Auch meine liebe Frau soll, so bald es irgend geht, in glücklichere Verhältnisse kommen, die ich ihr so bald nur möglich zu schaffen hoffe. – Noch keinen Augenblick lang hätte ich aber jemals bereut oder bedauert, dass alles so geschah, wie ich es einst getan habe. Sollte die Zeit zurückzusetzen sein, würde ich nicht anders handeln wie zum ersten Male. Ich glaube, dass bei allen Entbehrungen, Rückschlägen und Nöten, die wir durchgestanden haben und vielleicht noch durchstehen müssen, einmal der Tag kommen wird, wo wir sagen werden, der Preis[131] war unserer Mühen wert. [...]
Der Kern des Menschen ist sein Herz oder seine Seele. Sie liegt in der Tiefe wie sie aus der Tiefe wirkt, und stets ist die Gefahr groß, sie zu verkennen oder vor Äußerlichkeiten, denen wir mitunter zu viel Wichtigkeit beimessen, zu übersehen. Wir wollen daher mit Gottes Hilfe, befreit von allen bösen Kräften um uns, in rechter Liebe ein schönes Vertrauen aufbauen. Schuldlos ist keiner, und nur einer kann die Schuld von uns nehmen. Für alle Deine Liebe und Sorge um unser Töchterchen danke ich von Herzen und wünsche Dir Befreiung von Deiner Sorge und Gesundheit und trotz allem viel Sonnenschein.
Grüße mir die Deinen, besonders herzlich meine liebe Gesa und mein süßes kleines Töchterchen Paula, der ich ein kleines Päckchen zum Geburtstag gestern abgesandt habe.
Dein Schwiegersohn,
Titus.

Karte von Titus III' Schwester Christa und Mutter Clara[132]

Burg, den 6. Juli 1947.

Lieber Titus!
Gestern traf ein lieber Brief von Dir hier ein, wir sagen unseren herzlichsten Dank. – Am 1. Juni sollte ich schon meinen Dienst in Kropp (Schleswig) anfangen. Krankheitshalber konnte ich das verabredete Datum nicht einhalten. In diesen beiden Wochen war die Stelle schon besetzt. Nun habe ich mich freiwillig zur Torfarbeit gemeldet, führe 8-stündige Schwerstarbeit aus u. bekomme 6000 Soden[133] Torf.
Herzliche Grüße sendet Dir, lieber Titus, Deine Christa!

Lieber Titer!
Auch ich sende Dir recht herzl. Sonntagsgrüße. In der Hoffnung, dass es Dir gut geht, grüße ich Dich recht herzl. Gott schütze Dich!
Deine Mamma.

Diese Verbrechen sind für uns Deutsche eine ständige Belastung.

Selbstdarstellung von Titus III.[134]

Gustav Tausendfreund, Titus III.' Großvater mütterlicherseits, ein wohlhabender Hotel-Gastwirtschaft- und Gutsbesitzer, war mit seiner Frau zu einem Kuraufenthalt nach Meran gereist in der Hoffnung von einer Blutkrankheit geheilt zu werden. Seine vier Töchter, Emma, Ida, Grete und Clara waren mit der Schwester der Mutter, Tante Lieschen, zu Hause geblieben. Clara, die jüngste heiratete fünf Jahre später, Titus II. (T.M.)

München - Sauerlach 1995 – 1996

Es war ein schöner Herbsttag im Jahr 1911. [...] Was war das? Es klappte die Gartentür. Jemand ging an den hohen Lebensbäumen vorbei zum plätschernden Springbrunnen, blieb dort einen Augenblick stehen, um sich dann schnell der Kaffeegesellschaft zu nähern. „Der Postboote“ riefen alle vier Schwestern zugleich. Dieser nahm ein zusammengefaltetes Papier in die Hand und strecke es über die Köpfe der drei jüngeren Mädchen hinweg, um es der ältesten, Emma, aus-

zuhändigen. Sie riss es überhastig auf und las: „Vater gestern Nacht verstorben.“ [...]
Ein tiefer Einschnitt in das Leben der Tausendfreunds! Der Motor, der Antrieb fehlte. Doch Muttchen – wir Enkelkinder sagten nie „Oma“ – übernahm mit Tatkraft die Regie. [...] Wie energisch meine Großmutter ihren Willen durchzusetzen vermochte, zeigt folgendes Beispiel: sie stellte einen Antrag, die Gräber ihrer verstorbenen Kinder[135] zum Grabe ihres Ehemannes umbetten zu lassen. Als dies nicht genehmigt wurde, nahm sie die Sache selbst in die Hand. Sie heuerte kräftige Männer an und ließ bei Nacht die Arbeit unter ihrer Leitung ausführen. Später habe ich Großmutter sehr häufig zum Friedhof begleitet.
3 Jahre nach Großvaters Tod gab es Krieg. Ich erinnere mich noch heute an die Erzählungen der Großmutter und ihrer Schwester, Großtante Lieschen, was damals passierte. Es war ja ein Zweifrontenkrieg. Der Hauptstoß der deutschen Truppen war nach Westen gerichtet. So gelang es den Russen in Ostpreußen einzufallen. Eines Abends rötete sich der östliche Horizont. Man hörte das ferne Donnern der Kanonen. Es war soweit, man musste fliehen. Die Tausendfreunds konnten noch mit der Bahn in den Westen fahren. Das wertvollste und wichtigste Gut wurde in vielen Koffern mitgenommen. [...]
Man hatte sich entschlossen nach Kolberg zu fahren, das als Seebad schon aus der Friedenszeit bekannt war und machte so aus der Not eine Tugend als wäre man in den Seeferien. [...] Natürlich gab es die Ungewissheit, was wohl aus Pillkallen geworden sein mochte. Später hat sich diese Sorge bestätigt. Durch Artilleriebeschuss wurden viele Gebäude zerstört. Auch unser Haus [...] war getroffen worden. Es [...] wurde aber bald nach der Befreiung[136] wieder aufgebaut. [...]
Meine Eltern haben sich bei einem Sonntagsspaziergang in Kolberg kennen gelernt. [...] Mein Vater [...] war Soldat und befand sich gerade auf Urlaub. Seinen Dienst an der Front hätte man wohl ein richtiges Himmelfahrtskommando nennen können: Titus II. beobachtete von einem einige hundert Meter hoch gelassenen Fesselballon die Front. Per Telefon wurden Lageberichte durchgegeben. Der große Ballon mit dem deutschen Erkennungszeichen war weithin sichtbar. Feindliche Flugzeuge machten sich ein Vergnügen daraus, ein paar Leuchtspur-MG-Salven in das Riesending zu jagen. Die Füllung – Wasserstoff –

ging sofort in Flammen auf. Dem Beobachter blieb nichts anderes übrig, als mit dem Fallschirm abzuspringen. [...]
So ging einige Zeit ins Land. Meine Mutter war mit ihren Angehörigen [zurück] in Pillkallen. [...] Die Sehnsucht nach Titus löste einen regen Briefwechsel aus. Der nächste Urlaub meines Vaters brachte die Verlobung und der Lauf der Dinge war nicht mehr aufzuhalten. Schließlich fand am 1. April 1916 die Hochzeit statt. [...]
Immer wieder musste mein Vater zurück an die Front. [...] Meine Mutter lebte in ständiger Angst, dass ihm etwas zustoßen könnte. Das war sicherlich auch für mich kein guter Lebensanfang, der ich schon im Mutterleib den Kummer gespürt haben muss. Vater hatte nur selten Urlaub. Wenn er kam, war das für meine Mutter höchste Glückseligkeit. Stolz ging sie mit ihrem Leutnant in Uniform durch die Stadt; denn damals konnte man sich als kaiserlicher Offizier sehen lassen. Heute wird die Uniform nach Dienstschluss sofort weggehängt.
Im Urlaub erzählte Vater Geschichten aus seiner Jugendzeit: auch sein Vater, Titus I. war noch vor Ausbruch des Krieges gestorben, im Koma diabetikum. [...] Titus I. hatte als Baumeister sein Fach gut gelernt. Der Titel Baumeister muss damals etwas ganz besonderes gewesen sein. Als kleiner Junge wunderte ich mich, dass Großmutter stets mit „Frau Baumeister“ angeredet wurde. Titus I. hatte von der Pike auf alles in seinem Fach gelernt. Zuerst hatte er seinen Maurer- und Zimmermeister gemacht. Darauf wurde er Architekt und das Wichtigste: Bauunternehmer. Das Geschäft blühte [...]. Großvater besaß Grundstücke und Güter. Damals war er als Goldmarkmillionär ein richtiger Kapitalist, hatte sich aber alles von Null ausgehend mit großem Fleiß erarbeitet. Man kann sich denken, dass er für sein eigenes Haus besondere Sorgfalt aufwendete. [...] [Seine] Villa war damals, am Ausgang des 19. Jahrhunderts, technisch vollendet eingerichtet, war total elektrifiziert. [...] Ich besuchte meine Großmutter dort oft. Die Hausangestellte beschäftigte sich dann mit mir. Sie erzählte Geschichten und gab mir Kochtöpfe und Kochlöffel zum spielen. Ich war damals noch ein ganz kleiner Stöps[137], wie man mich nannte. Doch ich kann mich noch sehr gut an diese Zeit erinnern. Meine Erinnerung geht auf mein zweites Lebensjahr zurück. Doch davon später. [...]
Meine Eltern stritten sich leider allzu oft [...]; das war für mich entsetzlich. [...] Wie sich solche Erlebnisse einprägen! Man darf sich nicht wundern, wenn sie für seelische Entwicklungen von Bedeutung

sind. [...] Wie man als kleines Kind etwas sieht, so bleibt es als Leitbild – ja als Vorbild erhalten. Dieser Prägungseffekt gilt sicher für viele Verhaltensweisen. [...]
Als ich 2 Jahre alt war gingen meine Eltern mit mir von Pillkallen nach Kolberg. [...] Ich lustwandele gern in den Erinnerungen der frühen Kindheit: ich stapfe durch den Sand zum Seesteg und gehe bis zu seinem Ende, stehe nun über dem Wasser und blicke zum Horizont. Jetzt spüre ich sie wieder – die Sehnsucht nach dem Meer, ein Gefühl von Schmerz und Glück zugleich. Vor meinen Augen liegen Unendlichkeit und die Ahnung der Ewigkeit. [...] Am liebsten waren mir die Spaziergänge mit meiner Mutter und dem Hausmädchen Hedwig mit den roten Haaren in die „Maikuhle“[138]. Das war ein herrlicher Wald. Für meine Begriffe und nach meiner Phantasie war es ein Märchenwald. [...] Bevor wir Brotzeit auf einer Waldwiese machten, kaufte Mutter frisch geräucherte Flundern, die vorzüglich mundeten. Wir kamen zum Strand, der dort, wo wir hingingen immer einsam war. Er zog sich breit von gewellten Dünen begrenzt bis zu Horizont. Der Wald über den Dünen rauschte mit den Wellen der See. Diese Bilder kann man nie vergessen. Nirgendwo in der Welt habe ich eine so wunderschöne Küste gesehen. [...] Ich bin meiner Mutter für immer dankbar dafür, dass sie mich mit diesem Paradies vertraut gemacht hat. Schon zu diesem Thema hatte mein Vater völlig unterschiedliche Neigungen. Er mischte sich gern in das Gewühl lustwandelnder Spaziergänger, wie es wohl die meisten jungen Leute machen. Da gab es schnelle Blicke zu den jungen hübschen Spaziergängerinnen. Das genügte bereits, um die Mama zu irritieren. Wegen dieser Kleinigkeiten gab es dann nicht selten Ärger, in dessen Verlauf wieder alte Geschichten zur Sprache kamen, sodass daraus schließlich ein ausgewachsener Streit entstand, der bis zum Abend dauern konnte. Es waren für mich entsetzliche Erlebnisse, die mein Gemüt schwer belasteten. Wie glücklich und dankbar war ich für die wenigen Stunden, wo Vater und Mutter sich vertrugen. Als Erwachsener wusste ich später, dass meiner Mutter Eifersucht berechtigt war. [...] Ich hing sehr an meiner Mutter, und sie tat mir oft so von ganzem Herzen leid. Scheiden lassen wollten sich die Eltern aber nicht. Sie liebten sich trotz allem bis zum Ende ihres Lebens. Den Streit gab es aber immer noch, bis zum Schluss. Das war eine ganz sonderbare Geschichte – bis heute für mich unbegreiflich.

Die Großhandlung meines Vaters für Schokoladen- und Zuckerwaren florierte nie. Es ist erstaunlich, was man schon als kleines Kind alles mitbekommt. Doch diese Sorgen bedrückten weder meine Mutter noch mich. Denn am Geschäftsleben hatte meine Mutter keinen Anteil. Sie war eine künstlerisch geprägte Natur. Überall hingen Mutters Ölgemälde. [...] Wie sehr habe ich diese Bilder bewundert! [...] Die ständige Betrachtung dieser Kunstwerke haben mich schon als Kleinkind so angeregt, dass ich sehr früh zu malen und zu zeichnen anfing. „Freihandzeichnen" war das Fach, in dem ich während meiner ganzen Schulzeit immer eine 1 bekam. [...] Ja, die Schulzeit! [...] Die Freiheit war wohl verspielt. Sie kehrte in meinem Leben erst mit der Pensionierung zurück. [...] Bis zur Obertertia[139] hatte ich einen Horror vor Examina. Aber später trat das Gegenteil zutage: ich wurde ein richtiger Examensexperte. [...]
Im Frühjahr 1929 zogen meine Mutter und wir drei Kinder (mein 1923 geborener Bruder, meine 1927 geborene Schwester und ich) ohne Vater nach Pillkallen um. Meine Eltern trennten sich, da die Unverträglichkeiten eher grösser statt geringer wurden.
[...] Nach der Realschulzeit war der nächste Schritt das Gymnasium in Stallupönen[140]. Hier konnte man das Abitur machen. Ich wurde also Fahrschüler. [...] Bei unseren Lehrern gab es, wie wohl überall, Nazianhänger und dem Nationalsozialismus abgeneigte Pädagogen. Eigentlich konnte man von älteren und überdurchschnittlich begabten Menschen erwarten, dass sie nach dem sogenannten Röhm Putsch dem Nationalsozialismus gegenüber zumindest kritisch hätten gegenüberstehen müssen. Mit dem Ausbruch der krassen Diktatur, die viele unschuldige Menschen ermorden ließ, konnte man nicht zufrieden sein und zur Tagesordnung übergehen. Natürlich fehlte es an zuverlässigen Informationen. Die Wirklichkeit wurde als Gerüchtemacherei abgetan, und so konnte sich das Unheil immer weiter ausbreiten.
Studienrat Hübner [...] wusste, dass ich nicht Nazi war. Das fiel in dieser Zeit besonders auf, wenn an nationalen Feiertagen die Schülerschaft geschlossen in SA-, HJ- oder Jungvolk-Uniform erschien. Nur drei Schüler – einer davon war ich – kamen in Zivil. Herr Hübner und ich begaben sich in der Pause ab und zu ganz an den Rand des Schulhofes um „antinazistisch" zu diskutieren. Man musste sich eben mal zur Erleichterung aussprechen können. Ein Thema war die Kriegsgefahr, der wir zweifellos entgegensteuerten. Jedem hätte der Wider-

spruch in Hitlers Reden auffallen müssen, die immer wieder den Frieden beschworen, aber ebenso die Notwendigkeit von Landgewinn im Osten forderten. Wie sollte das zusammenpassen? Auch unser liebenswerter Direktor Dr. Sehmsdorf wollte, wie man leicht verstehen konnte, nichts mit den Nazis zu tun haben. Er wehrte sich, so lange es nur irgend möglich war, auf dem Schulgebäude die Hitlerjugendfahne – so wie es die Vorschrift gewesen wäre – aufziehen zu lassen. Über unserem Schuldach wehte die Preußenfahne schwarz-weiß. [...]
Was meine Einordnung in die politische Landschaft betraf, hatte ich Glück. Mein Vater lehnte alles Radikale leidenschaftlich ab. Eine meiner frühesten Kindheitserinnerungen ist die Ablehnung meines Vaters, an dem nationalistischen Kapp-Putsch[141] teilzunehmen, wozu einige ehemalige Offiziere aufgefordert wurden. Natürlich hatte ich als Dreijähriger keine Ahnung worum es ging, doch höre ich heute noch das Klopfen an unser Wohnzimmerfenster und Vaters erregte Stimme: „Lassen Sie mich in Ruhe, ich will damit nichts zu tun haben". [...] Auch weiß ich noch, dass Vater immer die politische Mitte wählte, damals die Deutsche Demokratische Partei. [...] Auch die Pillkaller Verwandtschaft, vor allem meine Großmutter, stand Hitler und seiner politischen Bewegung ablehnend gegenüber. So wuchs ich in eine Lebensweise hinein, die mich immer mehr von der rechten Scene entfernte. Allerdings muss ich hier einfügen, dass ich die Befreiung von den Versailler Diktatsfolgen stets begrüßt habe. Die Bestimmungen dieses erzwungenen Vertrages haben ganz wesentlich zum Aufstieg der Nazis beigetragen, wenn sie nicht sogar die Hauptursache waren. Damit tragen unsere früheren Gegner im 2. Weltkrieg eine gewisse Mitverantwortung, natürlich nicht an den ungezählten Verbrechen der Nazis. – Ich fühle mich heute noch wie befreit, dass ich wenigstens dem Hitlerunwesen nicht angehörte. Einen Anteil an der aktiven Bekämpfung des Systems habe ich, wie so sehr viele Deutsche auch, leider nicht. Ob eine Demonstration, wie sie in der ehemaligen DDR zur deutschen Wiedervereinigung geführt hat, im Nazideutschland Erfolg gehabt hätte? Ich konnte nur in manchen Gesprächen ein wenig Gegenpropaganda machen, was mir manche Warnung einbrachte, doch viel nützen konnte das nicht, die braune Welle war allzu mächtig. Oft habe ich mir Sorgen gemacht, was aus mir mal werden sollte, denn die nichtvorhandene Zugehörigkeit zur Naziorganisation

konnte für eine spätere Berufstätigkeit sehr hinderlich sein. Ich bekam das bald zu spüren.

Der Abiturtermin (Februar 1937) [...] war vorgezogen worden, da Hitler für seine konsequenten Kriegsvorbereitungen Offiziere brauchte. [...] Es war zu erkennen, wie alles rücksichtslos dem Krieg untergeordnet werden musste. Am Morgen der Prüfung rief mich Herr Sehmsdorf zu sich: Herr B[...], staatlicher Kommissar von der Königsberger Regierung war als Prüfungsleiter für unser Gymnasium bestimmt worden. B[...] war schon vor 1933 Mitglied der NSDAP geworden. Er wurde deshalb von der damaligen Regierung als Studienrat, den damals geltenden Gesetzen entsprechend, entlassen. Nach der Machtübernahme der Nazis stieg er nun die Karriereleiter nach oben und wurde Oberschulrat. Ich konnte mich also auf etwas gefasst machen. Doch unser Direx beruhigte mich. Er habe sich sehr für mich eingesetzt, und er hoffe, dass B[...] mich nun nicht mehr wegen politischer Unreife zurückweisen würde. [...] Da er zufällig Mathematiker war, und mein Wahlfach auch Mathematik, übernahm B[...] selbst die Prüfung. Er wollte nun genau wissen, mit wem er es zu tun hatte. Ich war in glänzender Stimmung, da mich eine unheimliche Wurstigkeit ergriff. Sie half mir alle Hemmungen zu überwinden. [...] Ich brachte alles mit Leichtigkeit vor, warf in meiner übermütigen Stimmung die Kreide in die Luft, um sie elegant wieder aufzufangen. Damit hatte ich offenbar die Schlacht gewonnen. Die Mathematikzensur war mündlich und schriftlich eine 1. [...] Ganz spontan hatte ich das Bedürfnis, jetzt nachdem ich mein Abitur in der Tasche hatte, bei meinen beiden Schuldirektoren in Stallupönen und in Pillkallen Besuche zu machen. Dr. Sehmsdorf verdankte ich sehr viel. Ohne ihn wäre ich aus politischen Gründen kaum durchs Abitur gekommen. [...] Als hätte er schon auf mich gewartet, empfing er mich wie ein Vater. [...] Der andere Direktorenbesuch in Pillkallen bei Dr. Z[...] verlief ganz anders: Von meiner Schwester und meinem Bruder, die beide auch die Pillkaller Friedrich-Wilhelm-Schule besuchten, hatte ich erfahren, dass Z[...] über uns Milechs abträgliche Bemerkungen gemacht haben sollte. Das Wort „Drückeberger“ soll gefallen sein. Diese Meldung brachte mich in Zorn. Unangemeldet machte ich mich auf den Weg und steuerte das erste der beiden Lehrerhäuser an, die das Schulgebäude einschlossen. Dr. Z[...] hatte wohl gerade Besuch. Trotzdem empfing er mich ohne Wartezeit. Er war sicher neugierig zu erfahren, was der Milech wohl vorzubringen hatte. Nun ließ ich meine Beschwerde heraus, blieb aber im Ton korrekt und zählte nur die Fakten auf. – So wie ich mich heute erinnern kann, drehte es sich unter anderem wieder um das Mitmachen in der Hitlerjugend. Ich war gerade 18 Jahre geworden, als die Hitlerjugend zur „Staatsjugend" erklärt und die Mitgliedschaft für jeden Jungen verbindlich wurde. Im Gegensatz zu meinem Bruder, der 6 Jahre jünger war, konnte ich nicht mehr verpflichtet werden. Klaus hatte sich trotzdem geweigert Dienst zu tun und musste als Strafe Kohlen schippen. Es war ein Glück, dass es noch so abging. Während [...] Z[...] vor dem 30. Januar 1933 mit aller Schärfe jeden Schüler, der ein Naziabzeichen trug, zur Raison brachte, wechselte er nach dem gewissen Termin seine Position um 180 Grad und wurde ein eifriger, ganz strammer Nationalsozialist. Darüber hatte ich mich damals schon aufgeregt. Jetzt bei meinem Besuch hielt ich Z[...] dieses Verhalten vor. Er hätte damit seinen Schülern ein ganz schlechtes Beispiel gegeben. Ich war auf eine heftige Reaktion gefasst, doch mein Gesprächspartner blieb zu meiner Überraschung ganz ruhig und sagte: Ich wäre nach Ablegung des Reifezeugnisses als reifer Mann zu betrachten und könne also meine Meinung äußern. Dann verabschiedete ich mich und ging fort. [...]

Die Freiheit zwischen Schulschluss und Arbeitsdienst, den jeder junge Mann absolvieren musste, betrug 2 Monate. Diese Ferien waren für mich so etwas wie ein Traum von Freiheit. Nachdem er ausgeträumt sein würde, erwarteten mich 2½ Jahre bitterer Dienst (sechs Monate Arbeitsdienst und zwei Jahre Wehrdienst). So dachte ich damals, ohne zu ahnen, dass es 8 Jahre sein würden. Damals konnte man noch nicht wissen, dass der zwar zu befürchtende, aber immerhin noch nicht sichere Krieg kommen würde. Ich hatte mich entschlossen, nach dem Arbeitsdienst gleich anschließend auch die zwei Jahre Militärpflicht abzumachen. Nach Schulabschluss meldete ich mich freiwillig zum Militär. Das hatte den Vorteil, dass man sich den Truppenteil selbst aussuchen konnte. Ich entschied mich für die Flak bei der Luftwaffe. [...] Am 3. März 1937 fand ich mich auf dem Pillkaller Bahnhof ein, um zum Arbeitsdienstlager Scheldkehmen[142] zu kommen. Dort wurden wir frisch gebackenen Arbeitsdienstmänner von einem Kommando im Fußmarsch ins Lager abgeholt. Ich war absolut negativ, ja depressiv gestimmt, fühlte mich wie ein Gefangener in einer Kolonne, die zur Haftanstalt geführt wurde. „Wann komme ich da wohl wieder

raus?", fragte ich mich. Irgendwelche national eingefärbten Gefühle hatte ich nicht. Dagegen gab es für die Mitmarschierer den Vorteil, bereits aus der Hitlerjugend oder SA den Zirkus schon zu kennen, sodass sie diese Freiheitsberaubung entweder in stumpfer Ergebenheit oder womöglich noch mit einem Hochgefühl hinnahmen. Mit meinen schlechten Vorahnungen sollte ich recht behalten. Hätte ich aber schon damals gewusst, dass ich nach dem ½ Jahr Arbeitsdienst und den sich daran anschließenden 2 Jahren Militärdienst auch noch zusätzlich 6 Jahre Krieg vor mir hatte, wäre ich sicher verzweifelt. Der Dienst bestand zu einem großen Teil aus Schikanen. In der Ausbildungs- und sogenannten Führungs-Mannschaft gab es viele abgebrochene Existenzen, die hier ihre Frustrationen austoben konnten. Nun war ich sicher durch jahrelanges Fehlen des Vaters in der Familie etwas verweichlicht. Zusammen mit dem vermiedenen Drill in den Naziorganisationen hatte ich es am Anfang schwerer als mancher andere Leidensgenosse. Mit diesem anderen Leben begann für mich ein ganz neuer Abschnitt der Existenz. Doch schon nach dem ersten Jahr bei der Flak in Königsberg/Pr. hatte ich mich angepasst, und die Anfangsprobleme waren vergessen. Die schlimmsten waren, ein 2 mal kurz hintereinander erfolgtes Auffallen mit dem Karabiner. Ich muss bei einem Wachmeister wohl besonders schlecht angeschrieben gewesen sein. Mein Verdacht war, dass er mir etwas in den Gewehrlauf hineingeblasen hatte. Es kam nun eine mögliche Reserveoffizierslaufbahn [...] nicht mehr infrage. Zu meinem Glück, denn wer weiß, wo ich dann gelandet wäre! So nahm die spätere Folge meines Soldatenlebens einen sicher wesentlich besseren Verlauf. Ich war in die Stabsbatterie gekommen. Das war für mich wieder ein Glücksfall, besonders die Zugehörigkeit zum Langbasismesstrupp dessen Aufgabe es ist die Entfernungsmessmannschaften zu überprüfen. [...] Ich machte [einen Verbesserungs]-vorschlag und durfte, während die Batterie ihrem Arbeitsdienst nachging, [...] meine Zeichnungen und Beschreibungen [vervollständigen]. [Der Vorschlag] wurde zum Luftfahrtsministerium geschickt [und] brachte mir 14 Tage Sonderurlaub ein. [...]
Nachdem das Sudetenland durch den Vertrag von München[143] zu Deutschland gekommen war, kam es überall [dort] zu Truppenaufstellungen. [...] Ich hatte das unglaubliche Glück gehabt, den Posten eines „Schreibstubenbullen" bekommen zu haben. [...] Unsere neue Abteilung wurde in dem hübschen Sudetenstädtchen Mährisch Trübau sta-

tioniert. [...] Das ½ Jahr hier bleibt [...] eine Zeitspanne, die ich nicht vergessen werde. Im Sudetenland gab es viele hübsche Mädchen und angenehme, sehr freundliche Menschen. Von hier ging es Ende August in die Bereitstellungsräume zum Angriff auf Polen. [...] Unsere Einheit rückte zusammen mit der 4. Panzerdivision an die deutsch-polnischen Grenze in Mittelschlesien. Am 1.9.1939 stand ich mit einigen Kameraden unweit von unserem Kommandeur an einem Waldrand vor der Grenze. Es war 5 Uhr 15. Major von Alten sagte trotz allem in humorvoller Stimmung: „Meine Herren setzen sie Ihren Helm auf, der Krieg hat begonnen." Alles lachte, doch der Ernst der Situation wurde schlagartig offenbar. Pünktlich fingen die Geschütze hinter uns zu donnern an und schickten ihre todbringende Ladung in das polnische Land. Schwärme von Kampffliegern brausten über unseren Kopf hinweg. Dann rückten wir mit den Panzern, die unsere zwei cm Flak von feindlichen Fliegerangriffen schützen sollten, nach Polen hinein. Es gab zunächst keinen Widerstand. Die ersten kleinen Bauernhäuser standen am Wegrand. Staub und der Krach der Panzer erschreckten die Menschen, die sich an die Mauern ihrer Hütten drückten. Das grenznächste Dorf hatte bereits Artillerietreffer erhalten, es lagen Trümmer herum, Rauch stieg aus den ausgebrannten Häusern. Der elende Brandgeruch stieg uns in die Nase. Dort lag der erste Tote, den ich nach dem Einmarsch zu sehen bekam. Wie viele würden nun bald folgen! Da überkam mich erstmals in diesem Krieg ein eigenartiges Gefühl, wie ich es später immer wieder haben sollte. Es war wie eine Vorahnung: Dieses Verderben, das jetzt über die armen Polen hereinbrach, würde sicher vergolten werden. Die Vergeltung würde uns alle treffen, die wir jetzt im Gehorsam als Soldaten diesen unheilvollen Marsch in das uns fremde Land machen mussten. Eine solche Vorstellung hat mich ständig verfolgt, sodass ich mich nie über irgend einen Sieg freuen konnte. Die bald nach dem militärischen Einmarsch nachfolgenden SS-Verbrecher töteten unschuldige Polen auf Befehl „unseres Obersten Befehlshabers". Wir Soldaten hatten davon keine Ahnung. Die wenigen höheren Befehlshaber, die von den SS-Verbrechen Kenntnis bekommen hatten, protestierten beim Generaloberkommando. Doch die Verbrechen gingen weiter, da sie letzten Endes von dem Hauptverbrecher Himmler gelenkt wurden. Ich denke deshalb mit so großem Abscheu an diese Vorkommnisse, weil sie letzten Endes auch mir meine so sehr geliebte Heimat [...] genommen haben.

Wenn irgendwelche alten Schulkameraden das, was sie verloren haben, bejammern, dann denke ich oft, sie hätten früher lieber weniger laut „Heil Hitler“ schreien sollen. Ich hatte Glück, dass ich in meiner Jugendzeit abseits von der Nazigesellschaft habe leben können. So ist die Last, die wir alle heute noch zu tragen haben, für mich ein wenig leichter. Am meisten bedrückt mich das Unglück, das über die Juden gekommen ist. Auch heute noch halte ich mich in Punkto der Heimatzirkel und der Landsmannschafts-Demonstrationen zurück.

Der Poleneinmarsch machte in Frontnähe entsetzliche Szenen. [...] Nur 18 Tage dauerte der Feldzug, [...] die deutsche Übermacht war zu gross. [...] England und Frankreich, die Polen den bekannten Schutzvertrag angeboten und zugesichert hatten, ließen das überfallene Land völlig im Stich. Das ist für diese beiden Weststaaten eine sehr schwere moralische Belastung. Aber nicht nur das. Wenn die beiden mit ihrer gesamten militärischen Macht im Westen in der Zeitspanne vorgestoßen wären, als die deutsche Wehrmacht in Polen voll engagiert war, hätte Hitler kapitulieren müssen. Der ganze Nazispuk hätte sein Ende gefunden. Der Westwall hätte die Westarmeen nicht aufhalten können. Eine gute Spionageabwehr der Westmächte hätte in der Lage sein können, die viel zu schwache Truppenkonzentration der deutschen Wehrmacht im Westen zu erkennen. Eine solche Strategie wäre für alle Seiten von Vorteil gewesen – nicht zuletzt für uns selbst. [...]

Wir alle waren darauf gefasst, dass bald nach Polen der Krieg im Westen weitergehen würde. In großer Eile wurden unsere Einheiten mit der gesamten Kriegsmaschinerie nach Westdeutschland gebracht. Hitler wollte die Feindseligkeiten mit Frankreich so bald wie möglich beginnen und durch Holland und Belgien marschieren. Auch ich habe die Karten mit den genauen strategischen Daten studieren können. Wenn man das las – „Einnahme des linken Ufers des Albertkanal um 10 Uhr 55“ dachte ich an die Menschen, die noch ahnungslos ihrem täglichen Leben nachgingen, ohne daran zu denken, was auf sie zukam. [...]

Ich hatte gegen Ende 1939 einen Unteroffizierslehrgang mit Erfolg absolviert, und bekam so zwei Jahre nach Beginn der Militärzeit diesen Rang. Auch das hatte ich mir damals nicht träumen lassen, da ich mich nie für einen so strammen Soldaten hielt. [...] Am 10. Mai begann der Angriff von Aachen aus zunächst auf Holland. Der beim Stab eingesetzte Wachtmeister, ein Österreicher und ich machten für

unseren Stab Quartier. [...] Ich erwähne diese Geschichte, weil sie mit einem sehr unangenehmen Erlebnis verbunden ist. Der Besitzer der Villa, in der wir beide einquartiert waren lebte mit seinen beiden Töchtern; [...] diese waren mit jungen Offizieren verlobt, welche ganz in der Nähe zur Abwehr unseres Angriffs auf den Albertkanal eingesetzt waren. Am Abend (es war eine kurze Kampfpause eingetreten) saßen der Vater mit seinen Töchtern und wir beiden deutschen Soldaten an einem brennenden Kamin nach dem Abendessen bei einem Glase Wein zusammen, als uns die Meldung erreichte, dass der Kanal überwunden wäre, und mehrere holländische Soldaten, darunter auch zwei Offiziere gefallen wären. Man kann sich das Entsetzen unserer Gastgeber vorstellen, als sie diese Meldung zufällig mithörten; denn es war zu befürchten, dass die beiden Offiziere die Verlobten der Töchter waren. So erregend die Situation ohnehin schon war, platzte mein Wachmeister, der Österreicher, als wäre er verrückt geworden, mit verzerrtem Gesicht heraus: „Wie schade, es hätten noch viel mehr Holländer draufgehen sollen.“ Noch nie habe ich mich so sehr im Leben für einen anderen Menschen geschämt wie nach dieser widerlichen Bemerkung! Leider gibt es kein Kriegsgesetz, das in einem solchen Falle eine Bestrafung ermöglicht hätte. [...]
Der Feldzug durch Holland, Belgien und Frankreich ging in einem sehr schnellen Tempo voran. [...] Zwischenzeitlich in verschiedenen Kurierdiensten eingesetzt, kam ich auch nach Lyon wo ich wieder mit meiner Einheit zusammentraf. Es gab jetzt kaum noch Kampfhandlungen und der offizielle Waffenstillstand wurde in Kürze erwartet. Ich erinnere mich gerne, wie ein paar Kameraden und ich in einem sehr vornehmen Hotel an einem großen Platz zu Mittag aßen. [...] Man stelle sich das einmal vor: Man sitzt gemütlich in einem sehr schönen Restaurant, wird aufmerksam bedient, und der edle Rote fließt aus der im schräg gehaltenen Korb liegenden angestaubten Flasche. Wie komme ich eigentlich dazu, und womit habe ich das verdient? Dachte ich und auch daran, dass dies alles billig zu haben war, denn der Franc war ganz schnell auf 5 Pfennige festgelegt worden. Die deutschen Soldaten benahmen sich sehr korrekt. Plünderungen wurden schwer bestraft, ebenso Erpressungen oder andere Delikte. Es herrschte absolute Ordnung im besetzten Gebiet. Was später alles passierte habe ich nicht mehr erlebt; denn da befand ich mich nicht mehr in Frankreich. Bis dahin dauerte es noch etwa knapp vier Monate. In dieser

Zeit nach dem Waffenstillstand hatte ich zu den Franzosen stets einen ausgesprochen angenehmen Kontakt. Obwohl ich in der Schule im Französischen nie über eine Drei hinausgekommen bin, fühlte ich mich so gut in die Sprache ein, dass ich richtig französisch zu denken begann, also nicht mehr wie am Anfang übersetzen musste. So übernahm ich bald Dolmetscherfunktionen.
Schließlich wurde ich in Hames-Boucres bei Calais ganz in der Nähe des Ärmelkanals stationiert. [...] Eine Zwischenstation war Blankenberge in Belgien. Hier lebten wir wirklich wie Urlauber. [...] Wir wohnten in einem Hotel, das direkt am Strand lag, was wir regelrecht genossen. [...] Da das geplante Unternehmen „Seelöwe“[144], die Landung in England schließlich nicht stattfand, ging es vorerst wieder nach Hames-Boucres zurück. Mein Quartierwirt, Gastwirt und Landwirt in einer Person, war ein vielseitig interessierter und gebildeter Mann, der über eine stattliche Bibliothek verfügte. Der Sohn, glücklicherweise noch vom Krieg verschont, wollte einmal Handelsmarineoffizier werden. Zur Familie Henon gehörte noch eine Tochter, die Schwierigkeiten mit der Physik hatte, sodass ich ihr Nachhilfeunterricht geben musste. Es hatte sich eine richtige Freundschaft mit der Familie ergeben, und mein alter Gedanke, dass alle Kriege sinnlos sein müssen und dass es doch nur auf das Glück der Menschen – unabhängig von ihrer Nationalität – ankommt, wurde in mir wieder lebendig. Es war mir peinlich, dass wir die Menschen, die sich uns gegenüber nichts zu Schulden hatten kommen lassen, behelligen mussten. Erst später begannen dann die Verbrechen, dass im Namen Deutschlands in Holland, Belgien und Frankreich Menschen von der Straße gegriffen und nach Deutschland als Arbeitssklaven verschleppt wurden. Diese Untaten waren, als ich mich in Frankreich befand, noch nirgendwo bekannt. [...]
Eines Abends war bei der Familie Henon der Radiosender des unbesetzten Vichy-Frankreichs eingestellt. Mit ein paar Kameraden saß ich im Familienkreis bei einem Glas Wein [...] als nach Sendeschluss die Marseillaise gespielt wurde. Ich hatte sie [...] vor der Nazizeit im Französischunterricht auswendig lernen müssen. Es machte mir richtig Spaß, kräftig mitzusingen und am Schluss „Vive la France“ zu rufen. Es gab ein kleines Nachspiel: Ich wurde wohl von einem Kameraden [...] verraten. Der Kommandeur hat jedoch die Sache niedergeschla-

gen. Er aus alter Schule und Nicht-Nazi wusste, dass man einen ehrenvoll geschlagenen Gegner ritterlich behandeln durfte. [...]
Im Dezember 1940 wurde mir von meinem Oberleutnant ganz überraschend mitgeteilt, dass ich zur Flakartillerieschule 3 nach Berlin versetzt würde. Meine „Erfindung" hatte mich nun doch wieder eingeholt. Der Oberbefehlshaber hatte entschieden. Da es sich um die Bedienung eines ganz neu fertiggestellten Radargerätes handelte, wurden die Kommandeure persönlich dafür verantwortlich gemacht, nur technisch besonders versierte Leute zu melden. So war für mich der Würfel gefallen. [...] Ich meldete mich in der Flakartillerieschule und stellte schnell fest, dass ich [...] einen friedensmäßigen und ausgeprägt gemütlichen Kasernenbetrieb angetroffen hatte. Der Dienst begann gleich mit Urlaub, da Weihnachten und Neujahr vor der Tür standen. Danach lief alles ganz akademisch ab. Fachleute [...] hielten Vorträge mit Demonstrationen wie [...] an der Uni. [...] Es ging in die interessanten Spezialgebiete der Funktechnik mit Schwerpunkt Ultrakurzwellen. [...] Nach Einweisung an einem Telefunkengerät [...] konnte ich in die vorgesehene Stellung – in der Nähe von Merseburg – einrücken. Von dieser Position aus sollten die Leunawerke geschützt werden. [...]
In unserer Batterie wurde bekannt, dass für länger gediente Soldaten die Möglichkeit bestünde, Studienurlaub für gewisse Fächer wie z.B. Medizin, zu bekommen. [...] So entschied ich mich schnell für die Medizin und die Universität Königsberg. [...] Ich konnte mich bald nach dorthin zum Studium in Marsch setzen. [...] In Königsberg lebte ich als freier Student wie im Frieden; ich konnte in Zivil durch die Gegend marschieren und musste mich nur einmal in der Woche – dann allerdings in Uniform – in der Dienststelle, der Studentenkompanie der Luftwaffe, einfinden. Ich war Offiziersanwärter der Sanitätstruppe. [...] Wenn man das hier liest, könnte man glauben, ich wäre damals ein richtiger Defätist gewesen. Das war ich aber mit Sicherheit nicht; denn ich habe alle Aufträge und Befehle korrekt ausgeführt. [...]
Ich wäre bei einem ganz anderen Verlauf der Dinge meinen Weg genau so pflichtgemäß gegangen wie Millionen andere Soldaten. Eines allerdings war mir von Anfang an klar, dass dieser Krieg ein kriminelles Unterfangen war und ein schreckliches Ende nehmen musste. [...]
So ging es vielen anderen Kriegsteilnehmern auch. Darunter waren höchste Wehrmachtsoffiziere. Aber auch sie unternahmen nichts, weil

sie glaubten, zu ihrem Soldateneid stehen zu müssen. Ich hatte zumindest keine Ursache, meine von Glücksfällen so günstig beeinflusste Schicksalslinie aufzuhalten. Ich war ebenso wie viele andere kein Held und wurde auch kein Widerstandskämpfer. Leider sind diese aufopfernden Taten alle misslungen. [...]
Mein bester Freund während des Studiums war Jochen S., es lief bei ihm alles wie bei mir, nur war er Heeresangehöriger und daher nicht in unserer Kompanie. Wir besuchten viele Vorlesungen gemeinsam und unternahmen zusammen auch sonstige Aktionen, wie Kinobesuche, Mittags- und Abendessen in den uns zusagenden Lokalen. Mir ging es in Königsberg besonders gut, weil ich Onkel Willi hatte. Er war mit der ältesten Schwester meiner Mutter verheiratet und war als Tiefbaugroßunternehmer finanziell und auch sonst hervorragend ausgestattet. [...] Er war zu mir in seiner väterlichen Fürsorge außergewöhnlich großzügig, überschüttete mich mit Geld und – was in dieser Zeit besonders wichtig war – mit Lebensmitteln. [...]
Eines Tages, auf dem Weg zur Anatomie, lernten Jochen und ich Mira eine auffallend attraktive Mitstudentin kennen. [...] Wir sind einige Wochen lang regelmäßig zu Dritt ausgegangen bis wir spürten, [...] dass es besser wäre eine Entscheidung zu treffen. Jochen bekam den Zuschlag. (Er hat später Mira tatsächlich geheiratet. Beide haben dann in der DDR eine Arztpraxis betrieben.) [...] Aber was wurde aus mir, dem dritten Rad am Wagen? Mira fühlte sich wohl doch ein wenig für mich verantwortlich und bot mir einen Vermittlungsdienst an. Sie kannte eine sehr nette Kommilitonin, die Mathematik studierte. Ich wäre doch so ein Mathematikfan, da würden wir uns sicher gut verstehen, meinte Mira. Sie wolle gerne die Vorstellung übernehmen. [...] So ist es dann geschehen. Sie war kleiner als Mira, schaute aber ganz keck in die Welt, war auch kein bisschen schüchtern. Zuerst drehte sich die Konversation um Mathematik. Das lag nahe und gab zwanglos Redestoff die ganze Königsstraße hinunter bis zu dem kleinen Platz, von dem aus es zum Hotel Kreuz ging. Dort war auch die Haltestelle der Straßenbahn Nr. 7, mit der Gesa in ihr elterliches Haus in Maraunenhof musste. Wo sie möglicherweise [...] erwartet wurde. Wie das nun so geht, man plaudert – ostpreußisch plachandert –, die Mathematik war schon nicht mehr am Zuge, bis sich der ganz normale Mittagshunger einstellte, und die Frage nun lautete: Trennung oder meiner Einladung folgen, und in das naheliegende Hotel Kreuz zum

Mittagessen gehen. Letzteres ist dann passiert, aber das war erst der Anfang. – Dass niemand auf den Gedanken kam, die wartenden Eltern zu benachrichtigen? [...] Es war ja mit dem Mittagsessen nicht geschehen. Es dehnte sich solange aus, dass die Kaffeezeit in die Konditorei Gehlhaar am Schlossteichufer lockte. Es gab ja soviel zu erzählen und zu spekulieren, dass der Begriff Zeit versunken war. Alles war so anregend und zu weiteren Unternehmungen einladend, dass nach dem Kaffee ein Kinobesuch beschlossen wurde. Daran schloss sich ein ganz langer Spaziergang an und damit ging jede Zeitkontrolle verloren. Man dachte nicht an die Eltern und natürlich auch nicht an das Nachhausegehen. Es war nach 2 Uhr in der Nacht als ich Gesa am Oberteichufer in das elterliche Haus schlüpfen ließ. Die Eltern hatten bereits bei der Polizei eine Vermisstenanzeige gemacht. [...] In meinem Zimmer angekommen fand ich auf dem Tisch einen Zettel mit der Handschrift meines Vaters: „Nachdem ich eine Stunde hier auf Dich gewartet habe, gehe ich jetzt ins Offiziersheim, hole mich bitte morgen früh dort ab“. Er war zu dieser Zeit in Finnland Kommandant eines Militärflughafens, hatte seinen Flug in Königsberg unterbrochen, um mir einen kurzen Überraschungsbesuch zu machen. Am nächsten Morgen traf ich ihn und erzählte von der gestrigen Exkursion. Mein Vater zeigte Verständnis, missbilligte allerdings die unterlassene Information der Eltern. Wir machten einen Schlachtplan. Ich wusste, wann Gesa aus der Physikvorlesung kommen musste. So bauten wir uns vor dem Institut auf und warteten auf Gesa. Sie kam, und machte einen – wie zu erwarten war – niedergeschlagenen Eindruck. Wir bemühten uns nach Kräften ihre Stimmung wieder aufzuhellen. Mein Vater war da ein richtiger Künstler. Doch dann hieß es: als Folge der Ereignisse von gestern habe Vater Himmeltor Hausarrest verordnet [...]. Mein Vater hatte aber schon eine Lösung parat: Er würde uns zum Mittagessen in das Hotel Kreuz einladen, vorher aber telefonisch [...] bei den Eltern um deren Erlaubnis bitten und ihnen persönlich die Tochter sicher abliefern. Die Mama wurde zum Telefon gerufen und die Genehmigung erteilt. Wichtig aber war: Wir, Vater und Sohn wurden zum Kaffee eingeladen. Es gab für Gesa eine Generalamnestie, und es herrschte eine gelöste Friedensstimmung. Die Freundschaft wurde sanktioniert, ein Faktum, mit der praktischen Auswirkung, dass Gesa und ich großzügigere Bewegungsfreiheit erhielten. Diesmal war mein Vater in seiner Hauptmannsuniform mit

Orden aus dem 1. Weltkrieg die wichtige repräsentative Figur, eine Art Garantie [...]. Ich kam nun öfter auch ohne Vater, und der Kontakt wurde immer besser – auch zu den alten Herrschaften. Es kam [...] zur Verlobung.

Eines Tages machte mir Frau Himmeltor den Vorschlag, doch [...] in ihr Haus einzuziehen. Himmeltors Haus war wirklich sehr schön, außerdem praktisch und großräumig genug, um 5 Familienmitglieder – Eltern, 2 Töchter und einen Sohn dazu die Hausgehilfin – aufnehmen zu können. Das Haus, das durch fleißiges Sparen [...] finanziert war, lag dazu in einer herrlichen Gegend am Oberteich im Vorort Maraunenhof. [...] Ich wohnte im obersten Stock sehr angenehm. Für die Verlobungszeit war das Paar damit genügend weit voneinander getrennt. Dr. Himmeltor war als Studienrat, Mitglied einer Familie höherer Lehrer. Großvater Himmeltor war schon Studienprofessor gewesen und die Mama – ebenso vom Fach – war Studienassessorin. Anna, die älteste Tochter war schon fast fertige Medizinerin. [...] Sohn Walter, noch Schüler des Gymnasiums, musste als Luftwaffenhelfer bei der Flak Dienst tun. Gesa, meine Verlobte, hatte mit dem Mathematik- und Physikstudium begonnen, wechselte aber – wohl durch mich beeinflusst – auf Medizin über.

Die Zeiten sahen sehr trübe aus. [...] Hitler war schon längst größenwahnsinnig geworden, setzte seine Anordnungen durch und verübte immer mehr Verbrechen mit immer entsetzlicheren Ausmaßen. Wenn wir die Nachrichten hörten, gab es nur noch Rückzugsmeldungen. Man lebte in einer bedrohlichen Schwebe: Es konnte für uns Deutsche nur noch ein verhängnisvolles Ende geben. Wie würde das sein, und was würde aus uns werden? So schritten die Wochen und die Monate voran, es kam der Herbst und näherte sich der Winter des Jahres 1943. Walter übte, wenn er nicht Flakhelferdienst tun musste, täglich Beethovens Mondscheinsonate. Wenn ich sie heute höre – und ich höre sie gern – denke ich an diese Zeit voller unbestimmter Erwartungen. Ich arbeitete fleißig; denn ich hoffte, dass die Zeit noch bis zum Physikum reichen würde. Der Absturz der Naziherrschaft rückte näher und würde Deutschland und uns alle mitreißen. Ich erinnere mich: Ich saß im Hotel Kreuz beim Abendessen, da wurde die bekannte Durchhalterede von Goebbels im Rundfunk übertragen. „Wollt ihr den totalen Krieg?“, brüllte er hinaus. Das hypnotisierte Volk schrie frenetisch: „Ja, ja, wir wollen ihn.“ Ich saß allein an einem kleinen Tisch und aß eine „Schwedenplatte“. Als die Stimme des Volksverhetzer ertönte, erstarrte alles in Ehrfurcht, und niemand wagte weiter zu essen – außer mir. Ich hatte eine so große Wut, dass ich mich dieser Demutsgeste einfach nicht unterwerfen wollte. Ein Kellner kam auf mich zu und ermahnte mich: „Der Herr Minister spricht, Sie können jetzt nicht weiteressen.“ - „Warum nicht, ich störe den Minister doch nicht“, war meine Antwort, und ich aß weiter meine Schwedenplatte. Wenn ich an die Stumpfsinnigkeit der Bevölkerung in der letzten Zeit des Krieges denke, stelle ich mir die Frage, ob ein Aufstand des Volkes, wie dies in Leipzig 1989/90 gegen die roten Tyrannen der DDR geschah, auch gegen das Nazipack hätte Erfolg haben können. Heute wissen wir, dass selbst Hitler eine solche Gefahr für sich nicht ausgeschlossen hat. Man freute sich, wenn es eine Gelegenheit gab, sich mit einem Gesinnungsgenossen auszusprechen. Ein solcher war mein Zahnarzt in Königsberg. Einmal, als wir gerade auf das braune Bonzentum schimpften, kam ein uniformierter SS-Bulle herein. Hätte er wohl etwas unternommen, wenn er Gesprächsfetzen unserer Unterhaltung mitgekriegt hätte? Das Widerlichste einer Diktatur ist, dass man das Maul nicht aufmachen kann. Eine Kleinigkeit konnte KZ oder den Kopf kosten. Ich hatte großes Glück, dass mir bei meinem losen Mundwerk nie etwas passiert ist. Schon in der Schule erzählte ich gerne die verbotenen Naziwitze, wie sich heute noch meine alten Schulkameraden erinnern können. [...] Der Winter 43/44 ging vorbei. Der Frühling zeigte sich, als hätte er mit dem kommenden Ende nichts zu tun. [...] Doch nun war alles zu spät. Der letzte Versuch den Tyrannen umzubringen, war leider misslungen. Jetzt gab es überhaupt keine Möglichkeit mehr der Katastrophe auszuweichen. Das Arbeiten auf die Ärztliche Vorprüfung ging mit noch größerem Eifer weiter. Man musste sie auf alle Fälle noch schaffen. Doch davor kam das Unheil über unsere Stadt – zwei Feuernächte mit Tod und Verderben. [...] Königsberg war bis jetzt von einem Großangriff, wie er inzwischen auf die meisten großen Städte niedergegangen war, verschont geblieben. Doch kurz vor dem Unglück feierten wir noch rechtzeitig unsere Hochzeit. Gesa und ich fuhren in einer weißen Hochzeitskutsche zur Maraunenhofer Kirche. Ganz in der Ferne konnte man schon das noch leise Grollen der Kanonen hören. Pillkallen lag bereits in der Kampfzone und war teilweise zerstört.

Himmeltors besaßen noch ein kleines, sehr schönes Landhaus in Neukuhren direkt am Strand. Auch ich habe es kennengelernt und bewundert. Dort waren die Eltern am 26. u. 27. August 1944. Gesa und ich waren zu Hause in Maraunenhof. Es gab Fliegeralarm. [...] Ich hatte bei Fliegerangriffen meinen Posten einzunehmen, es war das Universitätshauptgebäude am Paradeplatz. Als ich mit dem Fahrrad startete, standen schon die „Christbäume“[145] über mir. Das hatte es in Königsberg noch nie gegeben. Schon kurz danach sausten die Bomben krachend herunter, sodass ich an der nächsten Ecke umkehren musste. Gesa und ich saßen zusammengekauert in dem Kellerraum, den wir immer bei Alarm aufsuchten und waren mitten drin im Abwurfgebiet. Das dröhnte, krachte, zitterte, heulte und rauschte. Man wartete darauf, dass eine Bombe das Haus treffen würde. Wenn es ein schweres Kaliber gewesen wäre, dann hätte uns das Haus kaum schützen können. Ich konnte Gesa trösten, dass, wenn wir das Sausen hörten, die Gefahr schon vorüber wäre. Doch dann wurden wir getroffen. Das Licht war aus, und der Kalkstaub machte das Atmen schwer. Wir hüllten uns in nasse Decken. Es war keine Sprengbombe sondern ein Brandbombenbündel, das vor dem Aufschlag hätte Auseinanderreißen sollen, um eine Vielzahl von Einzelbomben auf eine begrenzte Fläche auszustreuen. Nun raste der ganze Block mit wohl 20 Phosphorbomben in das Haus. Damit war seine Rettung ausgeschlossen. Es brannte wie eine Fackel. Wir mussten schnell heraus. Ich versuchte auf alle Fälle, noch irgend etwas aus dem Haus herauszuholen. Als ich drin war, waren überall um mich herum die Flammen, die Hitze war kaum auszuhalten. Der Stahlhelm schützte mich einigermaßen. Ich weiß nicht mehr, was ich heraus brachte, auf alle Fälle vergaß ich das Wichtigste: den Notkoffer, in dem das Wertvollste und Lebensnotwendigste verpackt war. Ich habe es nie fassen können warum ich nicht an den Koffer gedacht habe. In Neukuhren war der helle Feuerschein des brennenden Königsberg zu sehen und ließ die Eltern Böses ahnen. [...] Ein großer Teil der Stadt war zerstört. Wie entsetzlich muss der Anblick des zerstörten Hauses gewesen sein, von dem nur noch die angeschwärzten Mauern standen. [...] Wir fanden Notquartier bei den Nachbarn. [...] Ich zog am nächsten Tag in die Gegend vom Nordbahnhof in die geräumte Wohnung des Flughafendirektors wo schon zwei Kameraden unserer Studentenkompanie wohnten. Hier wurden die letzten Vorbereitungen für das Examen getroffen. [...]

Nach dem Examen wurden wir für den 1. November 1944 nach Berlin abgeordnet, wo über unseren nächsten Einsatz entschieden werden sollte. [...] Gesa war bereits vorher schon zu ihrem Onkel nach Danzig-Langfuhr gezogen; denn dort konnte sie noch weiterstudieren. Fast alle Universitäten hatten ihren Lehrbetrieb eingestellt. Der Onkel besaß eine kleine Maschinenfabrik und wohnte in einem sehr schönen Haus mit seinen 17- und 18-jährigen Töchtern. Während bei der Annäherung der Russen die meisten Menschen flüchteten, gehörte der Onkel zu den Standfesten, die ihren Besitz nicht im Stich lassen wollten und sich den Tod gaben. Die Töchter starben durch die Kugeln des Vaters. Ich kenne eine ganze Reihe solcher Schicksale, darunter auch Ärzte mit ihren Familien. Aus heutiger Sicht lässt sich das Geschehen, in dem sich lawinenartig Panik und Entsetzen ausbreiteten, nicht beurteilen. Die Angriffswalze der schnell herankommenden russischen Armeen fegte alles nieder. Der Hass des Feindes war verständlicherweise sehr groß, weil die Nazis bisher nicht gekannte Grausamkeiten und Verbrechen in dem überfallenen Russland begangen hatten. – Ich sage Nazis, weil die reguläre Truppe sich im ganzen Kriegsgebiet (von seltenen Ausnahmen abgesehen) anständig verhalten hat[146]. Gesa schaffte es, ihre Eltern zur Flucht zu überreden. Sie gelang unter unsagbaren Opfern und Strapazen. Die Tochter Anna war mit ihrem Chef, Prof. Weber in Tübingen. Dort gab es die damals noch sehr seltene Ultrazentrifuge, die Weber für seine Myosin-Untersuchungen dringend benötigte. So bestimmte ein offenbar nebengeordneter Vorgang eine entscheidende Lebensrichtung. Ohne Tübingen hätte ich meine jetzige Frau nicht kennenlernen können. [...]

Auch meine Eltern mussten letztlich aus Kolberg fliehen. Die schöne Stadt war von den Russen umzingelt und zum größten Teil durch Artilleriebeschuss zerstört. Mein Vater hatte wegen eines schweren Magenleidens seinen Dienst bei der Luftwaffe aufgeben müssen. Nun fuhr er mit meiner Mutter, meiner Schwester und den Tanten Idchen und Lieschen auf einem Frachtdampfer bis nach Kiel, von wo aus alle nach Burg in Dithmarschen weitergeleitet wurden. Dies war für sie die neue Flüchtlingsheimat, in der sie bis zu ihrem Tode geblieben sind. [...] Mein Bruder kam nach Teilnahme am Russlandfeldzug zur Besatzungstruppe Norwegen. Von hier wurde er bald nach dem Waffenstillstand nach Burg entlassen, sodass schließlich wie durch ein Wun-

der die gesamte Familie trotz aller Ängste und Gefahren wohlbehalten beieinander war.
[...] Wie gesagt begab ich mich auf Befehl nach Berlin. [...] Von dort wurden wir an die Westfront beordert. Die Lage war ohne Chance. [...] In dieser Situation begann meine Tätigkeit als Hilfsarzt in einem Truppenverbandsplatz. [...] Tag und Nacht kam ein Strom Verwundeter von Freund und Feind zur Behandlung. Es wurden allen ohne Unterschied, so gut es nur ging, geholfen. [...] Ein besonders schwieriges Problem war zu entscheiden, wer von mehreren Schwerstverwundeten zuerst operiert werden sollte. [...] Es wurde immer schwieriger einen geeigneten Operationssaal für unsere Gruppe zu finden [...]. All zu oft bekamen wir während der Operation Feuer und mussten mit dem Patienten in Deckung gehen. Dann flogen die Klamotten nur so durch die Gegend. – Jetzt beim Schreiben fallen mir so manche grauenvolle Erlebnisse ein, über die ich mich lieber ausschweigen möchte. Wir gewöhnten uns so langsam an alles und verloren unseren Humor nicht – wenn er auch meist ein Galgenhumor war. So sangen wir am liebsten amerikanische Jazz-Schlager, die damals international beliebt, im Nazi-Deutschland aber verboten waren. Wir hatten einen besonders beliebten Kameraden, einen Benediktiner-Mönch, mit dem ich einmal gerade über den Sinn des Lebens sprach, das in unserer Lage nur noch wenig Wert zu haben schien. [...] Wie lange sollte es noch so weitergehen? Die Wenigsten glaubten, aus dem Schlamassel[147] noch einmal rauszukommen. Der in Gedanken versunkene Benediktiner-Kamerad sagte darauf etwas ganz besonders Liebevolles – es war wie eine Vision. Dann trennten wir uns. 5 Minuten später riss ihm ein Granatsplitter die Schädeldecke auf. Er konnte noch klar sprechen, ehe er bald danach starb. Ich dachte an Zuckmayers Buchtitel: „Als wär's ein Stück von mir". [...]
Kurz vor dem Ende hatte ich noch ein scheußliches Erlebnis: Zwei ganz junge Soldaten – 18 und 19 Jahre alt – waren nicht mehr aus dem Urlaub zurückgekehrt, sie wurden von der Feldgendarmerie aufgespürt und zu unserem Regiment gebracht, dem sie angehörten. Das Todesurteil durch Erschießen fand in einem Wald vor etwa 300 Soldaten statt, die zum Zuschauen abkommandiert waren – als abschreckende Maßnahme. Es war Ostern, 1. Feiertag, in wenigen Tagen war der Spuk ohnehin vorbei gewesen. Als die zwei Feldjäger die Verurteilten zum Schafott führten, rief der eine nach seiner Mutter. [...] Der Regi-

mentskommandeur hätte seine Begnadigungsbefugnis ausüben können – die Verurteilten waren ja noch Kinder – machte aber davon keinen Gebrauch. Ich hoffe, dass dieser Oberst von den Engländern für seine Kriegsverbrechen, wenn er sie begangen haben sollte, noch zur Verantwortung gezogen wurde. Verflucht und verdammt seien alle Kriege und Gewalttaten, die Millionen unschuldiger Menschen zugrunde gerichtet haben. Heute noch werden Menschen gequält, geschunden und ermordet ohne das ihnen wirksamer Schutz geboten werden könnte.
[...] Hitler hatte bei seinem Überfall auf Polen gehofft, England und Frankreich würden es auch diesmal mit Protesten bewenden lassen. Jetzt schlug die ganze Wucht der angesammelten Fehler und Verbrechen auf den Urheber zurück. Diese Verbrechen sind für uns Deutsche bis heute eine ständige Belastung. Mir geht es jedenfalls so; wenn ich im Ausland bin kommen diese Gedanken wieder auf[148]. [...]
[...] Die Kapitulation der eingeschlossenen zahlreichen Ruhrtruppen brachte die Amerikaner in äußerste Schwierigkeiten. Wie sollte man so schnell für Hunderttausende Unterkunft und Verpflegung herbeischaffen? Ein Abtransport in die USA kam jetzt nicht mehr infrage. So wurden Riesencamps eingerichtet. [...] Dort gab es viel Elend und verständlicherweise alle möglichen Erkrankungen, sodass sich die Amerikaner entschlossen, im Lager ein provisorisches Zeltlazarett zu errichten. Sanitätspersonal wurde abkommandiert. Auch ich hatte wieder als Hilfsarzt eine Aufgabe. [...] Die Siegermächte hatten sich geeinigt, die Lager den inzwischen festgelegten Besatzungsgebietsgrenzen zuzuordnen. Unser Lager wurde nun den Franzosen unterstellt. [...] Da die Franzosen kein Zeltlazarett einrichten konnten, beauftragten sie das unter französischer Aufsicht stehende Deutsche Rote Kreuz, ein großes deutsches Hotel in ein Lazarett umzuwandeln. [...] In dem nun französischen Lager lebten wir äußerst primitiv. Da es keine Zelte gab, hatten wir uns aus Pappdeckeln und Decken ganz notdürftige zeltähnliche Gebilde zusammengestellt. Der Hunger wurde immer grösser, und die Phantasie kreiste nur noch um das Essen. [...] Da tönte plötzlich aus einem Megaphon ein Aufruf: wer sich verpflichtete noch 3 Jahre in Gefangenschaft zu bleiben, kann sich für eine Tätigkeit in einem Rotkreuzlazarett bewerben und wird aus dem Lager entlassen. Mich störte die Bedingung der 3 Jahre nicht; denn ich dachte, kommt Zeit, kommt Rat. [...] Nur durch einen großen Glücksfall wurde ich angenommen. [...] Ein sehr netter Kollege und Kamerad, Peter

aus Stralsund und ich wurden als Hilfsärzte übernommen, weil wir uns an der Stelle, wo die Auswahl statt fand von dem Gedränge der vielen anderen Anwärter fernhielten. [...] Zu unserer freudigen Überraschung erklärte der für die Entscheidung zuständige französische Offizier, dass wir sofort aus der französischen Kriegsgefangenschaft entlassen, und dem Deutschen Roten Kreuz unterstellt würden. [...] In diesem Augenblick endete für mich ein Soldatenleben, das mit dem Einrücken zum Arbeitsdienst am 3. April 1937 begonnen hatte. Jetzt schrieben wir Juli 1945. [...] In unserer „Hotel-Klinik" verminderte sich im Laufe der Wochen der Bedarf an Personal. Wer die Möglichkeit hatte, nach Hause zu kommen, konnte entlassen werden. [...] Peter und ich dachten darüber nach, ob wir wohl in Bonn unser Studium fortsetzen sollten. Mit dem Wintersemester 45/46 hatte die Universität Bonn ihren Studienbetrieb wieder aufgenommen. [...] Die Zulassung zum Studium war von der Bewilligung durch die Siegermächte abhängig. Das entscheidende Hindernis war die Zugehörigkeit zu einer Gliederung der NSDAP oder gar deren Mitgliedschaft. Da ich hier völlig unbelastet war, erhielt ich die Zulassung sofort. [...] Ab Herbst 1946 setzte ich mein Studium in Tübingen [...] fort. Zum ersten Mal sah ich Tübingen schon ein Jahr zuvor, als ich von Niederbreisig aus einen Besuch machte. Zu dieser Zeit war eine Reise durch mehrere Besatzungszonen hindurch ein Abenteuer. Man benötigte besondere Passierscheine [...]. Ich hatte von einem Bekannten einen Brief zur schnelleren Beförderung mitgenommen. [...] Als ich bei der Passkontrolle durch einen amerikanischen Soldaten die Papiere heraussuchte kam der Brief zum Vorschein. Das war offenbar ein Staatsverbrechen. Ich wurde sofort festgenommen und abgeführt. [...] Am nächsten Morgen fuhr man mich (mit anderen Leidensgenossen) zum amerikanischen Militärgericht in Wiesbaden. [...] Ich hatte 50 Reichsmark zu zahlen, die ohnehin nichts wert waren und durfte gehen. Gesa brauchte also auf mich nur einen Tag und nicht etwa 3 Jahre [...] zu warten. [...] Im Gegensatz zu Bonn war Tübingen unzerstört und bot nach den überall noch anklagenden Trümmern einen wohltuenden Anblick. Nach 4 Semestern war es dann soweit. Im Herbst 48 machte ich das Staatsexamen und den Dr. med. Um meine finanzielle Lage aufzubessern gab ich Unterricht in Physik. Am schwarzen Brett der Anatomie war mein Anschlag zu lesen. Es meldete sich bei mir die Studentin der Medizin Fräulein Alma K. an. Sie war meine beste

Schülerin, die alles schnell begriff und auch behalten konnte. Meine Ehe mit Gesa ging leider in die Brüche. Einzelheiten habe ich nicht mehr im Gedächtnis; denn man weiß ja, dass unangenehme Ereignisse sich im Laufe der Zeit der Erinnerung entziehen. Ich glaube, dass die Scheidung am 1. Oktober 1949 rechtskräftig wurde. [...] Mein Doktorvater, der Direktor des Pharmakologischen Institutes, Professor H[...] bot mir ein Zimmer in seiner Dienstwohnung an. Er verschaffte mir ebenfalls eine [...] Assistentenstelle. Alma und ich trafen sich [...] regelmäßig; bald fassten wir den Entschluss, zusammenzubleiben. [...] Weihnachten 1949 war unsere Verlobungsfeier. [...] Am 20. Mai 1950 heirateten wir. [...] Am 10. Oktober 1950 trat ich meinen Dienst bei der Firma Hoechst an. [...] Zu dieser Zeit stand das Unternehmen unter der Aufsicht der Vereinigten Staaten. Auf meiner dienstlichen Visitenkarte stand: „Farbwerke Hoechst, vormals Meister Lucius und Brüning, U.S. Administration“. [...] Auf Grund einer Verfügung der Siegermächte war die alte Firma I.G. Farben aufgelöst und wieder in ihre Teilfirmen getrennt worden.[149] [...] Während ich an der Uni nur DM 300,- monatlich verdiente, bekam ich bei Hoechst DM 550,- als Anfangsgehalt. Um die Kaufkraft dieser Beträge für 1996 richtig einzuschätzen, muss man ein 0 heranhängen. Wichtig war, dass mein Gehalt mit jedem Jahr deutlich angehoben wurde, was in der Uni nicht der Fall war. [...] Hoechst wie alle großen, Forschung treibenden Firmen stellten für den Außendienst nur Mitarbeiter mit einem abgeschlossenen Studium ein. Außerdem wurde der Doktortitel verlangt. Nach meiner Einarbeitung [...] begann ich meine Außendiensttätigkeit im Januar 1951. In Tübingen fing ich an niedergelassene Ärzte zu besuchen. Von besonderer Bedeutung waren für mich die Ärzte der Universitätskliniken [...]. Ich war mit dieser Tätigkeit in meinem Element. [...] Mein Arbeitsgebiet reichte vom Bodensee bis Stuttgart. [...] Dank meiner Leistungen wurde ich noch in den 50er Jahren zum Stellvertretenden Wissenschaftlichen Leiter des Kontors Stuttgart bestellt.[150] [...]

Wie zu erwarten war, hat Gesa im Herbst 1949 die Scheidung beantragt. Titus III. habe unter der Bedingung eingewilligt, zehn Jahre lang weder sie noch seine Kinder wiederzusehen, um angeblich „seelisch ungestört eine neue Familie gründen zu können“. Zehn Jahre! – Für ein 2-jähriges Kind bedeutete diese Zeitdauer das Fünffache sei-

nes Lebens. Heute als 74-jähriger müsste ich also 370 Jahre warten bis ich einen innig geliebten Menschen wiedersehen darf.
Titus III. wohnte mit seiner neuen Gefährtin nur etwa zwanzig Minuten zu Fuß von seinem vormaligen Zuhause entfernt, auf der anderen Seite des Tübinger Schlossbergs. Für mich, der von seinem Vater nichts wissen durfte, wohnte er in einer fernen, unerreichbaren und verbotenen Gegend. 1951 wurde Titus III.' zweite Tochter geboren und 1956 sein zweiter Sohn. Im Frühjahr 1953, 3½ Jahre nach dem „Verschwinden" meines Vaters verließ meine geliebte Tante Anna das Haus; sie folgte ihrem Chef, nach Heidelberg. Zur selben Zeit begann Gesa eine Ausbildung als Lehrerin im Pädagogischen Institut in Esslingen und kam nur noch Sonntags zu Besuch. Nach einer kurzen Wiederkehr im Frühling 1954 ging Gesa am 1. August des selben Jahres ein zweites Mal fort; diesmal aber „für immer". Paulas und meine Welt hatte sich tiefgreifend verändert. Sie wurde leer und traurig. Andererseits aber entstanden rege Briefwechsel insbesondere zwischen Gesa und ihrer Mutter. (T.M.)

WENN DIE MUTTER NICHTS TAUGT

BRIEFWECHSEL ZWISCHEN FREIA UND IHRER TOCHTER GESA

Tübingen, den 1. August 1954

Liebe Gesa!
Die Uhr ist ¾10. Vielleicht liegst Du schon im Bett, was ich Dir wünschen würde, damit Du morgen frisch an Deine Arbeit gehen kannst. Mir wäre es lieber gewesen, Du hättest hier in Tübingen oder in Reutlingen eine Stelle gefunden, damit Du täglich mit den Kindern ein wenig zusammen sein könntest. Die beste Großmutter ist kein Ersatz für die Mutter oder genauer ist <u>nur</u> ein Ersatz. Als ich nach Hause kam waren die Kinder bei den Nachbarn über uns; und als Titus herunter kam sagte er nur: „Jetzt ist die Mutti fort." Er hat sich seinen Kummer nicht anmerken lassen und aß friedlich mit mir Abendbrot [...] Aus Deinen zögernden Antworten habe ich gemerkt, dass Du so bald nicht nach Hause kommen willst. Ich kann das natürlich verstehen, da Du Dich ja mit Deinem Geld einrichten willst. [...]

Nochmals alles Gute! Mögen sich viele Deiner Wünsche erfüllen! Vergiss nicht, dass Du jederzeit nach Hause kommen kannst, wenn Du es willst.
Herzl. Grüße von uns allen! Deine Mutter.

Tübingen, den 5. August 1954

Liebe Gesa!
Gestern erhielt ich Deinen Brief. [...] (*Gesa muss Freia in diesem Brief mitgeteilt haben, dass sie schwanger ist.*) Ich weiß nun, weshalb Du von Tübingen fort musstest, aber ich kann Dir nicht helfen. Du musst Dein Schicksal, dass Du Dir geschaffen hast, selbst durchstehen, und ich wünsche Dir, dass Du es meisterst. Eine Rasierklinge ist keine Lösung. [...]
Natürlich bin ich nunmehr mit Deinem Aufenthalt in Stuttgart zufrieden. Ich werde auch so lange wie möglich versuchen, über Deinen Zustand Stillschweigen zu bewahren. [...]
Ich sende Dir von uns und den Kindern recht herzliche Grüße und wünsche Dir viel Gutes. Deine Mutter. [...]

Tübingen, den 22. August 1954

Meine liebe Gesa!
Leider habe ich in dieser Woche noch keinen Brief von Dir bekommen, sodass ich mir schon Sorgen über Dein Ergehen mache. Hast Du noch die Nachtwache? Oder hast Du eine Stelle als Buchhalterin? Vor allem, hast Du wenigstens die Miete für den nächsten Monat? Ich glaube nicht, dass Dir damit gedient wäre, wenn ich Dir schreiben würde, Du solltest trotz allem zurückkommen, dann müsste ich ja Vater einweihen, aber ich möchte Dir doch wenigstens die drückendsten Sorgen vom Leibe halten, indem ich Dir, wenn nötig Geld schicke, ohne dass Vater etwas erfährt. [...] Der Gedanke, es könnte Dir wirtschaftlich schlecht gehen, ist unerträglich.
Sei herzlich gegrüßt von Deiner Mutter. [...]

Tübingen, den 30. August 1954

Meine liebe Gesa!
Zunächst möchte ich Dir herzlich für Deine liebevollen Geburtstagsgeschenke danken, die ich heute früh erhielt. Auch Dein Brief hat mich sehr erfreut. [...]

Den Gedanken, Dich in Stuttgart aufzusuchen, muss ich fallen lassen, weil die Kinder dann mitkommen wollen. Um Dir nicht das Herz schwer zu machen, schreibe ich Dir ja nur kurz über ihr Ergehen; aber nicht, dass sie sich nach Dir bangen. Nun, die Monate gehen vorüber, und es wird der Tag kommen, wo Du sie wieder in Deine Arme schließen kannst. Wenn Du auch, wie Du schreibst, an vielem in Deinem Leben zweifeln musst, so brauchst Du nicht zu verzweifeln; Du bist noch jung und kannst vieles, was Du versäumt zu haben meinst, wieder gut machen. Kinder sind ja so dankbar für alles, was von der Mutter kommt. Wenn Du wieder da bist, werden sie ihren Kummer vergessen und Dich noch mehr lieben.
Deine Geschenke haben mir sehr viel Freude gemacht. [...] Du hast Dir viel Arbeit mit ihnen gemacht, und sie sind sehr schön geworden. Sehr herzliche Grüße und einen lieben Dankeskuss sendet Dir Deine Mutter.
– Es wäre schön, wenn wir uns nicht immer missverstehen würden.

Tübingen, d. 16. September 1954

Liebe Gesa!
[...] Ich habe mir schon Vorwürfe gemacht, dass ich Dir doch Bübis Aussprüche gesagt habe. Sie machen mich immer auf Stunden, ja Tage traurig, und Dir muss es ja noch schlimmer gehen. [...]
Die Kinder sind unberufen munter und gesund, auch heute waren wir noch im Freibad, das Wasser soll schön gewesen sein, sodass ich die Kinder kaum herausbekam. [...] Nun, lange wird die Herrlichkeit ja nicht mehr dauern. Übrigens waren die Kinder die einzigen Badenden. [...] Besonders herzliche grüßt Dich, Deine Mutter. [...]

Tübingen, den 3. Oktober 1954

Liebe Gesa! [...] Nun habe ich seit dem 18. September keine Nachricht von Dir und mache mir schon Sorgen. Habe ich Dich wieder durch irgend etwas gekränkt, sodass Du mir nicht schreiben willst oder tue ich Dir Unrecht, hast Du vielleicht im Geburtstagsbrief an Titus einige Zeilen geschrieben, die für mich bestimmt waren? Leider habe ich diesen Brief nicht lesen können, da ich am Geburtstag selbst keine Zeit dazu fand und am Tag darauf Bübi ihn so gut verwahrt hat, dass er ihn nicht mehr findet. [...] Nun wünsche ich Dir viel Gutes und sende Dir viele herzliche Grüße von uns allen. Deine Mutter.

Tübingen, den 5.10.54

Liebe Gesa!
[...] Weshalb schreibst Du nicht? [...] Brauchst Du Geld? Bitte schreibe mir doch ein paar Zeilen, damit ich nicht immer in Sorge sein muss. Diese ewige Unruhe über Dein Ergehen ist schwer zu ertragen. Du musst nun diese paar Monate gesundheitlich in guter Verfassung durchhalten, damit Du später wieder zu Deinen beiden Kindern kommen kannst. Solltest Du vorläufig keine Beschäftigung finden, so müssten wir Mittel und Wege finden, um Dir geldlich zu helfen. Sonst finde ich Deinen Wunsch auf eigenen Füssen stehen zu wollen, lobenswert. Aber denke doch an Deine Kinder, die oft weinen und wünschen, Du würdest bald zurückkommen. [...]
Viele herzliche Grüße von Deiner Mutter.

Tübingen, den 7 Oktober 1954

Liebe Gesa!
Gestern erhielt ich Deinen Brief vom 4.10. und habe mich gefreut, endlich wieder ein Lebenszeichen von Dir erhalten zu haben. [...] Den Kindern geht es unberufen gut und lassen Dich herzlich grüßen, sie wünschen, die Tür möchte plötzlich aufgehen und Du hereinkommen. Ich habe ihnen gesagt, dass dies nach Weihnachten leicht möglich wäre. Herzl. Grüße von Vater und Deiner Mutter. [...]

Tübingen, den 3. November 1954

Liebe Gesa!
[...] Kannst Du wirklich nicht jede Woche ein paar Zeilen über Deine Arbeit und Dein Ergehen schreiben, damit ich mir keine Sorgen zu machen brauche? Oder bist Du krank? [...] Möge diese Zeit eine Zeit der Besinnung werden und möge Dir Kraft zum Durchhalten geschenkt werden. Viele herzliche Grüße von uns allen! Deine Mutter.

Tübingen, den 18. November 1954

Liebe Gesa!
Eben erhielt ich Deinen Eilbrief, den ich sofort beantworten will. Beide Kinder sind, unberufen, gesund und munter. [...] Titus spielt stillvergnügt mit seinen Bauklötzchen. Natürlich kann ich Deine Angstvorstellungen begreifen, besonders wenn man verwöhnt war und jede Woche Nachricht erhielt über das Ergehen der Kinder. Nun, ich hatte

in der vorigen Woche keine Zeit, Deinen Brief zu beantworten, da mir ein paar größere unvorhergesehene Arbeiten dazwischen kamen. Sollte, was Gott verhüten möge, einem der beiden Kinder etwas zustoßen, so werde ich Dir die Wahrheit schreiben. Einen Gedanken, den ich immer schon hatte und Dir nie schrieb, will ich jetzt schreiben, weil ich glaube, dass er Dich nicht verletzen wird: oft, wenn ich mit Deiner Lebenseinstellung nicht zufrieden war, fürchtete ich, Gott könnte Dich auf irgend eine schreckliche Art in seine Erziehung nehmen und Dir die Kinder, die wir alle lieben, nehmen[151], sodass Du mit leeren Händen dastehst. Wie viel schmerzliche Nächte mich diese Vorstellung gekostet hat, weißt Du nicht. Nun es scheint, als ob Dich Gott anders für den Auftrag, den er den Müttern gibt, erziehen will: er gibt Dir noch ein Kind und damit noch eine Pflicht mehr.
Viele herzliche Grüße von allen! Deine Mutter.

Tübingen, den 21. November 1954

Liebe Gesa!
Damit Du nicht noch einmal solch angstvolle Vorstellungen hast, will ich Dir doch wieder regelmäßig schreiben, wie ich es am Anfang unserer Trennung vorgeschlagen hatte. Den Kindern geht es, unberufen, gut. Sie liegen sauber gewaschen in ihren Betten und sehen wie kleine Weihnachtsengel aus. Mir ist es schön, ihren Schlaf zu bewachen, wenigstens bis ich ins Bett gehe. Natürlich gehen wir mal abends aus, aber sehr selten, weil ich die Kinder nicht gerne allein lasse, auch wenn ich nach wie vor die Schlüssel der Nachbarin gebe. [...]
Die Kinder bangen sich sehr nach Dir, und ich habe Mühe ihnen zu erklären, dass du nicht kommen kannst. Auch ihre zeitweise Ungezogenheit resultiert natürlich aus dem verdrängten Schmerz über die Trennung von Dir. Doch was hilft alles Klagen? Du musst sehen über die schwere Zeit hinweg zu kommen, bis es ein Wiedersehen für Euch gibt. [...] Herzl. Grüße von allen! Deine Mutter.

Tübingen, den 26 November 1954

Liebe Gesa!
[...] Die Kinder sind, unberufen, munter. [...] Ich habe sie nun schon mit dem Gedanken vertraut gemacht, dass Du nicht zu Weihnachten kommst; sie haben ein Bild von Dir vorgeholt, das sie immer wieder

ansehen, um nicht zu vergessen, wie Du aussiehst. Sie lassen Dich herzlich grüßen, wie auch Vater und ich es tun. Deine Mutter [...].

Tübingen, den 29. Dezember 1954

Meine liebe Gesa!
Dass Du uns, vor allem den Kindern am Heiligenabend gefehlt hast, wird Dir klar sein. Zwar hatte ich die Kinder schon entsprechend vorbereitet, sie baten aber doch geweckt zu werden, falls du in der Nacht kommen solltest. [...]
Heute Vormittag habe ich Titus von Prof. S. (Ohrenklinik) [...] untersuchen lassen. [...] Seit 4 - 5 Wochen haben Herr Lehrer St. und ich eine gewisse Schwerhörigkeit bei Titus festgestellt. Außerdem atmet er stets mit offenem Mund und wird daher Husten und Schnupfen nicht los, obwohl ich ihn schon einige Male zuhause behalten habe. [...] Nun wünsche ich Dir für Deine schwere Zeit alles Gute. Mögest Du ein gesundes Kind zur Welt bringen, das Dir Freude macht!
Recht herzliche Grüße von uns allen! Deine Mutter. [...]

1955

Am zweiten Tag des neuen Jahres gebar Gesa, mutterseelenallein, ein Mädchen und einen Buben.

Tübingen den 7. Januar 1955

Liebe Gesa!
[...] Wie geht es nun Dir? Hast Du Dein Kind schon zur Welt gebracht? Ich hoffe, Du wirst mir selbst ein paar Zeilen schreiben oder schreiben lassen; Du kannst Dir ja denken, dass ich in Unruhe bin, besonders weil ich daran denke, wie wenig gut es Dir vor der Geburt von Titus ging. Die Kinder denken mit rührender Liebe an Dich; der Waschlappen mit dem Bambi in dem Weihnachtspaket, das Du hoffentlich bekommen hast, wurde von ihm ausgesucht, weil Du Bambi so gerne hast. [...]
Jetzt möchte ich mich endlich für Dein liebes Weihnachtspaket bedanken; es kam am Heiligenabend vormittags an und wurde gemeinsam ausgepackt. Die Kinder waren selig über Deine Geschenke und auch die anderen freuten sich sehr. [...]

Nimm recht herzliche Grüße von uns allen entgegen, besonders liebe von Deiner Mutter, die Dir viel Gutes wünscht. [...]

Tübingen, den 15. Januar 1955

Liebe Gesa!

[...] Solltest du Dein Kind schon haben, so hoffe ich, dass Du alles gut überstanden hast. Ich wünsche Dir und ihm eine gute Zukunft. Möge es zu einem tüchtigen und guten Menschen heranwachsen, der Dir Freude macht. [...] Wie wirst Du es nun mit den Entbindungskosten und Deiner Krankenkasse machen? [...] Bist Du gesundheitlich auf der Höhe? Auch in dieser Hinsicht wäre eine Aussprache gut, damit Du mich nicht falsch verstehst, wenn ich Dir Vorschläge mache. [...]

Ich sende Dir von uns allen viele herzliche Grüße, Deine Mutter.

Tübingen, den 19. Januar 1955

Meine liebe Gesa!

Heute Vormittag hat Herr Prof. S. unserem süßen kleinen Titus die Rachenmandel entfernt. [...] Titus war sehr verständig [...], er hat gar nicht geweint [...] und überhaupt nicht über die mindesten Schmerzen geklagt. [...] Seither schlafe ich im Zimmer der Kinder. Sie schlafen viel ruhiger, die beiden Süßen! Natürlich habe ich immer bei ihnen geschlafen, wenn eines krank war.

Recht herzliche Grüße von uns allen! Deine Mutter.

Tübingen, d. 25.1.55

Liebe Gesa!

Ich möchte Dir vor allem über das Ergehen der Kinder berichten. Beide sind, unberufen, gesund und munter. [...] Titus ist sehr vergnügt, die Wirkung der Operation scheint sich schon jetzt bemerkbar zu machen. [...] Er ist doch ein süßer kleiner Kerl, auch wenn er manchmal nicht recht hinhört. Heute dachte er voll Kummer daran, dass Du für sein Weihnachtsgeschenk so viel Geld ausgegeben hast[152]. [...] Bald wird er Dir schreiben, Du mögest ihm ja nichts zu Ostern schenken. Paula ist durchaus auf dem Laufenden über die Dauer Deiner Abwesenheit: „sechs Monate ist die Mutti schon fort". Was mein eventuelles Kommen anbetrifft, so musst du Dich gedulden; ich habe nämlich sehr große Angst vor Glatteis und rühre mich dann nicht aus dem Haus, weil ich mich völlig hilflos fühle. [...] Deine Mutter. [...]

Tübingen, den 3. Februar 1955

Liebe Gesa!
Es war gut, dass Du am Sonntag gekommen warst.[153] So konnten sich die Kinder überzeugen, dass Du noch lebst. Sie haben mitunter geweint, weil sie glaubten, du seist tot, und ich lüge ihnen etwas vor. [...] Ich wünsche Dir vor allem, Du mögest gesund bleiben, sodass Du Euch drei ernähren kannst. Solltest Du krank werden, so wäre ich natürlich nie im Stande Deine Kinder zu ernähren, ohne Vater einzuweihen. [...] Ich wünsche viel Gutes. Mit den besten Grüßen,
Deine Mutter.

Tübingen, den 7. Februar 1955

Liebe Gesa!
Ich erhielt heute Deinen Brief und möchte ihn sofort beantworten. [...] Wundert es Dich eigentlich, dass ich für diese beiden[154] Kleinen noch keine rechte Liebe empfinden kann, obwohl sie mir leid tun? Für mich sind sie im Augenblick noch die unschuldige Ursache der seelischen Not Deiner beiden großen Kinder. Nun, vielleicht lerne ich noch die Kleinen lieben. Wir verstehen uns ja seit Jahren nicht mehr, und daher ist es so schwer, sich mit Dir zu unterhalten. Am 30. Jan. schrieb ich nach Deiner Abfahrt einen Brief an Dich, trug ihn einige Tage mit mir herum und zerriss ihn dann, weil ich doch einiges geschrieben hatte, was Dich nicht gefreut hätte. Es hat mich nämlich tief getroffen, dass die Kinder sich in ihrer Muttersehnsucht eine Puppe wünschten, die Dir gleicht. Ob sie wieder weinen werden, wenn Du abfährst? Möglich. Ich habe ihnen gesagt sie möchten zufrieden sein, dass Du überhaupt kämst. [...] Mögen Dir die Kinder gesund bleiben, Du wirst ihnen viel Liebe geben müssen, denn ihre Stellung im Leben ist noch schlechter als die der beiden Großen, deren Sehnsucht nach dem Vater auch mitunter zum Vorschein kommt. Alle meine Liebe kann sie nicht darüber hinwegtrösten, dass sie ohne Vater und Mutter aufwachsen müssen. Aber ich bin doch froh, dass Du wenigstens alle paar Wochen auf Besuch kommen kannst, da kann man doch sehen, wie sich die Kinder darauf freuen. Nun wünsche ich Dir und den Kleinen viel Gutes und bin mit vielen herzlichen Grüßen von allen, Deine Mutter [...].
Kurze Zeit nach dem Datum dieses Briefes erkrankten beide Zwillinge an einer schweren Lungenentzündung, der das Mädchen mehrere Wochen später erlag. (T.M.)

Tübingen, den 4. April 55

Liebe Gesa!

[...] Wie geht es Deinen Kleinen? Geht es ihnen schon ein wenig besser? Ich wünsche Dir von Herzen, dass sie Dir erhalten bleiben mögen. Auch Vater tut es leid, dass sie krank sind. Ich habe ihm gestern erzählt, dass Du Zwillinge hast, er hat es ruhiger aufgenommen, als ich geglaubt habe. Nun ist es für mich eher möglich, sie mir einmal anzusehen, wenn sie gesund sind. [...] Paula und Titus sind jetzt weit ausgeglichener, seit Du regelmäßig kommst. Die Spannung in der die armen Dinger seit Deinem Weggehen am 1. August 1954 gelebt haben und die sich mir natürlich mitteilte, hat nachgelassen. Sie sind vergnügt [...] und tummeln sich den ganzen Tag draußen [herum].

Herzl. Grüße von uns allen! Deine Mutter. [...]

Tübingen, den 3. Mai 1955

Meine liebe Gesa !

Ich möchte Dir nur ein paar Zeilen und einen Gruss schreiben, damit Du merkst, dass wir alle in Liebe an Dich denken, dass uns Dein Schmerz zu Herzen geht. – *In der Zwischenzeit ist also das Mädchen verstorben.* Komme, wenn Du kannst, schon am Samstag, die Kinder freuen sich auf Dich; auch wenn es später werden sollte, komme, bitte. Sie wollen Dich nicht mehr am Sonntag früh stören.

Herzliche Grüsse von uns allen! Deine Mutter. [...]

1956

Tübingen, den 27. Februar 1956

Liebe Gesa!

Wie geht es Dir und dem Kleinen? Könntest Du uns nicht ein paar Zeilen schreiben, damit wir beruhigt sind? Nicht nur die Kinder, sondern auch wir machen uns Euretwegen Sorge. [...] Du wirst vielleicht nicht daran denken, wie sich Dein Nichtschreiben auf die Kinder auswirkt. [...]

Ich hoffe bald Nachricht von Dir und dem Süßen zu bekommen und sende Dir von uns allen die herzlichsten Grüße, Deine Mutter.

Tübingen, den 27. September 1956

Meine liebe Gesa!

Hoffentlich bist Du gut nach Hause gekommen. Es war nett, dass Du kamst. Titus hat sich sehr gefreut, dass er den Geburtstag nicht ohne Mutti verleben musste, und auch ich war froh. Wie viel Freude Du allen Kindern damit gemacht hast, dass Du mit ihnen spieltest, habe ich aus dem fröhlichen Lärm gemerkt, der mir entgegen scholl, als ich Euch suchen kam. [...]

Sei von uns allen recht herzlich gegrüßt, verlebe nett den Sonntag und wünsche uns schönes Wetter!

Deine Mutter. [...]

Stuttgart, [Donnerstag] den 29. November 1956

Meine liebe Mutti!

Erschrick bitte nicht gleich über meinen Brief, aber ich muss Euch bitten, am 9. Dezember nicht herzukommen. Wolfram kann nicht getauft werden, er liegt seit Dienstag Abend im Viktor Köchel-Haus. Gestern früh erfuhr ich, dass er spinale Kinderlähmung hat. Seine linke Schulter ist gelähmt. Man hat gleich mit der Schlafbehandlung begonnen und da sich sein Zustand seit gestern früh nicht verschlechtert hat, kann ich hoffen, dass er später nur den linken Arm nicht mehr wird heben können. Ja ich habe mich mit dem Gedanken schon vertraut gemacht und will dankbar sein, wenn nicht mehr Muskeln in Mitleidenschaft gezogen werden. Die letzten beiden Tage war ich ganz verzweifelt, denk doch der kleine Kerl wird vielleicht ein Krüppel werden. Ich hoffe ja immer noch, dass man durch Massagen wieder einiges retten kann. Jedenfalls ist es so noch besser als wenn er Meningitis hätte, was die Ärztin zuerst befürchtete. Wolfram war noch am Montag früh ganz munter. [...] Nachts beim Trockenmachen merkte ich, dass er bei den Bewegungen Schmerzen hatte. Und morgens äußerte ich bereits meine Vermutung mit der Kinderlähmung [...]. Mittags rief ich die Ärztin an [...] sie teilte mir mit, dass sie Wolfram gleich selbst in die Klinik bringen würde [...]. Ich fuhr auch gleich in die Klinik und sah da Wolfram zum letzten Mal. [...] Was nun Paula und Titus betrifft, so bitte ich Dich sofort zum Arzt zu gehen falls einer Fieber oder Halsschmerzen bekäme und sie in die Klinik zu bringen, wenn sie auch keine Lähmungserscheinungen haben. Nach 14 Tagen wird die Gefahr wohl vorüber sein. Bitte schreibe mir sofort,

falls eines [der Kinder] krank wird, ich habe sonst keine Ruhe. Ich muss wissen, dass Du mir alles schreibst, denn ich kann ja erst Weihnachten nach Hause kommen. Wolfram wird wohl sicher 6 Wochen in der Klinik bleiben müssen und ich darf ihn überhaupt nicht sehen. 2 mal am Tag rufe ich an und wenn bis morgen Abend keine Verschlimmerung eintritt, wissen wir, dass es bei der Lähmung der linken Schulter bleibt und höchstens besser werden kann, aber nicht schlimmer. Der arme kleine Kerl! So viel hat er schon durchmachen müssen. Er tut mir so leid. Warum muss grad so ein unschuldiges Kindchen leiden, wenn die Mutter nichts taugt?
Also liebe Mutti, schreibe mir bitte bald und grüße die Kinder und Vater herzlich von mir, Deine Gesa [...]

Tübingen, den 30. November 1956

Meine liebe Gesa!
Dein Brief, den ich heute Vormittag erhielt, hat uns natürlich viel Kummer und Sorgen gemacht. Möge es dem armen Kerlchen doch bald besser gehen! Es gibt doch manche Fälle, wo alle Lähmungserscheinungen zurückgehen, wenn sie früh genug in die Hand des Arztes kommen. Vater war gleich nach dem Essen auf dem Gesundheitsamt. Erfolg: Alle drei müssen für 3 Wochen von der Schule fernbleiben. Schulaufgaben dürfen in den Briefkasten gesteckt werden. Vorläufig, Dir zur Beruhigung, sind beide Kinder munter und quicklebendig. Es ist selbstverständlich, dass ich bei den geringsten Zeichen von Fieber, Kopf- oder Halsschmerzen den Arzt holen lasse. [...] Ich werde Dir selbstverständlich die Wahrheit schreiben und will Dir zweimal in der Woche eine kurze Mitteilung schicken [...]. Könntest Du mir nicht auch ab und zu ein paar Zeilen zukommen lassen? Wir haben den Kleinen doch alle lieb und wünschen ihm das Beste. Wo mag er sich bloß die Viren geholt haben? Und jetzt im Winter? Ein so süßer Kerl!
Nun möchte ich Dir von uns allen die herzlichsten Grüße senden und die besten Wünsche für die Gesundung des kleinen Süßen aussprechen.
In Liebe, Deine Mutter.

Stuttgart, den 3.12.1956

Meine liebe Mutti!
Über Deinen Brief habe ich mich sehr gefreut, denn für mich sind diese Tage doch sehr schwer gewesen. Die ewige Angst, es könnte mit dem Kleinen schlimmer werden. Aber gestern sagte mir der Arzt, dass es ihm ein klein wenig besser gehe und jedenfalls keine weitere Ausdehnung der Krankheit mehr zu befürchten sei. Am Dienstag, also morgen, darf ich ihn zum ersten mal besuchen und wenigstens sehen. Ich freue mich darauf und habe gleichzeitig Angst. [...] Wenn ich an Weihnachten denke, ist mir ganz bang. Ich müsste mich freuen, dass ich zu Euch kommen und bei den Kindern sein kann, aber dann ist mir als sei Wolfram nur deshalb krank geworden, damit ich am Heiligen Abend bei Euch sein kann, da ich ihn in der Klinik doch nur durch eine Glasscheibe sehen kann. Außerdem muss ich erst einmal sehen, ob er nicht mehr Kummer hat, wenn er mich sieht und ich wieder fort gehe, als wenn ich gar nicht komme. Ach, am besten ist: gar nicht nachdenken! Wenn ich nur arbeiten könnte, das würde mich wenigstens ablenken. Aber so, so schlage ich richtig meine Zeit tot und habe wirklich zu nichts Lust. Dann denke ich an Euch und begreife nicht, dass ich nicht einmal bei Paula und Titus sein darf, wo ich schon nicht bei dem Kleinen sein kann. Vielleicht gehe ich doch aufs Gesundheitsamt und frage ob ich nach Tübingen kommen darf. Aber dann müsste ich mir wohl ewig Vorwürfe machen, falls eines der Kinder krank würde. Bitte grüße Paula und Titus herzlich von mir, sie sollen schön lieb zu Dir sein, sonst darfst Du ihnen keine Briefmarken geben. [...] Viele, viele herzliche Grüße an Euch alle, auch an Walter, Ida und Anna – hast Du ihr schon von Wolframs Krankheit geschrieben? Deine Gesa.

Tübingen, den 4. Dezember 1956

Meine liebe Gesa!
[...] Es freut uns alle sehr, dass es dem Kleinen ein wenig besser geht. [...] Wegen der großen Kinder brauchst Du Dir keine Sorgen zu machen, sie sind quietschvergnügt und munter. [...] Ja der arme kleine Kerl hat schon so viel durchgemacht. Wenn man ihm nur diese schreckliche Krankheit hätte ersparen können! Den Kindern tut natürlich das kranke Brüderchen leid, da aber Titus sehr ängstlich ist, (hätten sie weiter in die Schule gehen dürfen, hätte ich den Kindern nichts

von Wolframs Kranksein erzählt), so musste ich alles Mögliche versuchen, um ihn abzulenken und auf andere Gedanken zu bringen. [...] Dir wünsche ich Ruhe und dem kleinen Süßen weitere Besserung. Herzliche Grüße von uns allen, die wir täglich an Wolfram und Dich denken. Einen besonders lieben Gruß von Deiner Mutter. [...]

1957 - 1960

Tübingen, den 13. März 1957

Meine liebe Gesa!
Da Du am Samstag nicht kamst, nehme ich an, dass Du den kleinen Süßen aus der Klinik geholt hast[155]. Die Kinder waren natürlich ein wenig betrübt, sahen aber ein, dass Wolfram Dich nötiger braucht. Erkennt er Dich schon wieder? Oder hat er sich nun an Dich wieder gewöhnt?[156] [...] So, nun grüßen wir alle Dich und Wolfram recht herzlich und wünschen Euch viel Gutes. Deine Mutter.

Tübingen, den 20. Juli 1958

Meine liebe Gesa!
[...] Entschuldige, bitte, dass ich manchmal unfreundlich zu Dir war und Dich z.B. nicht genügend lange schlafen lasse. Aber ich bin eben überarbeitet und finde, wie Du weißt, doch wenig Hilfe bei Vater und Deiner Tochter. Es ist eben nicht leicht, den Haushalt mit den vielen Menschen [...] so in Ordnung zu halten, dass ich abends nicht völlig k.o. bin. [...] Viele herzliche Grüße und Küsse von Deiner Mutter. [...]

In der Zwischenzeit war Freias geliebter Kater „Mohrle" verstorben. Obwohl wir wussten, dass unsere Großmutter viel Arbeit mit dem Haushalt hatte, haben Paula und ich dies zum Vorwand genommen um sie zu überreden Wolfram bei uns aufzunehmen. Es war ja ein Platz in der Familie frei geworden. (T.M.)

Tübingen, den 13. Oktober 1958

Liebe Gesa!
Ich habe eben einen sehr freundlichen Brief von Deinem früheren Mann [Titus III.] erhalten, der ein Wiedersehen mit den Kindern plant und mich benachrichtigen will. Bitte läute ihn nicht an!
Herzl. Gruß, Mutti.

Unser Vater hatte sein Versprechen eingehalten und traf uns 1959, zehn Jahre nach seinem Fortgehen. Eine Vertrautheit, wie ich sie mir während all meine Kindheit erträumt hatte, stellte sich jedoch nicht ein. Trotz seiner Freundlichkeit blieb dieser „Vater" für lange Zeit ein Fremder. (T.M.)

Tübingen, den 10. August 1960

Liebe Gesa!
Vielen dank für Deinen lieben Brief mit der Schilderung Deines Hochzeitstages. [...]
Dir und Deinem lieben Mann viele herzliche Grüße von allen!
Deine Mutter [...].

Gesa war erst im Sommer 1960 eine neue Ehe eingegangen. Ihr „Auserwählter" war ein, etwa 20 Jahre älterer, liebenswürdiger Schwabe, der unglücklicherweise zwei Monate nach der Hochzeit an einem Herzinfarkt verstarb.
Ostern 1961 „verließ" uns Paula. Unsere Großmutter hatte zunehmende Schwierigkeiten mit der stürmischen 16-jährigen zurechtzukommen. Als die „kleine Familie"(so nannten wir das kinderlose Ehepaar, Walter und Ida) vorschlug das „Sorgenkind" zu sich nach Wildbad zu nehmen, willigte Freia erleichtert ein. (T.M.)

1962 - 1964

Tübingen, den 10. Oktober 1962

Liebe Gesa!
Gestern war ich mit Deinen Söhnen in einem Film, um ein Versprechen zu erfüllen. Er hieß „Mr. Hobbs macht Ferien" und Mr. Hobbs wird von James Stewart gespielt. Wolfram war begeistert. [...] Titus wird jetzt fleißig und sitzt trotz des schönen Wetters pflichttreu bei seinen Hausaufgaben. Abends kontrolliere ich einige und übe mit ihm Englisch und Französisch, manchmal muss ich ihm auch einiges aus der Mathematik erklären. Recht herzliche Grüße von uns allen!
Deine Mutter. Bitte Herrn D. zu grüßen.

Dieser „Herr D." war Gesas neue Bekanntschaft, ein Arbeitskollege, besser gesagt, ihr Liebhaber. Er hatte beste Umgangsformen und

sparte, anlässlich seiner Besuche, nicht mit galanten Komplimenten für Frau Himmeltor, die ihn übrigens ausgesprochen hochschätzte. Dieser zivilisierte „Herr" war jedoch ein ehemaliger ranghoher SS-Offizier (und sicherlich immer noch stolz es gewesen zu sein). Ich konnte sein falsches Getue nicht ausstehen. Er mied mich, so gut er konnte. Mit Schrecken sah ich eines Tages im Wohnzimmer der Wohnung meiner Mutter die Deutsche Soldatenzeitung[157] *schamlos auf dem Sofatisch ausgelegt. Ohne Zweifel vereinte dieses „Paar" u a. die Nostalgie der „hehrsten Zeiten Deutschlands".*
Herr D. war verheiratet und hatte anscheinend Gesa darauf vorbereitet, dass er ab seiner Pensionierung mit seiner Frau in deren Heimat nach Norddeutschland umziehen werde. Als dies 1975 geschehen war fiel Gesa in eine tiefe Depression mit unerklärlichen Herzbeschwerden und wurde von ihrem Hausarzt in eine Genesungsanstalt geschickt. Da sie sich am Ende ihrer Kur immer noch krank fühlte, erhoffte sie für eine gewisse Zeit irgendwo „gut aufgehoben" zu sein. Da ich ihre Bitte zu mir und meiner Frau kommen zu können abschlug, hatte sie sich wohl mit dem selben Anliegen an ihren alleinstehenden, zwölf Jahre jüngeren Cousin, Karl (Ellas Adoptivsohn) gewandt. Dieser nahm sie anscheinend mit Freuden bei sich auf.
Im Winter darauf wurden meine Frau und ich zur Hochzeit der beiden eingeladen. Da Karl den Familiennamen seiner unverheirateten Adoptivmutter trug, schrieb sich Gesa dank dieser dritten Heirat wieder mit ihrem Mädchennamen „Himmeltor". (T.M.)

Tübingen, d. 14.1.62

Meine liebe Gesa!
Jetzt, da Du weggefahren bist, fällt es mir ein, dass ich mich nicht dafür bedankt habe, dass Du meine Küche so auf Vordermann gebracht[158] hast. Ich hole es hiermit herzlich nach. [...] Ferner freue ich mich sehr, dass Du Dich entschlossen hast, mit uns nach Haus *[im Ennstal]*[159] zu fahren und danke Dir dafür. [...] Es ist doch sicher, dass Paula mit Dir mitfahren darf oder? Wie ist es, kommst Du nächstes Wochenende zu uns oder fährst du nach Wildbad? [...]
Nun grüße ich Dich herzlich von uns allen und gebe Dir in Gedanken den Abschiedskuss, den ich vergessen hatte. - Deine Mutter

Tübingen, d. 21.1.62

Liebe Gesa!
Du irrst Dich, wenn Du sagst, Du wirst überall nur geduldet. Die Jungen und auch wir freuen uns auf Deinen Besuch, allerdings unter den Voraussetzung, dass Du Dich an Deine Abmachungen hältst. Das aber fällt Dir schwer.
Vielleicht warst du am Samstag entschuldigt, in Deinen Augen sicher, das ändert jedoch nichts an der großen Enttäuschung, die Titus und Wolfram erlebten. Wie ich Dir sagte, ging ich mit Wolfram gegen ½5 Uhr durch die Uhlandstr., bei jedem herankommendem Wagen hoffte Wolfram es wäre Deiner. Nachdem wir bei Tengelmann noch 10 Minuten [...] gestanden hatten, gingen wir zurück, wobei er sich immer wieder umsah. Titus, der eigentlich noch lernen wollte, fuhr mit dem Rad ebenfalls bis gegen 7 Uhr in die Uhlandstr., um nach Dir Ausschau zu halten. Dann warteten wir bis um ½9 Uhr mit dem Abendbrot auf Dich. Ich hatte selten beide Kinder so enttäuscht und müde gesehen, obwohl sie nichts sagten, denn ich hatte ihnen schon vorsorglich gesagt, Dir könnte etwas dazwischen gekommen sein.
Dass Vater und ich dachten, Dir könnte etwas passiert sein, steht auf einem anderen Blatt, denn auch dem besten Autofahrer kann etwas passieren ohne seine eigene Schuld.
Herzliche Grüße von uns allen!
Deine Mutter

Den 25.1.1962

Liebe Mutti!
Vielen Dank für Deinen Brief! Sehr lieb war er ja nicht! Natürlich hast Du mit allem, was Du schreibst, vollkommen recht. So vollkommen, dass ich mich bald überhaupt nicht mehr getraue nach Tübingen zu kommen. Nächstes Wochenende fahre ich nach Wildbad. Das wollte ich Dir nur mitteilen. Sage es bitte den Buben. Und tröste sie, falls sie enttäuscht sein sollten. Ich bin überzeugt, dass sie bald nicht mehr traurig sein werden, wenn ich nicht komme, Du brauchst ihnen ja nur zu sagen, wie rücksichtslos ich bin.
Grüße bitte Vater und die Kinder von mir,
Gesa

Den 7.2.1962

Liebe Mutti!
Ich schicke Dir den Zahnschein für Wolfram. Sei nicht böse, dass ich auf solch einem Zettel schreibe, aber das ist das einzige, was ich vom Bett aus erreichen kann.
Nun erschrick nicht, ich habe mir am Sonntag, als ich hinfiel, das Steißbein angebrochen und muss nun mindestens 14 Tage ganz fest liegen [...], damit es ohne Komplikationen heilt. Herr B. versorgt mich morgens und abends rührend. Du brauchst dir auch deshalb keine Sorgen zu machen. [...] Ich kann natürlich am Sonntag nicht nach Tübingen kommen.
Herzliche Grüße an Vater u. die Buben!
Deine Gesa

Tübingen, d. 22.2.62

Liebe Gesa!
Hoffentlich geht es Dir schon besser, jedenfalls so gut, dass Du am Samstag mit Columbus[160] nach Wildbad fahren kannst, um Dich an Paulas Tanzen zu erfreuen und noch selbst zu tanzen. Es wäre doch schade, wenn Paula nicht die Mutter dabei haben könnte. Am Sonntag darauf dürfen wir Dich dann wohl bei uns erwarten, nicht wahr? Bitte komme nicht mehr auf die Idee, mich nach Wildbad zu dem Abschlussball abzuholen, einmal bin ich nicht eingeladen, vor allem aber bin ich gesundheitlich nicht ganz auf der Höhe, d.h. ich merke nichts, aber Dr. W. ist mit mir [...] nicht zufrieden. Am Dienstag, nachdem wir dich in St.[uttgart] besucht hatten, stellte er fest, dass ich erschöpft aussehe. Ich erklärte ihm, dass ich mit den beiden Jungen ein sehr ruhiges und regelmäßiges Leben führe, das nicht sehr anstrenge. Dann erwähnte ich, dass vielleicht der Sonntag in St. etwas anstrengend gewesen sei, weil Du Dir das Steißbein angebrochen hättest und ich das ganze Mittagessen hätte mitnehmen müssen. [...]
Vielleicht setzt mir die Frühjahrsmüdigkeit auch jetzt mehr zu als früher.
– Ich werde am Samstag an Euch denken und wünsche Euch schöne Stunden mit meiner kleinen Süßen.
Herzliche Grüße von uns allen!
Deine Mutter

Tübingen, d. 27.3.62

Liebe Gesa!

Ich möchte Dir noch einmal herzlich dafür danken, dass Du am Sonntag gekommen bist [...]. [...] Im übrigen möchte ich Dich bitten, die kleine Familie[161] als Gesprächsthema auszuschalten; ich werde mich bemühen, es zu tun und nur noch in diesem Brief einiges dazu sagen. Als vor 7 oder 8 Wochen die Rede auf den Abschlussball kam, erklärte ich Dir, ich würde nicht mitkommen, weil ich die beiden Jungen nicht einen Nachmittag und einen Vormittag mit Vater allein lassen würde; sie könnten vielleicht beim Warmmachen des Essens zu schaden kommen, denn Vater liegt es ja nicht so sehr Hausmutter zu spielen und bei nicht-eigenen Kindern ist ja die Verantwortung grösser. Es spricht für Dich, dass Du mich dabei haben wolltest und [...] dass Du die Einladung für mich erreichen wolltest. [...] Trotzdem wäre ich nicht mit Dir gefahren, auch wenn von der kleinen Familie eine freundliche und liebevolle Einladung gekommen wäre. Ich habe nicht gewusst, sondern nur geahnt, dass sie mein Dabeisein nicht wünschten. Es macht mir nicht viel aus, auch wenn es am letzten Sonntag anders aussah, aber mir fällt ein, dass sich Ida und Walter bereits über die liebevollen Briefe aufregten, die ich Paula bald nach ihrem Fortgang von hier schrieb. Habe ich deshalb, weil ich sie in ihrem Interesse weggab, aufgehört sie zu lieben? Sie steht meinem Herzen genauso nahe wie in den vergangenen Jahren, wenn sie mich auch oft durch ihre mangelnde Einsicht und Disziplinlosigkeit auf die Palme brachte. Der kleinen Familie nehme ich es auch nicht übel; sie sind unsicher und eifersüchtig und fürchten ohne Grund, Paula könnte ihre Liebe wieder mehr mir zuwenden. Dazu kommt ihre Kinderlosigkeit, die wirklich ein schweres Schicksal für sonst gesunde Menschen ist. Niemals das Glück erleben, nach den Schmerzen der Geburt ein kleines lebendes Kind im Arm zu halten, das zu einem gehört, muss traurig sein. – Nun bitte ich Dich, diesen Brief aufzubewahren, vielleicht musst Du ihn mir später einmal vor die Nase halten. Ich denke natürlich nicht daran, im Ernst wie eine Löwin oder Tigerin darum zu kämpfen, dass Deine Söhne bei mir bleiben, solange ich geistig auf der Höhe bin. Du bist die Mutter und hast den Ausschlag zu geben und niemand kann Dir die Verantwortung abnehmen. Denke aber bitte daran, dass man nach den Grundsätzen der Pädagogik kein Kind aus seiner vertrauten Umgebung, in der es sich wohlfühlt, herausnehmen

soll ohne zwingenden Grund. [...] Bei Paula lag dieser Grund vor, sie war mit meinen Erziehungsmethoden und der Schule nicht einverstanden. Außerdem war sie mit ihren 16 Jahren in einem Alter, in dem sich der junge Mensch innerlich von den Erziehern löst um selbständig zu werden. Mit Titus ist es anders. Auch wenn er rebelliert, was sein gutes Recht in diesem Alter ist, kommt er doch immer wieder zu der Einsicht, dass er gut bei uns aufgehoben ist und wir es gut mit ihm meinen. Diesem Kind würde, wenn ich plötzlich sterben sollte, tatsächlich Schaden an seiner Seele erwachsen. Er hängt sehr an Tübingen [...] [und] es ist ja klar, dass er in Tübingen bei uns bleiben kann, auch wenn er nicht gut lernt. Am Schlimmsten wäre aber Wolfram bei einer Trennung von uns dran. Noch hat er in den 4½ Jahren nicht ganz seinen Heimkomplex überwunden. Es gibt Tage, an denen er mir wie ein Hündchen nachfolgt, nur „Omachen" sagt und an mir hochspringt, um mich lieb zu haben. Dann folgen andere, an denen ich ihn wohl an die Hausmutter Schwester E. erinnere und er mir aus dem Wege geht. Opapa scheint er gleichmäßig zu lieben, aber auch er möchte nicht von uns weg, weil er sich bei uns wohlfühlt. Das wäre alles, was ich auf dem Herzen habe.
Ich wünsche Dir ein Ende der Aufregungen, von denen Du gesprochen hast, und sende Dir von uns allen viele herzliche Grüße.
Deine Mutter

Tübingen, d. 29.3.62

Liebe Gesa!
Ich muss Dir noch einen kleinen Nachtrag zu meinem langen Brief schreiben, den Du inzwischen bekommen hast. Veranlasse bitte unsere Süße, dass sie meine Briefe, meinetwegen unter dem Vorwand der Pietät mir gegenüber, aufbewahrt. In Wirklichkeit liegt mir etwas daran, dass Du sie liest und Dich von ihrer Harmlosigkeit überzeugst. Dann noch etwas. Du hattest angedeutet, dass Du in letzter Zeit große Aufregungen gehabt hättest. Ich bin nicht neugierig, aber selbstredend kannst Du mir darüber schreiben, wenn es Dich erleichtert. Ich wollte Dich nur bitten, Dich nicht ans Steuer Deines Wagens zu setzen, wenn Du aufgeregt bist. Viele Verkehrsunfälle haben eben darin ihren Grund. Viele herzliche Grüße von uns allen!
Deine Mutter.

1964 wurde bei Freia ein Brustkrebs entdeckt. Sie wurde zwar erfolgreich operiert erlitt aber wenige Jahre später ein Rezidiv an der anderen Brust. (T.M.)

Tübingen, den 28. April 1964

Liebe Gesa! Heute war ich zum Verbinden, doch lag leider der histologische Befund noch nicht vor. Ich werde ihn morgen erfahren. Jedenfalls fühle ich mich sehr wohl. Alles Gewebe, das verdächtig war, hat der Oberarzt entfernt. Meinen Haushalt darf ich besorgen, überlasse aber vieles Titus [...]. Herzliche Grüße [...] Deine Mutter.

AUS FREIAS ZWEITEM TAGEBUCH (1960-1967)

Tübingen, d. 21.3.65

Vor einigen Tagen fiel mir ein Ausspruch Bismarcks ein, der über dem kleinen Podium der Aula des Bismarcklyzeums stand: „Wir sind nicht auf dieser Welt, um glücklich zu sein und zu genießen, sondern um unsere Schuldigkeit zu tun.“

Tübingen, d. 29.4.65

Vor einem Jahr kam ich in die Chirurgische Klinik und war begreiflicher Weise etwas in Angst. Abends kam Schwester Anna und gab mir eine kleine religiöse Broschüre zum Lesen, die mich wirklich getröstet und mit Zuversicht erfüllt hat. „Ein braves Pferd stirbt in den Sielen[162].“ las ich irgendwo. [...]

Im Sommer 1966 machte ich meine Reifeprüfung. Nach einem Semester „studium generale“ in Tübingen, verließ ich im Frühjahr 1967 das Haus meiner Großeltern und studierte in Wien weiter. Obwohl ich mich schon lange danach sehnte woanders zu leben und möglichst weit weg, fiel es mir schwer, meine kranke Großmutter „zurück“ zu lassen. Sie befürwortete indessen sehr meinem Plan, auf eigenen Füssen zu stehen, womit sie mir mein Gewissen wesentlich erleichterte.
Am 6. Dezember 1969 starb Freia. Ich war an diesem Tag in München bei Nora. In den frühen Morgenstunden erhielt ich ein Telegramm, dass Freias Lage „bedenklich“ sei. Sofort stieg ich ins Auto und raste auf der verschneiten Autobahn nach Tübingen. Dort angekommen ging ich an ihr Bett und küsste sie. Sie freute sich und fragte ob ich

schon gefrühstückt habe. – „Nein." – „Dann geh an den Tisch, der ist noch gedeckt." Ich tat so und stärkte mich. Als ich mein Hörnchen gegessen und meinen Kaffee getrunken hatte ging ich zurück in ihr Schlafzimmer. Sie lebte nicht mehr. (T.M.)

ZWEI BRIEFE GESAS AN DR. MED. TITUS III.

Stuttgart, den 8. Juni 1964

Lieber Titus!
Es lässt sich machen, dass Paula und Titus am Freitag, den 12. Juni zu Dir nach München kommen können. [...] Die einzige Schwierigkeit bei der ganzen Sache liegt darin, dass ich nicht genügend Geld habe, um die Fahrkarten für die Kinder auszulegen, da ich mein Gehalt erst am 15. Juni bekomme, und Du mir auch nicht, wie wir abgesprochen hatten, die 250.- DM im Mai geschickt hast. Sicher hast Du es nur vergessen; aber bei mir fällt leider jede Mark ins Gewicht. [...]
Am letzten Freitag war Titus' Abschlussball! Er hat sich beim „Preis-Walzer" den 2. Preis ertanzt. Paula hat auch Aufsehen erregt, weil sie mit ihrem Tänzer so fabelhaft getanzt hat. [...] Ich war sehr froh, dass auch die Oma dabei sein konnte, denn Titus ist ja ihr ganzer Stolz. [...]
Der Preis beträgt pro Rückfahrkarte nach München mit D-Zug Zuschlag 39.- DM. Da ich diese Woche ohnehin schon „auf Pump" lebe, kann ich mir natürlich nicht noch 78.- DM von einem Kollegen borgen. Viele herzliche Grüße auch von den Kindern, Gesa.

Mit dem besagten Kavalier, einer langjährigen Liebe, hatte Paula ihr erstes Kind gezeugt. Die jugendliche Mutterschaft, die etwas überstürzt geplante Heirat, sowie die Bitte Gesas um finanzielle Beteiligung bei den Hochzeitskosten, gaben Titus III den Anlass sich mächtig zu empören und von da an jedwede Verbindung sowohl mit Gesa als auch mit Paula abzubrechen. Die Spannung zwischen unseren geschiedenen Eltern stieg ... (T.M.)

E i n s c h r e i b e n

Stuttgart, den 1. Oktober 1964

Lieber Titus!
Es tut mir leid, dass Du auf meinen letzten Anruf nicht reagiert hast und auch einer persönlichen Aussprache ausweichst. Da Du, wie mir

Vater sagte, für September nicht einmal für Titus den Unterhaltszuschuss überwiesen hast, sah ich mich gezwungen, mich jetzt genau über die Rechtslage zu informieren: Du wärest schon seit Jahren verpflichtet gewesen, für jedes Kind mindestens DM 200.- monatlich zu zahlen. [...] Wenn das Geld für September und Oktober nicht bis zum 15.10. eingegangen ist, und später nicht bis zum 5. jedes Monats, sehe ich mich leider gezwungen, das Geld vor Gericht einzuklagen!
Mit freundlichen Grüßen, Gesa.

Titus III. hat wohl von da an regelmäßig einen Unterhalt für mich bezahlt, jedoch nicht in der erwarteten Höhe. (T.M.)

Zweiter Teil
Bruchstücke von dem, was an Titus IV. – oder von Titus IV geschrieben wurde (1950-2007)

Trennung macht Schreiben

Wie gesagt hatte bereits Ende 1949 Titus III unser Haus verlassen. Im Frühjahr 1953 folgten Anna und Gesa. Gesa zunächst vorrübergehend für ein Jahr; im Sommer 1954 ist sie dann endgültig umgezogen und wir sahen sie erst nach 9 Monaten wieder.
Was für unseren Vater, unsere Mutter und unsere Tante jeweils einen neuen und erstrebenswerten Lebensabschnitt bedeutete, waren für uns Kinder schmerzhafte Trennungen. Wir verloren unsere vertraute Welt. Der Wunsch des Wiedersehens der geliebten Personen nahm deshalb in unseren Seelenleben einen führenden Platz ein. Viel ausrichten konnten wir jedoch nicht. Das Einzige was uns blieb war das Schreiben. (T.M.)

Karte von Titus III. an seinen Sohn, Titus IV.

Tübingen, den 23. September 1950

Mein liebes Jungchen!
Zu Deinem Geburtstage sendet Dir Dein Papa
herzliche Glückwünsche.

ZWEI KARTEN VON TITUS IV AN SEINE MUTTER GESA (1954)

Tübingen, September 1954

Liebe – Mutti, – ich – möchte – Dir doch einmal – einen Brief – schreiben. Mutti – hast Du – ein – paar Briefmarken – Für – uns! Dann schicke – sie – doch – bitte – uns, denn – wir – sammeln – schon lange – Briefmarken.
Viele Grüße Dein Titus. [...]
Liebe – Liebe Mutti komm bitte bald wieder.

Warum all diese Bindestriche? Ich hatte sie sicherlich nicht absichtlich gesetzt. Aber sie zeigen „zwischen den Zeilen" (den Wörtern), dass es mir um die Bindung geht. Auch mit dem Briefmarken-Sammeln komme ich auf das Wesentliche zu sprechen. Ich weise darauf hin, dass wir „sammeln" und „versammeln" wollen, was zusammen gehört. (T.M.)

Tübingen, 8. Dezember 1954

Liebe Mutti!
Ich danke Dir Auch sehr für die schönen Sachen. Liebe Mutti komm doch bitte wieder zu uns.
H e r z l i c h grüßt Dein Bubi.

TITUS IV' WEIHNACHTSWUNSCHZETTEL AN SEINE MUTTER (Tübingen, Dezember 1954)

Ich wünsche mir
4 Siedlungs-Häuser für 12,45 *(eines für jedes Kind: Paula, ich und die Zwillinge, die unterwegs sind?)*
5 gerade u. 5 krumme Schienen für 6 DM *(um mich an etwas halten zu können?)*
1 Riungenwagen für 5,50 *(weil ich wünsche etwas er-ringen zu können oder er-rungen zu haben?)*
und 1 Tube Uhu für 1 DM *(um das Auseinandergegangene wieder zusammenkleben zu können?)*
im ganzen 26 DM u. 95 Pf. *(Ich weiß wie viel es Dich kostet, meine Wünsche erfüllen zu können, und denke es kostet Dich mehr als der wirkliche Preis?)*

Unbewusst schreibe ich meiner Mutter einen verschlüsselten Text. Mittels der erbetenen Gegenstände übermittle ich ihr meine eigentlichen Anliegen und Wünsche. Natürlich kann sie diesen Hintergrund nicht erahnen. Ich selbst kann mich auch erst 50 Jahre später entziffern. (T.M.)

EIN BRIEF GESAS AN IHREN SOHN TITUS IV.

Urach, den 24. September 1957

Mein lieber kleiner Titus!
Den ganzen Tag denke ich nun daran, dass du heute schon 10 Jahre alt wirst und dass Du am Sonntag so traurig warst. Aber weißt Du, 5 Tage vergehen doch so schnell und dann kannst Du Dich doch auf den Freitag freuen, 2 ganze Tage bin ich dann bei Euch und nicht nur einen wie früher, als ich in Stuttgart war[163]. Du wärst sicher auch traurig, wenn Du hier wärst und die Omi und der Opi wären nicht da. Wir müssen nun schon tapfer sein. Noch 3 Tage, dann bin ich wieder da, Deine Mutti.

EINER DER VIELEN KARTEN UND BRIEFE ANNAS AN IHREN NEFFEN TITUS

Heidelberg, den 16. Februar 1958

Lieber Titus, so ähnlich wirst Du wohl Deine Schularbeiten machen, wie der kleine Sohn des Malers Renoir[164]. Ich freue mich sehr, dass Deine dicken Lymphdrüsen zu heilen scheinen und hoffe, dass du recht bald in die Schule kannst. Sicher findest du es zu Hause auch schon etwas langweilig. Aber vielleicht bist Du durch Deine Trix-Kästen (*Metall-Konstruktionsspiel*) genügend beschäftigt, sodass keine Langeweile aufkommen kann. [...] Mit sehr herzlichen Grüßen bin ich, Dein Täntchen.

Kurz vor Weihnachten 1957 erkrankte ich an einer „Lympfadenitis". Zuerst dachte man an eine Tuberkulose. Gesa gestand mir später, dass sie einen Moment gefürchtet habe, ich hätte eine tödliche Krankheit, eine Leukämie z.B. In Wirklichkeit hatte ich aber einfach nur „les glandes"[165], *auf Deutsch: „die Schnauze voll!" Die Folgen der Erkrankung waren, dass ich hässliche Baby-Backen bekam und den Mund nicht mehr aufmachen konnte. Ich war still, ohne meinen „Mund halten" zu müssen und erhielt, wie ein Säugling nur flüssige*

Nahrung. Die einzige Behandlung, die anscheinend der ärztlichen Kunst damals zur Verfügung stand, waren Umschläge (wiedermal „Schläge") mit Schwefelsalbe. – Schwefel reimt sich im Deutschen mit Frevel. Auf Französisch heißt Schwefel, soufre. *Dieses Wort klingt genauso wie die Befehlsform in der zweiten Person von leiden: „leide!" Ich litt, ohne zu klagen, nicht einmal wegen des fremdartigen Gestanks der gelben Pomade. – Wie die Franzosen sagen,* „on m'a passé la pommade", *was wörtlich „einkremen" und im übertragenen Sinn, „beruhigen" oder „trösten" bedeutet. (T.M.)*

EINE DER SELTENEN KARTEN WALDEMARS AN SEINEN ENKEL TITUS IV.

Z. Zt. Duisburg, d. 23.9.1960

Lieber Titus! Nun bin ich in Duisburg gelandet und treffe hier nur Dunst und Nebel an, durch den die Sonne nicht hindurchscheinen kann. Aber es regnet wenigstens nicht. Umseitig ist links das Stadttheater oder Opernhaus von Duisburg und rechts eines der vornehmsten Hotels am König Heinrichsplatz. Abends wird die Front des Stadttheaters von großen Scheinwerfern angestrahlt. Grüße Omi, Paula und Wolfram von mir und nimm selbst die herzlichsten Geburtstagsglückwünsche entgegen von Deinem Opa. Hoffentlich gefallen Dir die beiden Bücher?!

EIN WEITERER BRIEF GESAS AN IHREN SOHN TITUS IV.

Frankfurt, den 22.10.61

Mein lieber Titus!

Du hast mal wieder eine viel zu liebe Mutter, die sich so in Unkosten stürzt, nur damit Du wieder ein paar Briefmarken mehr hast. Wie Du siehst habe ich dieses Wochenende ausgenützt und bin mit [meinem Auto] zur Buchmesse gefahren. [...] Ein ganz süßes Buch mit großen Fotos von einem kleinen Jungen, der einen Goldfisch geschenkt bekommt, sah ich. Es ist nur so traurig, weil der Goldfisch, der aus Freude aus dem Wasser gehüpft ist, von einem schwarzen Kater gefressen wird. Aber die Fotos sind ganz wunderbar. [...] In 15 Minuten fahre ich los. [...] Ich schreib nur schnell den Brief an Dich, damit Du den schönen Stempel von der Buchmesse bekommst. [...] Viele herzliche Grüße und „Küsschen" von Deiner Mutti.

Es ist geschehen und lässt sich nicht mehr ändern

Briefwechsel zwischen Titus III. und Titus IV. (1961-1966)

München, d. 22.9.1961

Titus III. an Tito IV. – Mein lieber Sohn!
Die Zeit eilt. Nicht allein, dass sie uns in jedem Augenblick unseres Handelns drängt und mit zunehmendem Alter immer flüchtiger wird, sie zeigt uns an den heranwachsenden Kindern, was die Stunde geschlagen hat. Du wirst nun 14 Jahre – ein Jüngling, bald ein Mann –; und mein Wünschen und Hoffen für Dein weiteres Gedeihen und Glück, mein herzliches Gedenken am Tage Deines Geburtstages sollen Dir diese wenigen Zeilen bringen. Meine Arbeit gestattet es mir nicht [vor dem] übernächsten Wochenende ein Treffen mit Dir auszumachen. Dein Geburtstagsgeschenk wird Dir von Foto W. Stuttgart übersandt. Hoffentlich sagt es Dir zu.
Grüße Paula und die Deinen.
Herzlichst Dein Papa.

München, d. 4.9.1965

Mein lieber Titus IV.!
Recht herzlichen Dank für Deine Karte aus Jugoslawien. [...] Wir waren wieder auf Texel in Holland. Sehr froh war besonders Deine Schwester Ruth, [...] denn sie ist nur noch in den Ferien zu Hause, da sie sonst in einem Internat am Bodensee sich um ein gedeihliches Fortkommen in Englisch, Französisch und Mathematik bemüht. [...] Du musst mir nun bald schreiben, zu welchen Zeiten Du schulfrei bist, damit ich Dich hierher einladen kann. Wir könnten uns auch in der Nähe von Ruths Internat treffen und uns dann alle wiedersehen. Ich hoffe, dass es Dir in gesundheitlicher und sonstiger Hinsicht, gut geht, lieber Titus. Wie sind Deine Interessen auf dem Hobby-Gebiet? [...] Wichtig sind [besonders] die Berufsabsichten. Da kann man nur raten, das zu wählen, was man auch als Liebhaberei täte! Schreibe bald und sei Du herzlich gegrüßt von Deinem Vater Titus III. [...] Außerdem lassen Dich Deine Geschwister Ruth und Helmut grüßen, [...] Du solltest sie hier wiedersehen. Dein Papa.

Mittwoch 8.9.65

Mein lieber Papa!
Herzlichen Dank für Deinen Brief. Es freut mich, dass ich Dich plus meine Geschwister bald wiedersehen kann. [...] Wie immer geht es mir in jeder Hinsicht bestens, lieber Vater, ich kann mich über nichts beklagen. In Jugoslawien hatte ich herrliche Ferien [...].
Du fragst mich nach meinen Interessen im Hobby-Gebiet. Meine Flugzeug-Bastelei ist schon seit einigen Jahren vor allem aus Zeitmangel eingeschlafen, auch Briefmarkensammeln tue ich nicht mehr so intensiv wie früher. Meine Hauptinteressen sind jetzt [...] Bücher und Theaterbesuche, [auch für Malerei interessiere mich]. Meine Lieblingsmaler sind zur Zeit Lyonel Feininger und Franz Marc. [...] Mit meinen Berufsabsichten bin ich mir noch immer nicht ganz im Klaren. Ich möchte eben gerne einen Beruf [ergreifen], der mich mein Leben lang befriedigt, aber daneben möchte ich auch noch etwas Ruhe und Zeit für mich selber haben. [...]
Meinen Großeltern – das wird Dich vielleicht noch interessieren – geht es auch recht gut, ebenso meiner Mama und Paula; sie zieht mit ihrem Mann in den nächsten Tagen in eine Wohnung in Tübingen, ganz in unserer Nähe.
Wie geht es eigentlich meinen anderen Großeltern, Deinen Eltern? Sie leben doch sicher noch beide? Es ist eigentlich schade, dass ich sie noch nie gesehen habe [...].
Bitte grüße ganz besonders herzlich Ruth [...] und Helmut von mir [...] und sei auch Du recht herzlich gegrüßt von Deinem Sohn, Titus IV.

München, d. 22.9.65

Mein lieber Titus IV.
Vielen Dank für Deinen ausführlichen Brief, der mir viel Interessantes von Dir berichtet hat. Zuerst meine herzlichsten Glückwünsche [...] zur Vollendung Deines 18. Lebensjahres. Du hast viele gute Anlagen und Begabungen. Meine besten Wünsche für Deine Zukunft finden in Dir also auch die besten Ansätze zur Verwirklichung. Bleibe gesund und denke gelegentlich auch mal an Titus III.
Ja, der II. Titus ist nun 77 Jahre alt. Mit seiner Gesundheit steht es derzeit nicht zum allerbesten. [...] Doch zeigt mein Vater große Zähigkeit, und wir hoffen, ihn noch eine Reihe von Jahren unter uns zu ha-

ben. Vater und Mutter gibt es nur einmal. Meine Mutter ist sehr rüstig und gesund, wird im kommenden Jahr 75. [...]
Dass ich es nicht vergesse: Die Geburtstagsgrüße kommen auch im Namen von Ruth und Helmut. [...] Da Du Dir am besten selbst etwas zum Geburtstag aussuchst, lege ich ein Pflaster[166] bei.
Mit herzlichen Grüßen, Dein Papa – Titus III.

Tübingen, 21. Dezember 1965

Lieber Papa!
[...] Sei mir bitte nicht böse, wenn ich jetzt von etwas schreibe, was Dir vielleicht nicht ganz recht ist. Ich tue es aus völlig eigenem Entschluss. [...] Es ist schade, dass für Dich [...] Paula – Deine Tochter! – nicht mehr „existiert"[167]. [...] Bitte fasse mich nicht falsch auf, ich will Dir nicht „reinreden" oder Dich etwa kritisieren. Ich wollte Dir darüber schon längst einmal schreiben, [...] aber ich habe es mir bisher noch nie getraut [...]. Schau, Papa, es ist geschehen und lässt sich nicht mehr ändern, auch wenn man es „übergeht". [...] Ich bin fest davon überzeugt, dass sich meine Mutter wie meine Schwester ihrer Schuld Dir gegenüber bewusst sind; und dass der Kummer, den sie haben [...] schon eine Art Strafe darstellt. Aber muss Paula deswegen ganz auf ihren Vater verzichten? [...] Vielleicht wäre ein Weihnachtsgruß von Dir eine große, große Freude für Paula – und für Dich? Sie lebt ja eigentlich glücklich hier mit ihrem Mann in ihrer kleinen Wohnung, und Du dort auch, aber nur so lange ihr nicht aneinander denkt. [...] Ich finde das alles sehr schade [...].
Gute Nacht, lieber Papa, ganz herzlich grüßt, Dein Titus IV.

München, d. 15.2.66

Mein lieber Titus IV!
Nun endlich, wirst Du sagen, kommt eine Antwort. [...] Den allerherzlichsten Dank für Dein Weihnachts- und Geburtstagsgeschenk. Du hast Dir große Mühe gemacht und etwas mit Liebe ausgesucht. [...]
Mein Leben ist sehr bunt und mit einer Vielzahl verschiedenster Veranstaltungen ausgefüllt. Da gibt es Kongresse, Konferenzen, Tagungen und ewige Überlegungen, organisatorische Vorbereitungen, Entwürfe, diplomatische Geschäftsmanöver und der gleichen mehr. – –
Hier habe ich wieder unterbrechen müssen. Es ist Sonntag, d. 20.2.66, bei sehr schönem Wetter hier in München. Ich wollte Dir noch sagen,

dass mich Dein langer Brief besonders gefreut hat und dass er ganz in meinem Sinne geschrieben ist. Ich bin Paula keinesfalls böse oder sonst irgendwie ihr gegenüber fremd geworden. Ich war nur zutiefst enttäuscht wegen des mangelnden Vertrauens. [...] Ich hoffe, dass sie mich einmal ins Vertrauen ziehen wird. [...] Ich beabsichtige Euch beide bald einmal in Tübingen wiederzusehen. Wir wollen uns nicht entfremden. Doch muss die Sache unter uns erst einmal in Ordnung gebracht werden. Es gibt leider [Tatsachen], die übergeordnet sind und die wir stets berücksichtigen müssen, [wie z.B.] dass Ihr als meine Kinder auch zugleich die Eurer Mutter seid, deren ungeschicktes Verhalten es nun leider unmöglich gemacht hat, zu ihr irgendwelche persönlichen Verbindungen aufrechtzuerhalten. So sehr ich dafür Verständnis habe, dass Ihr mit eurer Mutter in Liebe verbunden sein müsst, bitte ich um Einsicht, dass meine Bewegungsfreiheit beim Umgang mit Euch damit gewisse, wenn auch bedauerliche Einschränkungen erfährt, die ich leider und widerstrebend hinnehmen muss.
Lieber Titus, [...] glaube mir, dass ich Dir in gleicher Liebe verbunden bin wie mit Ruth und Helmut. Sei herzlich gegrüßt von Deinem leider stets arbeitsmäßig überbelasteten und [...] schreibkargen Vater.

München, d. 6.4.66

Mein lieber Titus!
Du hast mir einen langen Brief geschrieben, der für mich von besonderem Interesse war. „Natürlich“ hast Du geschrieben, so könnte man sagen. Sehr viele und richtige und reife Gedanken sind darin, die man in Deinem Alter nicht immer schon so ausgeprägt findet. Dennoch würde ich mir den Psychologen noch sehr überlegen, als Lebensberuf zu erwählen. [...] Du hast eine Auslegung gegeben für Paulas Zurückhaltung in Vertrauensfragen ihrem Vater gegenüber, die ich akzeptiere. Dabei ist mir mit Bedauern wieder einmal klar geworden, wie schwerwiegend die Trennung von Eltern und Kindern ist. [...] Ich möchte daher bald eine Begegnung mit Euch beiden Kindern, mit Dir und Paula [in der Nähe] von Tübingen [herbeiführen]. Wobei Du so gut sein müsstest, dafür Sorge zu tragen dass bei diesem Wiedersehen seit dem letzten Vorkommnis mit den Folgen einer gewissen Entfremdung nur Ihr beiden zugegen wäret. Wir müssten allein zu dritt sein, diese Bedingung müsste ich stellen. [...]

Noch ein Wort zu Deiner [...] Wehrdienstverweigerung. Es kommt auf die innere Einstellung an. Ist sie ernsthaft also von einer ehrlichen Gesinnung getragen, wie das bei Dir offensichtlich der Fall ist, dann muss man diese Einstellung respektieren. [...] Es wird einst, wenn die Menschenwelt weiter aufstrebend sich entwickelt, nichts anderes mehr geben als die Ablehnung des Krieges und des Tötens. Man wird darüber denken wie heute über die Folter und Inquisition, aber bis dahin werden noch Jahrhunderte vergehen [...]. Der Anfang muss aber irgendwo spürbar werden. Es gehört mehr Mut heute dazu, den Militärdienst abzulehnen als umgekehrt, ihn mitzumachen.
Recht herzlichen Dank also für Deinen Brief und auch für Deinen 2ten langen Brief mit der erfreulichen Mitteilung Deines Münchner Besuches. [...]
Dir wünscht alles erdenklich Gute mit vielen herzlichen Grüßen, Dein Papa. Titus III.
[...] P.S. Ich vergaß Dir zu schreiben: Dein Großvater, mein Vater feierte mit Deiner Großmutter, meiner Mutter [am] 1.4.66. das Fest der Goldenen Hochzeit. Wir waren alle in Burg.

Paula und Titus III. hatten zwar wieder einen brieflichen Kontakt aufgenommen, aber die angesagten Treffen mit Paula fanden nicht statt. Unser Vater kam nicht nach Tübingen. Ich war es, der unseren Vater von da an recht regelmäßig in München besuchte.
Bevor ich mit dem Vater & Sohn Briefwechsel fortfahre, hier ein kurzer Brief meiner Großmutter an meinen Vater, den ich zwischen meinen Briefen an Titus III. vorfand. (T.M.)

EIN BRIEF FREIAS AN TITUS III.

Tübingen, den 20. Oktober 1966

Lieber Titus!
Ich möchte Dir nur mitteilen, dass unser Titus IV. sein Abitur bestanden hat. [...] Es liegt mir am Herzen, Dir einmal zu schreiben, dass mir Titus immer Freude gemacht hat, obwohl ich mitunter eine recht unbequeme Erzieherin gewesen bin. Er ist zu einem netten, pflichtbewussten jungen Mann herangewachsen, der auch bei seinen Lehrern beliebt ist. [...] Indem ich Dich bitte, auch Deine Angehörigen von mir zu grüßen, bin ich mit herzlichem Gruß, Oma Himmeltor.

FORTSETZUNG DES BRIEFWECHSELS ZWISCHEN TITUS III. UND TITUS IV.

12.11.1966

Mein lieber Papa!

Herzlichen Dank für Deinen Brief. [...] In der Zwischenzeit bin ich auch immatrikuliert. Biologie habe ich als Hauptfach und Anthropologie und Psychologie als Nebenfach [gewählt]. [...] Du sagtest – oder schriebst – lieber Papa, dass ich wenn ich Sorgen hätte, mich ruhig an Dich wenden kann. [...] Ich möchte doch so schrecklich gerne auswärts studieren. Nicht, dass ich meine Großeltern [...] nicht leiden könnte oder dass ich nicht zufrieden bin, aber ich habe einen furchtbar großen Drang von hier wegzukommen. [...] Alle Großmutter- und Mutterliebe usw. ist ja sehr gut – und ich bin meinen Großeltern sehr, sehr dankbar, aber sie hindern manchmal vielleicht [meine] eigene Entwicklung. Zudem möchte ich [...] andere Verhältnisse um mich haben, eine andere Umwelt, eine andere Stadt, wo ich anonym bin, wo mich niemand kennt und wo ich ohne Vorurteil betrachtet werde. [...] Ich möchte [...] Neues kennenlernen [...] und Erfahrungen vom Leben, [...] Erfahrungen überhaupt machen, wie ich mit mir selbst zurecht komme und so fort. Ach, mein Papa, ich weiß nicht ob Du mich verstehst? [...] Ich denke schon. [...] Jetzt kommt der große Haken, an dem alles hängt. Meine Mama schafft es einfach nicht, die Miete für ein Zimmer zu bezahlen, wenn ich auswärts wohne. [...] Ich habe vorgeschlagen, [...] dass ich neben dem Studium etwas verdienen werde [...], aber das wollen sie nicht erlauben. Ja, und jetzt sitze ich da, und Du wärst eben nun praktisch meine letzte Hilfe. Ach, Papa, es wäre schon furchtbar schön, wenn Du mir helfen könntest; es ist wirklich der letzte Ausweg. Wenn es vielleicht nicht geht, dann könntest Du mir ja auch zur Not erlauben, während des Studiums etwas zu arbeiten? [...]

Sonntag, 13.11. [...] Gestern, da floss meine Feder nur so übers Papier [...] und heute fällt mir nicht mehr ein, was ich Dir noch schreiben wollte, und es war noch manches. Das ist bei mir wirklich seltsam, meine Stimmungen ändern sich ganz schnell, oft und plötzlich. Einmal bin ich ausgelassen und rede wie ein Buch, und zu allem finde ich etwas zu sagen, und schon im nächsten Moment bin ich ganz still und versunken [...]. Mir gefällt an sich das Abwechslungsreiche, aber

wenn ich manchmal die eine oder die andere Stimmung bräuchte und ich habe sie nicht, dann kann ich mich [...] von alleine nicht umstellen. Das ist schade. [...] Es ist schon spät, ich gehe ins Bett.
Montag, 14.11. Heute habe ich mit meinem Schwesterlein gesprochen, lieber Papa. Sie freut sich sehr, dass Du Anfang Dezember vorbeikommen willst. [...] Nun muss ich zu einer Vorlesung [...], es reicht ja auch für dieses Mal, und ich habe Dir einmal so richtig mein Herz ausgeschüttet. [...]
Sei ganz, ganz herzlich gegrüßt von Deinem Titus IV. [...]

Das angekündigte Treffen fand nicht statt. Irgendetwas war unserem Vater wieder dazwischen gekommen. (T.M.)

Tübingen, den 20.12.1966

Mein lieber Papa!
Leider habe ich eben gar keine große Schreiblust, aber ich will Dir doch auch noch einige Weihnachtsgrüße schicken. – Ach lieber Papa, ich habe leider zur Zeit so leicht negative Gedanken, vielleicht ist es traurig, vielleicht ist es eben auch richtig, - ich weiß nicht! Jedenfalls bin ich recht froh, darüber, dass ich gar keine vorweihnachtliche usw. Gefühle habe; ich finde es so viel ehrlicher und echter [...], als die gespielte Freude [...]. Das lässt [...] alles falsch werden. Ich möchte die Momente feiern, die Augenblicke, die mich wirklich glücklich machen. [...] Ich versuche alles direkt zu sehen, ohne die [...] von den Menschen erfundenen kläglichen Umwege [...]. Ein [mir zugewandter] Blick meines kleinen Neffen schenkt mir viel mehr weihnachtliche Gefühle als [...] tausend geschnitzte Holzkrippen und Krippenspiele, die alle nur da sind, weil eben im Kalender am 24. Dezember (oder am 25.) „Christfest“ steht. – Findest Du nicht auch, dass Gott in jedem Kind zur Welt kommt? Ich finde es! Aber wo bleibt er, wenn es grösser wird? Er muss heraus, sonst wird das Kind kein Mensch.
Ach ja, Papa, sei mir bitte nicht böse, dass ich Dich mit meinen komischen Gedanken belästige, aber so sind sie nun mal und ich kann einfach nicht schreiben: „ich wünsche Dir ein frohes Weihnachtsfest“ [...] was so abgedroschen [klingt]. Aber Du wirst sicher [manchmal] fröhlich sein [und] alles vergessen, was Dich stört [...], neben Deiner Frau [sitzend], Deine Kinder im Arm [sowie] in der stillen Gewissheit, dass auch Deine anderen beiden Kinder bei Dir sind, Dich sehr gerne haben

und in dem selben Moment mit Dir glücklich sind. Das wünsche ich Dir, lieber Papa, und uns allen. Und vergiss bitte meine bösen Gedanken, soweit sie Dir böse vorkommen; ich weiß, dass [...] ich [vielleicht] nicht recht habe, aber so ist es eben für mich; für andere kann es ganz anders sein. [...]
Nun lasse Dich noch ganz, ganz herzlich grüßen, [...] Dein Titus IV.

München, d. 21.12.66

Mein lieber Titus IV.
Du wirst sicher kaum glauben, dass es mir bis jetzt nur sehr schwer möglich gewesen wäre, auf Deinen langen und kurzen Brief zu antworten. Auch jetzt stehe ich – gerade vor Weihnachten – unter Zeitdruck. Während bei allen möglichen Beschäftigungen dem Gedanken ein freier Flug gestattet ist, geht das nicht, wenn ich diese schriftlich fixieren möchte. Lass mich Dir erst einmal auf diesem Wege ein gesegnetes Weihnachtsfest wünschen. Viel erfolgreiche Unternehmungen für 1967, Dir, Paula und Deinen Großeltern ein gesegnetes Fest und gutes 1967. Dein Besuch hier muss auf später verschoben werden, da wir diesmal über die Feiertage verreisen. Du bekommst von mir noch ausführlicher Nachricht und eingehende Antwort auf Deine ausführlichen Briefe. [...]
Herzliche Grüße von Deinem Vater Titus III.
P.S.: Mit gleicher Post geht ein Buch für Dich ab.

München, 14.1.67

Mein lieber Titus!
Zunächst vielen Dank für Deine Briefe mit Wünschen und Grüßen zum Fest und zu meinem 50. Geburtstag, sowie für die nette Geschenksendung.
– Jugend ist ungeduldig, oft schwärmerisch. Dazu muss es nicht immer Frühling sein wie bei den „Leiden des jungen Werther“ oder gar Herbst. Man muss nicht Rilke sein oder Herder in den so oft kritischen Jugendjahren. Jeder, fast jeder hat Phasen, die den Umschwung des Fühlens und Denkens verkörpern. Noch fehlt der bittere Wein der Erfahrung[168]. Er lässt, wenn man ihn erst reichlich genossen hat, den Betroffenen alles kühler, sachlicher und dafür dem praktischen Leben näher sehen. Zwar büßt man oft dafür von der schöpferischen Phantasie ein. Das ist schade. Doch ich hoffe, dass es bei mir nicht so ist. –

Darum habe ich für Deinen dargelegten Gedanken volles Verständnis. Mir fehlt nicht das nötige Einfühlungsvermögen. Doch glaube ich, an den sachlichen Gegebenheiten dennoch nicht vorbeigehen zu können. [...] Du neigst ein wenig zur irrealen eher schwärmerischen Betrachtungsweise der Welt, ohne dass ich darin einen Nachteil für Dich erblicke. Doch wäre dies ein Gesichtspunkt mehr, [an Deinem Wohnort Dein Studium fortzusetzen]. Meine Kinder haben alle das Glück, am Ort der Universität zu wohnen. Warum sollten sie nicht dort auch mit dem Studium beginnen und sich so erst hier richtig bewähren? [...]
Seit 1.1.67 zahle ich an Deinen Opa DM 250,-. Wenn Du gleich außerhalb studierst dann müsste ich DM 400,- mindestens aufbringen. Das ist mehr als ich z.Zt. für jedes meiner Kinder zur Verfügung stelle. [...] Mit Deiner Mama war vereinbart, dass ich 75%, sie 25% für Deinen Unterhalt aufbringen soll. Das ist eine Regelung, die der derzeitigen Rechtsordnung und den Einkommensverhältnissen der Elternteile entspricht. [...] Ein großer Anteil [meines] Nettoeinkommens geht für feste Unkosten [ab]; so sind die Zahlungen für das Haus erheblich. Wenn Du also Deine 1 - 2 Semester in Tübingen fertig hast und die Dienstzeit von 1½ Jahren vorbei ist, sind auch meine Verpflichtungen zu der Amortisation des Hauses nicht mehr so groß und andere Faktoren günstiger. [...]
Wir wollen denn so verbleiben, dass Du zuerst am Wohnort das Studium Generale, für das Du Dich vor Entscheid des Berufszieles entschlossen hast, betreibst und nach der Dienstpflicht wieder mit mir über die Sache redest. [...] Ich würde es sehr bedauern, wenn Du nun denkst ich wollte mich aus eigennützigen Gründen einer aufwendigeren Studienführung Deinerseits entziehen. Das ist nicht der Fall. Denn ich entscheide so, wie ich den Umständen nach im Interesse der gesamten Familie verpflichtet bin, wobei ich die Aufwendungen aller meiner Kinder in Vergleich ziehe. Außerdem besteht z.Zt. keine dringende Notwendigkeit vom Wohnplatz mit Universität fortzugehen. Nach der von mir bezeichneten Frist ist ein solcher Schritt erst sinnvoll. [...] So bedenke die Sache in Ruhe. Ich versichere Dir, dass ich Dir die gleiche Fürsorge wie meinen beiden an-deren noch unselbständigen Kindern hier zukommen lasse.
Mit herzlichem Gruß, Dein Papa.

München, den 9. März 1967

Lieber Titus!

Für Deine beiden Briefe aus Tübingen und Wien vielen Dank. Ich bin nicht wenig erstaunt, dass Du [...] zum Studium nach Außerhalb abgereist bist, mich also planmäßig vor vollendete Tatsachen gestellt hast. Darüber bin ich enttäuscht, sehe ich mich doch demonstrativ in die Rolle des ausschließlich zahlenden [Familien]mitgliedes versetzt. Wie gerne hätte ich es gesehen, wenn Du wenigstens einen Schein gewahrt hättest, meinen Rat abzuwägen. Zwar ist das finanzielle Problem von großer Wichtigkeit, aber auch abgesehen von diesem glaube ich weiterhin, dass man besonders in Deiner Situation die ersten drei bis vier Semester am Wohnort studieren sollte, wenn man die Möglichkeit dazu hat. [...] Was die Dienstpflicht anlangt, so hast Du zwar das Ziel einer Anerkennung des Ersatzdienstes erreicht, [...] aber abgesehen von Fragen des Gewissens ist der Dienst bei der Bundeswehr sicher für einen jungen Mann in vielerlei Hinsicht ein Gewinn. Trotz der Tragik des letzten Krieges habe auch ich beim Militär viel gelernt, selbst in diesen traurigen Jahren. [...]

Deiner Berechnung komme ich entgegen, wenn ich Dir monatlich ein Fixum von DM 300.- auf Deine Wiener Bank überweise. [...] Mit dem Geld Deiner Mutter stehen Dir dann monatlich DM 400.- zur Verfügung – eine Summe mit der man auskommen sollte. Mit diesem Fixum betrachte ich meine Verbindlichkeiten als abgedeckt. Mit Rücksicht auf meine übrigen Verpflichtungen ist dies ein Betrag der, wie ich mich gründlich informiert habe, de jure den zu leistenden Unterhalt schon übertrifft. [...] Du wirst einsehen, dass die Dinge ihre Ordnung haben müssen, und dass auch ich wissen muss woran ich bin.

Wien, den 31. März 1967, Freitag, 21 Uhr

Mein lieber Papa!

Ich weiß gar nicht, wie ich vor Dich treten soll, denn ich komme mir recht schuldig vor. [...] Damit Du nicht glauben musst, dass ich Dich nur als zahlendes Mittel betrachte und den Brief jetzt nur schreibe damit ich den Wechsel für April erhalte, kannst Du das Geld für April zurückbehalten. [...]

Wien, Papa, das ist [...] eine neue Geburt für mich; ich komme zu mir selbst [...]. Die [...] Biederkeit, „bleib zuhause und tue etwas Vernünftiges!“ kann ich nicht ausstehen. [...] Alles geht so nach Maß und

Plan, ohne das eigene Ich, ohne das Selbst. Man geht in die Schule, man studiert, man [arbeitet], man heiratet, man hat Kinder, man stirbt und dann ist das Leben vorbei. Mein Leben das bin ich, und ich bin es, der es leben will, [bewusst und auf meine Weise]! Ich muss suchen, ich muss sehen, ich muss kennen lernen. Dazu brauche ich Veränderung, dazu brauche ich Möglichkeit, Offenheit! [...]
Lieber Papa, [...] manchmal in Tübingen, da gab es Minuten, Stunden nach einer „Unterredung" (sprich Krach) zwischen meinen Großeltern um Kleinigkeiten, wo ich um ein Haar geplatzt wäre; ich habe am ganzen Körper gezittert; ich hätte, wenn ich nicht stärkste Beherrschung angelegt hätte, einen Tobsuchtsanfall bekommen können und alles zerschlagen. [...] Manchmal habe ich mir die Fäuste an der Zimmerwand blutig geschlagen um mich abzureagieren! Ich kam mir so beengt vor, so gequält! [...] Ich konnte einfach nicht mehr und so habe ich, durch das Unbewusste gelenkt, Deine Ermahnungen und Wünsche verdrängt, unbeachtet gelassen und [...] mit allen Mitteln gekämpft, um in eine andere Stadt, um nach Wien[169] zu kommen. Mein Wille war stark, stärker als mein Mitleid und mein Gehorsam. [...]
Lieber Vater, Du kannst Dir [...] nicht vorstellen [...] wie hart, wie [...] schmerzend Deine negative Antwort auf meine [so dringende] Bitte war! Von Dir war alles abhängig, wie ich es ja geschildert habe in meinen Briefen vor und nach Weihnachten, alles hing an Deiner Entscheidung alles! Und diese Entscheidung hieß „nein"! Mein Gott, das fuhr in mein Herz [...] wie ein Dolchstich, so scharf, so schmerzend ... – In einem Kellerloch war eine kleine Stelle wodurch noch Licht traf, Licht nach Weite, nach Freiheit, nach Entfaltung, nach Möglichkeit, nach Neuem; [meine] ganze Hoffnung klammerte sich an dieses Licht. Den Spalt zu öffnen zu diesem Licht lag an einem Menschen; und dieser eine mauerte ihn mit vernünftigen wohlgeformten Ziegeln zu ... ! [...] Ja, lieber Vater, Du wirst mich für hoffnungslos versponnen und weltentrückt halten, aber ich will lieber in einer schönen, bezaubernden und kürzeren Begeisterung zu Grunde gehen als an einer langdauernden Stumpfheit, einer normalen Gleichheit oder emotionellen Bedürfnislosigkeit. [...] – Die Zeit ist, was wir erleben, so kann ein kurzes Leben lang und ein langes kurz sein.
Du bist mein Vater, [...] Du musst doch diese Gedanken verstehen, Du wirst sie selbst einmal gedacht haben. – Bewahre diesen Brief auf, damit ich mich selbst später daran aufrichten kann[170]. – Du musst doch

mitfühlen können mit mir, wenn Du ehrlich bist, dass diese Veränderung des Wohnorts, die Trennung von der Mutter, den Großeltern, den Verwandten und Bekannten in dieser Hinsicht etwas [...] ganz Bedeutendes für mich ist! [...]
[Was] die große Frage meiner Berufswahl [anbelangt] habe ich eines meiner Interessensgebiete, die naturwissenschaftliche und philosophische Erforschung des Menschen und der menschlichen Seele [...] gewählt. Eigentlich ist das utopisch aber ich werde irgendwo in dieser Richtung einen Ansatzpunkt finden und ich [...] orientiere danach mein Studium [...].
[...] Nun habe ich in Wien schon einiges gefunden: Eine Yoga-Schule, interessante Vorlesungen [...], einen verkannten, aber genialen [...] Künstler, [...] einen Diskussionskreis für Parapsychologie, wo z. B. kürzlich ein Sufi-Meditationsmeister aus Indien einen Vortrag hielt. Ich habe schließlich die einzige Studenten Schauspieltruppe Wiens, die „Arche", aufgestöbert, in der ich als Bühnenbildner mitarbeite. Diese Gruppe hat mir eine pensionierte Schauspielerin vermittelt, bei der ich Sprech- und Schauspielunterricht nehme. [...] Meine Wünsche waren keine Träumerei, denn sie erfüllen sich nach und nach, wenn auch langsam. Nur Mut und nichts scheuen und ran an die Dinge ... – leben! [...] Mache Dir keine Sorgen um mich, irgendwie sorge ich selbst immer für alles, was für mich wichtig ist. [...] Glaube mir, dass ich mit Dir nur in dem besten Verhältnis leben will, dass mir unendlich viel an [...] Deiner Person und an Deinem Dasein [...] liegt. Den übrigen Personen meiner Familie kann ich mich nicht so anvertrauen wie Dir, weil sie sich schon zu sehr ein Bild von mir gemacht haben mit zu vielen Vorurteilen. [...]

Mein Vater hatte sich schließlich mit der neuen Situation abgefunden. Ich habe neben dem Studium in Wien mehrere Wochen halbtags in einer Druckerei gearbeitet und mir mit dem Verdienst einen alten Motorroller gekauft. Mit ihm fuhr ich in den Pfingstferien nach München, um Nora zu besuchen und auch meinen Vater zu treffen. Er war verständlicherweise in Sorge wegen meiner unklaren Berufspläne und bat mich, einen klaren herkömmlichen Studiengang zu wählen. Im Ausschlussverfahren blieb am Ende nur noch Medizin übrig.
Für den Sommer fand ich, dank eines Anschlags in der Universität einen Arbeitsplatz als landwirtschaftlicher Gehilfe in Finnland. Mit

meinem Motoroller fuhr ich dorthin, über die Tschechoslowakei, Deutschland, Dänemark und Schweden. Nach Ende meines Arbeitsmonats in Mittel-Finnland fuhr ich noch weiter nach Norden bis an das Nordkap und von da über Norwegen und Dänemark wieder zurück nach Deutschland. In Tübingen angekommen hatte ich einige unangenehme Überraschungen. Der Termin zur Bewerbung für die Zulassung zum Medizinstudium war abgelaufen und ein Weiterstudium in Wien war ausgeschlossen, da die österreichischen Examen damals in der BRD nicht anerkannt wurden. Ich entschied mich, in der mir bisher unbekannten Stadt Würzburg weiter zu studieren, da sie etwa gleich weit von Tübingen und München entfernt ist.
In dem ich mich in der Biologischen Fakultät einschrieb, hatte ich die Aussicht dieses Semester für das Medizinstudium angerechnet zu bekommen, was schließlich auch gelang. (T.M.)

Tübingen, den 18. August 1967

Lieber Papa!
Seit einigen [...] Tagen bin ich nun wieder einmal in Tübingen – von meiner langen wunderschönen Reise gesund zurückgekehrt. Da ich leider keine Antwort von Dir auf meinen Brief aus Finnland bekam [...] habe ich den Abstecher nach Burg in Dithmarschen, um meine anderen Großeltern zu besuchen, nicht gemacht.
Vorgestern habe ich mich hier an der Uni über alle Fragen betreffs meines Weiterstudiums an der medizinischen Fakultät erkundigt. [...] Die Bewerbungsfrist zur Aufnahme in der medizinischen Fakultät an irgendeiner deutschen Universität ist am 31.7. abgelaufen. [...] Ich muss mich damit abfinden und nun versuchen, das kommende Wintersemester so sinnvoll wie möglich zu überbrücken. [...] Hoffentlich, hoffentlich ist es möglich, dass wir uns [sehen und] sprechen können.
Mit herzlichsten Grüßen, bin ich Dein Titus IV.

Die schlimmste Überraschung jedoch war die Nachricht meiner Mutter, dass sie bei Gericht in meinem Namen von meinen Vater einen „gerechteren“ Pflichtunterhalt für mich einzuklagen gedachte. Die gerichtlichen Papiere waren überschrieben mit: „Titus Milech gegen Titus Milech“. Wieder war der Frieden hin. Ich war schrecklich bedrängt, da ich keinen meiner beiden Eltern verletzen oder enttäuschen wollte. (T.M.)

Mü., 19.8.67

Lieber Titus!

Dein tel. Anruf wurde am [...] 16.8. von Frau M. entgegengenommen. Da ich in den nächsten Tagen nicht hier zu erreichen bin, bitte ich Dich gemäß beiliegendem Schriftsatz meines Anwalts zur Klärung unserer persönlichen Verhältnisse folgendes schriftlich mitzuteilen:

1. Erfolgten Forderungen mit Prozessandrohung mit Deinem Wissen?
2. und- bzw. oder in Deinem persönlichen Auftrag? Die Antwort ist wichtig, da Du immerhin schon fast 20 Jahre alt bist, wenn Deine Mutter auch formell Deine Interessen noch ein Jahr vertritt.

Herzlichen Gruß, Dein Vater.

München, 18.9.67

Lieber Titus!

Sehr bedauere ich, dass Deine Mutter eine mit Sicherheit überhöhte Unterhaltsforderung einklagen will. Denn mir geht es in erster Linie darum, den [...] guten Kontakt mit Dir zu erhalten [...]. Ich fürchte, dass der auf mich negative Eindruck trotz meiner besten Vorsätze für unser späteres und dauerndes Verhältnis von Nachteil sein wird. Mir geht es ehrlich darum, Dir Deinen effektiven Unterhalt von meiner Seite her zu sichern. [...] Was Du evtl. nicht wissen dürftest ist, dass ich auch bei Abweisung der Klage, die Du z.Zt. gegen mich führst – bzw. führen könntest, in jedem Fall die Gerichtskosten – sozusagen für Dich – zahlen muss. Ein solcher Vorgang muss Verbitterung auslösen. Das aber möchte ich vermeiden. [...] Schreibe mir bitte ob Du weitere DM 50,- benötigst. Sage mir ehrlich, was Du brauchst. Ich verlasse mich darauf, dass Du mir die Wahrheit sagst, und ich vertraue Dir auch. Du hättest dann monatlich DM 450,- zur Verfügung. [...] Ich erwarte natürlich von Dir, dass Du Dein Studium zielstrebend auf einen Beruf hin gelenkt verfolgst. [...] In Erwartung Deiner Antwort, herzlichst, Dein Vater.

Vielen Dank für Deinen Brief u. Karte aus dem Urlaub [...] Am 24. wirst Du 20 Jahre. Meine besten Wünsche für Dein neues Lebensjahr und Erfolg!

EIN BRIEF VON GESA AN IHREN SOHN TITUS IV

Bonlanden, den 24.9.1967

Mein lieber Titus
Seit Deinem Anruf denke ich unausgesetzt an Dich und weiß doch nicht, was ich Dir nun schreiben soll. Vor allem weil ich Dich nicht in meine Konflikte bringen möchte, da es Deinem Vater anscheinend gelungen ist, Dich [...] davon zu überzeugen, wie charakterlos und niederträchtig Deine Mutter handelt. – Diese Situation erinnert mich lebhaft an ein Weihnachtsfest: Hildegund und Du, Ihr bekamt jeder vom Vater einen Koffer geschenkt, während ich Euch nur eine Kleinigkeit schenken konnte. Ihr beide bracht – verständlicherweise – in Eurer Freude in nicht endende Lobeshymnen über Euren lieben Vater aus und merktet zum Glück nicht, wie ich immer stiller wurde und meinen Wolfram immer fester in den Arm nahm. – Eine ganze Nacht habe ich dann unter Tränen mit mir gekämpft, ob ich Euch jetzt doch nicht ins Gesicht schreien soll, dass es für Euren Vater sehr leicht ist, Euch große Geschenke zu machen und Eure Herzen und Eure Liebe zu gewinnen, wenn er monatlich nur 50,- DM für Euch zahlt, während ich, um nur für das Notwendige für Euch das ganze Jahr über zu sorgen oft schwere Entbehrungen auf mich nahm, aber zu großen Geschenken reicht es dann nicht mehr. – Damals habe ich geschwiegen, um Euch nicht in Konflikte zu bringen! – Ich werde auch jetzt schweigen. Aber meine Pflicht Dir gegenüber werde ich tun, und Deine Ansprüche gegenüber Deinem Vater von einem unparteiischen Gericht klären lassen. [...] Nun hast Du hoffentlich einen schönen Geburtstag in München verlebt! Herzliche Glückwünsche von mir!
Und bitte, wenn Du irgendwie in Schwierigkeiten kommst – auch geldlich – wende Dich gleich an mich!
Herzliche Grüße, Deine Mutti.

FORTSETZUNG DES BRIEFWECHSELS ZWISCHEN TITUS III. UND TITUS IV.

Würzburg, den 15.10.1967

Mein lieber Papa!
Vielen Dank für Deinen Brief, den ich hier, nach meiner Rückkehr aus München vorfand. Über den Inhalt haben wir ja schon genügend gesprochen. Es war schade, dass wir uns so trennen mussten. Ich rief

noch am selben Abend meine Mutter an, um mit ihr zu reden, aber es nützte nichts mehr [...].
Soll es nun eben laufen und endgültig festgestellt werden, wem was zuzumuten ist. Du wolltest von mir gerne eine klare Zusage, dass ich mit 350,- DM von Dir auskomme, d.h. mit 450 ,- insgesamt. Und Du hast gemerkt, dass ich sie Dir nicht geben wollte. Ich könnte schon [damit] auskommen, aber meine Mutter kann meiner Meinung nach wirklich nicht 100,- DM bezahlen; und wenn ich Dir zugesagt hätte, dann hätte ich damit einen ganz offenen Schritt gegen meine Mutter getan, und das konnte ich nicht, genauso wenig wie ich ihr von mir aus nicht mein Einverständnis für die Klage gebe. Du könntest natürlich eine klare Stellungnahme von mir erwarten, aber ich fühle mich nicht dazu befähigt, ich stehe hier an einer Grenze. Ich will keinen von Euch, meinen Eltern, aufgeben; und im Grunde und Endresultat gebe ich beide auf – oder besser, verliere sie.
Ich kann Dich schon verstehen, [...] dass durch alles dies, Dein Verhältnis zu mir getrübt wird, ich nehme es Dir auch nicht übel. [...] Schon mein ganzes Leben hindurch, [seitdem] es bewusst war, habe ich das Gefühl, dass meine Schicksalsschläge, alles was anders und vielleicht traurig ist, so sein muss und mich am Ende fördert und dass ich auf der anderen Seite [gleichzeitig auch sehr] viel Schönes [erlebe]. Mache Dir also keine Sorgen um mich, sondern denke, wie Du denkst und schone Dich, so gut es geht, denn ich sehe es ja vollkommen ein, dass Du eine Familie hast, die Dich nötig braucht, und es wäre mir fürchterlich, wenn sie wegen Deiner Sorgen um mich leiden müsste! [...] Mit meiner ganzen Kraft [...] steure ich auf mein Ziel, das medizinische Staatsexamen zu, und ich werde Dir, sobald ich verdiene, die unnötigen Kosten, die Du durch mich tragen musstest, zurück bezahlen! [...] Viele herzliche Grüße, Dein Sohn Titus. [...]

DIE BESTE FRIEDENSARBEIT

Der größte Wunsch in meinem Leben war der Frieden. Zuerst innerhalb der Familie, und danach in der Welt. Innerhalb der Familie versuchte ich zu tun, was ich konnte. Es war nicht viel und half nicht viel. Und in der Welt? Was konnte ich verrichten? Noch weniger! Nur zwei Dinge waren mir klar: Erstens war es für mich undenkbar an dem all-

gemeinen Wehrdienst teilzunehmen. Und zweitens konnte ich die mir überlieferten Vorurteile über Menschen anderer Völker nicht annehmen. Da waren der „schwachköpfige Neger", der „tierisch-brutale Russe", der „minderwertige, arbeitsscheue, schmutzige Slave", der „ gefährliche Chinese" sowie überhaupt alle „Kommunisten" und „Anarchisten"... Diese „Widersacher" wollte ich unbedingt kennenlernen.
Obwohl das Recht auf die Wehr- oder Kriegsdienstverweigerung in der Verfassung der BRD verankert war, mussten damals die Antragsteller ihre Gründe vor einem Prüfungsausschuss (eine Art Jury), bestehend aus einem Berufsoffizier und drei oder vier zivilen Beisitzern, darlegen. (T.M.)

BRIEF DES SCHÜLERS TITUS IV. AN DIE KOMMISSION FÜR KRIEGSDIENSTVERWEIGERUNG

Tübingen im März 1966

[...] Im Folgenden möchte ich die Hauptgründe meiner Verweigerung kurz darlegen:
Das größte Problem des Kriegsdienstes besteht darin, dass sich zwei Unrechte gegenüberstehen (oder auch zwei Pflichten). Wer sein Vaterland nicht verteidigt begeht ein Unrecht am Vaterland. Wer es verteidigt muss töten, muss Menschen umbringen und begeht ebenso ein Unrecht. Denn die Menschen, die ich töten muss, sind ebensolche Menschen wie ich; sie haben Eltern und Freunde und wollen ebenso leben wie ich. Das Schlimmste aber ist, dass weder der „Feind", noch ich sich töten wollen (wenigstens der überwiegende Prozentsatz). Beide Seiten müssen, von einer Regierung, einem Staat mehr oder weniger gezwungen. Die meisten nehmen dieses fürchterliche „Muss" auf sich ohne zu denken, weil es die Masse tut und es ihnen zu unbequem ist große Überlegungen anzustellen. Jenen fällt es erst auf, wenn sie zusammen mit dem „Feind" verwundet auf dem Schlachtfeld zurückgeblieben sind. Dann vielleicht sehen sie ein, [...] dass sie eigentlich vorher schon die besten Freunde hätten sein können. Sehr wenige leider denken schon daran bevor sie Soldat werden. Ich tue es jedoch und ziehe daraus die Konsequenzen.
Zu diesem „Muss" kommt nun noch dazu, dass der größte Anteil des sog. „Feindes", den ich töten muss, gar nicht der wahre Feind ist. Der

wahre Feind und die wirkliche Gefahr für das eigene Volk sind einige Wenige, die sich zu schützen wissen und die die Menschen, ihre Soldaten, als Werkzeug, wie Nummern für sich in den Krieg werfen. Ich aber muss im Grunde Unschuldige töten. [...] Wenn auch meine Auflehnung scheinbar zwecklos erscheint, [...] will ich dennoch einen Anfang, einen Versuch machen, mich dagegen aufzulehnen, [um] nicht meinem Gewissen und meiner inneren Einsicht zuwider zu handeln. Natürlich will ich ebenfalls dem Volk, in das ich hineingeboren bin dienen. Das kann ich auch durch meinen zivilen Ersatzdienst. [...] Weiter will ich meine Kraft und alle meine Möglichkeiten dafür einsetzen auf friedliche Art mein Land zu „verteidigen“, indem ich persönlich versuche Verbindungen mit den uns fremden Völkern und Ideen zu knüpfen.
Es ist hiermit natürlich noch lange nicht alles gesagt, was ich zu [...] meiner Entscheidung sagen kann. Aber vielleicht wird es für diesen Antrag genügen. Ich werde mich ja auch noch im Einzelnen vor dem Prüfungsausschuss aussprechen können!

DER SCHÜLER UND STUDENT, TITUS IV. AUF DER SUCHE NACH AUSLÄNDISCHEN BRIEFPARTNERN

IN AFRIKA

Reverend Helge Heisler,
Moravian Church, Rungwe,
TUKUYU – TANSANIA

18. November 1964

Lieber Herr Milech!
Sie haben es hoffentlich als nicht gar zu aufdringlich empfunden, dass ich Sie [...] so freiweg überfallen habe. Ich möchte den jungen Afrikanern gern den Gefallen tun, ihnen einen deutschen Briefpartner zu vermitteln. Der Ihre heißt: Godfray Zamzum [...] Wenn Sie ihm schreiben, dann also bitte auf Englisch. [...]

Pfarrer Heisler hatte eine kleine Gruppe von jungen Kirchgängern, unter welchen ich mich befand, nach dem Gottesdienst angesprochen, um ihnen einen Briefwechsel mit einem Afrikaner anzubieten. Dies kam für mich wie gerufen, und ich meldete mich sofort. Der Briefwechsel ist jedoch nach relativ kurzer Zeit eingeschlafen.

IN CHINA

Monsieur l'ambassadeur français,
Ambassade française,
Peking, China[171]

Tübingen, den 18. November 1965

Monsieur l'ambassadeur,
bitte nehmen Sie meine Bitte ernst. Sie ist mir sehr wichtig, und ich habe lange gebraucht, um mich zu entscheiden Ihnen zu schreiben! Man spricht hier viel über China und die Gefahr, die ihr radikaler Kommunismus mit sich bringt. Aber wir hier, wir können davon überhaupt nichts verstehen; und es gibt nur wenige Leute, die es versuchen. Also habe ich entschlossen zu versuchen, dieses Volk zu verstehen, bevor ich mir von ihm eine Meinung bilde. Ich weiß wohl, dass ich nicht das gesamte Volk kennenlernen kann, aber ich möchte wenigstens einen einzigen Menschen dieses Landes kennenlernen; jemanden genauso unbedeutenden wie ich selbst [...]. Deshalb bitte ich Sie von ganzem Herzen mir die Anschrift eines jungen Chinesen zu vermitteln, der mit mir Schriftwechsel haben möchte und der Deutsch, Französisch oder Englisch versteht. Ich bin 18 Jahre alt, besuche das Gymnasium und mache im nächsten Jahr Abitur. Ich interessiere mich für Chemie, Biologie und besonders für Philosophie und Religion. Ich mag sehr gerne Bücher, Musik, die Natur und den Sport.
Versuchen Sie bitte alles, um mir eine Brieffreundschaft zu vermitteln. Ich wäre Ihnen sehr dankbar. Ich habe keine andere Möglichkeit gefunden als die, Ihnen zu schreiben. Ich hoffe Sie verstehen mich! Und ich glaube, dass ich auf diese Weise ein ganz kleines bisschen zur Verständigung unter den Völkern beitragen kann. [...]
Ich möchte Ihnen sehr für Ihre Mühe danken! Hochachtungsvoll [...]

Kurze Zeit später erhielt ich tatsächlich eine Antwort von der französischen Botschaft aus Peking. Der Beauftragte rühmte mein Interesse, erklärte mir jedoch, dass die Republik China zur Zeit hauptsächlich auf ihre Innenpolitik konzentriert sei und deshalb – sicherlich noch für einige Jahre – für Studentenkorrespondenzen mit dem Ausland nicht empfänglich sei. (T.M.)

IN DER SOWJETUNION

Botschaft der Bundesrepublik Deutschland,
Moskau, UDSSR

Moskau, den 26. Februar 1968

Sehr geehrter Herr Milech!
Die Botschaft bestätigt den Eingang Ihres Schreibens vom 12.2.68. Leider muss die Botschaft davon Abstand nehmen, Ihnen einen sowjetischen Briefpartner zu vermitteln. Ein offener Briefwechsel, wie Sie sich wünschen, käme wegen des sowjetischen Überwachungssystems ohnehin nicht zustande, da sich der sowjetische Briefpartner hierdurch erheblichen Nachteilen aussetzen würde. [...]
Mit vorzüglicher Hochachtung, im Auftrag (Gründel) Legationsrat.

TITUS IV.' BRIEFWECHSEL MIT DEM DEUTSCHEN AUSLAND

Würzburg, den 2. Februar 1968

An die Redaktion „P 14"!
Es freut mich immer sehr, wenn ich im „Deutschland-Sender" höre, wie sich Volk und Staat in der DDR in Wort und Tat um Friede, Freiheit und Demokratie bemühen (in den Solidaritätserklärungen z.B.). Ich bin selbst auch ein vollkommener Kriegsgegner und Antimilitarist, und ich liebe den Frieden über alles. Deshalb habe ich als Wehrpflichtiger den Wehrdienst verweigert, muss also nie im Heer dienen, mache natürlich stattdessen einen ebenso langen sozialen Hilfsdienst. Ist das Verweigern des Wehrdienstes für konsequente Antimilitaristen auch in der DDR möglich, ohne dass demjenigen dadurch Nachteile entstehen? Wenn ja, wie? Es würde mir sehr viel Freude machen, wenn Sie meine Frage beantworten [...] könnten!
Mit bestem Dank! Hochachtungsvoll [...]

Deutscher Demokratischer Rundfunk, Deutschlandsender (DS)
Träger des vaterländischen Verdienstordens in Gold
DDR, 116 Berlin, Oberschönweide, Nalepastr. 18 – 50

22.4.1968

Lieber Titus,
erst einmal unsere Gratulation für die 14. Einsendung im Monat Februar. In wenigen Tagen werden wir Ihnen die „Faustgespräche“ mit Prof. Dr. Gerhard Scholz zusenden.
Doch nun zu Ihrer Frage: Seit dem 1. September 1964 ist es gesetzlich verankert, dass junge Menschen, die aus religiösen Anschauungen oder aus ähnlichen Gründen den Wehrdienst mit der Waffe ablehnen, den Wehrdienst verweigern können. Sie werden zum Dienst in Baueinheiten herangezogen und daraus erwachsen ihnen keine Nachteile. Sie können diese Anordnung des Nationalen Verteidigungsrates der DDR im Gesetzblatt der DDR Teil I, Nr. 11 vom 16.9.64 nachlesen. [...] Die Wehrpflichtverweigerung ist ein sehr differenziertes Problem in Ost und West. Lassen Sie uns deshalb noch etwas sagen. Sie schreiben selbst, dass Sie ein „vollkommener Antimilitarist“ sind. Das ist ein sehr ehrliches und anerkennenswertes Bekenntnis. Denn wir Deutschen haben nun mal die besondere nationale und internationale Verpflichtung, dass niemals wieder von deutschem Boden ein Krieg ausgeht. Das heißt also, wir haben auch die Pflicht, dem Militarismus in Deutschland den Nährboden zu entziehen. Das ist uns in der DDR gelungen. Ich brauche Ihnen nicht aufzuzählen, durch welche Maßnahmen wir es erreicht und durch welche Gesetze wir uns abgesichert haben, dass es nie wieder zu einem 1914 oder 1939 kommt. Und wir haben ständig unsere Kraft dafür eingesetzt, dass der Frieden erhalten bleibt, ob nun mit Vorschlägen und Maßnahmen an die UNO oder mit Vorschlägen an die Bundesregierung über den Verzicht auf Kernwaffen, auf Gewaltanwendungen, auf Kriegspropaganda etc. Leider reagierte letztere nicht darauf. Und solange von einem Teil der Staaten der Welt, auch der Bundesregierung, Wort und Tat nicht übereinstimmen, solange ist der Frieden bedroht. [...] Nun gibt es in der DDR Menschen, die es ablehnen, Wehrdienst in der Nationalen Volksarmee zu leisten. Sicher hat jeder von ihnen Gründe. Oft verbietet es der Glaube, so nehmen sie jedenfalls subjektiv an. Doch letztlich bedeutet das, dass sie unsere Armee, die ehrliche Friedensabsichten hat, die aber gegebenenfalls auch die Waffen gegen „Piratenstreiche“ erheben wird, zu schwächen suchen. Auch wenn es nur ein paar duzend sind und wenn es in ihren Augen nicht bewusst geschieht. Aus diesen Gründen sind wir – das verstehen Sie sicher – nicht für die Wehr-

dienstverweigerung, akzeptieren aber Ansichten und Glaubensbekenntnisse und geben jenen die Möglichkeit, einen Ersatzdienst zu leisten.
Wir hoffen damit Ihre Frage zu haben und verbleiben mit freundlichen Grüßen, Red. Jugendfunk, Deutschlandsender, Lamp.

24.1.1969

Sehr geehrter Herr Milech!
Besten Dank für Ihren Brief vom 22. 11. 1968[172]. Bitte entschuldigen Sie die Verzögerung, da wir aus Zeitmangel erst jetzt antworten können. Aus vielerlei Gründen fällt die Antwort umfangreich aus. Das folgende Manuskript stellte unser Mitarbeiter W. Dost zusammen. – Der Beitrag wird in einer der nächsten P14-Sendungen verwendet werden.
Mit freundlichen Grüßen, Rolf Schade, Jugendfunk DS.

Abschrift [des angekündigten Manuskripts]

Bekanntlich soll in der Kürze die Würze liegen. Nun, wenn wir uns mit der Antwort auf Ihren Brief nach diesem Küchenrezept richten, dann ganz bestimmt nicht, um für Ihren Geschmack vielleicht sogar zu überwürzen, sondern vor allem um der nötigen Klarheit willen.
Sie möchten, schreiben Sie, dass wir Ihnen eine sowjetische Medizinstudentin als Konversationspartner vermitteln. Tut uns leid: Obwohl die Beziehungen unseres Landes, wie Sie schreiben, zur UDSSR außerordentlich herzlicher, freundschaftlicher Natur sind, erklären wir uns für dergleichen Wünsche durchaus unzuständig. Auch in vergleichsweise belanglosen, kleinen Dingen, soll man von prinzipiell-wesentlichen Grundsätzen nicht abgehen. Wer sozusagen von der UDSSR was will, der möge sich, bitte sehr, direkt an ihre Adresse wenden – in diesem Fall vielleicht an den kommunistischen Jugendverband, den Komsomol, dessen Adresse zu erfahren keineswegs auf unüberwindliche Schwierigkeiten stoßen dürfte. Zumal es auch in der Bundesrepublik Organisationen, etwa den SDS [Sozialistischer Deutscher Studentenbund] gibt, die bereits über Kontakte zum Komsomol verfügen. Vielleicht gestattet Ihre so sehr betonte Individualität Ihnen, dennoch dort mal nachzufragen – obwohl es sich ja auch beim SDS um eine politische Organisation handelt, eine jener Einrichtungen al-

so, denen Sie als Gegner von politischen Gruppen, als Idealist und Individualist mit den Hauptinteressen lesen, Literatur, Theater, Kunst, reisen, reiten, wie Sie schreiben, ja wohl nicht gerade mit allzu viel Sympathie gegenüberstehen. Eine Haltung übrigens, der wir unsererseits nun ganz und garnicht mit Sympathie gegenüberstehen – um es so zurückhaltend[173] auszudrücken.

Damit sind wir schon bei der nächsten Frage, die Sie in Ihrem Brief an uns aufwerfen: Hätten Sie eine Stimme in der Bundesrepublik, schreiben Sie, würden Sie die DDR als völlig souveränen Staat mit allen daraus folgenden Konsequenzen anerkennen, unter der Bedingung – wörtlich: [...], dass der Reise- und sonstige Personenverkehr in beiden Richtungen völlig und ohne Formalitäten verlaufen würde. Was ist dazu zu sagen? Zunächst: Ob es dem Absender schon aufgefallen ist oder nicht, die DDR ist eine Sache, die durchaus nicht von der Anerkennung durch andere Staaten, womöglich gar von Einzelpersonen abhängt. Die DDR würde um nichts souveräner, würde sie heute oder morgen von der Bundesrepublik oder irgendeiner westlichen Regierung diplomatisch anerkannt. Sie ist souverän. Etwas anderes, sehr Nützliches, Wesentliches wäre allerdings die Folge: Mit der Aufnahme normaler, also zwischenstaatlicher Beziehungen zur DDR würde Bonn bekunden, dass es auf seine aggressiven Alleinvertretungsanmaßung, auf die in erster Linie für die Bundesbürger lebensgefährliche Korrektur der Ergebnisse des 2. Weltkrieges, verzichtet. Das wäre überaus nützlich, zumal wenn mit solch einem Schritt gleichzeitig auch alle anderen bestehenden Grenzen in Europa anerkannt, also etwa das Münchner Abkommen [1938] als von Anfang an für ungültig erklärt wird. Die Völker in Europa könnten aufatmen, sie hätten endlich wessen sie am meisten bedürfen: mehr Sicherheit. Denn niemand außer Bonn stellt heute territoriale Forderungen, bekundet durch den Mund seines Bundeskanzlers, dass es ihm im Gegenteil zur Sowjetunion darauf ankäme, den Status quo zu verändern. Sicherheit und Frieden würden gewinnen, würde in Bonn endlich Vernunft und guter Wille triumphieren.

Unsere Souveränität, wie gesagt, hat damit nichts zu tun. Die hängt nun mal in keiner Weise von guten oder bösen Willen irgendwelcher Störenfriede ab. Und weil das so ist, verspüren wir auch in keiner Weise Lust, uns von irgend jemanden irgendwelche Bedingungen stellen zu lassen. Dieser Hand nämlich, uns Bedingungen zu stellen, das gehört zur geistigen, politischen Haltung der CDU – und ob Sie wollen oder nicht, objektiv sind Sie von diesem Standpunkt gar nicht soweit entfernt. Erinnern wir uns, wer Deutschland gespalten hat und warum: Wie Heinemann eben noch einmal bekundet hat, die CDU, und zwar im Auftrag der Millionäre und zwar aus Angst vor unserem guten Beispiel, dass die schlechten Sitten eben dieser Millionäre hätte verderben können. Diese Politik war es, die uns dann in der Folgezeit, u.a. auch zum Bau der Mauer, zur konsequenten Sicherung der Grenzen gezwungen hat. Nicht wir, sondern die Bundesregierung hat im Übrigen jedes berüchtigte Handschellengesetz erlassen, dass jeden Besucher aus der DDR mit Gefängnis bedroht, sofern er sich zu seinem Staat bekennt – also das Natürlichste von der Welt. Von uns dagegen stammt der Entwurf eines Vertrages über die Normalisierung der Beziehungen zwischen den beiden deutschen Staaten, auf dem man in Bonn bekanntlich ebenso reagierte, wie auf alle anderen Verständigungsvorschläge von unserer Seite, nämlich mit vermehrter Aggressivität. Das sind die Tatsachen. Wir sind für normalen Reiseverkehr. Aber normaler Reiseverkehr setzt zunächst einmal normale Beziehungen voraus – also Verzicht, wie gesagt, auf die Alleinvertretungsanmaßung, darauf, uns irgendwelche Bedingungen zu stellen – mit einem Wort: Anerkennung der DDR ohne alle Tricks und Vorbehaltsklauseln. Wie es im Moment aussieht, sind wir von einer realistischen Haltung der Bundesregierung weit entfernt. Man mag das bedauern – aber damit ändert sich nichts am Sachverhalt. Und was sonst noch feststeht: solange junge Leute glauben, keine Stimme zu haben, solange sie sich mit ihrem Hang zur Individualität selbst isolieren und damit dem Gewicht ihrer Stimme jede Wirkung nehmen, solange man sich in seinen vier Wänden abschließt, solange ist für die anderen, die Störenfriede durchaus noch nicht Matthäi am letzten[174]. Positiv ausgedrückt: Sollen Vernunft und guter Wille sich durchsetzen, dann kommt es auf das Mittun auch jedes Medizinstudenten im 5. Semester an.

In der Hoffnung, dass Sie unsere offene Antwort so verstehen wie sie gemeint ist, und nicht etwa übelnehmen [...] bis zum nächsten Mal.

Nürnberg, den 11. April 1969

Sehr geehrter Herr Dost!

Haben Sie herzlichen Dank für die Beantwortung meiner Fragen an den Jugendfunk Berlin vom 24. Januar. Ganz besonders dankbar bin ich Ihnen, dass Sie mir so offen und unverblümt Ihre Meinung gesagt haben. Es mag zu einem kleinen Teil auch an einem unpräzisen Ausdruck meinerseits gelegen haben, dass wir in unseren Auffassungen so

auseinander zu gehen scheinen, dennoch, dazu bekenne ich mich ehrlich, mein „individualistischer Weltblick“ lässt doch noch sehr zu wünschen übrig [...]. Es gibt noch viel zu lernen für mich, das ist mir durch Ihren Brief klar geworden. [...] Es ist mir auch etwas anderes, sehr Trauriges aufgegangen: wie sehr wir, d.h. jede Einzelperson in jedem Staate [...] unfrei sind in unserem Wissen, Denken und damit auch Fühlen. Man wird so eingesponnen in eine Vorurteilsfülle, verbildet durch manipulierte Propaganda, eingeengt durch Schlagworte und oberflächliche Begriffe, dass wir uns [...] gegenseitig sehr entfremden und auseinanderleben. [...] Ich gebe Ihnen vollkommen recht in dem was Sie über die Souveränität Ihres Staates und die Verbohrtheit der CDU Regierung in Bezug auf die Alleinvertretungsanmaßung usw. schreiben. Ich glaube aber, dass es schon immer stärker werdende Stimmen in der BRD Regierung gibt, die sich zu einer realen Vernunft bekennen. Selbstverständlich bin ich mir meiner Stimme in unserem Staate bewusst, und ich werde versuchen sie auch so kräftig wie möglich einzusetzen. [...]
Nun noch einige weitere Fragen an Ihre Redaktion: [...] Dass die DDR mit dem Bau der Mauer die Bewohner Ihres Staates von dem unguten Einfluss der kapitalistischen und wirtschaftlich ungerechten Lebensweise des Westens schützen will verstehe ich schon, aber lohnt sich wirklich der enorme finanzielle und persönliche Aufwand, und wird nicht das Bild der DDR in den Augen des Auslandes etwas verdunkelt? Wenn in unseren Kreisen mit Sympathie von der DDR oder vom „Ostblock“ gesprochen wird und wir alles positive und fortschrittliche dort loben, so gibt es doch immer noch einen Punkt, der mir etwas Angst macht und der etwas beengt: die eingeschränkte Pressefreiheit. Auch hier sind wir oft sehr gehindert etwas gegen die Regierung usw. veröffentlichen zu können, aber dennoch bleibt allgemein das Gefühl, dass man in den sozialistischen Staaten noch weniger „das Maul aufreißen” darf. [...]
Kann man als Einzelreisender (aus der BRD) ohne eine Einladung oder eine Empfehlung zu haben, ein Visum für eine Besichtigungsreise durch die DDR bekommen? Und wie ist das möglich? [...]

12.5.1969

Sehr geehrter Herr Milech!
Im Auftrag meines Kollegen Dost danke ich Ihnen für Ihren Brief vom 11. April 1969. Er ist für etliche Wochen nicht in Berlin und bittet Sie um etwas Geduld. Nach seiner Rückkehr – etwa Mitte Juni – wird er den Meinungsaustausch mit Ihnen fortsetzen.
In der Zwischenzeit verbleiben wir mit freundlichen Grüßen,
Jugendfunk DS, Fleischhacker

Mir fehlte es nicht an Geduld, aber die versprochene Antwort kam nie. Wie auch immer, mein Entschluss war gefasst, mir mit eigenen Augen den „Ostblock" anzusehen. Nicht nur die Sowjetunion sondern auch möglichst alle andere Staaten des Warschauer Pakts wollte ich besuchen. (T.M.)

REISE IN DIE SOWJETUNION[175]

Ich erinnere mich nicht mehr welches deutsche Reisebüro mich mit dem sowjetischen „Intourist-Büro" vermittelte, jedenfalls war die Visaerteilung kein sonderliches Problem. Ich bekam eine Straßenkarte der UDSSR, auf welcher die Intourist-Routen mit allen dazugehörigen Dienstangeboten (Campingplätze, Hotels, Tankstellen) aufgezeichnet waren. Als Privatreisender mit eigenem Fahrzeug mussten diese Routen eingehalten werden (weil angeblich nur diese über die, für den privaten Tourismus nötigen Einrichtungen verfügen). Ich wählte meine Reiseroute aus (von Brest nach Moskau und von dort über Charkow, Rostow am Don und Sotchi nach Tiflis, Jerewan und Djulfa an der Iranischen Grenze), gab meine verschiedenen Bestimmungsorte an und bezahlte im Voraus, Camping-, Hotel- und Benzingebühren. Ein ausführlicher Bericht dieser abenteuerlichen Alleinreise, die mich bis nach Teheran führte, würde hier zu viel Platz einnehmen[176]*. Um doch kurz zu berichten nehme ich auf einen Brief Bezug, den ich kurz nach meiner Rückkehr an das Volkswagenwerk*[177] *geschrieben hatte. (T.M.)*

Nürnberg, Oktober 1969

Mein prächtiger, 12 Jahre alter „Käfer" [...] hat mich 17.000 km durch die ČSSR, Polen, die UDSSR, Persien (bis Teheran), den Irak, Syrien,

die Türkei und schließlich über Bulgarien, Rumänien, Ungarn und Österreich wieder nach Hause gebracht, ohne auch nur den kleinsten Schaden zu bekommen! Und ich hatte ihn nicht geschont. Zum Teil ging es über die unmöglichsten Straßen, durch Wasser, Matsch, Löcher, Schotter, Wüstensand und über steile Dorfstraßen, die üblicherweise nur von Eselskarren befahren werden.
Wie gut es mir sonst ging, wie ich überall freundlichst aufgenommen und eingeladen wurde (vor allem in Russland) kann ich in der Kürze gar nicht beschreiben.
Mein sicherster Führer waren mein völlig vorurteilsloses Vertrauen allen Menschen gegenüber und mein Wunsch, die Eigenheiten der anderen Völker kennenzulernen. Vielleicht auch meine Fähigkeit, mich schnell anpassen zu können. Von sehr großem Vorteil war es auch, dass ich allein gefahren bin, dass ich ein kräftiges Auto hatte mit einigen freien Plätzen für Autostopper oder meine Gastgeber. Auf diese Weise war ich immer nach kürzester Zeit mitten unter dem Volk und sah und erlebte vieles, was sonst keinem Tourist vergönnt ist.
Was Russland anbetrifft, so musste selbst ich noch einige Vorurteile ablegen; und vor allem haben mir Angehörige der Erwachsenengeneration ein völlig anderes Bild prophezeit, als das, was ich vorfand. Das Einzige, was ich beachten und einhalten musste, war die Reiseroute, die auf dem Visum eingetragen war. Aber selbst da habe ich mich um 300 km verfahren und kein Polizist hat was gesagt. Sonst konnte ich mir meine Zeit einteilen wie ich wollte. Ich habe bei meinen russischen Freunden zu Hause geschlafen, ich bin überall von jungen und älteren Leuten zu Diskussionen aufgefordert worden, habe täglich viele Anhalter mitgenommen: Studenten, alte Bauern, Arbeiter und sogar einen hohen Offizier; überall wurde ich eingeladen und herumgeführt, und immer nur von Privatleuten, niemals von Intourist Führern. Ich hatte vor der Reise auf der Volkshochschule etwas Russisch gelernt, sodass ich mich auch mit nur russisch sprechenden Personen recht und schlecht verständigen konnte. Kurz, ich habe dieses Land und besonders dieses Volk lieben gelernt. Es ist für mich ein außerordentlich schönes Gefühl gerade in Russland viele Freunde zu haben.
Die Jugend dort hat dieselben Probleme und Ambitionen wie unsere Jugend: man liebt das Leben, die Musik, die Romantik, die Kunst und die Liebe, nicht die Politik. Man liebt den Frieden, denkt international

und will Weltbürger sein. Ich kann mir nicht den winzigsten Grund vorstellen für einen Krieg zwischen unseren beiden Völkern. Alles, was hier und dort von oben her negierendes über das fremde Land verbreitet wird, ist blödsinnige Propaganda.
Auch habe ich erleben dürfen, wie gut und richtig mein Kriegsdienstverweigern ist. Wenn ich davon erzählte, konnte ich ganz konkret an Hand meiner eigenen Person meinen Friedenswillen demonstrieren! Es trug mir sehr viele Sympathien ein [...].
Außerdem bin ich zu der Überzeugung gelangt, dass wir die Oder-Neiße-Linie völkerrechtlich als Grenze unverzüglich anerkennen sollten [...], um endlich dem russischen Volk und seiner Regierung das nötige Sicherheitsgefühl zu verschaffen[178]. [...]
Auch von Polen und den anderen Ostblockstaaten bin ich begeistert, d.h. vor allem von ihren Bewohnern, ihrer Gastfreundschaft, ihrer Herzlichkeit. Überall bin ich eingeladen wiederzukommen.
In Persien, in den arabische Staaten und auch in der Türkei war die Gastlichkeit hin und wieder schon beinahe aufdringlich. Aber wie imponierend ist dieses orientalisches Leben, dieser Trubel, der Lärm, das Durcheinander, der Verkehr in den Hauptstädten! Es ist unfassbar, wenn man so mitten drin steht.
Bei ganz einfachen Leuten habe ich übernachtet, aber auch Ärzte und Lehrer, Polizisten und viele Studenten habe ich kennengelernt, die mir ihr Land zeigten. Im Euphrat bin ich geschwommen, auf Eseln und Araberpferden bin ich geritten. Ein sehr bekannter syrischer Bildhauer hat mir sein Atelier gezeigt. In der Türkei, in einem kleinen Ort musste ich eine Beschneidungsfeier mitmachen und mit den Männern singen, tanzen und trinken, den ganzen Tag und die ganze Nacht.
Es war ein einziger Rausch, ein unaufhörliches Erleben. Oft waren die Eindrücke so zahlreich und überraschend, dass ich sie kaum verkraften, kaum verdauen konnte. Erst als ich in Bukarest (wegen einer Schigellen-Ruhr) sechs Tage im Krankenhaus lag, kam ich ein wenig zur Besinnung, nachdem ich von den Fieberträumen, den Ohnmachtsanfällen, dem Schüttelfrost und dem quälenden Durchfall erlöst war. Ich habe auch das Kranksein zur Erlebnisbereicherung gerechnet.
So dumm es klingen mag, aber solche Reisen halte ich für die beste Friedensarbeit. [...]
Nicht zuletzt bin ich auch sehr dankbar, dass es unserer jungen Generation gegeben ist, auf diese Weise [...] die Fremde zu erleben und

nicht, wie die vorigen Generationen, im Krieg. Das ist, so habe ich die Gewissheit, jedenfalls von unten her, vorbei. Wir dürfen uns nur nicht von der dummen und falschen Propaganda erziehen und formen lassen, sondern müssen offen bleiben und den Feind in uns selbst suchen!

ZWEI BRIEFE AUS DER SOWJETUNION

In Moskau auf dem etwas außerhalb gelegenen Campingplatz baute ich mein Zelt auf und ging in die dortige Bar. Hier machte ich schnell mit zwei Studenten Bekanntschaft die mich zu sich einluden. Sie stellten mich einer Reihe ihrer Freunde vor, mit denen wir täglich Stadtbesuche und jeden Abend eine Party machten.
Untergebracht war ich bei Felix, einem Germanistik-Studenten in der Wohnung seiner Großmutter. Nach etwa einer Woche baute ich mein Zelt, in dem ich nicht eine Nacht geschlafen hatte, wieder ab und fuhr weiter nach Süden. (T.M.)

EIN BRIEF VON FELIX AUS MOSKAU

Moskau, Ende Januar 1970

Lieber Titus Rasputin[179]!
Beste Wünsche im Neuen Jahr, ich wünsche Dir viel Glück, Gesundheit und alles, was Du Dir selber wünschst. Ich bitte um Verzeihung, ich konnte früher nicht schreiben, weil ich nicht in Moskau war. Ich kehrte zurück nur Anfang Januar.
Einer meiner Freunde hat jetzt die Möglichkeit nach Westdeutschland zu fahren, und es scheint mir, dass es besser wird, alle meine Grüße, den Brief und kleine Geschenke mit ihm zu senden, denn mit Luftpost ist es leider viel länger. Deine Postkarte war in Moskau am 12. Januar, und der Brief kam aber schneller.
Von Zeit zu Zeit treffe ich Nonna, sie fragt, ob es Dir gut geht, grüßt Dich herzlich und hofft Dich endlich [zu] sehen – also sie ist verliebt grenzenlos.
Es wäre wunderschön, als Du meinem Freund Hilfe leisten könntest, wenn es nicht zu schwierig für Dich wird. Vielleicht könntest Du ihm mit der Wohnung helfen oder irgend einige Einkäufe werdet ihr zusammen machen. Er erzählt Dir alles besser selbst. Ich möchte gerne selber kommen, aber Du weißt ja, leider, dass ich zur Zeit keine Mög-

lichkeit habe. Im Sommer wirst Du vielleicht wieder reisen. Wohin fährst Du diesmal? Andrej grüßt Dich und hofft in etwa drei Jahren zu Gast zu kommen. Mir geht es gut, ich arbeite und studiere Deutsch Tag und Nacht. Oma war froh, dass Du sie nicht vergessen hast. Es grüßt Dich auch Sergej, der an Dir als an einen kleinen Fritz[180] erinnert.
Es drückt Deine Pfote, Felix

Auf der Weiterfahrt, zwischen Moskau und Charkow hatte ich mich verfahren, kam auf eine matschige Straße und hielt, als es dunkel wurde, in einem abgelegenen Dorf, namens Archangelskoje auf dem Hauptplatz an. Zufällig hatte ich mein Auto direkt vor der Polizeistation abgestellt. Viele Dorfbewohner versammelten sich um mich und einige luden mich in ihr Haus ein. Aber ein Polizist bat mich höflich ins Revier zu kommen. Dort wurde der Dorflehrer und Parteivorsitzenden, ein Russland-Deutscher herbestellt, der mich zu verhören begann. Als ich ihm nach etwa einer Stunde ernster Fragerei zu verstehen gab, dass ich müde sei und gerne schlafen würde, wechselte der Beamte plötzlich den Ton und lud mich, den „Eindringling" zum Übernachten in sein Haus ein. Ich wurde sehr liebenswürdig und gut bewirtet. Am nächsten Morgen machte ich einige Fotos von meinem Gastgeber, der mir einen Briefwechsel anbot. Hier einer der Briefe von Egon S., der nicht verloren gegangen ist. (T.M.)

Archangelskoje, 4. Februar 1970

Lieber Herr Milech!
Zuerst möchte ich mich bei Ihnen um Verzeihung bitten, dass ich so lange nicht antworten konnte. Ich lag lange Zeit im Krankenhaus. Und jetzt bin ich wieder gesund und arbeite in der Schule.
Das Foto ist schön. Ich und meine Tochter sind sehr dankbar dafür.
Sie fragen mich warum es keinen Briefwechsel zwischen UDSSR und Bundesrepublik geben darf. Das ist nicht so! Viele Menschen der UDSSR stehen im Briefwechsel mit den Menschen der Bundesrepublik. So, dass Sie auch das Recht dazu haben. Sie haben sicher davon gehört, dass zwischen der UDSSR u. der Bundesrepublik ein Vertrag geschlossen wurde. Die UDSSR wird der BRD Gas liefern.
Es freut mich sehr, dass Sie so glücklich zurückgekehrt sind, und sich erholt haben. Das Wetter ist bei uns nicht schlecht. Es schneit. Die

Temperatur ist von 10 bis 30 Kälte, aber unsere Kinder sind sehr fröhlich und laufen Ski u. Schlittschuh. Meine Frau u. Tochter sind gesund, was sie auch Ihnen wünschen. Wenn Sie noch Fragen an mich haben, so bitte ich Sie sie an mich zu stellen. Ich werde sie beantworten. Schreiben Sie bitte, wie es mit dem Studium geht u. alles andere. Bitte grüßen Sie alle Ihre Verwandte u. Bekannte, u. seien Sie selbst gegrüßt, Ernst S.
PS. Jetzt habe auch ich eine Frage an Sie. Ich möchte wissen, wie Sie u. alle friedliebende Menschen das 100. Jahr treffen werden. Welche Vorbereitungen Sie machen. – Warte auf Antwort.

Es handelt sich um die Feier des 100-jährigen Geburtstags Lenins (1870-1924). In meiner Antwort hatte ich sicherlich ein wenig übertrieben, was die Bedeutung dieses Jahres in der BRD *anbelangt.*
Gemäß Herrn S.' Wunsch, hatte ich ihm Fotos von entkleideten Frauen geschickt. Damit diese nicht zu provozierend wirken hatte ich Kabarett-Fotos aus den zwanziger Jahren ausgesucht. Danach erhielt ich von Herrn S. leider keine Post mehr. Ob dieser letzte Brief bei der Zensur hängengeblieben ist? Oder habe ich eventuell irgend etwas falsch verstanden ... ? Von meiner Reise zurück, im Oktober 1969 verlobte ich mich mit Nora[181]*. Im Herbst 1970 ging ich noch für zwei Semester nach Lyon und im April 1971 heirateten wir. – Wir verwirklichten somit, was meiner Mutter und Noras Vater 33 Jahre zuvor versagt geblieben war.*
Dieses Familienereignis gab mir den Anlass allgemein meine Briefwechsel zu beleben und insbesondere mit meinem Großvater väterlicherseits, Titus II. und meiner Großtante Heidi eine Verbindung auf zunehmen. (T.M.)

SO REICH AN ERINNERUNGEN

GROßTANTE HEIDIS GLÜCKWUNSCHBRIEF ZU UNSERER VERLOBUNG

Pfingstmontag, d. 18. Mai 1970

Lieber Titus,
so eine Freude hat mir schon lange kein Brief gemacht wie Deiner. [...] Ganz überrascht hat mich Deine Verlobung zu Pfingsten. Wohl wusste ich von Deiner Freundin Nora, aber nicht, dass es richtig ernst

damit ist. Ihr kennt Euch ja schon so lange und habt wohl Schillers Rat befolgt „Dann prüfe wer sich ewig bindet, ob sich das Herz zum Herzen findet. Der Wahn ist kurz, die Reu ist lang“. So nimm auch zu diesem entscheidungsvollen Schritt meine innigsten Wünsche hin für Dich und Deine liebe Nora, die ich hoffentlich bald persönlich kennen lernen werde. Ich freue mich schon sehr auf Euern Besuch und alle hier mit mir. Meine Enkel [...] sind richtig gespannt auf ihren Vetter mit den langen Haaren, von dem ich ihnen viel erzählt habe.
Die Tage mit Waldemar und Deiner Mutter waren beglückend harmonisch[182]. [...] Deine Mutter war entspannt und übersprudelnd lebhaft und hat alle Herzen im Nu gewonnen? [...] Die Fahrt über den Julierpass [...] nach Silvaplana, St. Moritz (die Stätten, die für mich so reich an Erinnerungen sind – in Silvaplana lernte ich vor 43 Jahren [meinen Ehemann] Andreas kennen) [...] war schön. Waldemar war recht gut zuweg und wirkte nie ermüdet und abgespannt trotz der weiten Autofahrten.
Weißt Du Dein Brief hat mich richtig beschämt. Du hast soviel in mich hineingelegt, Nora vorgeschwärmt, dass sie ganz enttäuscht von mir sein wird. Ich bin ja nur ein stilles unscheinbares Menschenkind, ohne etwas Bewundernswertes. Da hast Du in Deiner engsten Familie ganz andere, bedeutendere Menschen, z.B. Deine Großmutter Freia, die für ihr Alter bewundernswert jung und interessiert war für die Umwelt und dazu fabelhaft tüchtig. Wie tapfer hat sie sich mit ihrem schweren Leiden abgefunden und es geduldig ertragen. Du hast Deine Tante Anna, sie hat in ihrer stillen, lieben, bescheidenen Art auch Großes geleistet; und Deine Mutter Gesa muss ich auch bewundern. Sie hat in ihrem Leben viel Schweres durchgemacht und noch immer lastet auf ihr die Verantwortung für ihre 3 Kinder und ihren Beruf. Manches haben Du, lieber Titus, und ich gemeinsam: Eine gewisse harmonische Art, unsere Begeisterungsfähigkeit als Folge unseres Idealismus, der in den Menschen zuerst das Gute sieht. [...] Wenn ich jetzt als alte Frau an meine Jugend zurückdenke, kann ich fast nicht begreifen, dass ich so mutlos und schwer in die Zukunft sah. Aber das war wohl etwas die Folge von dem 1. Weltkrieg und der bedrückenden, traurigen Nachkriegszeit. Aber schon vorher als Kind war ich sehr still und schüchtern, ohne Selbstvertrauen. Nur daheim, in unserer harmonischen Familie war ich lustig und glücklich. Doch gerade die älteren Schwestern, die so hoch über mir standen, reif und begabt und tüchtig, und mich mit großer Liebe umgaben, nahmen mir selt-

samerweise das Selbstbewusstsein. Für Dich war wohl Deine Kindheit bei den Großeltern, ohne Vater, auch fast ohne Mutter ebenfalls nicht immer leicht. Aber nun bist Du ja im Begriff, Dir Dein eigenes frohes Leben aufzubauen. Ich glaube Du hast Dir einen Beruf ausgewählt, der Dich voll befriedigen wird. [...]
Mit vielen lieben Grüßen, Deine Tante Heidi [...]

ICH KANN NUR ABRATEN SICH MIT EINEM DINARIER EINZULASSEN.

EIN BRIEF MEINES VETTERS (IV. GRADES) UND NORAS BRUDER, PAUL

Paul war ein überdurchschnittlich begabter Schüler, aber noch vor dem Abitur „stieg er aus", blieb zu Hause und wurde zu einem „Eigenbrötler" oder umgangsscheuen Außenseiter. Er beschäftigte sich zwanghaft mit der Rassenkunde. Vielleicht war es die für ihn unverdauliche Nazi-Weltanschauung seines Vaters, die ihn geistig und sozial behinderte? (T.M.)

Ende April 1971

Liebe Brautleute !
Euer schönes Päckchen ist gut angekommen. Ich bitte mein verspätetes Dankschreiben zu entschuldigen. [Mein Bruder] ist ausgezogen, das Klavier musste abtransportiert werden, der Keller wurde entrümpelt [...]. Viel Lärm und Transporterei. [...] Nun ist wieder etwas Ruhe eingekehrt. Ich habe einen 2. Tisch bekommen, auf dem ich mich fürs Berufsleben vorbereiten muss. [...] Ich trage Worte und Satzteile mir unbekannter Art in mein großes Heft. Mittlerweile habe ich schon 6 große und 2 Vokabelhefte voll und viele, viele Einzelblätter. [...]
[Leider] habe ich hier in Bayern mit Menschen dinarisch[183] vorderasiatischen Einschlages sehr schlechte Erfahrungen gemacht. [...] Nachdem ich einmal [...] mir ein paar Menschen vor der Schultür und jeweils nur [ein mal] pro Schule [...] anschauen wollte, da schickten mir die Vertreter dieser Rasse sofort die Polizei auf den Hals. [...] Die ganzen psychischen und auch genetischen Fehler sind doch Folgen der zu starken Rassenmischung [...]. [Ihr beide] seid ja nicht dinarisch ausgeprägt, darum verstehen wir uns auch besser, als ich mit der hier ansässigen Urbevölkerung. Dinarisch vorderasiatisch sind auch Teile der Juden – nicht alle – weil deren Land stark durchgemischt ist. Nun

zum Schluss noch einige Erkennungsmerkmale der dinarischen Bevölkerung: Sehr große Nase, die vorne sehr merkwürdig gebogen ist [...], seltsam große Augen, dunkel mit sehr großen Augendeckeln, welche ihnen etwas Künstlerisches geben, breiter Kopf mit wenig Hinterkopf [...]. Ich kann nur jedem Menschen abraten und auch euch sich mit einem Dinarier einzulassen. [...] Nichts gegen Andersrassige auf gleichberechtigter Basis, aber niemand soll unter der Fremdheit [...] des anderen leiden. Psychohygiene müsste hier für Bayern südafrikanische Apartheit bedeuten, bei Bevorzugung des fälischen nordischen Elements. [...] Fälisch[184] sind die Bewohner Schwedens, Dänemarks, Hollands, Frankreichs, Spaniens, die Hamiten Nordafrikas usw.: spitze Nase, breites, flaches Gesicht. Nordisch waren die Völker des Schwarzen Meeres [und] Zentralasiens, [...] Urheimat der Indogermanen.
Mit besten Grüßen, Paul

WEGEN DER GROßEN ENTFERNUNGEN SIEHT MAN SICH ZU SELTEN

BRIEFE DES GROßHANDELS-KAUFMANNS I. R. TITUS II. AN SEINEN ENKEL TITUS IV UND DESSEN FRAU, NORA.

Burg i. D. (in Dithmarschen) den 24. Juni 1971

Meine Lieben!
Diesmal ist es Euer 83-jähriger Opa, Titus II., der Euch seine herzlichsten Glückwünsche zu Eurer Vermählung überbringt. – Leider hat mir der Herr Papa Titus III. zu spät Eure Adresse mitgeteilt.
Du, lieber Enkel, bist nun Titus IV. und mein Vater ist Titus I.
Ich wünsche euch alles Gute und seit herzlich gegrüßt von Eurem Opa Titus II.

Burg i. D. den 23. Juli 1971

Liebe Nora!
Deinen lieben, langen Brief, die Ansichtskarte von Titus IV. und die Fotos, habe ich herzlich dankend erhalten. [...] Vor allem freut es mich, dass es Euch gut geht, dass Ihr Euren Aufenthaltsort so gut gewählt habt und auch mit Eurer Wohnung zufrieden seit. Dass Du auch Schauspielerin bist, hatte ich schon von Titus III. erfahren.
Was ein alter Opa von 83 Jahren noch macht oder machen kann, ist ja schnell geschrieben. Vor allem bin ich dem Schöpfer dankbar, dass

meine Schwägerin, die aber auch schon 84 Jahre alt ist, bei mir ist und mich betreut. Meine Frau ist ja vor drei Jahren gestorben. Sie wurde 77 Jahre alt.
Ich sage immer, solange man hin und wieder noch zum Einkaufen gehen kann, muss man eben zufrieden sein. Ich würde nie in ein Altersheim oder Krankenhaus gehen wollen. Hier habe ich mein eigenes Zimmer und bin zufrieden.
Bis auf Klaus (48 Jahre alt), der hier in Burg verheiratet ist, sind meine Kinder viel zu weit fort: Titus III. in München und Christa (44 Jahre alt) in Köln-P. Wegen der großen Entfernungen sieht man sich eben zu selten. Nun wünsche ich Euch weiterhin alles erdenklich Gute. Seid, Du und Titus IV., recht herzlich gegrüßt, von Eurem Opa Titus II. u. von Tante Idchen.

Burg den 19. Mai 1973

Lieber Titus, liebe Nora!
Wie mir [...] Titus III. kürzlich mitteilte, hat Titus IV im Staatsexamen in 5 Fächern 5 Einsen bekommen. Dazu meinen herzlichsten Glückwunsch. Auch der [...] Titus III. hatte derartige Zeugnisse. Praktisch bedeutet das schon ein bestandenes Staatsexamen. Vielleicht hat Titus IV inzwischen schon seinen „Doktor“ gemacht. Ich bin sehr gespannt auf Eure Nachrichten. [...] Hoffentlich seit Ihr gesund und munter. [...]
Nun wünsche ich Euch viel Glück und alles Gute.
Euch beiden recht herzliche Grüße von Eurem Opa.

Burg den 26. November 1973

Mein lieber Titus quartus!
Noch recht herzlichen Dank für Deinen lieben Brief und herzliche Glückwünsche für die, Dir angebotene Stelle als wissenschaftlicher Assistent an der Universität in Würzburg. Dann freue ich mich schon auf Euren Besuch zum kommenden Frühjahr auf der Durchreise nach Wyk auf Föhr. Hoffentlich bleiben bis dann alle gesund und wird es nicht zu kalt in diesem Winter [...].
Nora und Du seid herzlich gegrüßt, von Deinem Opa Titus II. [...]

Im Frühjahr 1974 besuchten wir wie versprochen meinen Großvater Titus II. Er war geistig rege und sehr liebenswürdig, groß, schlank und hatte recht lange schüttere weiße Haare. Als wir zusammen zum

Kaffee in eine Gaststätte gingen drehten sich alle Gäste nach ihm um. Auch Tante Idchen war sehr gastlich. Sie sah etwas verträumt aus. Dies war mein erstes und letztes Treffen mit Titus II. (T.M.)

Poststempel: 7. Juli 1974

Liebe Nora, lieber Titus IV.!
Diesen Brief schreibe ich im Krankenbett. Ich wollte Euch nur von mir orientieren. Ich hatte inzwischen einen Schlaganfall bekommen und konnte nichts mehr machen. Deshalb entschuldigt mein spätes Schreiben und meine schlechte Schrift. Titus III. hat geschrieben, er hätte auch lange keine Nachricht von Euch erhalten. Christa ist [...] aus Köln zu Besuch bei uns, da ich morgen 86 Jahre alt werde. Vater Titus III. will uns auch besuchen. Schreibe bitte bald wieder.
Herzliche Grüße von Eurem Opa und Tante Idchen[185].

EIN BRIEF VON TITUS III AN TITUS IV

München, 21.9.74

Lieber Titus IV.!
Seit langer Zeit erhielt ich von Dir wieder ein Lebenszeichen; denn auch zu meinem Geburtstage am 10.1. dieses Jahr hatte ich nichts von Dir gehört. Dieses zufällige Zusammenfallen von erfolgreichem Abschluss Deines Studiums und der Funkstille war mir aufgefallen, obwohl ich sicher bin, dass es reiner Zufall war und es gewiss nichts bedeutet, wenn Du einen Geburtstag vergisst. Mir passiert das auch und wem nicht auch sonst? [...] Du wirst also am 1.11. Deine Medizinalpraktikantenzeit beendet haben. Helmut besucht jetzt die Fachoberschule und hat sich für einen technischen Beruf entschieden. Ruth bleibt in der Kunstakademie und könnte in 2 Jahren schon in den höheren Schuldienst gehen. [...] Es ist sehr schade, dass es mir auch diesmal nicht gelang die beiden – Ruth und Helmut zu einem Besuch bei Euch herumzukriegen. Es war eigentlich meine Absicht. Vieles lässt sich leider nicht zurückdrehen. Darum tut es mir leid. Aber ich hoffe, dass es Dir gut geht und ich wünsche dies allen meinen Kindern auch Paula, die nun bald 30 Jahre alt wird. In 3 Tagen will ich nach Kolberg Pom.[mern], jetzt Volksrepublik Polen fahren, um wenigstens einmal noch die Stadt meiner Väter zu sehen. Mein Vater ist dort groß geworden und mein Großvater Titus I. hat dort gewirkt. Die wichtigs-

ten Bauwerke – so auch die kathol. Kirche und andere Bauten um die Jahrhundertwende stammen von ihm. Vater hat sie mir oft gezeigt und erklärt. Ihm geht es leider zur Zeit nicht gut. Bei meinem letzten Besuch im Juli hatte er sich zwar von dem Sturz, der als Apoplexie aufgefasst wurde – sicher aber keine war – erholt, dennoch ist sein Zustand seit diesem Ereignis deutlich reduziert. Meinen Bruder hattest Du wohl in Burg nicht kennengelernt. Nun das Wesentliche: Zu Deinem Geburtstage meine besten Wünsche. Weiter möge Dir alles gelingen und zum Besten geraten.
Ich wollte Dir lange schon die folgenden Bücher schenken: Hoimar v. Ditfurth, 1. „Im Anfang war der Wasserstoff", 2. „Kinder des Weltalls", 3. „Zusammenhänge". Da ich nicht weiß, ob Du sie nicht schon hast, aber ein Barscheck.
Herzliche Grüße auch an Nora, Dein Vater T. III.

DER LETZTE BRIEF MEINES GROßVATERS TITUS II.

Burg d. 29. August 1975

Mein lieber Titus IV.! Nun will ich Dir schreiben nachdem ich Deine neue Adresse erfahren habe. Mit meinen 87 Lebensjahren geht es mir leider nicht besonders u. kann ich kaum gehen. [...]
Recht herzliche Grüße, Dein [Groß]Vater u. Idche.

19 Tage später verstarb Titus II. (T.M.)

Mein Großvater mütterlicherseits war bereits 2½ Jahre zuvor gestorben. Drei Monate vor seinem Tod erhielten Nora und ich den folgenden Brief von ihm. (T.M.)

BRIEF DES OBERSTUDIENRATS I. R. DR. PHIL. WALDEMAR HIMMELTOR AN NORA & TITUS IV.

Tübingen, Jan. 1973

Liebes Ehepaar Nora und Titus Milech!
Reichlich spät komme ich dazu, für das nette Angebinde zu Weihnachten und die lieben Wünsche zum Fest und Neuen Jahr, das jetzt schon bald 1 Monat alt ist, zu danken. Auch meine kleinen Gaben für euch kommen erst jetzt, da ich auf die [Schall-]Platte so lange habe

warten müssen; denn meine Bestellung von Mitte November 72 kam erst jetzt endlich an, obwohl das Rechnungsdatum der 22.11.72 ist. Offenbar ist die Sendung irgendwie liegengeblieben, denn der Poststempel ist vom 26.1.73! Wann ich das Päckchen werde zur Post bringen können, ist auch noch ganz unbestimmt, da ich den weiten Weg scheue und mit dem Wagen wegen vergeblicher Parkplatzsuche schon mehrmals habe unverrichteter Sache heimfahren müssen. Von den Parkplatzrunden könnt Ihr Euch gar keine Vorstellung machen, selbst das Parkhaus ist voll besetzt!
Herzliche Grüße, Euer Großvater Waldemar.

WIE VIEL KUMMER ICH EUCH DAMALS GEMACHT HABE!

Der folgende Brief meiner Mutter beschreibt, u.a. die Arbeit mit der Auflösung des Nachlasses ihres Vaters, meines Großvaters. (T.M.)

BRIEF DER ANGESTELLTEN DES LANDES BADEN-WÜRTTEMBERGS, GESA, AN IHREN SOHN TITUS IV.

Stuttgart, den 20 September 1973

Mein lieber oller Titus-Lümmel!
Nun will ich Dir schon heute zu Deinem Geburtstag recht viel Glück, Segen und Gesundheit wünschen. Morgen oder am Wochenende kommt mir sicher wieder allerlei dazwischen, und dann kämen mein Glückwunsch und das kleine „Präsent" – 20,- DM – zu spät. Du bist nun auch schon 26 Jahre alt. Wie doch die Zeit vergeht! Bei all der Kramerei fielen mir wieder Bilder von Dir in die Hände, auf denen Du noch ein kleiner Junge mit blonden Löckchen warst. Über 20 Jahre ist das her. Auch ein Schulheft aus dem 1. Schuljahr 1954 habe ich mir aufgehoben. Auf der letzten Seite hattest Du – mit Tannenzweigen, Lichtlein und Weihnachtskugeln umrahmt – einen Brief an mich geschrieben: „Liebe Mutti, komme doch bitte zu Weihnachten wieder zu uns zurück!" Und ich konnte doch damals nicht zu Euch kommen! Ich bin heute noch ganz traurig, wenn ich daran denke, wie viel Kummer ich Euch damals gemacht habe! Aber ohne diesen großen Kummer gäbe es heute keinen Wolfram, und ohne den wäre mein Leben jetzt sehr viel ärmer – und das Eure wahrscheinlich auch. Ach, es ist schon schlimm, dass man manchmal den Menschen, die man am meisten lieb hat, so viel Kummer bereiten muss. [...]

Wolfram hat sich – bescheiden wie immer – Opas Schreibtisch „unter den Nagel gerissen" und mir dafür Deinen überlassen. [...] Dabei habe ich festgestellt, dass noch ein Haufen Zeug von Dir da ist. Einen Teil davon habe ich bereits in eine große Kiste gepackt und in den Keller gestellt. [...] Die nächsten 4 - Wochenenden habe ich [...] noch mit dem Sortieren von Opas Sachen zu tun [...]. Nun lasst's euch nicht verdrießen, feiert schön am Montag und denkt auch mal ans „Mayerle"[186]. [...] Viele liebe Grüße und Küsschen auch für Norale,
von Deiner Mutti [...]

In der Tat verbrachten Nora und ich eine sehr gute Zeit bis wir uns ab 1977 auseinanderlebten. Ich zog allein in ein kleines Gartenhaus am Leutfresserweg in der Nähe der Würzburger Frankenwarte.
Im Sommer 1977 machte ich eine Art Studienreise durch Polen und im Oktober reiste ich nach Kreta. Kreta gefiel mir so gut, dass ich bereits 2 Monate später wieder dorthin flog. Begeistert von dem Klima in Kreta, entschied ich mich damals Deutschland zu verlassen und ans Mittelmeer zu ziehen. Schon seit geraumer Zeit träumte ich davon im Licht, in der Wärme und am Meer zu leben. Die deutsche Enge und Strenge, das ewig graue Wetter konnte ich immer weniger ertragen. Am liebsten hätte ich sofort in Kreta weitergearbeitet, aber ich sprach kein Griechisch und wollte meine Auswanderung gut vorbereiten. Das einzige Land am Mittelmeer dessen Sprache ich einigermaßen beherrschte war Frankreich. So suchte ich- und fand auch, ab Oktober 1978 eine Ausländer-Assistentenstelle an der psychiatrischen Uniklinik in Marseille. Ich fand ebenfalls eine kleine Wohnung oberhalb der „Corniche Kennedy" mit einem traumhaften Blick aufs Meer. (T.M.)

SICH SELBER IN DER FREMDE SUCHEN

AUS DEM TAGEBUCH DES DR. MED. TITUS IV. (1978-1982)

Marseille, den 14. Oktober 1978

Wenn ich im Stillen oder im Dunkeln mein Leben bedenke, über die wenigen dreißig Jahre hinweg, ergreift mich eine Freude und ein Schwindel. [...] So bitter und so schmackhaft war alles; und alles immer so gerade am Abgrund vorbei. [...]

Tübingen, den 2. Juni 1980

Ich bin für eine gewisse Zeit an meinen Geburtsort zurück gekehrt. Ich ging durch die Straßen und um die Häuser meiner Kindheit. Ich habe einen Schmerz, ich fühle eine Grenze. Ich bin mein Schmerz, und bewege mich langsam. Ich habe keinen Halt. Ich finde mich nicht [...] in meiner ehemaligen Heimat. [...] Diese kleine deutsche Stadt hat etwas Behütendes. Sie ist nicht unendlich wie das Meer. Sie ist wie eine große Familie, doch ihre Gesichter sind mir fremd. Wer hier wohnt muss dazu gehören. Ich bin fremd. Ich habe hier keine Wohnung. Ich habe nirgends eine Wohnung.

Ich sehne mich nach einem festen Ort, doch nirgendwo vermag ich zu bleiben. [...]

Würzburg, Leutfresserweg, den 19 November 1980

Ich sitze wieder in dem wilden Garten über der deutschen Stadt. Doch diesmal ist meine „Rückkehr" der Abschied. Ich habe mir dafür meine Hütte schön gemacht.

Das Gras ist nass und der Morgen ist eine Wolke.

Ende des Jahres 1979 lernte ich Hannah kennen. Sie machte ihre Famulatur auf der Station der psychiatrischen Uniklinik, für die ich verantwortlich war. Ab Mai 1980 lebten wir zusammen. Im Frühjahr 1981 übergab mir ein 20 Jahre älterer Freud seine Praxis und ich zog endgültig nach Marseille. Ein knappes Jahr später gestand mir Hannah, dass sie sich in einen anderen Mann verliebt habe. Wir trennten uns. Meine Enttäuschung und meine Niedergeschlagenheit waren nahezu unerträglich. Wieder einmal war ich von einer innig geliebten Person verlassen worden[187] *... Immer wieder überfielen mich „böse Gedanken". (T.M.)*

Marseille, 10. Januar 1982

Nun ist sie fort und lebt mit einem anderen. Andauernd bewegt mich der Drang die beiden zu überraschen und zu erstechen. Ich habe mir nie vorstellen können, dass ich eines Tages so entsetzliche und wahrhaftige Mordgelüste haben könnte. Aber ich habe sie. Wie in einem schlechten Roman ...

Und jetzt überlege ich mir, was von mir übrig bleibt. Wer ich eigentlich bin.

Hannah kam zurück im Sommer desselben Jahres. Auch ich kam zurück. Wir machten einige Reisen, waren erneut glücklich und ein Töchterchen kam auf die Welt.
Kippur 1983 hatten wir einen fremd-verschuldeten Motorradunfall, bei dem Hannah schwer verletzt wurde. Mit dem Schmerzensgeld konnte sie sich eine schöne alte Villa kaufen, unweit vom Meer. Ich brachte sehr viel ein in dieses wunderbare Haus mit seinem blühenden Garten. Alle Gründe hatte ich zu glauben nun endlich „gut angekommen" zu sein und meine neue Heimat gefunden zu haben. Jetzt hatte sich allem Anschein nach mein Traum erfüllt ... (T.M.)

LETZTE BRIEF DER GROẞTANTE HEIDI AN TITUS IV

Thusis, den 13. Februar 1991

Lieber Titus,
auf Umwegen ist gestern Deine liebe Geburtstagskarte mit den innigen Wünschen zu mir gekommen! Hab herzlichen Dank! Ich bin zwar sehr überrascht, von Dir ein Schreiben zu bekommen! Wir haben endlos lange nichts mehr von einander gesehen und gehört. Du wohnst ja weit fort in einem anderen Reich![188] [...]
Fein, dass es Dir und Deiner Familie gut geht. [...] Nach meiner Erinnerung hatte Deine Gattin einen schweren Unfall mit ernsten Folgen gehabt. Eure kleine Tochter geht schon mit Freuden in die Schule!
Ich habe im letzten Halbjahr Schweres, nach einem Sturz auf den Hinterkopf im Juni, durchmachen müssen: Gehirnerschütterung, Gedächtnisschwund und Bewusstlosigkeit. Meine Tochter Stanie nahm mich zu sich und pflegte mich. [...]
Mir geht es jetzt wieder besser.
Nochmals vielen Dank und herzliche Grüße von Heidi.

Großtante Heidi ist Ende 2000, einige Wochen vor ihrem 100. Geburtstag verstorben. Sie ist eine Zeugin des Jahrhunderts.
Gesa und Karl starben kurz nacheinander schon 1994, was dem alten Freund Gesas, Erwin S. den Anlass gab mir zu schreiben. (T.M.)

EIN FABELHAFTER, WUNDERBARER MENSCH!

BRIEF VON ERWIN S. AN TITUS IV.

Berlin, den 24. Oktober 1994

Lieber Titus,
durch die beiden traurigen Anlässe[189] brachte uns das Jahr 1994 gleich ein doppeltes Wiedersehen. Viele Wochen, gar Monate sind seitdem vergangen.
Für Dich beendet der Verlust der Mutter das Ende einer besonderen Zeit, man ist nicht mehr Kind, man hat sich als „Erwachsener" auf eigene Beine gestellt – und doch ist der Verlust der Mutter immer zu früh. Was nun bleibt ist die Erinnerung.
Wie oft haben wir mit Gesa von Dir und Deiner Familie gesprochen, d.h. sie hat uns viel von Dir erzählt – ich meine natürlich immer schon, so wie sie von Deinen Geschwistern erzählt hat.
Wir haben mit Gesa und Karl ganz, ganz liebe Freude verloren, in unserer Erinnerung werden sie weiterleben. Gute 60 Jahre liegt die erste Begegnung in Königsberg mit ihr zurück. Ich sehe noch heute „unsere Gea" mit den langen Zöpfen. Trotz aller Widrigkeiten der Kriegswirren riss die Verbindung nicht ab.
War ich in Königsberg noch „klein" – was verstand ich vom Leben? – um so mehr festigte sich unsere Freundschaft unmittelbar nach dem Kriegsende. Ich spreche jetzt nur für mich: Deine Mutter war für mich ein fabelhafter, wunderbarer Mensch! Wir hoffen, dass Du, lieber Titus, gesund und munter bist und auch Deine „zwei Frauen" wohl auf sind.
Ob Ihr in Marseille auch so einen wunderschönen, bunten Herbst habt, wie wir in Berlin? Wir genießen diese Zeit ganz besonders.
Alles, alles Gute für Euch und viele liebe Grüße an Dich, lieber Titus, an Hannah, Deine Frau, und Deine Tochter!
Dein Erwin und Christiane.

DIE GESCHICHTE UNSERER ELTERN GEHT IN UNS WEITER

EIN WEITERER BRIEFWECHSEL ZWISCHEN TITUS IV. UND TITUS III.

Marseille, den 22. Januar 1996

Lieber Tertius, liebe Blume[190],
unsere besten Wüsche an Euch für das Neue Jahr. An Tertius unseren herzlichsten Glückwunsch zum 79. Geburtstag. Und herzlichen Dank für die sehr interessante Autobiographie. [...]
Eure Generation war leider sehr, fast völlig von den äußeren Schwierigkeiten geprägt (Kriege und was dazu gehört). Wir (unsere Generation) haben danach die Möglichkeit gehabt die Schwierigkeiten in unserem Inneren zu entdecken. Deshalb ist die Verständigung zwischen unseren beiden Generationen nicht immer einfach. – Wie durch Zufall habe ich am Mittwoch den 10. Januar (Deinem Geburtstag) eine neue Psychoanalyse angefangen. Zu sehr mit mir selbst beschäftigt, habe ich den traditionellen Geburtstagsanruf völlig vergessen.
[...] Die Geschichte unserer Eltern geht in uns weiter, sichtbar oder unsichtbar. Oder anders gesagt, es ist besonders das, unseren Eltern unsichtbar Gebliebene, was in den Kindern weiterlebt. Daher ist es verständlich, dass viele Eltern gewisse Entscheidungen, Haltungen und Gedanken ihrer Kinder nicht nachvollziehen können und es zu einem Abriss der Beziehung kommen kann [...]. Tertius und Quartus haben die selbe Sensibilität, aber sie spielt sich bei jedem auf einer anderen Ebene ab: die, von Dir so geliebte Mathematik bleibt auf der geistigen Ebene, sie beschützt uns, weil sie abstrakt bleibt und weil sie klar, überschaubar und berechenbar ist. Die von mir so geschätzte Psychoanalyse wagt sich auf die seelische-, die Gemütsebene, fragt zunächst einen jeden nach dem, was er wirklich empfindet, ohne sich Geschichten zu erzählen; und danach macht sie sich Gedanken, wie sich die Dinge reimen in unserem menschlichen Dasein. Die Praxis der Psychoanalyse ist äußerst ungemütlich und beängstigend, weil wir von uns selbst erfahren, was uns nicht immer gefällt. Und vieles bleibt unklar, ändert sich und geht eigentlich nie richtig auf (im Gegensatz zu einer mathematische Problematik). Niemals ist Ruhe; es bleibt immer etwas übrig, im Dunkel ...
Attention, macht Euch keine Sorgen, trotz dieser nachdenklichen Gedanken geht es uns Dreien ausgezeichnet. Wir haben heute herrliches

Wetter und in unserem Garten blühen schon die Narzissen und die Margeriten. [...]
Noch eine Idee zu der Generationsfrage kommt mir gerade in den Sinn: die eine denkt, die nächste denkt nach, denkt danach ...
Ein schönes Jahr, ein gutes Jahr! [...]
Dein, Euer Titus quartus.

In diesem Brief versuchte ich einen angenehmen und annehmbaren Ton zu behalten, obwohl ich in Wirklichkeit recht verärgert war. Schon seit langer Zeit wünschte ich mir, den Mut aufbringen zu können, meinem Vater all das zu schreiben, was ich wirklich auf dem Herzen hatte. Das war mir allerdings erst fünf Jahre später möglich[191]*. (T.M.)*

Sauerlach der 26. Januar 1996

Lieber Quartus!
Gestern erhielt ich Deinen ausführlichen Brief. Vielen Dank für Deine guten Wünsche. Jetzt habe ich bereits über zwei Wochen meines 80. Lebensjahres hinter mich gebracht, und mit jedem dahingehenden Jahr wächst mein Erstaunen über die geradezu unheimliche Geschwindigkeit des Zeitenlaufs. Jeder muss es für sich hinnehmen und jeder erlebt es anders [...]. Wir Alten erleben dieses Davonjagen der Zeit wie den freien Fall. Es geht immer schneller, und jetzt sind wir kurz vor dem Aufprall.
Zuerst bitte ich Dich um Entschuldigung, dass ich diesen Brief mit der Maschine schreibe, wohl wissend, dass ein feiner Mann jeden persönlichen und privaten Brief von Hand zu schreiben hat. Doch Du würdest Dich schwer tun, meine Handschrift in angemessener Zeit zu entziffern. „Angemessen“ soll heißen, dass jemand in einem anstrengenden Berufsleben, wie Du, nicht zu viel Zeit für das Studium eines Briefes opfern sollte. [...]
Zwischen uns wiederholt sich jetzt Vieles, was sich vor einer Generationsspanne zwischen meinem Vater, Titus secundus und mir abgespielt hat. Auch mein Vater äußerte mehrmals den Wunsch, ich sollte, wenn irgend möglich, lesbarer schreiben. Doch er habe ja Zeit – viel Zeit – meine Schrift zu entziffern. So könnte er sich umso länger mit meinem Brief befassen, was ihm ja Freude mache. So etwa war es noch einmal eine Generation davor bei Titus primus und secundus.

Hilf bitte daran denken, dass Du bei Deinem nächsten Besuch die Originalfotos von Titus I. und Titus II. mitnimmst. Natürlich könnten wir ja auch einmal nach Marseille kommen. Man wird ja immer älter und leider auch bequemer, sodass die Seereise für uns das angenehmste Reisen ist.
Herr Prof. S. früherer Präsident unserer deutschen Ärztekammer wird in diesen Tagen 80 Jahre alt. Er hat wesentlich dazu beigetragen, dass die freie Niederlassung aller Ärzte im Europaraum verwirklicht wurde. Bei einer gemeinsamen Einladung habe ich ihm quasi in Deinem Namen für diese Initiative gedankt.
Deine philosophischen Betrachtungen haben mich interessiert. Da könnte ich anschließend gleich weitermachen. Es wäre ein ganzes Kapitel. So ist das Problem des analogen Erlebens auf verschiedenen Ebenen bzw. Dimensionen äußerst wichtig. Jeder Mensch hat seine eigene, ganz auf seine Person bezogene Wahrnehmung, die man auch als seinen Erlebniswert bezeichnen könnte. Da geschieht etwas und jeder erlebt es anders. Natürlich gibt es auch eine für die Menschen umfassende Wirklichkeit, die dann bis an die Grenzen der Erlebnisfähigkeit im Sinne Kants führt. Ein kleines Beispiel: jeder kann sich Linie, Fläche, Raum greifbar vorstellen. Aber wenn die Zeit als 4. Dimension hinzu kommt, gibt es für uns keine Vorstellung mehr. [...]
So viele Leben, so viele Welten. Alle sind sie vollkommen – die Leben und die Welten. Wo aber ist die wahre Wirklichkeit. Gibt es sie überhaupt? Leben die Welten nur in den Geistern? Schufen die Welten die Geister oder schufen die Geister die Welten?
Hier hatte ich unterbrochen, denn leider plagt mich zur Zeit eine Störung meines Bewegungsapparates. Du weißt ja, was ich für ein krummer Hund bin. Dann kam ein Missgeschick hinzu; [...] es ist zu einer Muskel- und Nervenzerrung gekommen, die nicht so schnell ausheilt, wie ich das gerne möchte. [...] In der Medizin gibt es nichts, was es nicht gibt. [...] Man muss warten. Medicus curat, Natura sanat.[192] Ein guter Freund und Kollege H. empfiehlt unter das Arztschild ein zweites Schild anzubringen: „Vorsicht Arzt!“ [...] Wenn Du wüsstest, welche Erlebnisse ich mit falschen Diagnosen und dementsprechend verkehrten Therapien gehabt habe, würdest Du mir vorschlagen, lieber darüber ein Buch zu schreiben, das dazu noch reißenden Absatz fände. Doch so etwas tut man als anständiger Kollege nicht. [...] Jetzt zu meiner Autobiographie: vierundfünfzig eng beschriebene A 4 Seiten

sind geschrieben. Nach einer Korrektur lasse ich die Maschine sie drucken, [...] für jedes meiner Kinder ein Exemplar. [...]
Gestern vor 7 Jahren ist Helmut gestorben. Er wäre am 23. Januar 1996 40 Jahre alt geworden.
Lieber Quartus, grüße Deine liebe Frau und die garnicht mehr kleine Tochter. Alles Gute!
Solltest Du eines Tages doch noch die französische Staatsbürgerschaft annehmen, dann müsste ich natürlich zu dieser Feier kommen!
Viele herzliche Grüße von Blume und Brummer, alias Tertius.

Titus III.' zweiter Sohn hat sich im Alter von 33 Jahren erschossen. Er litt seit vielen Jahren an einer Schwermut, die allen Behandlungsversuchen widerstand.
Ich selbst genoss mit Hannah und meiner Tochter ein angenehmes Leben. Ich hatte das Gefühl nun endlich eine neue Heimat gefunden zu haben, weshalb ich viel von meiner freien Zeit der Verbesserung unseres Heims widmete. Dabei hatte ich aber offenbar vor allem Hannah vernachlässigt. Schließlich fand sie anderswo was sie brauchte und im Sommer 1998 vertraute sie mir an, dass sie einen anderen Mann liebe. Ich hatte mein Vertrauen verloren und entschied mich, alleine zu leben. In der Nähe meiner Praxis fand ich eine kleine Altbauwohnung, in die ich nach einer ausgiebigen Instandsetzung mit einiger Verzögerung einzog. Einer meiner größten Träume hatte sein Ende schon überschritten. Eine uralte Wunde hatte sich geöffnet. Vier Jahre brauchte ich, um sie wieder notdürftig zu schließen und die alten und neuen Schmerzen des Unerwünscht- und Verlassen-Seins einigermaßen zu beruhigen. Während dieser aufgewühlten Zeit kam mir unter vielem anderen ein Geständnis seiner Mutter in Erinnerung, welches sie mir als ich etwa 16 Jahre alt war gemacht hatte. Dem Sinne nach erinnerte ich mich an folgende Worte:
„Als Du unterwegs warst, erlebten wir alle eine fürchterliche Zeit, und ein weiteres Kind auf die Welt zu bringen war ungefähr das Schlimmste was uns passieren konnte. Ich war so verzweifelt, dass ich sogar versucht habe, Dir das Leben zu nehmen. Ich wollte Dich erdrosseln, sah aber in Deine Augen ... und ließ los. Niemals in meinem Leben hatte mich ein Mensch mit so viel Liebe angeschaut! Wie beschämt war ich! Ich fühlte mich so sehr schuldig ... !"
Für mich bleiben diese Worte meiner Mutter die wertvollsten, die ich je von ihr gehört hatte. (T.M.)

JETZT ERST FINDE ICH MEINE SPRACHE WIEDER

AUS DEM TAGEBUCH DES DR. MED. TITUS IV. TAGEBUCH (1998-2001)

Marseille im Oktober 1998

Wir, die in einer Lust – oder in einer seelischen Not – gezeugt sind, die die Verantwortung der Erzeuger überschreitet; wir, die in einer Notdurft gezeugten, wir sind unter der Oberfläche zur Welt gebracht. Wir haben das Unmögliche, das Unlösbare zu erleben und zu bezeugen; das, was nicht da sein darf, was besser täte, nicht da zu sein. Also ist unsere Gegenwart die Vergegenwärtigung des Innersten, des Wirklichsten derer, die uns gezeugt haben. Eine Wirklichkeit die sie nicht mehr alleine tragen konnten.

Marseille im Dezember 1999

Als ich etwa fünf Jahre alt war sah ich meine Mutter nur noch Sonntags. Die Woche über studierte sie in einer etwa vierzig km. entfernten Stadt, was mir damals unvorstellbar weit vorkam. Paula und ich blieben bei den Großeltern in Tübingen. Jeden Sonntag Abend fuhr meine Mutter mit der Bahn ab. Die wöchentlichen Trennungen waren Qualen, an die ich mich noch sehr genau erinnere:

Ich stand auf dem Bahnsteig zwischen Oma und Opa. Mein großes Schwesterchen weinte still vor sich hin. Meine Mutter stand vor mir. Das war der Moment der Verabschiedung, des Abreisens: Während sie über meinen Kopf hinweg ihren Eltern die Hand reichte, hielt ich mich unten mit allen Kräften an ihrem Mantel fest. Dann bückte sie sich zu mir herab [und hob] mich auf ihren Arm. Ich umklammerte ihren Hals. Meine Tränen liefen und liefen. [...] Und jetzt kam das Schrecklichste, die Trennung, das Abreißen: [...] Der Schaffner pfeift. Es ist aus. Ich klammere mich an meine Mutter, wie ich nur kann. Man zieht an mir, man reißt mich von ihr ab. Sie ist verloren. Sie versteckt sich in ihrem eigenen Gesicht. Sie lässt es sich antun aber nicht ansehen. Sie springt auf den Fußtritt des nahen Wagons. Der Zug fährt ab, langsam, sehr langsam. Ich auch bin verloren. Ich verliere die Vernunft. Ich messe die Beschleunigung des Zuges: noch ist es möglich, ihn aufzuholen, ihm nachzurennen und aufzuspringen; jetzt auch noch, auch jetzt noch, immer noch, fast nicht mehr... jetzt ist es aus ... aus! Mir ist übel, schwindelig. Meine Augen ertrinken in den Tränen.

Alles ist Schimmer, Licht und Dunkel, Schimmer... schlimmer, immer schlimmer... [...] Ich weine, weine ...
– „weine nicht, weine doch nicht, Bübi!“ sagten die anderen.
Ich fühlte in meinem ganzen Leib wie es meiner Mutter zu mute war. [...] Sie blieb allein zurück. Ihr Schmerz, das war die tragische Verkennung durch ihre Eltern, die sie als „schlechte Mutter“ und zuvor schon als „schlechte Tochter“ verurteilten. Für sie war alles verloren. Ihre Eltern konnten sie nur missverstehen. Ich spürte all das, aber ich war völlig hilflos, obwohl das Wesentlichste meiner Gedanken und meiner Gefühle damit beschäftigt war den Weg und die Weise zu finden, meine Mutter, das Kind mit meiner Oma, der Mutter zu versöhnen. [...]
Alle die um mich waren nannten mich damals, „Bübi“, das Kind schlecht hin, ohne Namen. Das Recht, mit meinem Vornamen benannt zu werden wurde mir erst mit dem Schuleintritt erteilt. Bis dahin bin ich „Bübi“, das „Jungchen“, das „Jüngelchen“. Bis dahin habe ich keinen Namen, bin ich nichts (nichts, klein geschrieben). – Nein! Ich bin etwas: Ich bin sprachlos! Ich bin das Leid meiner Mutter. Ich bin das Leid der Mutter meiner Mutter. Ich bin das Leid des Vaters meiner Mutter. Ich bin mein eigenes Leid ... [...]
Und jetzt erst finde ich meine Sprache wieder, ein halbes Jahrhundert später. [...]

Marseille, den 4. Januar 2000

Alles spricht von der Nacht, von unserer Nacht, der Nacht unserer Zeit, der inneren Geschichte eines einzigen „Körpers“ untrennbarer Generationen. Ich stecke da mitten drin und trage diese Nacht mit mir herum. Was ich darin aufgelesen und darüber geschrieben habe ist keine Geschichte. Das ist mein Leben!

Marseille, den 16. Februar 2000

Die Tatsache ein unerwünschtes Kind zu sein ist eine Antwort: dieses Kind <u>ist</u> das Unerwünschte, das Entwischte, das Ausgerissene. Und dieses Kind wird zwangsläufig ein Ausreißer werden. Oder ein Aus-Reisender. Und wenn dieses Kind nicht da wäre, was und wo bliebe das Entwischte, das was sich uns entzieht? Ein ewiger Schatten, ein Gespenst? Das Kreuz, ein unerträgliches Leid, auf den Schultern und in den Eingeweiden der Eltern allein? [...]

Marseille, den 1. Oktober 2000

Es gibt Momente in denen ich mich völlig vereinsamt fühle, in dem Gefühl, dass alles verloren ist. [...] Der Schmerz des Vereinzelten ist der Andere, der weg ist, der sich um mich nicht kümmert, der sich um mich nicht schert, der sich um mich nicht schart... Meine Mutter, die ausgerissen ist... ab-gereist... einfach so...

Den Trost finde ich in dem tiefsten des Eigenen, denn dieses ist das tiefste Eigene des Anderen, das er in mir zurückgelassen hat, um von ihm fliehen und es verlassen zu können. Jemand, der nicht mehr von sich selbst bewohnt ist, der nicht mehr sich selbst, in sich beheimatet, dessen Kind (wenn er eines hat) muss sich das Verlassene seines Elternteiles zu eigen machen. Ich, der Verlassene, der zurückbleibt, bin das Verlassene meiner Mutter und das Verlassene meines Vaters. Deshalb wissen sie auch nichts mit mir anzufangen und fliehen mich. Mit dem Aller-Eigensten meiner beiden Eltern bleibe ich ganz allein. Ich bin ihr Tiefstes. – Und wer bin ich selbst? [...]

Marseille, den 31. Mai 2001

[...] Meine Eltern, in meiner „unglücklichen" Zeugung, die Zeugung, die ihnen entgangen war, haben mich dort hin gepflanzt, wo sie herkamen und wo sie nicht bleiben konnten. Mein Vater, der traditionellen „Weitergabepflicht" des Vornamens „Titus" gehorchend, übergab mich meinem Namen und Vornamen. Er ließ mich, als seinen „Namens-Vertreter" bei der Mutterfamilie, die er fliehen musste. So floh er auch vor mir und vor jedem Nachdenken über Sinn und Ursprung dieser Tradition. Er hatte mich gezeugt und ich zeugte von ihm. Meine Mutter ihrerseits übergab mich den Armen ihrer Mutter in welchen sie selbst nie einen wirklichen Platz hatte.

Auch die Geschichte meiner Mutter ist unmöglich: ihre Eltern, meine Großeltern wollten unbedingt einen Jungen, einen „Stammhalter". Dem ersten Kind wurde es vergeben, dass es ein Mädchen war, denn sie war ja schließlich nur das Erste. Da der Knabenwunsch jetzt noch dringender geworden war, kam es schnell zur nächsten Zeugung. Jedoch, Entsetzen, das Zweite war wieder ein Mädchen. Danach war erst einmal Ruhe. Vier Jahre später kam es dann doch noch zu einem letzten Versuch. Und siehe da! Jetzt war es endlich ein Junge! – Also: „Das Zweite war völlig überflüssig; das hätte man sich sparen können!" Das ständige unterschwellige Erleben dieser „Überflüssigkeit",

das meiner Mutter natürlich niemals offen zugestanden worden war, machte sie zu dem, was sie in den Augen ihrer Eltern wurde, ein „unerträgliches Geschöpf!"
Wenn nun schon meine Großeltern meine Mutter nicht wirklich wollten, dann sollten sie zumindest deren Kinder haben. Ihr nie erkanntes und noch weniger sich zugestandenes Schuldgefühl, ihrer „bösen Gedanken" wegen, hinderte meine Großeltern, „das Geschenk" ihrer Tochter abzulehnen. Und im Übrigen belebten wir Enkelkinder mit unserer Liebe und Unbefangenheit den traurigen Alltag eines traurigen und ewig zerstrittenen Ehelebens.
Ich verkörperte also meine Mutter, die ihrerseits den Irrtum ihrer Eltern verkörperte. Da ich meinerseits den Irrtum meiner Mutter verkörperte, gab meine Mutter ihren Eltern, mit mir, den Irrtum zurück. Sein Kind als einen Irrtum zu erleben beinhaltet zwangsläufig, den unbewussten Wunsch, dass dieses Kind verschwinde. Das Kind erlebt, ob es will oder nicht, diese unbewusste „Tötungsabsicht", auch wenn die Eltern nichts davon wissen wollen können. Dadurch haben wir mit meinen Großeltern den Fall, der übrigens gar nicht so selten ist, wo es die „Mörder" sind, die das Kind (oder die Kinder) des „Ermordeten" „adoptieren". In der gesamten Familiengeschichte war es meine Mutter, die den schlechtesten Platz hatte; besser gesagt, sie hatte überhaupt keinen rechten Platz[193]. Sie musste sich fortwährend einen erkämpfen, mittels ihrer „Angeberei", ihrer „Rechthaberei", ihrer „Streitsucht" und, warum nicht, ebenfalls in dem Gefühl einer erlesenen Nation anzugehören, was sie u. a. durch ihre beharrliche Begeisterung für ein „tausendjähriges Großdeutsches Reich" bewies.

Der letzte Briefwechsel zwischen Titus IV. und Titus III.[194]

Nichts scheint verständlicher als der Wunsch meines Vaters, sich ein eigenes Leben zu ermöglichen und das feindselige Haus der Himmeltor zu verlassen. Er will sein Leid vergessen und nicht zurück denken, also auch nicht zu sehr an seine Kinder. Eine neue Familie mit neuen und wirklich „eigenen" Kindern war sein Wunsch. Für mich allerdings war das Verschwinden des Vaters ohne Zweifel eine unverständliche und sehr schmerzliche Erfahrung.

Mehr als ein halbes Jahrhundert benötigte ich um meinem Vater endlich all das mitteilen zu können, was ich ihm gegenüber wahrlich auf dem Herzen hatte. (T.M.)

Marseille, der 27 April 2001

Liebe Alma, lieber Tertius!
[...] Bevor es zu spät sein wird, muss und will ich mein Leiden mit Euch teilen; sicherlich keine leicht annehmliche Sache für Euch, aber unumgänglich für mich, weil ich mit dem Leid, das ich bisher „brav" und „tapfer" getragen habe, nicht mehr alleine bleiben kann und will. Ich muss leider Euch Euren Teil zurückgeben, damit für mich das Leben weitergehen kann, damit nicht auch ich, wie Euer gemeinsamer Sohn, das totale Opfer werde und mich in meiner fast unheilbaren Opferbereitschaft zu Grunde richte. Nicht zu Grunde, sondern zum Grunde will ich mich richten. Auf-richten will ich mich und aufrichtig sein. Es ist eine tragische Geschichte, jedoch ist es nicht nur meine eigene Geschichte sondern vor allem auch Eure Geschichte.
Wie könnt Ihr geruhsam Eurem Lebensende entgegengehen und kranke oder tote Kinder hinterlassen, die nie den Mut hatten zu sagen, was sie wirklich denken, empfinden und empfunden haben?
Die Geschlechterfolge lehrt uns die Geschichte: heute hat meine Tochter als Erste die Courage aufgebracht mir zu sagen, dass sie mich nicht mehr hören will, und dass sie mich, schwach wie ich mich zeige, nicht mehr ertragen kann. Sie hat die Unerschrockenheit, mich, ihren Vater, klar und deutlich vor den Kopf zu stoßen und jedes Mitleid mit meiner Schwäche und meiner Unzulänglichkeit abzuweisen. Dass ich fähig bin, ihr Selbstbewusstsein und ihren Lebenswillen zu beglückwünschen, erleichtert mich sehr, obwohl mir, dem Kind in mir, ihre Worte sehr weh tun. Ich halte meinen ererbten Reflex zurück, mich auf mein Leid zu berufen oder auf mein angebliches „Recht" zu pochen, „als Vater geliebt und geachtet" zu werden. Ein Irrsinn wäre das. [...]
Eure Tochter, Ruth, hat dasselbe getan, nur habt Ihr dies leider nicht annehmen können; im Gegenteil, Ihr habt sie verurteilt. Das ist entsetzlich. Es bleibt Euch nicht mehr viel Zeit übrig, um Eure Einstellung zu ändern.
So, wie all unser menschliches Leid, unsere Krankheiten und unsere Kränkungen immer durch mehrere Generationen begründet sind, so ist

auch meist unsere Heilung nur in den uns folgenden Generationen möglich. Ich teile Euch hier mit, dass, dank der Zwischenstation, der „Scharniergeneration“, die ich, voll von Schmerz, verkörpere, Deine Enkeltochter, meine Tochter, es geschafft hat, sich für ihr Leben zu entscheiden, und dass sie nicht mehr ihr Leben aufopfert um ihre Eltern, insbesondere ihren Vater, zu heilen und zu erlösen.
Im Gegenteil dazu habe ich die aufrichtige Sorge um Euern Enkel David, der den Platz von Helmut, Eurem Sohn übernommen zu haben scheint, das heißt: die Hingabe seines eigenen Lebensentwurfes, um die uneingestandene Lebensangst seiner Großeltern zu beschwichtigen. Wird er das nächste Opfer, das Ihr „guten Gewissens“, ohne zu wissen, auf dem Gewissen haben werdet?
Was mich betrifft kannst Du, Tertius, beruhigt sein, denn anstelle meine Tochter zu beschimpfen und zu beschuldigen oder von ihr zu verlangen, dass sie meinen Mangel an Vaterliebe repariert, wende ich mich an die richtige Adresse, dorthin, wo ein bedeutender Teil meiner Mängel entstanden ist. Ich wende mich an die Adresse meines Vaters.
Eine Familie, eine Geschlechterfolge ist ein gemeinsamer Körper. Damit das Leben weitergehen kann muss es möglich sein, das gemeinsame Leid „gerecht“ zu verteilen! [...]
Dieser Tage habe ich mich ständig mit sehr aufdringlichen Selbstmordgedanken [...] herumgeschlagen, mit dem Gefühl, dass dies der einzige Ausweg für mich ist, um niemanden, vor allem Euch, durch eine Aussprache zu verstören.
Meine fast dreißigjährige berufliche Erfahrung erleichtern es mir wachsam zu bleiben, um mir immer weniger selbst etwas vorzumachen. Ich könnte mir jetzt z.B. sagen: Das ist nur eine depressive Erkrankung, genetisch vererbt ... Oder: alles kommt von einer momentanen Liebesenttäuschung [...]. So einfach sind die Dinge jedoch sicherlich nicht. Solche Ausflüchte erzählen wir uns, um der Tragik unseres menschlichen Daseins nicht ins Auge zu schauen. [...]
Um mir nicht das Leben zu nehmen, muss ich einen Teil meines Leides dahin zurückgeben, wo es herkommt, an Dich. Was ich am meisten von Dir vermisste, waren klare Bezeugungen der Anerkennung meiner [eigenen, ganz persönlichen] Welt! Dieser Mangel ist noch weit bedeutender von Seiten meines Vaters und seiner Frau als von Seiten meiner Mutter. Nur ein kleines Beispiel: Die allermindeste Geste der Anerkennung eines Individuums besteht darin, dass es, da

wo es lebt, in seinem von ihm geschaffenen [...] Lebensraum besucht und gewürdigt wird. Wie oft habe ich Dir Zeichen gegeben, welche fundamentale Bedeutung, Dein, Euer, Besuch für mich hätte. Ihr seid in der ganzen Welt herumgereist, aber zu mir seid Ihr nie gekommen. In keinem meiner Zimmer oder Wohnungen habt Ihr mich besucht. Eure Ausreden sind leider lächerlich. Ihr habt sicherlich nicht die geringste Ahnung, wie verletzend eine solche „Nachlässigkeit" ist. Wie sehr wurde mir dadurch bewiesen, dass ich für Euch in Wirklichkeit nicht vorkomme! Alle Eure Entschuldigungen heben nicht das Geringste an den tiefsten Schmerzen auf, die ich empfunden habe. Es war immer ich, der zu Euch kam, in der Hoffnung, dass Ihr eines Tages etwas verstehen werdet. Ihr habt nichts verstanden, Ihr habt Euch nur um Euch selbst gesorgt, unwissend und verängstigt, wie kleine Kinder. Von einem, [sich mir wirklich zuwendenden] Vater keine Spur. Ein armer, freilich gelehrter Mensch, völlig der Angst, von seiner Frau nicht mehr geliebt zu werden, unterworfen. Und Deine Frau hat immer nur „den Schein bewahrt". [...]
Nun zum Thema des „wenigstens den Schein bewahren"[195]. Vor zwei Wochen ungefähr erhielte ich ein kleines Päckchen von Eurer Tochter, Ruth. Darinnen befand sich ein Bündel von Briefen[196], adressiert an „Herrn Dr. med. Titus Milech". Mein erster Gedanke war: „wer hat mir Briefe geschrieben, die in die Hände von Ruth gekommen sind?" Dann drehte ich den Umschlag um und las als Absender noch einmal „Titus Milech". Plötzlich war mir ganz komisch und flau im Magen. Mir wurde das Unvorstellbare klar: das sind die Briefe, die ich, Titus Milech an Dich, Titus Milech geschrieben habe. – Niemals hätte ich mir vorstellen können, dass Du, mein Vater, Dich von den Briefen trennen würdest, in denen ich Dir in aller Offenheit und mit intensiver Zuwendung mein Herz ausgeschüttet hatte! – Oder war es Deine Frau, die sie bei der Gelegenheit zusammen mit denen, die Euch Ruth geschrieben hatte, an Eure verbannte Tochter zurückgesendet hat? Habt Ihr eine Idee davon, wie grausam so etwas von einem Kind empfunden werden kann? Sicherlich nicht! Das heißt, dass leider alle Eure Intelligenz und Bildung, zum Lieben Eurer Kinder nicht viel genützt hat. Anders gesagt heißt das, dass alle Intelligenz, wenn sie nicht mit einer schonungslosen und ständigen Selbstbefragung einhergeht nur dazu nützt, sich selbst und den anderen etwas vorzumachen. Für sich selbst kann das freilich lebensrettend sein oder vor entsetzlichem Leid

bewahren. Für Eure Kinder aber ist das schrecklich kränkend, krankmachend oder tödlich. Ihr und Euer Nachwuchs sind ein tragisches Beispiel hierfür.
Ich habe fast alle meine Briefe wiedergelesen und noch einmal Stunden und Stunden geweint. Damals (in Wien) ging es mir in Wirklichkeit seelisch schlecht, sehr schlecht. Tag für Tag trug ich mich mit einem Zentner schweren Gewicht im Magen herum, [...] in meinen Briefen ließ ich jedoch nur beruhigende Worte hören, weil ich wusste (ohne dies damals näher analysieren zu können), dass Du [...] Schonung brauchtest. Einmal habe ich Dich nicht geschont, als ich mich, gegen Deinen Willen entschlossen hatte, in Wien zu studieren. Deine Antwort darauf war für mich ein Dolchstoß, mitten ins Herz[197]! [...] – Ich bin heute fast vier Jahre älter als Du zu jener Zeit. – Immer nur vollen Herzens und in vollem Vertrauen bin ich auf Dich zugegangen, jedoch Deine herzlose Antwort an einem für mich so entscheidenden Moment, wo es um mein Bedürfnis ging, [...] hat bewiesen, dass Du, wenn auch unbewusst, von Deinen eigenen Ängsten und Bedürfnissen völlig befangen und bevormundet warst. – Ich habe sehr lange gebraucht, um mir zugestehen zu können, dass Du, Ihr beide, mit mir als eigener Person, nichts anfangen konntet und könnt, dass Ihr mich als eigene Person ständig gemieden habt. Mein Gefühl ist, dass Tertius etwas davon spürte, und dass es ihm nie so richtig wohl im Herzen war, was mich anbelangt. Er hat dies Unwohlsein verdrängt, um die Zuwendung seiner Frau nicht zu verlieren. [...]
Jahrelang habe ich geglaubt, glauben wollen, einen Vater zu haben; wie häufig habe ich geweint und war tiefst schwermütig in meiner brennenden Sehnsucht nach einem Vater. [...]
Ich kann mein Leiden an Deiner seelischen Abwesenheit für mich, Tertius, nicht mehr länger verschweigen! Es ist das Ergebnis Deiner seelischen Abwesenheit Dir selbst gegenüber, Deinem eigenen seelischen Krank- und Gekrängt-Sein. Da Du Dich diesem nie wirklich oder nur ungenügend gestellt hast, habe ich es übernommen und es mir zu eigen gemacht. Ich habe es tragen gelernt. [...] Mein erstes Anliegen war immer, Dich zu beschützen, freilich in der Hoffnung einer wirklichen, für mich fühlbaren Anerkennung meiner Existenz durch Dich.
Die letzte Gelegenheit war mein Vortrag im März dieses Jahres in München. Meine innigste Erwartung war [...], dass Du mir die Ehre

gewährst meinen Vortrag[198] [...] anzuhören, ohne Dich darum bitten zu müssen! – Du gehst ja noch ab und zu ins Theater. Oder ich hoffte, dass Du mir vorschlägst, als ich am Vorabend bei Euch war, in Eurer Gegenwart eine Generalprobe meines Vortrags zu machen. [...] Oder ich hoffte, dass Du mich wenigstens darum bittest, mein Manuskript zu lesen! Nichts von alldem geschah! Nicht die geringste Geste! Und das in aller „liebevollen" Natürlichkeit! Es gibt keine Entschuldigung! Für mich war dies die letzte offenkundige Bestätigung Deiner Abwesenheit Deinem eigenen Sohn gegenüber, die Evidenz eines, einer Behinderung gleichkommenden, unheilbaren Mangels bei Dir.

Ihr habt Euch Eure seelische Behinderung nicht gestehen können, oder wollen. Ferner seid ihr, ohne es zu wissen (oder wissen zu wollen), dem Reflex unterlegen, sie Euren Kindern zum Vorwurf zu machen! [...] Der Wahn-Witz oder Wahn-Sinn daran ist, dass die Eltern dem Kinde den Schaden vorwerfen, den sie selbst an dem Kinde verursacht haben! – Mit Ruth habt ihr genau das getan! Ein Glück, das sie sich gerettet hat; was aber nicht heißt, dass ihre Gesundheit gesichert ist. Sie wird gefährdet bleiben, solange Ihr Euren Irrtum und Euren eigenen Mangel ihr nicht klar und deutlich kundgetan habt. Gefährdet sind auch ihre Kinder; vor allem ihr Sohn, nicht weil sich seine Mutter nicht genügend um ihn kümmert, sondern weil er, an der Stelle von Ruth, es sich zur Obliegenheit gemacht hat Eure seelische Behinderung zu verschleiern.

Zuvor hat das Helmut, Euer Sohn getan; seine Lebensaufgabe war es geworden an Eurer Stelle leidend zu sein und Eure seelische Behinderungen damit unsichtbar und erträglich zu machen. Dabei hat er sich bis zur Erschöpfung seiner seelischen Kräfte und seines eigenen Lebenswillens aufgegeben. Nur sein Freitod konnte ihn von dieser Last befreien. Ich sehe diese Tat als seine einzige wirklich eigene Entscheidung. Hier hat er, ein für alle Mal, nicht Euren Wunsch, sondern seinen eigenen befolgt. Den Wunsch nach „ewigem Frieden". [...] Nun bin auch ich am Ende meiner Kräfte. Ich kann Dein Leid nicht mehr länger tragen, Tertius. Ich gebe es Dir mittels dieses, für Dich, (für Euch) sicherlich sehr schmerzlichen Briefes zurück. [...] Ich kann meine Gefühle und Gedanken, Dich, Euch betreffend nicht länger in mir zurückhalten. [...]

Zu Beginn der Niederschrift dieses Briefes hat mich eine seltsame Vision unablässig begleitet: ich stoße Dir, Tertius, einen Dolch ins Herz.

Ich drücke Dich an meine Brust. Wir weinen beide sehr lange und lautlos, bis Du tot bist. Dann lege ich Dich sanft zu Boden, ziehe den Dolch aus Deiner Brust, richte mich auf, wische das Blut von der Schneide und gehe meines Weges. Erleichtert!
Eine unvorstellbar schwere Last ist von mir gefallen. Die Schwermut ist weg, wie durch ein Wunder. Es ist Tag geworden, hell. Ich sehe wieder alles um mich herum. Ich bin stolz und froh zu existieren und scheue mich endlich vor niemandem mehr. [...]
Genau so fühle ich mich jetzt, wie neu geboren. Ich habe endlich meinen Frieden wieder. [...]

Sauerlach, den 29. Mai 2001

Lieber Titus quartus,
es tut mir leid, dass ich Dir erst heute auf Deinen Brief antworten kann. Ich hatte Schwierigkeiten in einigen Teilen den Sinngehalt zu verstehen, musste immer wieder nachlesen. Du musst bedenken, dass ich mittlerweile das 85. Lebensjahr erreicht habe und nicht mehr die mir früher so angenehme schnelle Auffassungsgabe besitze. Doch eines habe ich wohl sicher erfasst, dass Du Dich in einer seelisch angespannten Lage befindest. Wenn Du vielleicht auch Zweifel haben solltest, so ist für mich absolut sicher, dass Du mir lieb und teuer bist und ich immer wegen Deiner Leistungen stolz auf Dich bin. Lass Dich von niemandem irre machen und bleibe wie Du bist.
Es grüßt Dich herzlich, Dein Vater, Titus tertius.

Marseille, der 26 Mai 2002

Lieber Titus tertius,
es hat mich gefreut, dass Du mir geschrieben hast. Freilich hatte ich nicht die Erwartung, dass Du mein Erleben nachempfinden kannst. Wenn es so wäre, dann wäre alles nicht so wie es ist. Was mich, ich glaube endgültig, Dir gegenüber erleichtert- oder eher befreit hat, ist die Tatsache, dass ich endlich aussprechen konnte, was mir [...] seit über fünfzig Jahren auf dem Herzen lag; und dass Du meine Aussagen zur Kenntnis genommen hast. – Auch wenn die Eltern nicht verstehen, was ihr Kind ihnen sagt, die Tatsache, dass es wagen kann sich auszusprechen und dass sie zuhören, ist bereits ein Zeichen des elterlichen Respekts für ihr Kind. Ich empfange diesen mit Dankbarkeit.

Ein paar Worte zu Deinem Brief: meine Leiden in meiner Vaterbeziehung kamen nicht daher, dass ich mich in einer seelisch angespannten Lage befand. Die Kausalität ist umgekehrt: ich befand mich in einer seelisch angespannten Lage, zu einem großen Teil wegen der qualvollen Mängel in meiner Vaterbeziehung und wegen meines Unvermögens, Dir endlich einmal genau das zu sagen, was ich wirklich Dir gegenüber empfinde und denke.
Auch irrst Du, wenn Du denkst, ich lasse mich von irgendetwas oder jemanden irre machen. Auch hier ist der Sachverhalt umgekehrt: ich habe geschrieben, was ich geschrieben habe, weil ich mich endlich nicht mehr meiner innersten Gefühle und Gedanken schäme und weil ich mich nicht mehr beeinflussen lasse von meiner kindlichen Angst der Vaterfigur gegenüber, Angst vor seinem Ärger oder der Angst, dass er mich nicht mehr liebt und mich verlässt. Ich habe endlich, in meinem 55. Lebensjahr, herausgefunden, dass das Allerschlimmste, was ich bezüglich meines Vaters befürchtete, mir ja gar nicht mehr passieren kann, weil es ja schon längst, als ich 2 Jahre alt war passiert ist: dass er mich verlässt, dass er nie mehr wirklich wiederkommt und er nichts mit mir anfangen kann. Bis in dieses hohe Alter habe ich mir unverändert, wie einst der kleine Titus, etwas vorgemacht, geglaubt, gehofft ... Ich bin ein perfektes Beispiel, wie naiv der Mensch noch in reifem Alter sein kann, wenn es um seine tiefsten Gefühle geht.
Ich habe in den letzten Monaten die Tagebücher meines Großvaters, Waldemar Himmeltor aus den Jahren 1944 bis 1950 gelesen, die mir noch einmal verdeutlichten, was mir schon mehr oder minder bewusst war: nach dem Krieg hast Du keinen wirklichen Platz mehr bei Deinen Schwiegereltern gehabt. Außerdem war es in den damaligen Umständen für Dich unmöglich, Dich als selbständiger Familienvater zu fühlen und zu behaupten. Überdies hat der dauernde Druck, Dein Studium zu beenden dazu geführt, dass Du Dich nicht wirklich in uns Kinder und unser Erleben einfühlen konntest. Deine wirklich <u>eigene</u> Familie konntest Du erst in Deiner zweiten Ehe gründen.
Das Verrückte in unserem Menschenleben aber ist, dass sich das Kind im allgemeinen um so intensiver seinen Eltern zuwendet, je grösser und schmerzlicher der Mangel der elterlichen Gegenwart ist. In dieser frühkindlichen Zuwendung sind Intensitäten im Spiel, die sich kaum jemand vorstellen kann.

Ich kann das alles nachvollziehen, weil ich es bewusst erlebt habe und noch heute davon geprägt bin. Ich habe Dich als Kind aufgesogen in mir. Meine kindliche Sehnsucht nach meinem Vater und nach einer Erklärung für sein plötzliches Verschwinden war so immens, dass ich diese Sehnsucht auch nach unserem Wiedersehen, nach meinem 12. Lebensjahr beständig mit mir herum trug. Freilich war mein größter Wunsch, dass ich es erreichen würde, Dich als Vater wiederzugewinnen. Deshalb habe ich Dir in meinen vielen Briefen, ohne Vorbehalt, mein Herz geöffnet. Weil in meinem Herz auch der Teil Deines Herzens enthalten ist, dem Du immer geflohen bist, hast Du vor ihm Angst bekommen und es gescheut, mit ihm einen wirklichen Kontakt aufzunehmen.

Die, für mich so bedauerliche, für Dich aber sicher unvorstellbare Ungleichheit zwischen Deinem Platz in mir und meinem Platz in Dir [...] wird sich wohl im Konkreten nicht mehr verringern und befrieden können; im Geistigen ist sie für mich jedoch bereits beschwichtigt, denn ich habe erspürt, dass der kleine Titus quartus den Du fliehen musstest, der kleine Titus in Dir selber ist [...].

Wenn Du etwas von Deinen Gefühlen als Kleinkind Deinem Vater gegenüber wiederentdecken könntest, dann wäre es Dir vielleicht möglich, ein klein wenig von meinem traurigen, unerfüllten, sehnsuchtsvollen, schmerzlichen, unheilbaren Sohn-Seins zu verstehen!

Wie auch immer, [...] ich habe all das überlebt und bin durch meine Mängel andererseits reich geworden; und, wie ich schon sagte, bin ich seit meinem langen Brief an Dich erleichtert und in Frieden. [...] Dieses ewige und drängende Gefühl in mir, absolut etwas für uns, Vater und Sohn, machen zu müssen, hat sich beruhigt. Du kannst getrost sein. Zum Beispiel: diesen Brief habe ich im August letzten Jahres ins Unreine geschrieben [...] und erst heute, weil Geist und Seele danach waren, [...] fortgesetzt und beendet.

[...] Was auch immer, habe ich in meiner „Vater-Krankheit“ zu erleben bekommen, dass gerade da, wo viel Mangel ist in einer Eltern-Kind Beziehung, noch viel mehr als in gewöhnlichen Verhältnissen von einer Generation an die andere weitergegeben wird. Es wird alles Verdrängte, also [...] das Innerlichste, das Geheimste und Unheimlichste, das Unsichtbarste und das Verschwiegene übergeben [...]. Freilich, meist im Schmerz und allzu oft in der Gewalt. [...]

Du hattest Dich für die Biographie Hitlers interessiert, um die Geschichte der Nazi-Verbrechen besser verstehen zu können. Ich schicke Dir das sehr verständlich geschriebene Buch der Schweizer Kindheitsforscherin, Alice Miller, das mir völlig aus dem Herzen spricht. Es ist nicht unbedingt alles zu lesen (der erste Teil über die „Schwarze Pädagogik“ zieht sich ein wenig in die Länge) Fange mit der „Kindheit Hitlers“ an und lies das letzte Kapitel, „Angst Zorn und Trauer – Aber keine Schuldgefühle – Auf dem Wege der Versöhnung“. – In „Versöhnung“, steckt das Wort „Sohn“, interessant, nicht? – Da steht vieles, was auf uns zutrifft und was ich selber hätte schreiben können.

Paula hat Dir wahrscheinlich schon davon berichtet, dass ich per Internet Nachforschungen gemacht habe nach dem Vorkommen unseres Familiennamens. Ich war erstaunt und natürlich sehr erfreut zu erfahren, dass er, in identischer Orthographie, ein recht häufiger Familienname polnischer Juden, insbesondere aus der Gegend von Lublin war. Wann ist da Mal eine Branche nach Pommern ausgewandert und hat sich zum Protestantismus konvertiert? Anscheinend hast Du keine näheren Auskünfte oder Dokumente?
Apropos Familiengeschichte: wenn Du noch irgendwelche Briefe oder schriftliche Aufzeichnungen von Familienangehörigen der Generation vor Dir oder aus Deiner Kindheit haben solltest, wirf sie nicht weg, ich interessiere mich sehr, sehr ernsthaft dafür, selbst Fotokopien würden mich beglücken!
Bevor ich es vergesse, will ich nicht versäumen, mich nach Deinem bzw. Eurem Befinden zu erkundigen, hoffentlich geht es einigermaßen. Ich habe ja regelmäßig durch Paula Nachrichten. Besonders hat mich gefreut, dass Ihr den Mut aufgebracht habt mit Ruth den Kontakt wieder aufzunehmen. – *Vous voyez: «rien n'est jamais trop tard*[199] *! »*
Mir selber geht es leider körperlich zur Zeit nicht sehr gut. Ich habe einen hässlichen „Hexenschuss“, der trotz der verschiedensten Behandlungen nicht verschwinden will. [...]
Es grüßt Dich herzlich Dein Sohn. [...]
PS.: Letzte Nachricht: ich habe meine „Naturalisation Française“ beantragt.

Ende Juli 2002, nachdem es mir wieder besser ging fuhr ich zu einem Kongress nach Barcelona. Thema: „Psychoanalytiker im Exil“. Dort lernte ich Margarita, eine griechische Kollegin aus Thessaloniki ken-

nen. Alles stimmte zwischen uns, als hätten wir aufeinander gewartet. Sieben Jahre lang flogen wir jeden Monat für ein verlängertes Wochenende zum Anderen. Oft trafen wir uns auch in irgend einer europäischen Stadt, die von beiden Seiten gut zu erreichen war. 2008 kaufte ich ein kleines Reihenhaus direkt am Strand, 30 km von Thessaloniki entfernt. Zum Jahreswechsel 2009-2010 entschloss ich mich ich in den Ruhestand zu gehen, was mir erlaubte Ende Dezember 2009 nun endgültig nach Griechenland überzusiedeln. Im Sommer 2003 haben Margarita und ich gemeinsam Titus III. besucht. Paula und Ruth waren zu diesem Anlass mit Ehemann und Kindern ebenfalls nach Sauerlach angereist. Im Wesentlichen war es wie immer, als ob nichts geschehen wäre. Niemand hat diese Briefe erwähnt. Nichts desto weniger sprach Tertius, wie beiläufig, von seinen ersten Erinnerungen an seinen Vater, Titus secundus. Das Klima war schön und sehr herzlich. (T.M.)

Sauerlach, 18. Januar 2004

Oh Tite te![200]

Meine herzlichste Gratulation zu Deiner französischen Staatsbürgerschaft! Ich freue mich über diesen Entschluss; denn ich habe immer mit einem Auge nach Frankreich gesehen und bin mit vielen Franzosen befreundet. Eine Zeitlang – im Kriege – war ich Dolmetscher für Französisch. [...]

Du bist nun Franzose. Ich bin zu alt, um noch einmal die Staatsbürgerschaft zu wechseln. Zum Übergang auf Frankreich wünsche ich sehr viel Glück und Freude.

Meine besten herzlichsten Grüße und Wünsche begleiten Dich!

Sei so lieb gegrüßt par ton père, Titus III.

Nach 2003 haben wir meinen Vater mit Ausnahme von 2005 jedes Jahr besucht. Unser letzter Besuch war im Januar 2007 anlässlich seines 90. Geburtstags. Titus' III. Parkinson Erkrankung war in der Zwischenzeit stark fortgeschritten. Er konnte sich kaum mehr bewegen. Als wir am Abend in sein Schlafzimmer gingen, um ihm „Gute Nacht" zu wünschen, drückte er mich an sich, küsste mich und sagte mir leise: „Was für ein guter Junge bist Du!" – Das waren die letzten Worte, die mein Vater an mich richtete. Er starb einige Monate später.

Im Juni, des selben Jahres heirateten Margarita und ich. Als „Hochzeitsreise“ wählten wir einen Besuch der Oblast Kaliningrad in Russland. Damit verwirklichten wir meinen uralten Traum, mir endlich einmal die Reste der, für mich so geschichtsbeladenen ehemaligen Orte „Königsberg“ und „Neukuhren“ anzusehen.

So schließt sich dieser Jahrhundert-Ausschnitt einer deutschen Familien-Geschichte wie von selbst. (T.M.)

REISE NACH KALININGRAD

Kaliningrad, den 24. Juni 2007

Nach achtunddreißig Jahren bin ich wieder in Russland. Die „Sowjetunion“ gibt es in der Zwischenzeit nicht mehr. Auch meine damalige „deutsche Naivität“ hat sich einigermaßen aufgelöst.

Der Kaliningrader Flugplatz liegt buchstäblich „im Grünen“, ganz in der Nähe des Kurischen Haffs. Natur und Luft, alles scheint mir so bekannt und vertraulich. Ich fühle mich wie zu Hause.

Dass hier jetzt Russen leben, erfreut mich. Einen so schönen und fruchtbaren Flecken ehemaligen deutschen Landes zu besitzen ist nur eine Mindestentschädigung, denn die vielen Millionen russischer Opfer, die wir auf dem Gewissen haben, werden dadurch nicht wieder lebendig und alles Leid der unzählbaren Familien niemals weggewischt! Wir hätten diese Provinz von uns aus hergeben sollen, als Zeichen des Bedauerns unserer mörderischen Überfälle und Untaten!
Hitler hatte am 8. Juli 1941 den Russen in seinem endlosen Hass angekündigt[201], dass er Leningrad dem Erdboden gleich machen werde. Der Kommandant der „Festung Königsberg“, General Otto Lasch[202] hat so lange Hitler gehorcht, bis die russische Artillerie das schon halbzerstörte Zentrum der Stadt fast völlig in Ruinen verwandeln musste um die ohnehin unvermeidbare Kapitulation zu erzwingen. Und da gab es und gibt es dennoch Deutsche die es der Sowjetunion übelnehmen, die Stadt nicht nach den alten Plänen wieder aufgebaut zu haben.

Heute ist es anders. Es sind die Bewohner selbst, die sich ihrer Stadt und deren Geschichte erfreuen und alles, was aus der Zeit vor 1945 noch erhalten ist, unter Denkmalschutz gestellt haben. Die Renovierungen oder Rekonstruktionen von historischen Gebäuden sind ausgezeichnet. [...]
Am Oberteichufer 26 (die ehemalige Adresse des Hauses meiner Großeltern Himmeltor), heute Ulica Verkhneozernaya 30 steht wieder eine elegante zweistöckige Villa auf den alten Grundmauern. Das gesamte Stadtviertel (der ehemalige „Maraunenhof") hat immer noch seine wunderschönen Alleen und den Charme, von welchem meine Großmutter so begeistert erzählte. Die wenigen Neubauten entsprechen im Stil recht gut den Häusern der zwanziger und dreißiger Jahre des vergangenen Jahrhunderts.
Unsere einzige traurige Erfahrung war das hastige, unruhige und quengelnde Benehmen einer deutschen Touristengruppe im Frühstückssalon unseres Hotels.
Wie stark ist der Kontrast zwischen der Anmut und Schönheit des jungen weiblichen Personals und den falschen und tumben Lauten der Germanen. Ich denke immer wieder daran, wie jämmerlich wir Deutschen aussehen können, wenn wir von Außen betrachtet werden. Vor allem in einem Land in welchem wir für den direkten und indirekten (oft sehr grausamen) Tod von über 40.000.000 Menschen verantwortlich sind[203]. Das sind so unvorstellbare Zahlen, dass wir unvermeidlich jeder Vergegenwärtigung ausweichen.
– Wie würden wir reagieren, wenn ein überheblicher und feindseliger Nachbar die Vernichtung der Hälfte unserer deutschen Bevölkerung verursacht hätte ... ?

SCHLUSSFOLGERUNGEN

Soweit also die von mir ausgewählten schriftlichen Zeugnisse meiner Vorfahren und mir selbst. Da es sich fast ausschließlich um vertrauliche Äußerungen handelt, die außerdem mehr oder weniger das gesamte 20. Jh. überspannen, öffnen sie in der Tat einen Einblick in das Innenleben einer „gemeinen", anders gesagt, einer ebenso herkömmlichen als auch widerspruchsvollen[204] und fehlerhaften deutschen Familie[205] während dieser bewegten Zeitspanne.

Welche Antworten gibt dieser Einblick nun auf die zentrale Frage, „Wie war das absolute Verbrechen möglich, warum wurde es gerade von Deutschen begangen und was kam danach“?
Aus dem recht großen zeitlichen Abstand und weit außerhalb der jeweils gegenwärtigen Wirklichkeit, ist jede Hinterfragung ein einfaches Unterfangen. Ich bin recht sicher, dass ich selbst in den damaligen Umständen ähnlich gehandelt hätte wie meine Älteren. Es geht nicht darum, sie heute bloßzustellen und zu verurteilen, sondern darum, die „wunden Punkte“ ausfindig zu machen, die die krankhafte „Entgleisung“, die die Wahnkrankheit des Nazismus ermöglichte.
Aus der ärztlichen- und psychoanalytische Erfahrung wissen wir, dass Wiederholungen von Krankheitsschüben nur dann vermieden werden können, wenn die dahinterliegenden „Schwächen“ erkundet und akzeptiert sind. Angesichts meines bereits beschriebenen Platzes in unserer Familiengeschichte, fühle ich mich dazu bestimmt diese unvermeidliche Aufklärungsarbeit zu tun.

Sehnsucht nach Idealen

Die ältesten Aufzeichnungen in dieser Sammlung stammen von der Volksschullehrerin Ella H., kurz bevor und in den Anfangsjahren der national-sozialistischen Regierung niedergeschrieben. Sie machen anschaulich einen wesentlichen Punkt dieser Frage.
Es erscheint heute unvorstellbar, dass eine vertrauenswürdige und intelligente Person, die sich nach Menschenliebe und Wahrhaftigkeit sehnt, die Unmenschlichkeit der Naziideologie nicht erkennen kann. Wahrscheinlich macht sie ihre verzweifelte (und womöglich zwanghafte) Suche nach Idealen blind.
– Wenn sogar denkende und offensichtlich feinfühlige Menschen so leicht einer solchen naiven und romantischen Vaterlandsbeweihräucherung und einer krankhaften Überschätzung des eigenen Volkes anheimfallen können, dann wundert es nicht, dass die eher unkritische Masse voll dabei ist. Und so wurde es möglich.

Gemeines über Eigenes

Die am weitesten zurückliegende Erinnerung hat Ellas Vater, Oskar H. Sie kommt von seiner Großmutter, die sich noch an die Einquar-

tierung der französischen Truppen zu Beginn des 19. Jh. erinnert und ihm davon erzählt. Leider ist aus Oskars Notizen kaum etwas über seine politische Orientierung zu entnehmen. Offenkundig ist jedoch seine vaterlandsliebende Begeisterung, seine verständliche Freude an den deutschen Siegen und an der Gründung des Zweiten deutschen Reichs 1871. Diese einschneidenden Ereignisse lassen ihn als Zehnjährigen sogar den Schmerz über den Verlust seiner Mutter „wie nichts" hinweg fegen. – Ein erstes Beispiel, wie sehr damals das Gemeingefühl oder das „Volksempfinden" den eigenen Gefühlen übergeordnet ist. Von dem ehrwürdigen Schuldirektor mit Vollbart wird in der Familie immer mit großem Respekt gesprochen.

Auch meine anderen drei Urgroßväter werden als ziemlich außergewöhnliche Persönlichkeiten beschrieben, deren „Größe" kein Nachfahre je erreicht. Da ist auf der mütterlichen Seite neben dem perfekten Schulmeister der abenteuerliche Steuermann der kaiserlichen Kriegsmarine und auf der väterlichen der stattliche und sehr erfolgreiche Hotel- und Gutsbesitzer sowie der millionenreiche Baumeister. Alle sind, vermutlich nicht nur durch ihr eigenes Talent, sondern ebenfalls durch den Wirtschaftsaufschwung nach der Reichsgründung begünstigt.

Das „erfolgreiche deutsche Kaiserreich, eine kommende Weltmacht, vom ‚eisernen Kanzler' mit viel Geschick geführt", ist für alle meine Vorfahren ein stabiles Musterbild. Die deutsche Nation ist weit wichtiger als jedes einzelne Selbst.

– Jede überhöhte Vaterlandsliebe ist eine der Vorausbedingungen eines angriffslustigen Nationalismus.

Und so wurde es insbesondere in Deutschland möglich.

UNTERRICHT UND KAMPFGEIST

Schon für den Vater und die Schwester Oskars ist das Unterrichten eine Lebensaufgabe; es folgen sein Sohn Waldemar, zwei seiner Töchter, Ella und Luise und seine Schwiegertochter, Freia. Auch in der folgenden Generation besetzen zwei der drei Kinder Lehrämter. Sogar Gesa beginnt eine Ausbildung als Lehrerin bricht diese jedoch bald ab, weil ihr die damit verbundene Verantwortung unerträglich erscheint. Es bleibt offen, ob sie unbewusst diese Familientradition unterbrechen will oder ob ihr die Haltung des Unterrichtens (des nach-

unten-Richtens) gegen den Strich geht? Von den drei Kindern Gesas wählt nur noch eines zunächst diesen Beruf, tauscht das Lehramt aber bald gegen einen Bürodienst.
Nach meinen Erinnerungen war das Belehren, das Besserwissen und die Rechthaberei in der Familie Himmeltor allgegenwärtig und wurde leidenschaftlich, zuweilen zwanghaft, betrieben. Es ging fast nie darum Kenntnisse aus zu tauschen oder zu erlangen, sondern darum wer Recht hat. – Es ging um die Macht. Nicht das An-hören überwog unter den Angehörigen, sondern der Kampf, das Niedermachen. Diese Wirklichkeit, die intern blieb, zeugt von einem erschreckend hohen Gewaltpotential selbst bei so „wohlerzogenen“ Mitgliedern einer Familie der „Bildungsschicht“. Es ist daher nicht verwunderlich, dass ein Volk, welches aus unzähligen, in dieser Weise „ge-bildeten“ (oder eher „ver-bildeten) besteht, „Unwissende“ und „Feinde“ braucht, um diesen „Kampfgeist“ nach Außen abladen zu können.
Auch das machte es möglich; besonders im deutschen Sprachraum.

JUDENFEINDSCHAFT EIN DEUTSCHER ZWANG

Warum Oskar Hebräisch lernt ist nicht klar zu ermitteln. Die Kenntnis dieser „Altsprache“ gehört nicht unbedingt zur Standardausbildung eines Neusprachlers. – Interessiert sich Oskar für die Geschichte der Juden? Darüber gibt es keine Auskunft. Sicher ist, dass sein einziger Sohn, Waldemar von seinem „zweiten Studiensemester ab zu einem immer schärferen Judengegner“[206] wird.
Als zwar liebevolle, aber imposante und konservative Vatergestalt überlässt Oskar seinen Sohn der bedingungslosen und überängstlichen Obhut der Gemahlin. Die „gute Mutter“ hat ihre eigene Mutter bei ihrer Geburt und ihren ersten Sohn am Ende seines ersten Lebensjahres verloren. Ihr zweiter und nunmehr einziger Sohn ist für sie Alles. Sie kann ihm „niemals böse“ sein. – Anscheinend erwartet sie von ihm unbewusst, dass er nur sie liebt. Dies ist wohl ein Hauptgrund, weshalb Waldemar sein Leben lang sehr selbstschwach bleibt und alles Fremde sowie alle Fremden fürchten oder beneiden muss. So wundert es auch wenig, dass er unter anderem in der Begeisterung für den Alldeutschen Verband[207] seine Stärkung findet. Nicht eine kritische Selbstsuche, sondern die grenzenlose Verehrung einer heilig gesprochenen und expansiven deutschen Nation gibt seiner Person nicht nur

den nötigen Halt sondern auch den idealen Feind, das „zersetzende Judentum“. Vermutlich sind es seine unbewusste Angst und sein verdrängter Neid, den eher freidenkenden und liberalen jüdischen Akademiker-Kollegen gegenüber, die zutiefst in seinem Inneren ein völliges „Verschwinden“ der Juden Deutschlands (und Europas) ersehnt. An Gesinnungsgenossen fehlt es besonders seit Ende des ersten Weltkrieges nicht. Mit solchen Wünschen, jüdische Landsleute auszugrenzen und zu vertreiben, ist die Bedingung dafür geschaffen, dass eines Tages aus dem „Verschwinden“ ein Vernichten wird.
All sein Stolz, nach dem Krieg „niemals der Partei oder ihrer Gliederungen“ angehört zu haben[208] *ändert nicht das Geringste an Waldemars solider und beständiger Judenfeindschaft. Er scheut sich auch keineswegs, seiner Begeisterung für die nationalistische „Bewegung“ und für die „Erhebung“ des Dritten deutschen Reiches klar Ausdruck zu verleihen. Waldemar ist sicherlich kein Einzelfall unter unzähligen Deutschen, die ihre wahnhafte Angst vor den Juden und ihren Judenhass hinter der Nichtangehörigkeit an der NSDAP verstecken können. Wie sonst wäre, was geschehen ist, geschehen.*
Besonders dies hat es möglich gemacht.

BEDINGUNGSLOSE LIEBE ZUM VATERLAND

Freia hat sicherlich Mitgefühl für das Leid der Juden, zumindest für die „Judenfrauen, die in Smolensk sich und ihren Kindern die Gräber wohl selbst schaufeln mussten“[209]*, in die sie nackt und mit zerfetztem Gehirn oder gar lebendig hineingestoßen wurden. Auf ihren Gatten haben anscheinend ihre Gefühle keinen Einfluss. Freias Empörung, „als man überall die Synagogen zerstörte und die jüdischen Läden plünderte“*[210] *ist durchaus glaubhaft. Auch ihre Traurigkeit ist sicher echt, als sie hörte, „dass die jüdischen Familien mit einem ganz kleinen Päckchen aus ihren Wohnungen ausziehen mussten“*[211]*. Große Zweifel bleiben jedoch, ob sie das Ausmaß und Unmaß der Judenverfolgung in ihrem geliebten Deutschland wirklich wahrnehmen will. Was benebelte sie so sehr? Ihre grenzenlose Liebe für Deutschland?*
Sie erklärt entschlossen, ungeachtet all dessen, was sie nach dem Krieg über die Gräueltaten ihres Vaterlandes erfährt: „trotzdem bin ich Gott dankbar, dass ich Deutsche bin, und ich werde es immer bleiben.“[212] *Sie verehrt ihr Vaterland so sehr, dass sie ihren so innig*

geliebten Sohn (einen bis zum Ende des Krieges „begeisterten Soldaten“) lieber im Kampf für das Vaterland verliert, als ihn in russischer Gefangenschaft zu ahnen. Was kann sie, unter diesen Umständen, anderes tun als mitmachen? Die für sie „unangenehmen“ Seiten ihrer Regierung, den Antisemitismus zum Beispiel, muss sie in Kauf nehmen.

Auch Freia tritt, wie ihr Mann nie der Partei bei. Sie mag das „Parteipöpel“, die „Bonzen“, die „Blockwärter“, all den „Parteispuk“ ganz und gar nicht, aber sie verurteilt unerbittlich das „Zeichen der Zersetzung“ als Ende Februar 1945 einige Militärangehörige versuchen Fahnenflucht zu begehen. Die Erschießung der „Treulosen“ ist für sie gerecht, und sie bekennt: „das ist das Schlimmste, was ich mir als Mutter denken kann, diese Ehr- und Pflichtvergessenheit Deutschland gegenüber.“[213]

Dadurch, dass auch Freia auf keiner Parteiliste eingetragen ist, kann sie bei einer statistischen Untersuchung weder unter den Aktiven noch unter den passiven Mitläufern gezählt werden. Nichtsdestoweniger hat für sie als feste Patriotin „die Bewegung“ Deutschlands ebenfalls etwas durchaus „Verführerisches“. Wer Deutschland so wahnsinnig liebt wie Freia und andere Völker, wie die Polen z.B. als unkultiviert betrachtet, verfällt, auch gegen seinen eigenen Willen, dem Größen- und Rassenwahn der Allgemeinheit. Der lässt geschehen.

So trug auch sie dazu bei, dass es möglich wurde.

In den Tagebüchern der Himmeltors überwiegen verständlicherweise die Klagen über die verlorene Heimat und die Sorge um den vermissten Sohn. Allein Freia ist fähig auch von der „eigenen Dummheit“ zu sprechen, Waldemars Kritik beschränkt sich auf die „unfähige Regierung“.

Beständigkeit der seelischen Unreife und Fortsetzung der Verbrechen nach dem Krieg

Werfen wir nun einen Blick auf die folgende Generation. Erwin, der Nachbarsohn aus Königsberg, scheint nichts wissen zu wollen vom Ernst der Geschichte. Er verkörpert vermutlich den Großteil der deutschen Jugend dieser Zeit. Er zeigt keine Scham. Weder wegen seiner „Überzeugung zum Dritten Reich“[214]*, noch wegen seines Desertierens. Er lebt in der Gegenwart.*

Kaum sind Deutschland, seine Städte, seine Gebäude und sein Wahn am Boden, ist er schon eifrig beim Wiederaufbau. Von den Berliner Juden und deren entsetzlichem Schicksal ist nicht die geringste Rede. In seiner Nichtbeachtung, die einer Verneinung gleichkommt, führt er, ohne zu wissen den Völkermord weiter, wie viele, wie fast alle Deutschen. Es gibt nur noch die Gegenwart, das Überleben, das jetzt und sofort. Die wahnhafte Liebe für den Führer schlägt in Hass um, und der unreife einfache Geist erklärt den vormals Angebeteten als den Alleinschuldigen an dem großen Unheil. Im übrigen übertragen die selbstschwachen Deutschen im Nu ihre Abhängigkeit und ihr Anlehnungsbedürfnis auf die Sieger. Die Amerikaner auf der einen Seite und die Sowjets auf der anderen sind jetzt alles.

Gesa reagiert etwas anders, sie hat Charakter. Sie bleibt dabei und besteht darauf. Für sie war das Nazideutschland bei weitem nicht so schlecht, wie es sehr viele der besiegten Deutschen plötzlich so begierig beteuern. Gesa verachtet die Anbiederei und spuckt auf die Anpasser, die nun nur noch den neuen Herrschern gefallen möchten. Sie ist und bleibt ein „großdeutsches Mädel", das durch seine Einstellung ebenfalls den Judenmord und die anderen Naziverbrechen unbewusst fortsetzt.

In ihren Briefen an Erwin zeigt sich Gesa als eine philosophisch interessierte und selbstkritische Person, was sie (wie Ella) keineswegs vor ihrer naiven Begeisterung für den Nationalsozialismus schützt[215]. *Nirgends ist aus ihren Texten eine Äußerung von Reue, Scham oder Zerknirschung über die deutschen Verbrechen zu entnehmen.*

Im Unterschied dazu sieht Gesa alpträumend denkbare Verbrechen innerhalb der Familie. In ihrer Kurzgeschichte „Der Mord" wird ihre Schwester zur Mörderin ihrer Kinder. Sie selbst wird zur Mörderin ihrer Schwester und zu einer Mutter, die ihre „toten", aber noch atmenden Kinder nicht retten kann – oder nicht retten will?

Solche geistigen Mängel und seelische Spannungen können Verbrechen auch heute wieder möglich machen. Wer tiefe Gründe hat, Nahestehende zu beseitigen, der läuft Gefahr, diese Affekte auf „Fremde" zu übertragen oder seine unbewussten Tötungswünsche von anderen verwirklichen zu lassen.

Von der Schwester Anna, liegen nicht genügend schriftliche oder mündliche Zeugnisse vor um genauer zu wissen, was sie nach dem Krieg über das Geschehene denkt und wie sie zu dem verbrecheri-

schen Deutschland steht. Ihr Leben aber „spricht“. Sie bleibt in enger Verbindung mit ihrem Doktorvater, Professor W. einem offensichtlicher Nazigegner. Als Anna ihm ihren Wusch anvertraut, Konstantinopel zu besuchen, vermittelt er sie an einen jüdischen Fachkollegen der, aus Deutschland vertrieben, dort lebt und lehrt. Sie besucht zweimal das kinderlose Ehepaar und wird von ihm „adoptiert“. Bis zu deren Tod bleibt Anna in engem Kontakt mit „Vize-Mama“ und „Vize-Papa“. Sie spricht sehr häufig von ihnen, ohne dass ihre Eltern irgendeinen Anstoß nehmen. Anna verlässt Deutschland. Sie zieht aus beruflichen Gründen in die Schweiz. Das Angebot, die Schweizer Staatsbürgerschaft anzunehmen, schlägt sie jedoch aus.

DAS GESPALTEN-SEIN, DIE KLUFT ZWISCHEN EINBILDUNG UND WIRKLICHKEIT

Als Kind ihrer Eltern verkörpert Gesa den Widerspruch und das Unerwünschte. Die Eltern wollen von ihr „in Ruhe gelassen“ werden, können sich aber nicht von ihr trennen. Gesa sucht ihnen ständig zu beweisen, wie wertvoll und nützlich sie ist. Da ihr dies weder durch sozialen noch beruflichen Erfolg (wie bei Anna) gelingt, geschieht es auf einer fundamentalen Ebene. Sie allein sorgte in der Familie für Nachwuchs. Ihr erstes Kind, Paula, schon vor dem Untergang des Reiches gezeugt, kam 4 Tage nach der Kapitulation zur Welt und wird zum einzigen Trost der Ausgebombten und Heimatvertriebenen. Für die ganze Familie verkörpert sie den Wiederanfang. Zweieinhalb Jahre später wird Gesas Fruchtbarkeit jedoch zum Fluch. Der Gatte ist noch Student, die Liebe Gesas zu ihm ist erloschen, und Waldemar kann ihn nicht ausstehen. Im Übrigen leiden alle Familienmitglieder unter dem damaligen Mangel an Nahrungsmitteln.
Noch weit unerwünschter als einst seine Mutter, wird der versehentlich Gezeugte als Titus IV. zum Zeugen der Familiengeschichten. Verbindungs- und „Verdauungsmann“ mit - und von - all dem, was im Schatten hauste. Gesas Leidenschaft macht sie sieben Jahre später ein drittes Mal schwanger. Der Erzeuger bleibt ein Mysterium. – Ihr kurzer Text „Das Glas“ verrät nur wenig. Trotz allem bleibt Gesa unbeirrt; sie will das Kind und will ein neues Leben. Sie verlässt ihre beiden Erstgeborenen und vertraut sie den Eltern an, als Gage ihrer unlösbaren Verbindung.

Diese Trennung Gesas von ihren Eltern veranlasst einen regen Briefwechsel zwischen Mutter und Tochter. In den Worten Freias zeigt sich häufig die Spaltung zwischen Zärtlichkeit und Zorn. Freia sieht sich selbst als Mitfühlende, kann aber ihren Ärger und ihre fatalen Eingebungen, der „unerhörten" Tochter gegenüber kaum verbergen. Als Strafe Gottes „fantasiert" sie den Tod der Erstgeborenen oder die erweiterte Mutterpflicht für das neue Kind. Gesa bekommt aber Zwillinge, hat also zwei „Verdammte" zu versorgen. Ihre Verzweiflung muss unvorstellbar gewesen sein. Die plötzlichen „Erkältungen", die Lungenentzündungen der Säuglinge sind ein neues Mysterium. Eines der beiden hat das Nachsehen; kaum geboren, gibt es sich auf.
Auch Gesa selbst trägt diese unvereinbare Mischung von „Güte" und „Gewalt" in ihrer Seele. Die „mehrmals tägliche Prügel", die die kleine Paula bezieht, und das Verlassen-Können ihrer Erstgeborenen zeugen unter anderem davon. – Im allgemeinen haben damals die, für die „gute" Erziehung der Kinder nötigen Strafen oft etwas Gewalttätiges.
Wenn sehr viele Menschen eines Volkes solche Spaltungen in sich tragen, verwundert es nicht, dass sie „Böses" heraufbeschwören können. Auch das machte „das Unmögliche" möglich!
Gesas Bruder Walter wird von den Eltern lieber der Tod gewünscht als die Auslieferung an den „russischen Un- und Untermenschen". Walters Berichte aus der sowjetischen Gefangenschaft lehren jedoch allen etwas völlig Unerwartetes: Die „Halbtiere" behandeln den geliebten Sohn weit besser als es die so hoch geschätzte deutsche Wehrmacht mit Millionen russischer Gefangenen tut, die dem Hungertod preisgegeben werden. Dass Deutschland einen erbarmungslosen Vernichtungskrieg gegen die „minderwertigen" Slawen geführt hatte, haben anscheinend alle vergessen. – Wenn wir solche Vorurteile über unsere „Feinde" in uns tragen, verwundert es wenig, dass wir zu Verbrechern werden können und das Schlimmste geschehen lassen!

All dies ist die wirkliche Wirklichkeit, trotz der „niedlichen" Gesten, der zärtlichen Worte und der zweifellos ernstgemeinten Liebe. – Hier haben wir ein sprechendes Beispiel, treffen wir auf eines der bedeutendsten Merkmale des „deutschen Wahns", die Persönlichkeitsspaltung: überschwängliche Empfindsamkeit, und Dienstbarkeit einerseits (ausreichend vorhanden, um sich selbst als einen einwandfrei

„guten Menschen“ zu erleben) und, auf der anderen Seite, eine verdrängte oder verschleierte, aber zutiefst verankerte latente Gewaltfähigkeit und Zerstörungswut. Wie geht das zusammen? Der Krankheits- und Grausamkeitsausbruch der Nazizeit hat bewiesen, wie viel Gewalttätigkeit die Erziehung zur Unterwerfung und zur Selbstlosigkeit hervorbringen kann. Selbst-lose Eltern, selbst-lose Kinder. Eine Welt ohne Selbst, ohne Jemanden. Eine verlassene Welt von Verlassenen. Und der Verlassene, um zu bestehen, hängt sich an etwas, wird einzig und allein ein An-hänger, ein oft bedingungsloser, unbegrenzter Anhänger von grenzenlosen Träumen, vom Wahn der Größe, der Reinheit und der Einheit. Für Fremde und Außenseiter, für alle und alles was Angst macht, was die Verlassenheit sichtbar macht, ist im „deutschen Deutschland“ kein Platz. Derjenige, dessen Ängste und dessen Gespalten-Sein ihm selbst nicht bewusst sind, wird es auch heute wieder möglich machen[216].

Das Bewusstwerden unserer verdrängten Ängste und unseres inneren Wirrwarrs ist lebensbedrohlich für unser schwaches Selbst. Alles was uns misslingt oder sich sonst in der Welt nicht reimt, muss eine Erklärung haben. Die eigene Unzulänglichkeit kann es nicht sein. Sie gibt es nicht. Also muss eine Wissenschaft her, die Rassenkunde zum Beispiel oder die Verschwörung (die jüdische, bolschewistische, muslimische ...). Wie sehr solche Kunden über Generationen hinweg als „heilsam“ empfangen werden können legt der Vetter Paul dar. Sein „Wissen“, dass die „ganzen psychischen und auch genetischen Fehler doch Folgen der zu starken Rassenmischung[217]“ sind beruhigt ihn, wie zuvor seinen Vater, Karl ... und Waldemar ...

VER-GEHEN AUS VER-SEHEN

Titus III. beschreibt den Großteil seiner Gedanken und Empfindungen erst 50 Jahre nach dem Krieg. Obwohl es durchaus glaubhaft ist, dass er alles, was mit dem „Nazispuk“ zu tun hatte, wirklich hasste, ist es nicht zu übersehen, dass auch er unmittelbar nach dem Krieg nur vom Leid der Deutschen spricht. Wie kann ein intelligenter Mensch, die deutschen Heimatlosen betreffend sagen, dass es „noch nie in der Kulturgeschichte einen Vorgang der Entrechtung und Enterbung von diesen Formen und Ausmaßen“[218] gegeben habe. Auch er führt zu die-

sem Zeitpunkt in seiner Missachtung der Opfer Deutschlands deren Vernichtung fort.
In seinen Lebenserinnerungen zeigt Titus III. jedoch (im Gegensatz zu Gesa) einen klaren Abstand von allem national gefärbten Gedankengut. Die deutschen Verbrechen nennt er beim Namen. Seine Zerknirschung und seine Scham, Deutscher zu sein, scheinen durchaus echt. Ebenso seine Freude über die Annahme der französischen Staatsbürgerschaft seines Sohnes Titus IV. In diesem Zusammenhang ist es nennenswert, dass seine 10 Jahre jüngere Schwester sich noch während des Krieges in einen Franzosen verliebt.
Wen oder was verkörpert nun der „Erbprinz“[219] *Titus IV.? Das spätere Bekenntnis der unbewussten Reue, Scham und Schuldigkeit seiner Mutter und deren Eltern? Den verlassenen „Stammhalter“ seines Vaters? Auf alle Fälle ist er „aus Versehen“ erzeugt.*
Wäre Titus IV., der als kleines Kind gewaltsam aus den Armen seiner Mutter gerissen werden muss, 25 Jahre früher geboren und wären ihm sein verletztes und gekränktes Innenleben verschlossen geblieben, hätte er sehr wahrscheinlich seine enttäuschte Kinderliebe mit Leidenschaft auf sein Vaterland übertragen. Er hätte überdies alle „gute Gründe“ gefunden, der SS beizutreten, um sich begeistert an der Befreiung seiner Heimat von allen „gefährlichen Fremden“ willig zu beteiligen. Von der Genugtuung sich endlich an Schwächeren rächen zu können gar nicht zu sprechen ...
... So hätte auch ich es möglich machen können.
Meine ersten schriftlichen Äußerungen sind Bitten an meine Mutter wieder zurückzukommen, sowie Kosten-Berechnungen meiner Wünsche, damit diese ihr keine unberechenbaren Sorgen auferlegen.
Später, sobald ich nachdenken kann, verweigere ich Gewalt und alles Kriegerische und versuche auf meine Weise mir ein eigenes Bild von „den Fremden“ und „den Feinden“ zu machen. Als Junge bin ich beseelt von einer Sehnsucht nach Versöhnung und Frieden, dem, was mir in meinem „zu Hause“ so sehr fehlte. Mein Handeln ist kein „Kampf“ aus politischem Bewusstsein, sondern ein persönliches Bedürfnis. Auch meinem Vater will ich zunächst nichts beweisen. Versöhnen will ich, zerrissene Bindungen wieder herstellen, oder Bindungen entstehen lassen, wie die zum Großvater, Titus II. oder zu der Großtante Heidi. Auch mit meiner ersten Heirat wecke ich innerhalb der Familie alte Verbindungen auf und stelle neue her.

HAFTEN[220] TUN DIE KINDER UND KINDESKINDER; UND DIE „WIEDER-JUD-MACHUNG“

Was ist es schließlich, das mich aus meinem Vaterlande vertreibt? Als es geschieht und ich alles tue, um in einem anderen Land und einer anderen Sprache zu leben, kenne ich meine tiefen Gründe noch nicht. Ich falle eher ahnungslos in diese Gründe hinein, Ab-gründe sind es. Die Abgründe meiner frühen Wunden, das Verlassen-werden und das grenzenlose Liebesbedürfnis. Wie Gesa treibt mich die Leidenschaft. Im Gegensatz zu Gesa erkenne ich, dass meine Leidenschaft keine Liebe ist, sondern die Inszenierung meiner zerrissenen kindlichen Welt. Ich gehe noch einmal in die Brüche, aber diesmal bringen die Brüche viel Ungeahntes ans Licht. Auch mein Kind ist aus den unergründbaren Tiefen der elterlichen Geschichten heraus „geschöpft“. Ich weiß nicht, als ich mich im Ausland verliebe, dass die Geliebte Jüdin ist. Als wir den Vornamen des Töchterchens wählen, wissen wir nicht, dass ab dem 1. Januar 1939 alle weiblichen Juden in Deutschland zusätzlich den Vornamen „Sara“ und die männlichen „Israel“ tragen mussten[221]. – Peter Sichrowski[222] spricht von „Wieder-jud-machung“ ... Was trage ich nun meinerseits meiner Tochter auf? Einen Versöhnungsversuch mit den Hauptopfern des deutschen Wahns? Den endgültigen Bruch mit Deutschland und somit ein Leben fast ohne Kenntnis der väterlichen Vorfahren?– Zwinge ich sie nicht mit letzterem einen Teil meiner Geschichte zu wiederholen? Mich selbst versetze ich zweimal ins Exil. Ohne es wirklich geplant zu haben, lege ich mir wiederholt Heimatlosigkeit, Anpassung und Wiederanfang in fremden Ländern und Sprachen auf. Ich schaffe mir unbewusst ähnliche Lebensbedingungen, die all diejenigen ertragen mussten, die meine Vorfahren aus Deutschland verjagen ließen. Wobei meine schmerzlichen Erfahrungen, verglichen mit den Leiden der Naziopfer absolut geringfügig sind. Ist dies eine Art Selbstbestrafung, die ich mir als Deutscher und Vertreter meiner Älteren unbewusst auferlege, oder folge ich mit meinem gewählten „Heimatverlust“ einem Wiederholungszwang? Will ich eine Art Synthese schaffen: den alten Schmerz meiner heimatvertriebenen Familie weiterhin teilen und zugleich ein ganz eigenes Leben verwirklichen, fern von den Nächsten? Alles ist möglich, eine eindeutige Antwort habe ich nicht. Andererseits aber habe ich wenig Zweifel daran, dass mein „eigenes“ Leben und meine *persönlichen Verwirklichungen auch etwas darüber aussagen was in den Seelen meiner Vorfahren schlummerte, sie aber nicht verwirklichen konnten. Gewiss bin ich mir des Gefühls, einen Auftrag erfüllt zu haben. Einen Auftrag, der mich zu meinen Eltern zurückbringt. Zunächst zu meiner Mutter: Ich stelle mir vor an ihrem Sterbebett zu sitzen und Zeuge zu sein, wie ihr im letzten Moment ihres Lebens ihre Verkennung des deutschen Wahnsinns und seiner Frevel bewusst wird. Ich sehe sie bedroht, ihre Sinne zu verlieren und mit letzten Kraft meine Hände umklammern, mich anflehend etwas zu tun, unbedingt etwas zu tun, um ihre Schuld zu mildern. Ich verspreche es ihr und sie schließt erleichtert ihre Augen. Dann denke ich an meinem Vater: Für Titus III. bin ich wahrscheinlich weniger ungewünscht als für Gesa, dennoch sieht er mich eher als den „filius", als Nachfolger, denn als liebes-bedürftiges Kind. Warum muss ich, Titus IV., nicht nur meinen Familiennamen, sondern auch den Vornamen jedes erstgeborenen männlichen Nachwuchses tragen? Warum musste es einen neuen und vierten Titus geben? Warum verlässt Titus III. Titus IV. und rettet ihn auf diese Weise unwissentlich vor der größten Gefahr, Titus III. selbst? – Der zweite Sohn, der mit ihm lebte, nahm sich das Leben. Und warum nimmt sich auch der Sohn des einzigen Bruders meines Vaters, der dritte männliche Träger unseres Familiennamens das Leben, sodass nur noch ich und meine Tochter übrig bleiben? Was machen diese Selbsttötungen sichtbar? Die Ausrottung einer Sippe? Einer deutschen? Einer jüdischen? Warum und wie verwandelt sich ein „völlig deutscher Name" in einen völlig hebräischen Namen, „**Mühlenach**"[223] in „**Milech**"[224], oder umgekehrt? Warum wünscht sich Titus III. so sehr, dass ich französischer Staatsbürger werde? Will er sich durch mich „entgermanisieren", was ja auch schließlich in der folgenden Generation gelingt? Insgesamt muss ich feststellen, dass mein Lebensweg, schon bevor mir das Ausmaß der Naziverbrechen unseres Volkes wirklich bewusst wird, durch diese geprägt ist.*

Das vertiefte Bewusstwerden der deutschen Wahnkrankheit mit ihren namenlosen Verbrechen, hat mir, wie anderen auch, buchstäblich „die Sprache verschlagen". Es schmerzt mich meine Muttersprache zu hören und zu sprechen; und so vermeide ich sie soweit ich nur kann. Wenn ich sie dennoch höre oder spreche, hat sie für mich einen Ton, der falsch oder gefälscht kling[225]*. Irgendetwas stimmt nicht oder stimmt nicht mehr oder kann nicht mehr stimmen ... Ist all das die*

Auswirkung des Fluchs, der auf uns Deutschen lastet, des Fluchs, den Millionen von zu Tode gequälten Menschen in ihrem letzten Atemzug gegen uns ausgestoßenen haben?

ERLEICHTERT UND RUHELOS IN FRIEDEN

Über das Gefälschte oder das „Stimmen“ bzw., das Passende geht es auch am Ende dieser Zeugnisse im letzten Briefwechsel mit meinem Vater. Ich halte mir kein Blatt mehr vor den Mund und zeige ihm genau das, was ich bin und was ich denke. Ich habe etwas Angst der möglichen Wirkungen wegen, aber ich lasse es darauf ankommen und sage mir, nur wenn ich mich nicht mehr verschleiere, kann mich der andere wirklich sehen. Es gelingt. Vater und Sohn sind sich endgültig nähergekommen. Der erstrebte Friede ist hergestellt.
Auch mit der verlorenen und betrauerten Heimat „meiner Mütter und Väter“ erlange ich einen tiefen Frieden. Dank meiner „Reise nach Kaliningrad“ verbinde ich mein ererbtes Erleben mit der Gegenwart. Ich „begrüße“ dort die neue Bevölkerung und gedenke der unzählbaren, oft vergessenen, russischen Opfer des deutschen Wahnsinns.

ZITIERTE LITERATUR

ALEXANDRE, Michel, *Der Judenmord – Deutsche und Österreicher berichten*, Dokumentarfilm, 5 Std. u 10 Min., 1978 bis 1998.
https://de.wikipedia.org/wiki/Der_Judenmord-93_Deutsche_und Österreicher_berichten#Selbstbeschreibung_des_Regisseurs [zuletzt: 30.08.2021])
Kurz vor dem 60. Jahrestag der Novemberpogrome am 5. November 1998 im WDR ausgestrahlt.
Ungekürzt auf: https://www.youtube.com/watch?v=n4NNj7Yspcc [zuletzt: 13.05.2021]

ALTHAUS, Hans Peter, *Kleines Lexikon deutscher Wörter jiddischer Herkunft*, Verlag C.H.Beck, München, 2003.

BERGER, Claude, *Les Hérétiques – exode, exil, asyle*, Giles Wern Éditions, Paris, 1996.

BROWNING, Christopher, *Des hommes ordinaires,* Bibliothèque 10/18, Paris, 1992.

FERAL, Thierry, *Le national-socialisme – vocabulaire et chronologie*, L'Harmattan , Paris 1998.

GOLDSCHMIDT, Georges-Arthur,
- *Quand Freud voit la mer*, Buchet-Chastel, Paris, 1996.
- *Quand Freud attend le verbe*, Buchet-Chastel, Paris, 1999.

GRUEN, Arno, *Der Fremde in uns*, DTV, München, 2002.

HERRMANN, H. P.; BLITZ, H. M.; MOßMANN, S., *Machtphantasie Deutschland*, Suhrkamp, Frankfurt/Main, 1983.

JASPERS, Karl, *Die Schuldfrage. Von der politischen Haftung Deutschlands*, Piper, München, 2012.

KLEMPERER, Victor
- *Notizbuch eines Philologen*. Berlin, 1947 (Recl. Verl. Leipzig, ISBN 3-379- 00125-2).
- *„Ich will Zeugnis ablegen bis zum letzten." Tagebücher 1933–1945*. (Band I–VIII). Berlin 1995.

KOZLOV, Vladimir I, *O ljudskich poterjach Sovetskogo Sojuza v Velikoj Otecestvennoj vojne 1941– 1945 godov* („Über die Verluste der Sowjetunion an Menschen im Großen Vaterländischen Krieg 1941–1945"), in: *Istorija SSSR 1989/2*.

LASCH, Otto, *So fiel Königsberg, Kampf und Untergang von Ostpreußens Hauptstadt,* Gräfe und Unzer Verlag, München, 1958.

LESSING, Theodor, *Der jüdische Selbsthass,* Berlin, 1930.

MAUSFELD, Rainer, *Warum schweigen die Lämmer? Demokratie, Psychologie und Techniken des Meinungs- und Empörungsmanagements*. Vortrag an der Christian-Albrechts-Universität zu Kiel, am 22. Juni 2015. https://www.youtube.com/watch?v=-kLzmatet8w [zuletzt: 11.8.2021]

MILECH, Titus,
- *Die Gruppe und der Einzelne im Werk von Edvard Munch*, Vortrag anlässlich des XIII. Weltkongress der WADP (world association of dynamic psychiatry), München, 13-17 mars 2001. http://www.wadp-congress.de/2001/con-2001-vortrag.html [zuletzt: 11.8. 2021]
- *Tatort Deutschland. Meine unheimliche Heimat,* Herausgegeben von Erhard Roy Wiehn, Hartung-Gorre Verlag, Konstanz 2017; 174 Seiten, http://www.hartung-gorre.de/Milech.htm [zuletzt: 11.8.2021]
(z.B. 6. oder 7.)

MILLER, Alice, *Am Anfang war Erziehung,* Frankfurt/Main, Suhrkamp, 1983.

PETIT LAROUSSE ILLUSTRÉ, Paris, 1994.

REICHEL, Peter, *Vergangenheitsbewältigung in Deutschland. Die Auseinandersetzung mit der NS-Diktatur von 1945 bis heute*, C. H. Beck, München, 2001.

REINHARD, Martina, „Schirach, Baldur von (1907–1974) Der Mann, der Hitlers Jugend führte“, 2004. *www.zukunft-braucht-erinnerung.de* [zuletzt: 11.8.2021]

SCHLINK, Bernhard, *Die Heimkehr*, Diogenes Verlag AG, Zürich, 2006, Seite 178.

SCHOENBERNER, Gerhard, *Der gelbe Stern*, Rütten & Loening Verlag, Hamburg, 1960.

SICHROWSKI, Peter, *Naître coupable – naître victime,* Éditions Maren Sell & Cie, 1987.

STUNZ, Gunnar, *Königsberg entdecken*, Trescher Verlag, Berlin, 2006.

TRAVERSO, Enzo, *Les Juifs et l'Allemagne. De la « symbiose judéo-allemande» à la mémoire d'Auschwitz*, Édition La Découverte, Paris, 1992.

VERHOEVEN, Michael, *Der unbekannte Soldat*, Dokumentarfilm, 2006 über die Wanderausstellung, *Kriegsverbrechen der Wehrmacht,* 1995, In Frankreich gesendet durch *Arte* am 8. Januar 2008 unter dem Titel: *Allemagne, un passé qui ne passe pas (Deutschland, eine Vergangenheit die nicht vergeht).*

VIDAL, Dominique (éditeur), *Les historiens allemands relisent la Shoah*, Édition Complexe, 2002.

WEISS, John, *Der lange Weg zum Holocaust*, Ullstein, Berlin, 1996.

ENDNOTEN

[1] Édition L'Harmattan, Paris, 2011.

[2] Ο τοπος του εγκληματος. Γερμανία, η ανοίκεια πατρίδα, Verlag Θυραθεν, Thessaloniki, 2013.

[3] *Tatort Deutschland. Meine unheimliche Heimat,* Herausgegeben von Erhard Roy Wiehn, Hartung-Gorre Verlag, Konstanz 2017. http://www.hartung-gorre.de/Milech.htm [zuletzt: 04.08.2021].

[4] Stadt in Mecklenburg-Vorpommern.

[5] https://de.wikipedia.org/wiki/Heinrich_Anacker [zuletzt: 04.08.2021].

[6] Reichsjugendführer der NSDAP, ab 1940 Gauleiter von Wien. Siehe u.a. Martina Reinhard, 2004.

[7] In keinem der im Internet auffindbaren ostpreußisch-hochdeutschen Wörterbücher war dieses Wort zu finden (z.B. http://www.siegfried-conrad.homepage.t-online.de/Frame.html [zuletzt: 04.08.2021]). Der Zusammenhang in dem es gebraucht wird lässt aber darauf schließen, dass es sich um Säuglingslaute handelt, die allem Anschein nach ein Wohlbefinden kundtun.

[8] Mit jemandem neckisch spaßen. Vielleicht dem westjiddischen Wort חיק ,חק (YIVO: khek), Busen, Schoss zugehörig ... https://de.wiktionary.org/wiki/schäkern [zuletzt: 29.08.2021]

[9] https://de.wikipedia.org/wiki/Volkszählung_im_Deutschen_Reich_1939 und: https://de.wikipedia.org/wiki/Achim_Gercke [zuletzt: 04.08.2021].

[10] Der Mentor-Verlag gehört zur Langenscheidts-Verlagsgruppe.

[11] Bund Deutscher Mädel.

[12] Hitlerjugend.

[13] Sturmabteilung.

[14] Schutzstaffel.

[15] Gemeinde in Mecklenburg-Vorpommern.

[16] Wo im Französischen von *enseignement* gesprochen wird, was „Hinweise geben" heißt, ist im Deutschen von unter-richten und Unter-richt die Rede, was „nach-unten-richten" bedeutet und von einem (mehr oder weniger bewussten) Willen zum unterwerfen, klein-machen, urteilen und verurteilen spricht.

[17] Wie viel unterschwellige Gewalt verbergen allein schon all diese Worte, die von der deutschen Schulbildung sprechen! Und was sagen sie über den Geist und die Kultur die sie geschaffen haben?

[18] Oskar gibt hierzu keinerlei Einzelheiten an. Auch ansonsten äußert er sich nirgendwo in klarer Weise über seinen politischen Standpunkt.

[19] Flughafen von Amsterdam.

[20] Ostpreußen.

[21] Nord-west-Ecke des ehemaligen Samlands, Ostpreußen.
Siehe: https://www.meyersgaz.org/place/10256007 [zuletzt: 04.08.2021].

[22] Mehr Informationen auf:
https://de.wikipedia.org/wiki/Friedrich_Keiter [zuletzt: 04.08.2021].

[23] Werner Dittrich, mehr auf:
https://www.zvab.com/buch-suchen/titel/vererbung-und-rasse/autor/dittrich/ [zuletzt: 04.08.2021].

[24] Nationalsozialistische Deutsche Arbeiterpartei.

[25] Villenviertel im Norden Königsbergs.
https://en.wikipedia.org/wiki/Maraunenhof [zuletzt: 04.08.2021].

[26] Mehr Informationen auf:
https://de.wikipedia.org/wiki/Tczew [zuletzt: 05.08.2021].

[27] Gesa befand sich im fünften Schwangerschaftsmonat.

[28] Heute Elbląg (Polen).

[29] Kinder-Land-Verschickung.

[30] Politische Organisation, (1891-1939), die sich für die Belebung des deutschen Nationalbewusstseins, die Förderung des Deutschtums im Ausland sowie eine dynamische Außen-, Flotten- und Kolonialpolitik einsetzte. Obwohl der Form nach überparteilich, geriet der Alldeutsche Verband immer mehr in die Nähe rechtsradikaler Strömungen (Universal-Lexikon, 2012) und:
https://de.wikipedia.org/wiki/Alldeutscher_Verband [zuletzt: 05.08.2021].

[31] https://de.wikipedia.org/wiki/Heinrich_Claß [zuletzt: 05.08.2021]; weiteres u. a. bei John Weiss, 1996.

[32] Unter dem Decknamen Daniel Frymann schrieb Heinrich Glaß in seinem Buch, *Wenn ich der Kaiser wär'. Politische Wahrheiten und Notwendigkeiten* (Dietrich, Leipzig, 1912), S. 86: „Wo fängt das an und wo hört es auf, was uns zugemutet werden soll, als zur Menschheit gehörig zu lieben und in unser Streben einzuschließen? Ist der verkommene oder halbtierische russische Bauer des Mir, der Schwarze in Ostafrika, das Halbblut Deutsch-Südwests oder der unerträgliche Jude Galiziens oder Rumäniens ein Glied dieser Menschheit?" https://de.wikipedia.org/wiki/Heinrich_Claß#cite_note-4 [zuletzt: 05.08.2021].

[33] Gegen den Feind vorgetriebener Lauf-/Verlängerungsgraben (im Grabenkrieg), https://de.wiktionary.org/wiki/Sappe [zuletzt: 05.08.2021].

[34] Am 13. März 1939 durch den Chef der Sicherheitspolizei, Reinhard Heydrich, https://www.historisches-lexikon-bayerns.de/Lexikon/Alldeutscher_Verband_(ADV),_1891-1939 [zuletzt: 05.08. 2021].

[35] In diesem damaligen Kurort hielt sich Oskar Himmeltor regelmäßig zur Erholung auf. Heute Otradnoje : https://de.wikipedia.org/wiki/Otradnoje_(Kaliningrad,_Swetlogorsk) [zuletzt: 05. 08.2021].

[36] Eröffnung des Reichstages am 21. März 1933. „[...] Hitler und das Reichskabinett beschlossen [...] die Eröffnung des Reichstages zu einem publikumswirksamen 'Tag von Potsdam' zu gestalten, der konservativ und monarchisch eingestellten Menschen – wie Reichspräsident Hindenburg und der Reichswehr – gefallen sollte. Der Tag sollte die Verbindung von 'alter Größe und der jungen Kraft' des Nationalsozialismus sichtbar machen." https://de.wikipedia.org/wiki/Tag_von_Potsdam [zuletzt: 05.08.2021].

[37] Südliche Vororte von Antwerpen (Belgien).

[38] Siehe, https://de.wikipedia.org/wiki/Haus_der_Deutschen_Erziehung [zuletzt: 05.08.2021].

[39] Siehe, https://de.wikipedia.org/wiki/Reichsparteitagsgelände [zuletzt: 05.08. 2021].

[40] Heute „Haus der Kunst". Von 1933 bis 1937 unter persönlicher Beteiligung Adolf Hitlers errichtet, beherbergte die berühmt-berüchtigte Propagandaausstellung „Entartete Kunst". Siehe, https://de.wikipedia.org/wiki/Haus_der_Kunst [zuletzt: 05.08.2021].

[41] Gemeint ist wahrscheinlich das „Marsfeld", welche vor 1933 auch von der SA und der NSDAP für Aufmärsche genutzt wurde. Siehe,

https://de.wikipedia.org/wiki/Marsfeld_(München) [zuletzt: 05.08. 2021].

[42] „Kraft durch Freude" (KdF) war einer der gängigen Nazi-Slogans. – Es sieht ganz so aus, dass auch Waldemar durch die Nazisprache, die „LTI" zumindest unbewusst beeinflusst war. (lingua tertii imperii, die Victor Klemperer untersucht hat, https://de.wiktionary.org/wiki/Lingua_Tertii_Imperii [zuletzt: 05.08. 2021].)

[43] Von den Männern anderer Nationen ist offensichtlich nicht die Rede.

[44] So beurteilt selbst Waldemar die Idee Großdeutschlands als einen Wahn.

[45] Gemeint ist sicherlich das „Münchner Abkommen" vom 29. Oktober 1938. https://de.wikipedia.org/wiki/Münchner_Abkommen [zuletzt: 05.08.2021].

[46] Albert Maria Forster, 1902 - 1952 (in Polen verurteilt u. hingerichtet), Gauleiter der NSDAP in Danzig,
https://de.wikipedia.org/wiki/Albert_Forster#cite_ref-1 [zuletzt: 05.08.2021].

[47] Siehe, https://fr.wikipedia.org/wiki/Franz_von_Papen [zuletzt: 05.08.2021].

[48] Waldemar war zwar wieder als Lehrer in den Schuldienst aufgenommen worden, hatte aber noch keine offizielle Anstellung.

[49] Siehe, https://de.wikipedia.org/wiki/Entnazifizierung#Französische_Zone [zuletzt: 05.08.2021] Absatz, „Französische Zone".

[50] Nach dem Bericht meines Vaters (siehe unten, *Selbstdarstellung von Titus III.*) habe Otto beim Einmarsch der Sowjetarmee in Danzig zuerst seine beiden Töchter und danach sich selbst erschossen.

[51] Wenn die, von Waldemar so ersehnte „Wende" zum deutschen Endsieg gekommen wäre, dann hätte er es sehr wahrscheinlich zugelassen, dass die deutsche Reichsregierung ihren Plan verwirklicht, 50-60 Millionen „minderwertige Slaven auf natürliche Weise" (Dominique Vidal, 2002) zu beseitigen um neuen Lebensraum für das deutsche Volk zu schaffen.

[52] Siehe, https://de.wikipedia.org/wiki/Entnazifizierung#Französische_Zone [zuletzt: 05.08.2021].

[53] Hans Friedrich Karl Günther (1891-1968), Eugenetiker, genannt der „Rassen-Papst", einer der „Wissenschaftler" auf denen sich die Rassentheorie der Nazis stützte. https://en.wikipedia.org/wiki/Hans_F._K._Günther [zuletzt: 29.08.2021].

[54] Alfred Rosenberg (1893-1946), Theoretiker der Partei und Minister der Naziregierung. https://en.wikipedia.org/wiki/Alfred_Rosenberg [zuletzt: 05.08.2021].

[55] Theodor Fritsch (1852-1933), deutscher Schriftsteller, Antisemit, absolut überzeugt von der Überlegenheit der arischen Rasse und des deutschen Volkes. https://fr.wikipedia.org/wiki/Theodor_Fritsch [zuletzt: 05.08.2021].

[56] „Gezeichnet und geschrieben von Joachim Romann, Offenbach-Main. Mit Zustimmung des Wilhelm Kumm Verlages [..] als Soldatengabe nachgedruckt."

[57] Luise von Mecklenburg-Strelitz (1776 - 1850), preußische Königin. Siehe u. a., https://www.preussenchronik.de/person_jsp/key=person_luise_von+mecklenburg-strelitz.html [zuletzt: 05.08.2021].

[58] Aus dem Buch „Nicht mutlos werden. Beharrlichkeit! "von Friedrich Fischer-Friesenhausen, Friesen-Verlag, Soltau, 24. Aufl. 1921. Dieser Autor war Parteimitglied und ein sehr vehementer Antisemit. https://de.wikipedia.org/wiki/Friedrich_Fischer-Friesenhausen [zuletzt: 05.08. 2021] - Ob Freia dies wusste?

[59] Meinem Vater, Titus III war es gelungen sich vom Kriegsdienst befreien zu lassen um Medizin zu studieren. Die Wehrmacht mangelte an Ärzten. Während seines Studiums in Königsberg lernten sich meine Eltern kennen. Nach ihrer Verlobung, Ende Juli 1943 bis Ende August 1944 wohnte Titus im Haus meiner Großeltern Himmeltor (siehe unten, *Selbstdarstellung von Titus III).*

[60] Anna wohnte in Tübingen zunächst in einem Hotel.

[61] Immer wieder denke ich an die Millionen deutscher "Feinde", die noch weit mehr verloren. Ich bin mir bewusst wie sehr mich das Leid meines Großvaters berührt und ich denke um wie viel schrecklicher das Leid unserer Opfer und deren Kinder und Enkel ist.

[62] Gemeint ist der Erste Weltkrieg.

[63] Kleine Ortschaft in der Nähe von Wehlau, damals bekannt durch seine Heil & Pflegeanstalt. https://www.ostpreussen.net/ostpreussen/orte.php?bericht=1337 [zuletzt: 07.08.2021].

[64] Seiner Unzufriedenheit durch Laute Ausdruck verleihen.

[65] Freia spricht hier „selbstverständlich" nur von deutschen Opfern.

[66] Auch Freia hat, wie es aussieht, die Anpassung an die LTI (siehe oben) nicht vermeiden können. Des Weiteren ist es für mich äußerst erstaunlich, dass „das Schlimmste" für sie als Mutter nicht die sinnlose Hinrichtung ihres Sohnes in einem schon lange verloren Krieg wäre, sondern eine eventuelle Untreue seiner

Soldatenpflicht gegenüber. Auch sie glaubte also immer noch Deutschland wäre zu retten.

[67] Deutscher Spielfilm, 1944 gedreht.

[68] Rudolf Georg Binding (1867-1938), deutscher Schriftsteller und überzeugter Nationalist, der die kriegerische Opferbereitschaft idealisierte. https://de.wikipedia.org/wiki/Rudolf_G._Binding [zuletzt: 07.08.2021].

[69] Friedrich Hebbel, 1813-1863 deutscher Schriftsteller. https://de.wikipedia.org/wiki/Friedrich_Hebbel [zuletzt: 07.08.2021].

[70] Dieser Lapsus zeigt wie sehr der Erste Weltkrieg noch im Gefühlsleben Freias gegenwärtig ist.

[71] Hier, wie in den folgenden Eintragungen veranschaulicht Freia wie mächtig die damals in Deutschland vorherrschenden Vorurteile über den „schrecklichen, halbtierischen Russen“ waren.

[72] General Otto Lasch wurde durch die sowjetische Gefangennahme vor der Hinrichtung gerettet. Nach seiner Freilassung hat er den Erlebnisbericht, *So fiel Königsberg, Kampf und Untergang von Ostpreußens Hauptstadt* (Gräfe & Unzer Verlag, München, 1958) veröffentlicht.

[73] Kleines Dorf ganz in der Nähe von Wehlau. https://www.meyersgaz.org/place/10256007 [zuletzt: 07.08.2021].

[74] Ostpreußisch: Sahne mit Quark. http://www.siegfried-conrad.homepage.t-online.de/Frame.html [zuletzt: 07.08.2021].

[75] Ausgelassenes Treiben. https://www.duden.de/rechtschreibung/Klimbim [zuletzt: 07.08.2021].

[76] Heute, Morąg. https://en.wikipedia.org/wiki/Mor%C4%85g [zuletzt: 07.08. 2021].

[77] Hauptstadt von Samoa.

[78] Siehe, https://deutsche-schutzgebiete.de/wordpress/projekte/kaiserliche-marine/seiner-majestaet-schiffe/s-m-s-adler-1883/ [zuletzt: 07.08.2021].

[79] Siehe oben.

[80] Konzentrationslagern.

[81] Abfällige Bezeichnung für die Weimarer Republik (V. Klemperer. 1995).

[82] Lateinisch: wehe den Besiegten.

[83] Also „es gibt keinen Deutschen", der es ihm übel nimmt maßgeblich an dem Judenmord und der Vernichtung der Slaven verantwortlich gewesen zu sein ?! Siehe, https://de.wikipedia.org/wiki/Hermann_Göring#Ausbeutung_besetzter_Gebiete_und_Beteiligung_am_Holocaust [zuletzt: 29.08.2021].

[84] Lateinisch: so vergeht der Glanz der Welt.

[85] Es ist sehr erstaunlich, dass Freia von „Todesarten" spricht und nicht von „Tötungs- oder Mordarten".

[86] Ebenso benützt sie das Wort „Delinquent", welches Verbrecher, Straffälliger, Straftäter und Missetäter bedeutet. Ignoriert sie, dass für sehr viele (meistens Juden) dies nicht der Fall war?

[87] Ostpreußisch: Mädchen. https://www.wissen.de/wortherkunft/marjell [zuletzt: 07.08.2021].

[88] Zitat aus der Bibel, Matthäus 26:38. https://bibeltext.com/matthew/26-38.htm [zuletzt: 07.08.2021].

[89] Die Art und Weise wie Freia hier von „Slawentum", spricht, veranschaulicht ihren Rassismus oder zumindest ihre Minderbewertung der slawischen Völker.

[90] Etwas veraltet für „einkaufen".

[91] Deutscher Schriftsteller (1882-1962); nach de Worten von Tomas Mann (1968) „ ... einer der ärgsten nationalistischen Narren", https://de.wikipedia.org/wiki/Will_Vesper [zuletzt: 07.08.2021].

[92] Deutscher „Reichsritter, Dichter, Humanist" (1488-1523), Begründer eines „Nationalmythos"; seine Schriften begeisterten vor allem das national bewegte 19. Jahrhundert, https://de.wikipedia.org/wiki/Ulrich_von_Hutten [zuletzt: 11. 08.2021].

[93] Dieser sehr beliebte deutsche Schriftsteller war ein überzeugter Antisemit. (H. P. Hermann, 1996).

[94] Lateinisch: er möge zugrunde gehen.

[95] Als ob die „schlechten Seiten" Hitlers sich einzig und allein auf die Existenz der Konzentrationslager beschränkten!

[96] Kleine Ortschaft 50 km süd-westlich von Bremen.

[97] Einrichtung, Gliederung der NSDAP.

[98] Evangelisch-lutherischer Pastor und Theologieprofessor (1900-1959). Er trat in der Zeit des Nationalsozialismus in der Württemberger Landeskirche als entschiedener Vertreter der Bekennenden Kirche (BK) hervor und setzte sich nach 1945 als einer der Ersten energisch für eine Erneuerung der Beziehungen des deutschen Protestantismus zum Judentum ein, https://de.wikipedia.org/wiki/Paul_Schempp [zuletzt: 11.08.2021].

[99] Also beurteilte Freia den offenkundigen Antisemitismus Hitlers auch als „vernünftig"?

[100] Siehe u. a.: https://de.wikipedia.org/wiki/Fritz_Wandel [zuletzt: 11.08.2021].

[101] Siehe oben, S. 13.

[102] Mirko Jelusich, östereichischer Schriftsteller und Theaterkritiker (1886-1969), Schlüsselperson der NS-Kulturpolitik in Österreich, https://de.wikipedia.org/wiki/Mirko_Jelusich [zuletzt: 11.08.2021].

[103] Siehe oben, S. 52.

[104] Siehe unten. Erwin S. Jahrgang 1928, ist der Jüngste von drei Brüdern aus der unmittelbaren Nachbarschaft in Königsberg; Helge und Waldo hießen die bei-den anderen. Waldo war Gesas erste große Liebe.

[105] Siehe: https://fr.wikipedia.org/wiki/Wilhelm_Gustloff_(paquebot) [zuletzt: 11.08.2021].

[106] Kleine Ortschaft 30 km nord-westlich von Berlin.

[107] Kleinstadt an der Ostsee zwischen Lübeck und Rostock.

[108] 1 Zentner (Ztr.) (Deutschland) = 100 (Neu-)Pfund (à 500 Gramm) = 50 kg https://de.wikipedia.org/wiki/Zentner [zuletzt: 11.08.2021].

[109] Sozialistische Einheitspartei Deutschlands.

[110] Das ehemalige „Preußische Ehrenmal" oder „Ehrenhalle" wird heute „Neue Wache" benannt. https://www.berlin.de/sehenswuerdigkeiten/3561353-3558930-neue-wache.html [zuletzt: 11.08.2021].

[111] Kleinstadt südöstlich von Dresden.

[112] Hugo S. war früher als Walter aus der russischen Gefangenschaft entlassen, wahrscheinlich aus gesundheitlichen Gründen.

[113] Siehe oben, S. 61.

[114] Von welcher Menschheit spricht Gesa? Derjenigen, der verhassten Sieger oder der, der heuchlerischen Besiegten, oder von beiden?

[115] Das „Schwäbische Tageblatt“, Tübingen.

[116] Dieser Cousin Karl war der Sohn von Amalie, Tochter des Zwillingsbruders des Vaters Freias.

[117] Dafür habe ich 33 Jahre später Karls Tochter Nora geheiratet; als ob ich meine Mutter auf diese Weise trösten wollte?

[118] Dieses “Liebeslied” hat nicht Hesse, sondern Rilke geschrieben. Gesa hat folgendes Ende ausgelassen:

Doch alles, was uns anrührt, dich und mich,
nimmt uns zusammen wie ein Bogenstrich,
der aus zwei Saiten *eine* Stimme zieht.
Auf welches Instrument sind wir gespannt?
Und welcher Geiger hat uns in der Hand?
O süßes Lied.

https://www.aphorismen.de/gedicht/12341 [zuletzt: 24.08.2021].

[119] Es war damals in unserer Familie üblich – in vielen anderen sicherlich auch – vor allem den Söhnen bis zum Schulalter diesen unpersönlichen „Kosenamen“ zu geben. Es wurde als ein Zeichen der Zärtlichkeit angesehen. Keinem war bewusst, dass hiermit die Individualität und das Selbst des Kindes verneint wurde.

[120] Verzicht worauf? – Auf einen anderen „Treuebruch“?

[121] Gesa war seit dem 1. 8. 1954 nach Stuttgart umgezogen und hat ihre beiden Kinder ihren Eltern anvertraut. Weihnachten 54 war sie allein in Stuttgart geblieben. Über die Gründe, siehe unten.

[122] Gemeint sind Prof. Hans Winterstein und seine zweite Frau. Professor für Physiologie in Breslau, wegen seiner jüdischen Abstammung 1933 vom Vorlesungsbetrieb suspendiert, nahm H. Winterstein eine Professorenstelle in Konstantinopel an, wo er bis 1956 wirkte und lebte. Hanna, die davon träumte Konstantinopel zu besuchen, wurde durch Vermittlung ihres Doktorvaters, Prof. Weber mit den Wintersteins bekannt gemacht. Schon während ihres ersten Besuchs dort (1952), entstand eine sehr enge Freundschaft, die bis zum Tod der „Vizeeltern“ andauerte.

[123] Siehe unten, S. 232.

[124] Liebeskummer dauert nur einen Moment. Liebesfreude dauert das ganze Leben.
Hoffen wir, liebe Christa, dass uns das Schicksal günstig gestimmt ist und uns, entsprechend dem Wunsch unsere Herzen, wieder zusammen führt. An diesem Abend, wo wir gezwungen sind uns zu trennen, müssen wir in unseren Gedanken die Überzeugung haben, dass wir uns, trotz aller Widerlichkeiten, wieder sehen; und diese Hoffnung wird uns erlauben unsere Schmerzen zu ertragen. Ja, Sie folgen jetzt für viele Wochen dem Aufruf Ihres Vaterlands eine schwierige Arbeit zu leisten, die von Ihnen eine große Vaterlandsliebe erfordert. Ich glaube dass all dieses Leid die Rettung unserer beiden Nationen erlaubt ebenso wie die Verwirklichung unseres Glücks. Mögen Sie die Götter beschützen. Auf wiedersehen, Georges.

[125] *Diesem Eintrag folgt auf der nächsten Seite ein Liebesgedicht mit dem Titel,*
„Ich habe Dir mein Herz geschenkt":
Ich habe Dir mein Herz geschenkt
In Dir ruht mein ganzes Glück.
Ohne Deinen Kuss stirbt es,
Wie die Blumen, die ohne Sonne nicht leben.
Dir ist Mein schönes Liebeslied gewidmet
Und für Dich allein wird es immer blühen.
Du, die ich verehre, oh Du mein Licht.
Sag es mir noch einmal,
Ich habe Dir mein Herz geschenkt!
Auch wenn ich fern von Dir bin,
Bleibst Du in mir gegenwärtig.
Dein duftender Atem berauscht mich.
Ich habe nur einen Grund zu leben.
Dich, nur Dich sehe ich überall,
Deine wunderbaren Haare,
Dein Blick voller Träume
Und Deine leuchtenden Augen,
Und kein Gesang ist für mich
So süß wie Deine Stimme.

[126] „Piesacken", ostpreußisch für „quälen" (meist im Sinne von zärtlichem, scherzhaften ärgern) http://wiki-de.genealogy.net/Memelländisches_Wörterbuch#K [zuletzt: 11.08.-2021].

[127] Wahrscheinlich ein von Christa benützter Spitzname.

[128] Die ursprüngliche Benennung war „Pillkallen“ bis die Nazis am 17.6.1938 in einer Umbenennungs-Grossaktion alle „unzuverlässigen“ Ortsnamen verdeutschten (Gunnar Stunz, 2006).

[129] Ursprünglich „Stallupönen“.

[130] Wie kann Titus III. dies mit einer solchen Überzeugung sagen? Es ist als ob er von der Diskriminierung, Entrechtung, Enterbung, Vertreibung und totalen Vernichtung der Deutschen jüdischer Herkunft, der Juden Europas, der Zigeuner der Homosexuellen und anderen „Unerwünschten“ in Deutschland sowie den endlosen Kriegsverwüstungen im Ausland nichts wisse, oder nichts wissen will?

[131] Ich frage mich ob Titus III. nicht eigentlich „das Ergebnis“ schreiben wollte? Sonst hieße es „die Mühen sind der Mühen wert“ – Sicherlich hat er nicht den eventuellen Erfolg, sondern nur die Mühen im Kopf. Im Übrigen waren für ihn seine erste Heirat und Familiengründung eine beschämende Niederlage.

[132] Meine Tante Christa und meine Großmutter Clara die ich, wie gesagt nie kennengelernt habe, lebten am Ende des Krieges in Kolberg und konnten erst kurz vor dem Einmarsch der Roten Armee fliehen. Die Ausreisegenehmigung der Regierung wurde erst im aller letzten Moment gegeben. Die Kolberger Familie wurde nach Burg, eine kleine Stadt in Schleswig-Holstein verwiesen. Dort lebten sie alle bis zu ihrem Tode, mit Ausnahme der Tante Christa, die ihrem Ehemann nach Köln gefolgt war. Sie hatte keine Kinder. Der Bruder von Titus III. hatte nur ein Kind (einen Sohn). Dieser hat sich (wie Helmut) im Erwachsenenalter das Leben genommen. Von unseren Milech’s gibt es somit keinen männlichen Nachfolger mehr.

[133] Bezeichnung für blockförmige Torfstücke, die aus dem Moor gestochen werden. https://www.einheitserde.de/qualitaet-service/rohstoffe/torfe/ [zuletzt: 24.08.2021].

[134] Das ursprünglich sechsundfünfzig eng getippte Seiten umfassende Manuskript wurde auf die Abschnitte beschränkt, die von historischem Interesse sein können.

[135] Das Ehepaar Tausendfreund hatte bereits vier Töchter, die alle an einer Infektionskrankheit verstorben waren. Nach deren Tod kamen noch einmal vier Mädchen auf die Welt, denen dieselben Vornamen in der selben Reihenfolge gegeben wurden.

[136] Im Frühjahr 1915. Siehe: https://www.welt.de/geschichte/article173498056/Erster-Weltkrieg-Die-Befreiung-Ostpreussens-begann-im-Schneesturm.html [zuletzt: 11.08.2021].

[137] Verkürzt für „Stöpsel“, „kleine Person“.

[138] Waldstück zwischen dem Westufer des Flusses Parseta (Persante) und der Ostsee. https://www.kolberg-cafe.de/meldung/die-maikuhle-in-kolberg-642.html [zuletzt: 11.08.2021].

[139] Entspricht dem 9. Schuljahr (Fünfte Oberschulklasse nach 4 Grundschulklassen). Bis 1964 wurden die Oberschulklassen mit lateinischen Zahlwörtern im Nominativ Singular Femininum bezeichnet.
https://de.wikipedia.org/wiki/Jahrgangsstufe [zuletzt: 11.08.2021].

[140] Kleine Kreisstadt an der Ostgrenze Ostpreußens, Heute Nesterov. https://de.wikipedia.org/wiki/Nesterow [zuletzt: 11.08.2021].

[141] Versuch eines Staatsstreichs der Konservativen gegen die Weimarer Republik im März 1920. Wurde durch einen Generalstreik (in welchem alle Linken Strömungen einig waren) zum Scheitern gebracht.
https://fr.wikipedia.org/wiki/Putsch_de_Kapp [zuletzt: 11.08.2021].

[142] Kleiner Ort im Süd-Osten der Nordhälfte Ostpreußens; heute Sosnowka. https://de.wikipedia.org/wiki/Sosnowka_(Kaliningrad,_Nesterow,_Tschistyje_Prudy) [zuletzt: 11.08.2021].

[143] Gemeint ist das „Münchner Abkommen“ vom 29. Oktober 1938.
https://de.wikipedia.org/wiki/Münchner_Abkommen [zuletzt: 11.08.2021].

[144] „Das Unternehmen Seelöwe war die im Zweiten Weltkrieg von der Wehrmacht vorbereitete, aber nicht verwirklichte Invasion Grossbritaniens ... „ https://de.wikipedia.org/wiki/Unternehmen_Seelöwe [zuletzt: 11.08.2021].

[145] „Bevor die Brandbomben abgeworfen werden, markieren sogenannte Pfadfinder-Schwadronen mit farbigen Leuchtbomben die brandempfindlichen Zonen. ‚Christbäume setzen', nennen die Deutschen dieses Vorgehen.“
https://www1.wdr.de/stichtag/stichtag2922.html [zuletzt: 11.08.2021].

[146] Hier fehlten Titus III. noch Informationen, denn die „Ausnahmen“ waren keineswegs so selten gewesen (Michael Verhoeven, 2006).

[147] Aus dem Jiddischen („schlimmes Glück“), umgangssprachlich für „Unglück, „unglückliche Lage“, „Durcheinander“.
https://www.wortbedeutung.info/Schlamassel/ [zuletzt: 11.08.2021].

[148] Hierzu ein Kommentar einer alten Bekannten, meiner Genration, das sie mir nach der Lektüre meines Buches *Tatort Deutschland* im Dezember 2019 gemailt hat: „Ja, wir Deutschen tragen ein unsichtbares Mal auf der Stirne. Im Ausland, nach unsrer Herkunft gefragt, fängt dieses Mal an zu leuchten und zu brennen.“

[149] Titus III. erwähnt nicht, dass diese Firma zu einer der bedeutendsten unter den unzähligen deutschen Unternehmen gehörte, die sich durch die Sklavenarbeit von, zu Tode geschundenen, KZ-Häftlingen skandalös bereichert hatte, https://de.wikipedia.org/wiki/I.G._Farben#Zweiter_Weltkrieg_und_Holocaust [zuletzt: 11.08.2021] und u.a., BS-encyclopedie, http://www.encyclopedie.bseditions.fr/sous-index.php?indexId=8 [zuletzt: 11.08.2021].

[150] Zu Beginn der sechziger Jahre wurde Titus III. zum Wissenschaftlichen Direktor des Pharmazeutischen Kontors Hoechst in München befördert, der für die gesamte Südhälfte Deutschlands zuständig war. Dort blieb er bis zu seiner Pensionierung.

[151] In ihrer Notiz „Der Mord“ (siehe oben) denkt sich Gesa tatsächlich eine solche Gefahr aus.

[152] Siehe unten, S. 194.

[153] Dieser Kurzbesuch Gesas, vor allem ihr erneutes „Verschwinden“ muss für mich so schmerzlich gewesen sein, dass ich ihn völlig verdrängt habe. – Auch meine 15 Jahre Psychoanalyse haben diese Amnesie nicht aufgelöst.

[154] In der Zwischenzeit hatte also unsere Großmutter erfahren, dass Gesa nicht nur ein Kind auf die Welt gebracht hat, sondern gleich zwei.

[155] Wolfram blieb demnach 103 Tage im Krankenhaus; für ein 2 jähriges, also 730 Tage altes Kind ist das etwas mehr als 1/7 seines Lebens. Für einen 70 jährigen Erwachsenen entspräche das einem über 10 jähriger Krankenhausaufenthalt.

[156] Wegen einer Lungenentzündung befand sich Wolfram bereits in seinen ersten Lebensmonaten für mehrere Wochen im Krankenhaus ohne dass seine Mutter ihn besuchen konnte. Als er entlassen wurde „erkannte“ er seine Mutter nicht mehr. Freia fürchtet nun eine ähnliche Reaktion. Dieses Verhalten wird durch eine anaklitische Depression verursacht.
https://de.wikipedia.org/wiki/Anaklitische_Depression [zuletzt: 26.08.21]. Siehe auch, https://de.wikipedia.org/wiki/René_A._Spitz [zuletzt: 26.08.21].

[157] Eine rechtsextreme überregionale deutsche Wochenzeitung. 1950/51 als *Deutsche Soldaten-Zeitung* (DSZ) gegründet, wurde 1962 der Titel in *Deutsche National-Zeitung und Soldaten-Zeitung* umgewandelt und am 1. Januar 1963 auf *Deutsche National-Zeitung* verkürzt. Sie existierte bis 2019.
https://de.wikipedia.org/wiki/National-Zeitung_(München) [zuletzt: 11.08.21].

[158] „Etwas in einen guten Zustand zurückversetzen. Die Wendung entstammt dem militärischen Bereich. Soldaten richten sich bei Übungen in Gliedern stets nach dem Vordermann.“
https://de.wiktionary.org/wiki/auf_Vordermann_bringen [zuletzt: 11.08.2021].

[159] Ort in der Steiermark, Österreich, wo wir mehrere Jahre lang unsere Sommerferien verbrachten.

[160] Das ist der “Kosename” des VW-Käfers (Baujahr 1958) unserer Mutter, den sie von ihrem Liebhaber, Herrn D. übernommen hatte und den ich ihr 1969 für 500,- DM abgekauft habe. Mit ihm habe ich 1969 meine lange Reise in die Sowjetunion und den Mittleren Osten gemacht. – „Ironie“ der Geschichte: ich fahre unwissend und naiv mit dem Wagen eines ehemaligen SS (siehe S. 182) in das Land seiner Opfer.

[161] Wir nannten das kinderlose Paar, Ida & Walter „Kleine Familie“.

[162] Ausspruch von Otto von Bismarck.
https://www.redensarten-idex.de/suche.php?suchbegriff=in+den+Sielen+sterben&bool=relevanz&sp0=rart_ou [zuletzt: 29.08.2021] . „Siele“ bedeutet heute „Abwasser“, damals „Seile“, bzw. das „Geschirr“ des Arbeitstiers.

[163] Gesa hatte eine Stelle in Urach gefunden. Diese Kleinstadt ist etwas weniger weit von Tübingen entfernt als Stuttgart.

[164] Auf der Rückseite der Kunst-Postkarte war sein Bild, „Sohn Jean, 7 Jahre alt“ abgebildet.

[165] Französisch: Drüsen.

[166] Titus III meint einen Geldschein; eigentlich ist es ein Stück Stoff mit dem man eine Wunde bedeckt.

[167] Siehe oben, S. 188.

[168] Den „bitteren Wein der Erfahrung“ habe ich schon vor meiner Geburt „gekostet“ und gleich danach. Das „Jugendliche“ und „Schwärmerische“ ist lediglich meine Fähigkeit mich besser auszudrücken und meine Sensibilität zu zeigen; eine Sensibilität die mich heute noch bewohnt und die zu mir gehört. Mit der „Läuterung“ würde ich (habe ich auch) lediglich den Stil verfeinern und mich besser an den Adressat anpassen.

[169] Am liebsten wäre ich damals schon in ein fremdsprachiges Ausland gegangen, aber das war noch nicht durchführbar. Wien war immerhin Ausland aber deutschsprachig. Vor allem wollte ich weit weg von Tübingen und an einen Ort,

wo ich niemanden kenne und mich niemand kennt. Ich wollte völlig auf mich selbst angewiesen sein. Das war meine bewusste Selbstherausforderung.

[170] Titus III. hatte in der Tat alle meine Briefe aufgehoben. Bis zum Zeitpunkt, Mitte/Ende der neunziger Jahre, wo er seine Beziehung mit seiner jüngeren Tochter, Ruth abbrach, weil sie wegen einer „Liebesgeschichte" Mann und zwei Kinder „verlassen" hatte. Entrüstet und empört, hatte er (oder seine Frau) ihr alle Briefe, die sie an ihn geschrieben hatte zurückgesandt. In dem Paket befanden sich auch – zufällig? – meine Briefe, die mir Ruth umgehend weitergesandt hat. (Siehe unten, S 245)

[171] Den Originalbrief hatte ich selbstverständlich, wenn auch mit vielen Fehlern, auf Französisch geschrieben.

[172] Die Kopie dieses Briefes ging verloren.

[173] Mit Zurückhaltung, milde.

[174] „Noch nicht zu Ende", https://de.wiktionary.org/wiki/Matthäi_am_Letzten_sein [zuletzt: 11.08. 2021].

[175] Vom 25. Juli bis 14. September 1969.

[176] Ein ausschließlich dieser Reise gewidmetes Buch ist in Vorbereitung.

[177] Ich schrieb an das Volkswagenwerk in Wolfsburg in der Hoffnung, dass mir mein Bericht als Werbung etwas Geld einbringen würde. Dem war nicht so; in seiner Antwort verwies mich das Werk auf spezialisierte Zeitschriften, die möglicherweise Interesse zeigen könnten.

[178] Im folgenden Jahr wurde, dank der Politik Willy Brandts, dieser Schritt endlich getan.

[179] Mit meinen langen dunkelbraunen Haaren und meinem Spitzbart, sah ich tatsächlich dieser berühmt-berüchtigten Person etwas ähnlich.

[180] Was will Sergej damit aussagen? Worauf bezieht sich der „kleine Fritz"? Auf die französische abwertende Bezeichnung des Deutschen, insbesondere des deutschen Soldaten, (siehe, https://www.larousse.fr/dictionnaires/francais/ fritz/ 35341 [zuletzt: 11.08.2021]), auf den 1968 veröffentlichten Roman von Herbert Heckmann, Der kleine Fritz. Ein Roman für Kinder und solche, die es werden wollen (siehe, https://www.amazon.fr/kleine-Fritz-Kinder-solche-werden/dp/ B00AQG5X5A [zuletzt: 30.08.2021]) oder (unbewusst) auf beides, was auf eine sehr verständliche Ambivalenz mir als Deutschem gegenüber hinweisen würde?

[181] Siehe oben, S. 130.

[182] Waldemar und Gesa hatten Heidi kurz zuvor besucht.

[183] Siehe u. a.: https://dict.leo.org/forum/viewUnsolvedquery.php?idForum=1&idThread=1321837&lp=ende&lang=en [zuletzt: 11.08.2021].

[184] Siehe u.a.: http://www.nauchensviat.eu/die-faelische-rasse.html [zuletzt: 11.08.2021].

[185] Ida Tausendfreund, Claras um 2 Jahre ältere Schwester.

[186] Seit sehr einigen Jahren fiel es mir sehr schwer meine Mutter mit „Mama" oder „Mutter" anzureden, weshalb ich sie bei ihrem Nachnamen, „Mayer" oder ihrem Wohnort „Bonlanden" nannte. Für den tieferen Grund dieser Hemmung habe ich nur Vermutungen, keine Erklärung.

[187] Wie gesagt ähnelte dieses neue Verlassen-sein demjenigen von 1954. Meine Schmerzen von damals und von heute vermischten sich.

[188] Gemeint ist „Frank-Reich".

[189] Der Tod Gesas am 24. März und der ihres Mannes 10 Wochen danach.

[190] „Blume" ist der Kosename meiner Stiefmutter Alma, und „Brummer" der unseres Vaters; beide wurden von meinen Halbgeschwistern erfunden.

[191] Siehe unten, S 242.

[192] Der Arzt behandelt, die Natur heilt.

[193] Ich möchte damit nicht sagen, dass meine Großeltern meine Mutter nicht liebten. Ich spreche hier von den Hinter- und Untergründen der Leiden meiner Mutter.

[194] Dieser Briefwechsel ist in einer französischen philosophischen Zeitschrift veröffentlicht: «Deux dernières lettres à mon père», *Approches. Revue trimestrielle. Littérature et science humaines*, n° 146, Paris 2011.

[195] Siehe oben, S. 202.

[196] Siehe oben, S. 193 ff.

[197] Siehe oben, S. 203 und unten, S. 248.

[198] „Die Gruppe und der Einzelne im Werk von Edvard Munch", gehalten anlässlich des XIII. Weltkongresses der WADP (world association of dynamic psychiatry) in München vom 13 bis 17 März 2001.

[199] Ihr seht: „nichts ist niemals zu spät!“

[200] Oh Du, Titus! Diese lateinische Anredeform gebrauchte Tertius gerne und oft.

[201] Bernhard Schlink, 2006.

[202] Otto Lasch, 1958. Siehe auch, https://fr.wikipedia.org/wiki/Otto_Lasch [zuletzt: 11.08.2021].

[203] Vladimir I. Kozlov, 1989, S. 132–139. Siehe auch, Oleg Egorov, « Combien de citoyens soviétiques sont morts pendant la Seconde Guerre mondiale? », *Histoire* 03/07/2019. https://fr.rbth.com/histoire/83148-pertes-urss-seconde-guerre-mondiale [zuletzt: 11.08.2021].

[204] Siehe, https://synonyme.woxikon.de/synonyme/gemein.php [zuletzt: 11.08. 2021].

[205] Um genauer zu sein müsste ich eigentlich „der Bildungs- oder Mittelschicht“ hinzufügen.

[206] Siehe oben, S. 31/32.

[207] Siehe Fußnoten 30 und 34.

[208] Siehe oben, S. 59.

[209] Siehe oben, S. 92.

[210] Siehe oben, S. 100.

[211] Siehe oben, S. 103/104.

[212] Siehe oben, S. 103.

[213] Siehe oben, S. 75.

[214] Siehe oben, S. 108.

[215] Hierzu eine überaus interessante und absolut lesenswerte Analyse von Rainer Mausfeld (2015) Er schreibt (S. 5): „Staaten können mit Billigung und Unterstützung der Mehrzahl ihrer Bürger schlimmste Gräueltaten – wie Folter, Massenmorde und Völkermord – begehen und dennoch davon überzeugt sein, dass ihre Taten moralisch nicht verwerflich seien.“

[216] Die „Alternative für Deutschland“ ist womöglich solch ein „heilbringender“ Fluchtplan von sich selbst.

[217] Siehe oben, S. 225.

[218] Siehe oben, S. 141.

[219] Siehe oben, S. 127.

[220] Karl Jaspers, 2012.

[221] Gerhard Schoenberner, 1960.

[222] Peter Sichrowski, 1987.

[223] Als ich einmal meinen Vater nach der Bedeutung und dem Ursprung unseres Familiennamens fragte, antwortete er, dass er zwar nicht sicher sei, aber der Name komme wahrscheinlich von dem deutschen Wort „Mühlenach“, das sich über „Mühlach“ und „Milach“ zu „Milech“ verwandelt habe.

[224] „Milech“ (melochim) in Hebräisch und in Jiddisch, „méjlech“ bedeutet „der König“ (Ronald Lötzsch, *Duden – Jiddisches Wörterbuch*, 1992).

[225] Siehe auch, *Tatort Deutschland*.

AUTOREN

Ella Himmeltor:
Tagebuch (1932-1936), S. 13 ff.

Mit ihrem Adoptivsohn Karl, 1936.

Oskar Himmeltor:
Selbstdarstellung, S. 16 ff.
Brief an seinen Sohn Waldemar, S. 19

Oskar mit seinem Sohn Waldemar (1941)

Waldemar Himmeltor:
Tagebücher (1944-1950), S. 20-58.
Auszug aus seiner Bücherliste (1945), S. 58
Brief an den Kultminister Württembergs (1948), S. 59
Brief an seinen Sohn Walter (1945), S. 63
Brief an seinen Sohn Walter (1946), S. 107/108
Karte an seinen Enkel Titus IV. (1960), S. 192
Brief an seinen Enkel Titus IV. (1973), S. 229

Freia Himmeltor, geb. Janowitz:
Brief an ihren Sohn Walter (1943), S. 60
Brief an ihre Tochter Anna (1944), S. 61
Brief an ihre Tochter Gesa (1945), S. 62
Tagebücher (1945 u. 1946), S. 65-98
Karte an ihre Tochter Gesa (1954), S. 138
Briefwechsel mit ihrer Tochter Gesa (1954-1964), S. 168 ff.
Tagebuch (1965), S. 187
Brief an Titus III. (1966), S. 197

Freia mit ihrem Sohn Walter (1941)

Lene L.:
Karte an ihre Großnichte Anna (1945), S. 65

Lene mit Gesa u. Walter in Neukuhren (1929)

Heidi J., geb. Himmeltor:
Brief an ihren Großneffen Titus IV. (1970), S. 223 ff.
Brief an ihren Großneffen Titus IV. (1991), S. 233

Heidi Himmeltor mit ihrem Verlobten aus der Schweiz bei Neukuhren (1927)

Anna Himmeltor:
Brief an ihre Schwester Gesa (1945), S. 64
Brief an ihre Schwester Gesa (1954), S. 137
Karte an ihren Neffen Titus (1958), S. 191

Anna Himmeltor mit Prof. Weber in Heidelberg (1956)

Gesa, geb. Himmeltor:
Briefe an ihren Freund Erwin (1946-1949), S. 122 ff.
Aus ihrem Notizbuch (1953), S. 134
Briefwechsel mit ihrer Mutter (1954-1964), S. 168 ff.
Zwei Briefe an Titus III. (1964), S. 188
Brief an ihren Sohn Titus IV. (1957), S. 191
Brief an ihren Sohn Titus IV. (1961), S. 192
Brief an ihren Sohn Titus IV. (1967), S. 207
Brief an ihren Sohn Titus IV. (1973), S. 230

Gesa mit Titus III. am Verlobungstag (1943)

Walter Himmeltor:
Brief als Soldat aus Danzig (Fabruar 1945), S. 37
Brief als Soldat aus Danzig (März 1945), S. 44
Karten u. Briefe aus russischer Gefangenschaft (1946-1948), S. 51/52, S. 56 u. S. 117 ff.
Karte an seine Schwester Gesa (1954), S. 138

Walter Himmeltor bei Tübingen (1954)

Lilo Janowitz (Tochter von Otto Janowitz, Freias Cousin aus Danzig)
Brief an Gesa (März 1945), S. 45

Erwin S. (Nachbar und Freund aus Königsberg):
Zwei Briefe an Freia Himmeltor (1946), S. 108
Brief an Titus IV. (1994), S. 234

Erwin S. in Neukuhren (1939)

Titus II. Milech:
Briefe an seinen Enkel Titus IV. (1971-1975), S. 226 ff. u. 229

Titus II. Milech (1940)

Clara Milech, geb. Tausendfreund:
Eintrag im Poésiealbum ihrer Tochter Christa (1939), S. 138
Ausschnitt aus einem Brief an Gesa (1945), S. 139
Karte an ihren Sohn Titus III. (1947), S. 144

Clara Milech (1939) Christa Milech (1942)

Christa T., geb. Tausendfreund:
Aus ihrem Poesiealbum (1939-1984), S. 138
Karte an ihren Bruder Titus III. (1947), S. 144

Titus III. Milech:
Lebenslauf (1945), S. 139
Brief seine Frau Gesa (1945), S. 140
Brief an seine Schwiegermutter Freia (1946), S. 141
Karte an seinen Sohn, Titus IV. (1950), S. 189
Briefwechsel zwischen Titus III. und Titus IV. (1961-1967), S. 193 ff., 198 ff., 207 ff.
Brief an Titus IV. (1974), S. 228
Selbstdarstellung (1995-1996), S. 144 ff.

Titus IV. mit Titus III. (2003)

Titus IV im Kremlin, Moskau (1969)

Titus IV. Milech:
Zwei Karten an seine Mutter Gesa (1954), S. 190
Weihnachtswunschzettel an seine Mutter (1954), S. 190
Brief an den französischen Botschafter in Peking (1965), S. 211
Brief an die Kommission für Kriegsdienstverweigerung (1966), S. 209
Brief an die Botschaft der BRD in Moskau (1968), S. 212
Briefwechsel mit dem Deutschen Demokratischen Rundfunk, Berlin, DDR (1968-1969), S. 212 ff.
Bericht an das Volkswagenwerk über eine Reise in die UDSSR, die „Ostblockstaaten“ und den Mittleren Osten (1969), S. 218
Tagebuchauszüge (1978-1982), S. 231
Tagebuchauszüge (1998-2001), S. 239
Briefwechsel zwischen Titus IV. u. Titus III. (1996), S. 235
Letzter Briefwechsel zw. Titus IV u. Titus III. (2001-2002), S. 242
Bericht über eine Reise nach Kaliningrad (2007), S. 253

Paul M. (Ekel von Amalie M., geb.Janowitz)**:**
Brief an seine Schwester Nora und Titus IV. (1971), S. 225/226

Rolf Schade, Jugendfunk Deutslandsender, DDR.
Brief an Titus IV. (1969), S. 214-216

Felix aus Moskau:
Brief an Titus IV. (1970), S. 221

Herr S. (Russlanddeutscher Volkschullehrer aus Archangelskoje, UDSSR)**:**
Brief an Titus IV. (1970), S. 222/223

"FAMILIENBAUM"

VORFAHREN DER MÜTTERLICHEN LINIE

Anna, geb. Wetzker (1959-1921) **& Friedrich Janowitz** (1857-1945?)

Anna hatte eine sehr viel jüngere Halbschwester aus der 2. Ehe ihrer Mutter, **Lene L.** aus Wehlau. Sie war sehr oft bei den Himmeltors in Königsberg oder Neukuhren zu Besuch. **Friedrich** hatte einen Zwillingsbruder, **August,** dessen Sohn, **Otto** in Danzig niedergelassen, und dessen Tochter, **Amalie** in Nürnberg verheiratet war, der Älteste der 4 Kinder Amalies war **Karl M.** (1913-2007), dieser wiederum hat 2 Kinder: **Paul** (*1945) und **Nora** (*1947, meine 1. Frau).

3 Kinder:

1. **Freia** (1890-1969), 2. Fritz (1892-1915), 3. Paul (1893-1917), beide Söhne sind im Ersten Weltkrieg gefallen, bzw. vermisst.

Hilda Lodi (1866-1936) **& Oskar Himmeltor**

5 Kinder:

1. Wilhelm (1892-1893), im Säuglingsalter verstorben.
2. **Waldemar** (1893-1973), verheiratet, 3 Kinder.
3. **Ella** (1895-1964) ledig, 1 Adoptivsohn: **Karl** (1935-1994)
4. **Luise** (1898-1947), verheiratet, 3 Kinder.
5. **Heidi** (1901-2001), verheiratet, 2 Kinder.

Freia, geb. Janowitz (1890-1969) **& Waldemar Himmeltor**
3 Kinder:
1. **Anna** (*1921) keine Kinder.
2. **Gesa** (1923-1994)
   1. Ehe (1944-1949). mit **Titus III Milech** (1917-2007):
      2 Kinder: **Paula** (*1945), **Titus IV.** (*1947)
   Ohne Ehe, mit **Herr S.** (?)
      Zwillinge: **Regina** (1955-1955) & **Wolfram** (*1955)
   2. Ehe (1960-196) mit **Willi M.** (1903-1961)
      ohne Kinder.
   3. Ehe (1976-1994) mit **Karl Himmeltor** (1935-1994)
      ohne Kinder
3. **Walter** (1927-1996) **& Ida** (1925-2015) Ehe (1953-1996)
      ohne Kinder.

VORFAHREN DER VÄTERLICHEN LINIE

Unbekannt & **Titus I. Milech** (?-1913)
3 Kinder: 1. **Titus II.** (1888-1975), 2. Anna (?), 3. Max (?),

Auguste Hirt (?) **& Gustav Tausendfreud** (?-1911)
8 Kinder: 1. Emma, 2. Ida, 3. Margarete, 4. Clara (1 - 4 an Typhus gestorben), 5. Emma (1988-?), 6. Ida (1889-?), 7. Margarete (1890-?), 8. **Clara** (1891-1968)

Clara, geb. Tausendfreund (1891-1968) & **Titus II. Milech** (1888-1975)
Ehe (1916-1968)
3 Kinder:
1. **Titus III.** (1917-2007).)
   2. Ehe (1950-2007) mit **Alma K.** (?-2013)
      2 Kinder: **Ruth** (*1951), **Helmut** (1956-1989 Freitod)
2. **Klaus** (1923-1984), verh., ein Sohn **Edgar** (1958-1996 Freitod).
3. **Christa T.** (1927-2010) verheiratet, ohne Kinder.

ERHARD ROY WIEHN
UND SO WURDE ES MÖGLICH
NACHWORT MIT TEXTAUSZÜGEN ALS EINFÜHRUNG

In unserer Edition Schoáh & Judaica haben wir seit 1984 vor allem Schriften zur Schoáh veröffentlich: Überlebens- und Nichtüberlebensberichte, weil wir den Opfern ihre Stimme zurückgeben wollten.[225] Damit versuchten und versuchen wir, so gut wie möglich dem gerecht zu werden, was Dr. med. Titus Milech in seiner ersten Schrift in unserer Edition *Tatort Deutschland*[*] fordert: *"Das Mindeste, wozu wir bereit sein sollten, ist, sehr aufmerksam zuzuhören, was diejenigen zu sagen haben, denen auf Grund des deutschen Wahns die schrecklichsten Leiden widerfahren sind."*

*

Dr. Titus Milechs *Tatort Familie* ist die zweite Publikation des französischen Psychiaters deutscher Herkunft, der lange in Marseille praktizierte und seit einigen Jahren in Griechenland lebt. Und *Tatort Familie* sollte vielleicht sogar vor *Tatort Deutschland* gelesen werden, weil *Familie* ein gewisser dunkler, un-heimlicher Unter-Grund für *Deutschland* darstellt, obgleich *Deutschland* im Sinne von Staat, Wirtschaft und Gesellschaft auch *Familie* prägt.

In *Tatort Familie* liefert der Autor als erfahrener Psychiater eine Art empirische Analyse von Tagebüchern und Briefen für das, was er "deutsche Wahnkrankheit" nennt, und er kommt zu dem beklemmenden Schluss: *"Solche geistigen Mängel und seelische Spannungen können es auch heute wieder möglich machen." (S. 260)*

Wie *Tatort Deutschland* ist auch *Tatort Familie* eine der aufrichtigsten, persönlichsten, schärfsten, schonungslosesten Selbst- und zugleich deutschen Gesellschafts-Analysen, die aus dem Leiden an Deutschland, der deutschen Geschichte und Gesellschaft entstand.

"Auch die hier vorliegende Veröffentlichung ist im Wesentlichen als ein Beitrag zur Erarbeitung der Fragen 'wie war der Judenmord möglich und was war danach?' zu verstehen. Unvermeidlich führt jede Selbstanalyse in die Geschichte der eigenen Familie, in meinem Falle, eine ziemlich unscheinbare 'normale' Familie, die jedoch (zumindest für mich) in ihrem Untergrund tragische und auch gefahrvolle Züge aufweist." (S. 11)

"Der erste Teil [von *Tatort Familie*] *besteht aus dem was vor meiner Geburt und bis zu meinem siebzehnten Lebensjahr (1932-1964) bereits 'geschrieben stand'. Der zweite* [Teil] *enthält eine ebenfalls*

sehr gekürzte Auswahl dessen, was mir - oder von mir geschrieben wurde, vor allem Briefe und persönliche Aufzeichnungen aus der Zeitspanne von 1954 bis 2007.

Im letzten Abschnitt, den 'Schlussfolgerungen', versuche ich darzustellen, wie anscheinend belanglose 'Schwächen' Einzelner, völlig eingebürgerte Selbstverständlichkeiten einer Volksgemeinschaft und eine in der 'deutschen Kultur' tief verankerte, seelische Unselbständigkeit, auch solche Menschen zu Mitschuldigen werden lassen, die niemals Böses erdacht, geschweige denn getan haben. Mitschuldige von Verbrechen eines Ausmaßes, das sich gänzlich ihrer bewussten Einbildungskraft entzog." (S. 12)

Besonders stark erscheint folgende Selbstanalyse: "*Wen oder was verkörpert nun der 'Erbprinz' Titus IV.? Das spätere Bekenntnis der unbewussten Reue, Scham und Schuldigkeit seiner Mutter und deren Eltern? Den verlassenen 'Stammhalter' seines Vaters? Auf alle Fälle ist er 'aus Versehen' erzeugt.*

Wäre Titus IV., der als kleines Kind gewaltsam aus den Armen seiner Mutter gerissen werden muss, 25 Jahre früher geboren und wären ihm sein verletztes und gekränktes Innenleben verschlossen geblieben, hätte er sehr wahrscheinlich seine enttäuschte Kinderliebe mit Leidenschaft auf sein Vaterland übertragen. Er hätte überdies alle 'gute Gründe' gefunden, der SS beizutreten, um sich begeistert an der Befreiung seiner Heimat von allen 'gefährlichen Fremden' willig zu beteiligen. Von der Genugtuung, sich endlich an Schwächeren rächen zu können, gar nicht zu sprechen ... So hätte auch ich es möglich machen können." (S. 265)

*

Auch wenn man vielleicht nicht alle Überlegungen des Autors völlig teilen mag, kommt Dr. Titus Milechs *Tatort Familie* doch unbedingt zur richtigen – zur rechten (!) – Zeit, wenn man bedenkt, wie sehr "rechte" Ideologien samt antisemitischer Verschwörungsphantasien, Juden- und Israel-Feindschaft, aber immer wieder auch Holocaust-Relativierungsversuche[225] 76 Jahre nach dem Ende des Zweiten Weltkriegs und der Schoáh in Deutschland, Europa und der Welt wieder wirksam sind. – 20. August 2021

Dr. med. Titus Milech

Geboren am 24. September 1947 in Tübingen.

Familie bis Januar 1945 ansässig im ehem. Königsberg – Ostpreußen (Kaliningrad) und im ehem. Kolberg – Pommern (Kołobrzeg).

1966–1967 Studium Generale (Philosophie u. Psychologie) in Tübingen und Wien.

1968–1974 Medizinstudium in Erlangen, Lyon (DAAD Stipendium) und Würzburg.

1969 Arbeit als Pflegehelfer im "Bau 21" (Psychiatrische Abteilung) des Städtischen Krankenhauses Nürnberg.

1969 "Individualreise" durch die Sowjetunion, den Mittleren Orient und die "Ostblockstaaten".

1971–1978 erste Lehranalyse (Phänomenologischer Orientierung).

1975–1978 Wissenschaftlicher Assistent an der Psychiatrischen Universitätsklinik Würzburg. Schwerpunkt Sozialpsychiatrie (Mitbegründer der extramuralen Psychiatrie in Unterfranken).

1979–1980 *assistant étranger* an der Universitätsnervenklinik in Marseille. Durchführung einer Studie über die extramurale Psychiatrie im Departement der *Bouches du Rhône* (unterstützt von der Deutschen Forschungsgemeinschaft).

1981–2009 Freie Praxis als Psychiater und Psychotherapeut/Psychoanalyst in Marseille.

1996–2003 zweite Lehranalyse (Freud – Lacan Orientierung).

1997–2011 Mitglied der *Société de PsychanalyseFreudienne* (SPF).

Mitglied der *École française de Daseinsanalyse* (EFD).

Seit 2010 im Ruhestand. Umzug nach Thessaloniki.

Vorträge und Veröffentlichungen über u.a. folgende Themen: Psychotherapie der Psychosen, Wahn, Manierismus, Edvard Munch, Psychoanalyse des "Deutschtums" und des Nationalsozialismus, individuelle und kollektive Identitätsproblematik.

Vorträge und Publikationen

«L'en-nuit de Christian Gabrielle Guez Ricord», *Sorgue, Poésie Art Littérature*, n 2, L'Isle-sur-la Sorgue, 2000. http://www.leboisdorion.fr/sorgue_n2_christian_ga-brielle_guez_ricord-65-4.html [zuletzt: 09.10.2017]

Thérapie d'identité selon Benedetti, in: Dominique Pringuey et Franz Samy Kohl (Hrsg.), Phénoménologie de l'identité humaine et Schizophrénie, Collection Phéno, Paris, 2001.

«Le maniéré ou l'ombre du passé dans la présence parentale», L'Art du comprendre, n 10, Paris 2001.http://www.artducomprendre.com/precedents.php [zuletzt: 09.10.02017]
Die Gruppe und der Einzelne im Werk von Edvard Munch, Vortrag anlässlich des XIII. Weltkongress der WADP (world association of dynamic psychiatry), München, 13-17 mars 2001.http://www.wadp-congress.de/2001/con-2001-vortrag.html [zuletzt: 09.10.2017]

Destin de la folie et psychothérapie analytique, Vortrag anlässlich der Journées d'Études de la SPF (Société de Psychanalyse Freudienne), Paris, 22. u. 23. März 2003.

«Délirer' selon Binswanger», *L'Art du comprendre* n 3-4, Paris 2004/2005.

Edvard Munch et le cri identitaire, Vortrag anlässlich der Journée de psychiatrie phénoménologique, Nice, 9. Mai 2005. https://newsletter.phenomenology.ro/pages/nice-mai-2005.htm [zuletzt: 09.10.2017]

Die Leiden des Blalla W. Hallmann oder seine Leidenschaft, unser Dunkelstes ans Licht zu bringen, in: Matthias Reichelt (Hersg.), *Die Sprache verschlagen – Die Bildgewalt des Blalla W. Hallmann*, Verlag für Moderne Kunst, Nürnberg, 2007. https://vfmk.org/de/shop/die-sprache-verschlagen [zuletzt: 09.10.2017]

Le lieu du crime. L'Allemagne l'inquiétante étrange patrie, L'Harmattan, Paris 2011. http://www.editions-harmattan.fr/index.asp?navig=auteurs&obj=artiste&no=20084 [zuletzt: 09.10.2017]

«Deux dernières lettres à mon père», *Approches. Revue trimestrielle. Littérature et science humaines,* n 146, Paris 2011.

Du corps souffrant au sujet parlant, Vortrag anlässlich der Journée de l'EFD (École Française de Dasein Analyse), Paris, 16. Juni 2012. http://www.daseinsanalyse.fr/index.php?option=com_content&view=article&id=52:milech-t-16062012d&catid=2:textes-des-communications&Itemid=16 [zuletzt: 09.10.2017]

"Was, als Deutscher, zu Auschwitz sagen?", Vortrag anlässlich des Gedenktages der Stadt Thessaloniki zur 69jährigen Befreiung des KZ Auschwitz unter dem Thema: "Nie wieder Faschismus", Thessaloniki, 31.01.2014. Text auf Griechisch: *http://www.alterthess.gr content/ti-mporo-os-germanos-na-po-gia-aoysvits-toy-titoys-mileh* [zuletzt: 09.10.2017]
Ο τοποσ του εγκληματος. Γερμανία, η ανησυχητική παράξενη πατρίδα (Der Tatort. Deutschland das beunruhigend fremde Vaterland), Thyrathen, Thessaloniki, 2013. http://www.thyrathen.gr/book.php?id=199 [zuletzt: 09.10.2017]

Mit Margarita LAZAROU, «La contradiction au cœur du peuple grec», *Approches* N 163, édition Dacres, Paris 2015 http://revue-approches.fr/n163-la-contradiction/ [zuletzt: 09.10.2017]

"Collective and personal identity in times of destabilization", *Journal of the Hellenic Systemic Thinking & Family Therapy Association,* N 8, Athens, 2016.Text auf Englisch: http://www.hestafta.org/index.php?option=com_content&view=article&id=165:collective-and-personal-identity-in-destabilization-periods1&catid=2:uncategorised&Itemid=106 [zuletzt: 09.10.2017]

Tatort Deutschland. Meine unheimliche Heimat, Herausgegeben von Erhard Roy Wiehn, Hartung-Gorre Verlag, Konstanz 2017.http://www.hartung-gorre.de/Milech.htm [zuletzt: 29.3.2018]

« L'esprit du mal de Nathalie Zaltzman et la folie allemande » Intervention à l'occasion de la présentation de la traduction en grec de *L'esprit du mal* de Nathalie Zaltzman par Efdokia Eleftheriou. 15e foire international du livre à Thessaloniki, le 4 mai 2018.

Préface du livre de Zeta Papandreou, *Histoire, mémoire traumatique et chronique établie : Distomo 1944-2018*

Présentation du livre de Zeta Papandreou, *Histoire, mémoire trauma-tique et chronique établie : Distomo 1944-2018*, Athènes, le 24 nov. 2018.

«Η διεργασία του τραύματος: Μια μακρά ψυχική διεργασία στη ζωή και το έργο του Έντβαρντ Μουνχ» (Surmonter ses blessures, acquérir une responsabilité éthique et se mobiliser politiquement. Un long travail psychique, illustré par la vie et l'œuvre d'Edvard Munch) in : θεματα ιστοριασ τησ εκπαιΔευσησ, τευχη 17-18, 2018-2019, S. 26-51.

"German crimes against humanity, three generations later, victims on one side, aggressors on the other. Some psychoanalytic reflections spurred on by the massacre at Distomo" in : HE.S.T.A.F.T.A. / Systemic Thinking & Psychotherapy / Issue 16 - May 2020.

Dr. Dr. h.c. Erhard Roy Wiehn, M.A.
Professor (em.) im Fachbereich Geschichte und Soziologie; Veröffentlichungen vor allem zur Schoáh und Judaica;
https://de.wikipedia.org/wiki/Erhard_Roy_Wiehn
http://www.uni-konstanz.de/soziologie/judaica

Edition Schoáh & Judaica/Jewish Studies – seit/since 1984
von/by Prof. (em.) Erhard Roy Wiehn, Universität Konstanz
Hartung-Gorre Verlag/Publishers, Konstanz, Germany
Neue Titel 09/2021 http://www.uni-konstanz.de/soziologie/judaica

In der Reihenfolge ihres Erscheinens:

1) Erhard Roy Wiehn & Christel Wollmann-Fiedler (Hg.), Hedwig Brenner und ihre Künstlerinnen jüdischer Herkunft – Einer Pionierin zum Gedenken. Konstanz (Januar) 2021, 135 Seiten, Fotos, 135 Seiten, Fotos. ISBN 978-3-86628-680-3

2) Erhard Roy Wiehn & Christel Wollmann-Fiedler (Hg.), Zwi Helmut Steinitz – Vom Holocaust-Opfer zum Blumenexport-Pionier und die heilige Pflicht zu berichten. Eine Hommage. Konstanz (Januar) 2021, 125 Seiten, Fotos. ISBN 978-3-86628-691-7

3) Erhard Roy Wiehn (Hg.) Jüdische Mädchen und Frauen in der Schoáh – Ausgewählte Texte der Edition Schoáh & Judaica. Konstanz (Januar) 2021, 294 Seiten. 978-3-86628-684-9

4) Erhard Roy Wiehn (Hg.), Jüdisches Leben und Leiden in deutschsprachigen Landen – Ein Lesebuch der Edition Schoáh & Judaica zum 1700-Jahre-Jubiläum 2021. Konstanz (Februar) 2021, 505 Seiten. ISBN 978-3-86628-695-5

5) Edita Katzová, Schauderhafte Erinnerungen – Von Prag durch Theresienstadt über Auschwitz-Birkenau, Ravensbrück, Beendorf und Wandsbek nach Schweden in die Freiheit. Unter Mitarbeit von Pavel Chabr. Konstanz (Februar) 2021, 88 Seiten, Fotos. ISBN 978-86628-690-0

6) Erhard Roy Wiehn (Hg.), Jüdische Kinder und Jugendliche in der Schoáh – Ein Lesebuch der Edition Schoáh & Judaica. Konstanz (Februar) 2021, 218 Seiten. ISBN 978-86628-696-3

7) Erhard Roy Wiehn (Hg.), Schoáh-Schicksale in Polen – Ein Lesebuch der Edition Schoáh & Judaica. Konstanz (März) 2021, 116 Seiten. ISBN 978-3-86628-699-3

8) Erhard Roy Wiehn & Christel Wollmann-Fiedler (Hg.), Verdichtete Vergangenheit – Nach glücklicher Posener Kindheit Leiden unter NS-Terror und die Ermordung der Familie in Bełżec sowie schreckliche deutsche KZ-Jahre und ein neues Leben in Israel. Ausgewählte Poeme 2016-2019. Konstanz (Februar) 2021, 88 Seiten, Fotos. ISBN 978-3-86628-698-6

9) Erhard Roy Wiehn (Hg.), Schoáh-Schicksale in Czernowitz und der Bukowina – Ein Lesebuch der Edition Schoáh & Judaica. Konstanz (März) 2021, 139 S. ISBN 978-3-86628-700-6

10) Erhard Roy Wiehn (Hg.), Jüdische Schicksale in und aus Rumänien – Ein Lesebuch der Edition Schoáh & Judaica. Konstanz (März) 2021, 162 Seiten. ISBN 978-3-86628-703-7

11) Erhard Roy Wiehn (Hg.), Schoáh-Schicksale in und aus Ungarn – Ein Lesebuch der Edition Schoáh & Judaica. Konstanz (April) 2021, 81 S. ISBN 978-3-86628-701-3

12) Erhard Roy Wiehn (Hg.), Jüdische Schicksale in und aus Tschechien und der Slowakei – Ein Lesebuch der Edition Schoáh & Judaica. Konstanz (April) 2021, 131 Seiten: ISBN 978-3-86628-795-1

13) Erhard Roy Wiehn (Hg.) Jüdische Schicksale in und aus der Ukraine – Ein Lesebuch der Edition Schoáh & Judaica. Konstanz (April) 2021, 178 Seiten. ISBN 978-3-86628-707-5

14) Christine Lipp-Peetz, Wohin die Reise geht – Der Weg des Dillinger Arztes Dr. Hans Wienskowitz durch Demütigungen und Entrechtungen nach Theresienstadt in den Tod 1888-1945. Konstanz (April) 2021, 387 S., viele Fotos u. Dokumente. ISBN 978-3-86628-706-8

15) Manfred Berger, Gertrud Feiertag und das Jüdische Landschulheim Caputh – Eine Dokumentation zur Bildungs- und Erziehungsgeschichte in den Jahren 1931 bis 1933. Konstanz (Mai) 2021, 119 Seiten, viele Fotos u. Dokumente. ISBN 978-3-86628-705-1

16) Erhard Roy Wiehn (Hg.), Geschichten der Heimkehr – Lebenswege nach und in Israel. Ein Lesebuch der Edition Schoáh & Judaica. Konstanz (Mai) 2021, 324 Seiten. ISBN 978-3-86628-709-9 und 3-86628-709-7

17) Erhard Roy Wiehn (Hg.), Jüdische Schicksale in und aus Deutschland – Ein Lesebuch der Edition Schoáh & Judaica zum 1700-Jahre-Jubiläum jüdisches Leben in Deutschland. Konstanz (Juni) 2021, 600 Seiten. ISBN 978-3-86628-711-2 und 3-86628-711-9

18) Erhard Roy Wiehn (Hg.), Jüdischen Schicksale und und aus Frankreich – Ein Lesebuch der Edition Schoáh & Judaica. Konstanz (Juni/Juli), 2021, 124 Seiten. ISBN 978-3-86628-712-9 und 3-86628-712-7

19) Erhard Roy Wiehn (Hg.), Jüdische Schicksale in und aus Lettland und Litauen – Eine Lesebuch der Edition Schoáh & Judaica. Konstanz (Juli) 2021, 81 Seiten. ISBN 978-3-86628-713-6 und 3-86628-713-5

20) Erhard Roy Wiehn (Hg.), Jüdische Schicksale in der Sowjetunion – Ein Lesebuch der Edition Schoáh & Judaica. Konstanz (Juli) 2021, 107 Seiten. ISBN 978-3-86628-714-3 und 3-86628-714-3

21) Erhard Roy Wiehn (Hg.), Jüdische Pionierarbeit in Erez Israel – Palästina – Ein Lesebuch der Schoáh & Judaica. Konstanz (Juli) 2021, 105 Seiten. ISBN 978-3-86628-715-0 und 3-86628-715-1

22) Erhard Roy Wiehn (Hg.), Jüdische Ärztinnen und Ärzte in der Schoáh - Ein Lesebuch der Edition Schoáh & Judaica. Konstanz (Juli/August) 2021, 107 Seiten. ISBN 978-3-86628-714-3 und 3-86628-714-3

23) Erhard Roy Wiehn (Hg.), Jüdische Gedenkschriften – Sechs Memorials. Ein Lesebuch der Edition Schoáh & Judaica. Konstanz (Juli) 2021, 167 Seiten. ISBN 978-3-86628-717-4 und 3-86628-717-

24) Erhard Roy Wiehn (Hg.), Judaica und Israelia - Ein Lesebuch der Edition Schoáh & Judaica. Konstanz (August) 2021, 167 Seiten. ISBN 978-3-86628-722-8 und 3-86628-722-4

25) Erhard Roy Wiehn (Hg.), Nachschlagewerk für 18 Lesebücher. Konstanz (August) 2021, 173 Seiten. ISBN 978-3-86628-721-1 und 3-86628-721-6

Erhard Roy Wiehn, SchlussPunkte II – Jahresarchiv 2020/21. Konstanz (Herbst) 2021:

2. Auflagen in der Reihenfolge ihres Erscheinens

1) Erhard Roy Wiehn, Ghetto Warschau – Aufstand und Vernichtung 1943 fünfzig Jahre danach zum Gedenken. Konstanz 1993, 2. Auflage (Januar) 2020, 302 Seiten, Fotos und Dokumente. ISBN 978-3-89191-626-1

2) Friedel Bohny-Reiter, Camp de Rivesaltes – Tagebuch einer Schweizer Schwester in einem französischen Internierungslager 1941-1942. Konstanz 2017, 217 Seiten, Fotos und Dokumente; 2. Auflage Konstanz (Februar) 2021, 218 Seiten, viele Fotos u. Dokumente. ISBN 978-3-86628-291-9

3) Arkadius Scheinker, Schoáh in Riga – Nach der Kindheit in Riga durch das Ghetto Riga im Arbeitskommando BdO, dann im TWL Riga-Mühlgraben und durch die KZs Stutthof bei Danzig und Danzig-Burggraben im KZ Gottenhof/Pommern befreit. Konstanz (Juni) 2009, 119 Seiten, Fotos. ISBN 3-86628-264-8 u. 978-3-86628-264-3

4) Leo Picard, Vom Bodensee nach Erez Israel – Pionierarbeit für Geologie und Grundwasser seit 1924. Konstanz, 288, Fotos u. Dokumente. ISBN 978-3-89191-799-2

5) Jakob Honigmann, Juden in der Westukraine - Jüdisches Leben und Leiden in Ostgalizien, Wolhynien, der Bukowina und Transkarpatien 1933–1945. Aus dem Russischen von Juri Schatton, herausgegeben von Raymond M. Guggenheim u. Erhard Roy Wiehn. 1. Auflage Konstanz 2001, 2. Auflage 2021 380 Seiten. ISBN 978-3-89649-647-8

6) Grigorijus Smoliakovas, Die Nacht die Jahre dauerte – Ein jüdisches Überlebensschicksal in Litauen 1941–1945. Mit einer Dokumentation. 1. Auflage 1992; 2. Auflage 2021, 223 Seiten. ISBN978-3-89191-557-8

7) Erhard Roy Wiehn (Hg.), Babij Jar 1941 – Das Massaker deutschen Sonderkommandos an der jüdischen Bevölkerung von Kiew. Konstanz 2021: ISBN 978-89649-645-4

Titus Milech

Tatort Deutschland

Meine unheimliche Heimat

Herausgegeben von Erhard Roy Wiehn

Hartung-Gorre Verlag Konstanz
2017

Erhard Roy Wiehn (Hg.)

Nachschlagewerk für 18 jüdische Lesebücher

der Edition Schoáh & Judaica

Hartung-Gorre Verlag Konstanz
2021